U0027423

Max Hastings
馬克斯・黑斯廷斯
譚天——譯

越南啟示錄 1945–1975 上

美國的夢魘、亞洲的悲劇

VIETNAM AN EPIC TRAGEDY

BY MAX HASTINGS

獻給我的摯友黎・艾金森（Rick Atkinson）。
艾金森以一種讓其他史學者爭相模擬的優雅、透徹、富於人性同情的筆調，
記述美軍的凱旋與悲歌。

寫作體例

越南文是自成一格的系統，但為求行文方便起見，我在這本書裡依據西方習慣處理越南文字，就像我將「Ha Noi」（河內）、「Sai Gon」（西貢）、「Dien Bien Phu」（奠邊府）、「Da Nang」（蜆港）與「Viet Cong」（越共）視為一個英文單字一樣。

越南語使用很繁複的腔音，我在這本書裡將這些腔音變化省略了，但在參考書目中，所有專有名稱都按規矩註明腔音。

越南人的姓名一般有三節，家族姓氏排在第一位，我遵守這種傳統。許多西方人對於越南人竟有這麼多人姓「阮」感到不解，不過這就不是我所能解答的問題了。

為免用過於瑣碎的地理細節干擾行文，在無損於連貫性的前提下，如果可能，我會省略省分名字。

翻譯作品往往有文字生硬的通病，在所有我的著作中，我在引用外文文件與備忘錄時，總不忘德萊登[1]（Dryden）的一句警言：譯者「不應跟在原作者之後亦步亦趨，而應該大步向前，走在原作者身邊」。也就是基於這個信念，我設法用英文口語表達越南文與法文對話。

「非洲裔美國人」（African American）是今天才有的名詞，在越戰時代，一般用的字是「黑人」（black）。我在這本書裡也保有這個用法，只有在事出有因的情況下，我才會強調美國人種。

這本書提到的官銜、軍階，都是事件發生當時的官銜與軍階。

書中以大寫提到「North Vietnam」（北越）與「South Vietnam」（南越）時，指的是兩個國家，但在談到一九五四年前與一九七五年後的統一越南時，我用小寫的「north」與「south」分別指越南北方與南方。

所有參戰部隊在量度距離時都使用公制，但我仍然沿用英尺、碼與英里，甚至在直接引述中也不例外。

加入南越共產主義游擊隊用的口語是「ra bung」，意思是「進入沼澤地」，而不是像二次大戰期間，法國的一些抗德游擊隊自稱「麥吉沙」（maquisards），因為他們躲進麥吉蠻荒地（Maquis wilderness）帶避難。越共（Vietcong）的縮寫「VC」是南越俚語。

在引用美國人的講話，或在顯然有美國背景的情況下，我使用例如「secretary of defense」（國防部長）這類美式拼法。

在議題部分，特別是有關戰鬥經驗的議題，在不扭曲意義與確實性的情況下，有時我會將來自不同戰爭時段的個人經驗混在一起。

軍事行動計時以二十四小時的鐘面為準，但在其他情況，我仍沿用民間十二小時鐘面的慣例[2]。

由於戰亂時代的南越通貨膨脹猖獗，官方匯率變化既大也根本不切實際，想知道南越比索（piaster）與美元的匯率究竟是多少，似乎總是徒勞。

1　譯注：德萊登（一六三一—一七〇〇），英國著名詩人、文學家、文學評論家、翻譯家，是一六六八年的英國桂冠詩人。

2　編注：本書考量行文與閱讀理解，時間標記統一改成十二小時制。

目次

【上冊】

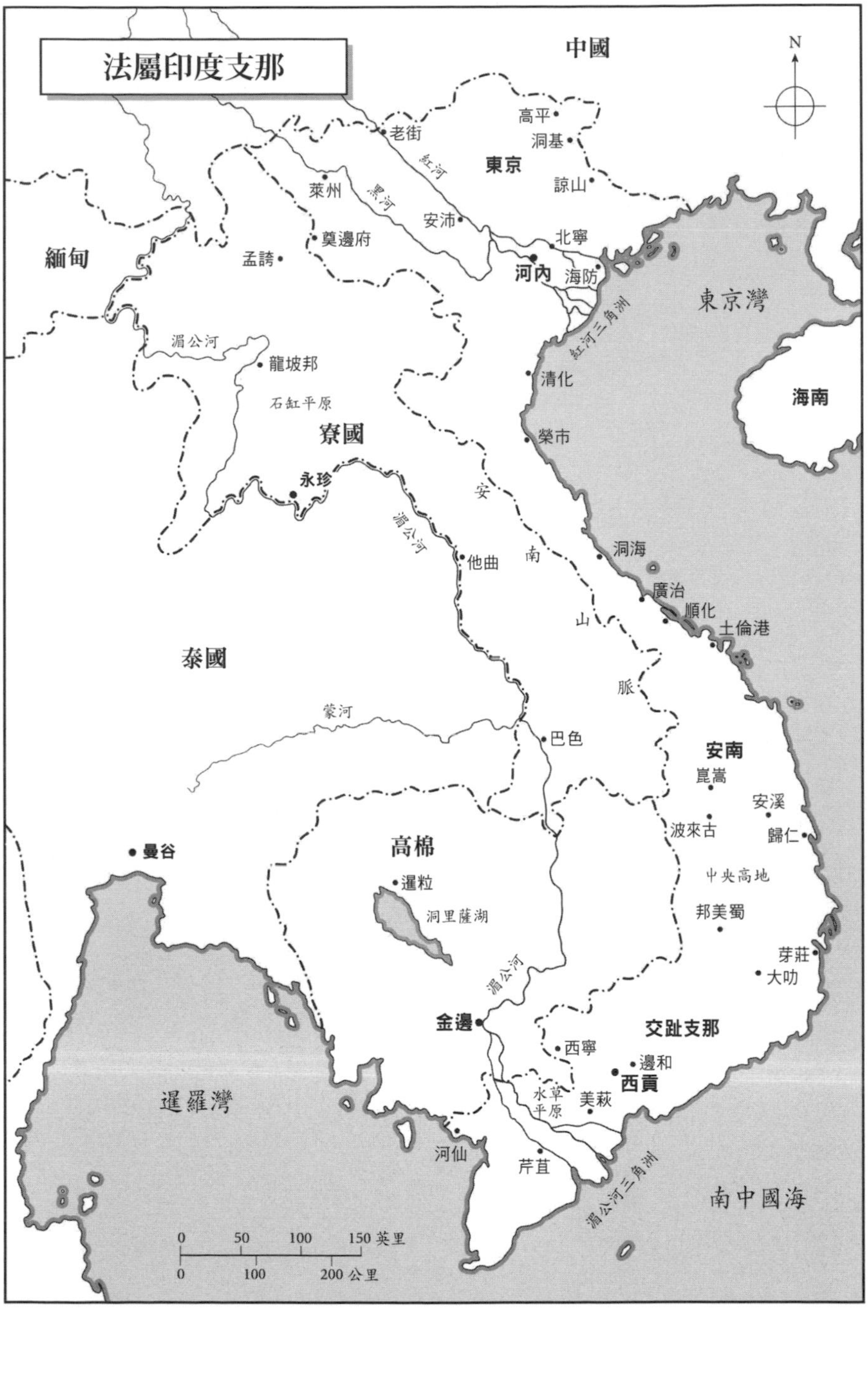
法屬印度支那
中國
N
老街
高平
洞基
紅河
東京
諒山
萊州
黑河
安沛
奠邊府
北寧
緬甸
孟誇
河內
海防
東京灣
紅河三角洲
湄公河
龍坡邦
清化
海南
石缸平原
寮國
榮市
永珍
安
湄公河
他曲
南
洞海
廣治
順化
山
土倫港
泰國
脈
蒙河
巴色
安南
崑嵩
安溪
波來古
歸仁
高棉
曼谷
中央高地
暹粒
洞里薩湖
邦美蜀
芽莊
大叻
湄公河
金邊
交趾支那
西寧
邊和
西貢
水草平原
美萩
暹羅灣
河仙
芹苴
湄公河三角洲
南中國海
0 50 100 150 英里
0 100 200 公里

「亞洲總有一天會對她那傲慢的妹妹展開推遲已久的報復。」

——狄恩・英（Dean Inge），一九二八

「每一個軍事事實同時也是一個社會與政治事實。」

——安東尼奧・葛蘭西（Antonio Gramsci）

「本片有成人內容、強烈語言與血腥暴力鏡頭：觀眾請留意。」

——美國公共電視網（PBS）在二〇一七年播出伯恩斯（Burns）與諾維克（Novick）製作的影集《越南戰爭》（*The Vietnam War*）時，在片頭提出的警告

前言

越南是個貧窮的東南亞國家，面積約與加州相等，國境內山嶺重疊、叢林密布、稻田錯落其間。但這個二十一世紀的觀光勝地，在二十世紀曾是西方戰士的浴血戰場，戰爭打了三十年，兩百到三百萬人捐軀。在世人眼中，甚至在中共與蘇聯那些兵工廠家眼中，這場戰爭在起初二十年不過是一場次要的區域性衝突。但在最後十年，越戰成為舉世矚目的焦點，讓數以億計的西方人沮喪、厭惡，毀了一名美國總統，並造成另一名美國總統的垮台。二十世紀六十年代，年輕人的反當局示威浪潮席捲許多國家。這些沉醉在大麻與迷幻藥世界的青年，排斥老派性愛道德觀，高舉反資本主義與帝國主義旗幟，而越南似乎是個無比醜陋的資本主義與帝國主義侵略示範。更有甚者，許多對這些示威抗議並不同情的老一代美國人，一方面由於越戰已經淪為美國政府有系統謊言的源頭，再者也因為這場戰爭似乎必敗無疑，也起而反對越戰。

一九七五年的西貢淪陷，對這個全世界最強的國家而言是奇恥大辱：農民革命鬥士竟然擊敗了美國的意志、財富與硬體。難民於四月二十九日傍晚湧上階梯、企圖登上直升機逃難的鏡頭，在那一代美國人心目中留下難以磨滅的印象。自一九四五年以來，沒有一場戰爭為美國帶來像越戰這樣大的文化衝擊。

戰爭交戰雙方誰對誰錯從來就不是絕對的，甚至以第二次世界大戰而論，西方盟國對抗法西斯的鬥爭，還不得不依賴史達林暴政付出最血腥的代價，才能搗毀希特勒暴政。只有那些只知道政治左派與右派的傻子，才會認定越戰交戰雙方的任何一方占盡一切道德上風。所有有關越戰的權威著作，作者若不是美國人就是法國人，其中不少美國人在行文之間還顯然將越戰視為美國本身的故事。但這場美國的夢魘其實是一場亞洲的悲劇：每死一名美國人，得死四十名越南人。

我的敘述雖依年代順序排列，但我並不打算一一紀錄每一場戰役，而以掌握越戰三十年期間的經驗特質為主。就像在我所有其他的書中一樣，在描述這個政治與戰略故事的過程中，我也嘗試答覆一個問題：對北越突擊爆破兵、湄公河三角洲農民、來自皮歐里亞（Peoria）的休伊直升機飛行員、來自蘇瀑（Sioux Falls）的美軍、來自列寧格勒（Leningrad）的空防顧問、中國鐵道工人以及西貢的吧女而言，「戰爭像什麼樣？」

我生在一九四五年，年輕時成為記者，在美國住了將近兩年，之後多次造訪印度支那。當年的我初出茅廬，既缺乏認識也談不上有什麼概念，也因此，我決定就在這裡擇要概述個人經驗，以省卻下文重提之苦。

一九六七至六八年間，我先在一項新聞研究計畫資助下，之後在總統選舉期間又以記者身分，兩度足跡走遍美國。後來曾與羅伯・甘迺迪（Robert Kennedy）、理查・尼克森（Richard Nixon）、尤金・麥卡錫（Eugene McCarthy）、貝瑞・高華德（Barry Goldwater）、休伯特・韓福瑞（Hubert Humphrey）、隆納・雷根（Ronald Reagan），……以及哈里森・沙里斯布利（Harrison Salisburg）、諾曼・梅勒（Norman Mailer）、亞蘭・金斯伯格（Allen Ginsberg）與瓊・貝茲（Joan Baez）等許多重量級人物有過一面之緣。

一九六八年一月，我與一群外國記者一起訪問白宮。我們坐在內閣室，聽林登・詹森（Lyndon Johnson）總統高談闊論，談他對越南的承諾，長達四十分鐘。幾周以後，他宣布不競選連任，讓美國民眾大吃一驚。在那天上午的內閣室會面中，我們眼前的詹森幾乎與漫畫中的他沒有兩樣。他不斷用鉛筆在擺在面前的記事本上畫著，邊指手畫腳地說道，「你們之中有人喜歡金髮美女，有人喜歡紅髮美女，還有人可能根本不喜歡女人，我現在就要告訴你們我喜歡的是哪一型。我準備與胡志明找一家好酒店見個面，一起坐下來享用美食，把這個問題解決了。」

在長篇大論過後，這位大塊頭總統對眼前的反戰專欄作家沃爾特・里普曼（Walter Lippmann）拋了一句回馬槍，沒有答問就突然起身離開內閣室，我們也整理筆記，紛紛起身。突然詹森晃著腦袋又在門口出現，他以一種幾近羞澀的口氣說，「在你們走以前，我想問一下：你們之中有沒有人因這次會面，而改變之前從各種見聞中對我的印象？」眼見身為總統的詹森竟如此無助，讓我們都訝異得說不出話。

一九七〇年，我從高棉與越南為英國廣播公司電視台（BBC TV）的《二十四小時》（*24 Hours*）節目做系列報導；翌年重返越南繼續這個系列，訪問了阮文紹總統，並走訪寮國。為製作這個系列的許多主題，我曾跟隨美軍第二十三師進入協德（Hiep Duc）山谷進行掃蕩、曾乘坐一架越南「天襲者」（Skyraider）攻擊機目睹空中掃射、也曾在中央高地（Central Highlands）報導「六號火力基地」（Firebase 6）之戰。那一年稍後，我在北京人民大會堂與周恩來握手。一九七三與七四年，我再訪越南。一九七五年，我報導越戰最後幾場戰事，包括峴港即將淪陷前的混亂，以及之後在西貢各地的報導。

我原也打算與另幾名記者留下來，採訪北越的接管。但在最後一天下午，我失去信心，強行闖過圍在美國大使館周圍嚇得半死的越南民眾，在幾名陸戰隊警衛協助下翻過大使館圍牆。幾個小時後，我乘坐一架歡樂綠巨人（Jolly Green Giant）來到中途島號（USS Midway）航空母艦。

當年我的新聞報導生涯還不成熟，但時到今天，當我描繪這場越軍、法軍與美軍所謂「窮山惡水之戰」的過程中，當年那些經驗卻為我的報導憑添幾分「個人寫實色彩[3]」。我在之後幾年又見到羅伯．麥納瑪拉（Robert McNamara）、亨利．季辛吉（Henry Kissinger）以及越戰時代另幾位巨人，還與亞瑟．史勒辛格（Arthur Schlesinger）結為好友。

所有的戰爭都不一樣，但同時又都如出一轍。至少在美國就有一種甚囂塵上的說法，說越戰為經歷這場大劫的人帶來無與倫比的恐怖，數不盡的越戰老兵痛苦回憶故事就是證據。但任何經歷過羅馬—迦太基爭霸戰、歐洲三十年戰爭、拿破崙征俄之戰或一九一六年索姆河戰役[4]（Battle of Somme）戰役的人，對所謂印度支那戰爭更恐怖的說法都會嗤之以鼻。無論發生在二世紀或二十世紀，用長矛與刀劍施加的暴力，或大軍過境對無辜百姓造成的創傷，可怕程度並無不同。在中古戰場上，攻城士兵遭守城敵軍用滾燙熱油澆得全身冒煙，情況未必比遭燃燒彈殺戮的二十世紀戰士好些。所有的戰爭都免不了燒殺、擄掠、強暴、黑市以及對平民與戰俘的暴力。根據倫敦皮卡迪利突擊隊[5]（Piccadilly commandos）的說法，一九三九至四五年間歐洲城市的妓女，與之後的西貢相比毫無遜色。但大戰結束，出國征戰的男子解甲返鄉，沒有人會向他們提起這段汙穢不堪的往事。影片中一切經當局認定「過於寫實」、有損士氣的的鏡頭，也在公開放映以前遭到刪除。

但在二十世紀六十年代崛起的新「啟示」心態推波助瀾下，突然間，美軍與南越軍犯下的種種醜行每晚開始出現在電視黃金檔時段。其中幾個鏡頭，包括西貢警察總監在一九六八年春節攻勢期間槍決一名越共戰俘、一個小女孩在一九七二年一次燃燒彈轟炸時光著身子哭叫奔逃，對美國作戰意圖造成的傷害甚深。但北越方面從不公開共產黨將反對他們的原住民活埋，或越共在發動攻擊時遭守軍彈幕掃倒的任何畫面。在北越的廣播中，你只能見到英勇抗敵的故事，還有就是資本主義空中轟炸造成的、令人心痛的慘狀。出現在你眼前的，一方是超級強國使用B-52轟炸機等等凶狠惡毒的科技展開大舉屠殺；另一方是戴著草帽或遮陽帽、靠涼鞋與自行車運動的農民軍，這種強烈對比為共產黨帶來巨大宣傳優勢。在許多西方青年眼中，胡志明的「自由鬥士」充滿浪漫激情。五十年前，一些鷹派人士曾說，美國因為媒體掣肘而輸了越戰，這麼說似乎不正確。但迫於當年的電視與新聞報導，西方人確實無法不理會戰爭造成的人命損失，無法否認軍方的種種愚行、錯誤。

就在我二十四歲生日當天，我第一次飛抵西貢。我聽從英國《星期日泰晤士報》（*Sunday Times*）記者尼古拉斯．托馬林（Nicholas Tomalin）的建議，來到自由街（Tu-do Street）一家印度人開的書店，因為這裡開出的美元黑市價全西貢最好。托馬林當時對我說，「要記住，他們說謊，他們說謊，他們說謊。」他所謂「他們」指的當然是美軍指揮部，而且他說的也沒錯。但就像當年許多西方記者一樣，他忽略了一個重點：河內也一樣。這倒不是說，因為如此，我們就可以接受「軍援越南指揮部」（Military Assistance Command Vietnam, MACV）與「美國公共事務聯合辦事處」（Joint US Public Affairs Office, JUSPAO）扯的許多謊，但當年許多西方媒體在所謂「信用差距」的判斷上，忽略這一重點確屬事實。

此外，儘管美國與南越發言人不斷編織著謊言，軍援越南指揮部一般不會禁止記者往訪現地，

3 原注：作者在二〇〇〇年出版的《上戰場》（*Going to the Wars*）中，描述了他採訪越戰與其他幾場戰爭的經驗。

4 編注：索姆河戰役，一九一六年七月一日至十一月十八日發生於法國北方索姆河區域的戰爭，是一戰中規模最大的一次會戰。英、法兩國為突破德軍防禦並將其擊退到法德邊境，於是向位於索姆河區域的德軍陣地發動進攻。雙方傷亡共一百三十萬人，是一戰中最慘烈的陣地戰，也是人類歷史上第一次於實戰中使用坦克。

5 譯注：皮卡迪利突擊隊，二戰期間活耀在倫敦皮卡迪利圓環的一群賣春女的統稱。

眼見為真。根據一種堪稱空前的新聞開放政策，文字記者與攝影記者——其中有許多是反戰死硬派，可以免費搭乘固定翼飛機與直升機前往第一線採訪任何衝突。根據我的看法，與共產黨的一切保密相形之下，美國的相對開放使美方在道德上略占上風。美國政治家與指揮官們犯下的嚴重錯誤，不是他們欺騙世人，而是他們騙了他們自己。

在今天的越南，集體主義經濟政策大體已經廢棄，但越南獨裁政府的統治法統完全來自它在一九七五年的勝利。也因此，它的那套取勝說詞不容任何人稍有玷汙，劫後餘生者皆三緘其口，沒有人膽敢放言說出當年實情。這種不透明政策取得驚人成功，無論西方或亞洲國家作者，在處理越戰這個主題時，大體也都依循這套說詞的框架而行。雖說美國的檔案不大可能仍然藏有什麼重要秘密，但許多美國檔案一定還鎖在河內。就像修正主義保守派那些極端愛國的作法一樣，美國自由派那種近乎自虐的態度，也扭曲了歷史真相。不久前，我問一名越戰時代名氣極響亮的記者，「如果當年北越准許人民走上河內街頭，發動反戰和平示威，有多少人會走上街頭？」他毫不猶豫答道，「沒有人會上街，因為北越人民百分百支持打這場仗。」

這說法似乎無知得離譜：大多數正常人會極力避開為他們自己與心愛的人帶來苦難與悲傷的經驗。當年許多西方反戰人士引經據典地說，美國使用可怕的暴力打一場不可能打贏的戰爭；其中有些人進一步引伸說，既然美國沒有擁抱正義，北越一定站在正義的一方。但在河內政治局與「民族解放陣線」（National Liberation Front）統治下的南越人民，雖說送走了軍閥與地主，迎來的卻是史達林門徒更兇殘的高壓統治。民主政治讓選民有權剷除讓他們不滿的政府，但共產黨統治一旦確立，公開投票也走入歷史。自一九五四年以來，河內統治下的越南人就沒有公開投票過。

在戰爭作為上，北越政治局享有重大優勢。他們可以付出驚人的人命代價，而不必擔心媒體或選民有所不滿；他們可以在戰場上一再挫敗，卻不會遭遇絕對敗戰之險，因為美國已經表明不會入侵北越。

相形之下，南越在戰場上一旦失利，它的命運就無法扭轉。越南共產黨的鬥爭，與蘇聯在一九四一至四五年間的戰爭作為有可觀的近似之處：史達林祭出愛國主義、意識形態與強制義務等法寶，要俄國人拚死作戰，三十年以後的胡志明與黎筍也如法泡製。共產黨的戰士或許真的比西貢的士兵善戰，但除此而外，要說他們是越戰中的好人，恐怕還有得商榷。

這本書的字裡行間充滿殘酷與愚蠢，但在這整個大環境中，許多各種年齡層的男男女女，包括越南人與美國人、軍人與百姓都表現得端正體面。我要說出這些人的故事，因為太多越戰故事只是一味陳述它的殘酷無情、它的背叛血腥，而讓太多的善行義舉埋沒在戰火硝煙中，這樣不對。我決定不作基本政治研究，因為學者們已經在美國檔案中挖掘了幾十年；針對西方參戰國決策的研究也已鉅細靡遺、無所不包，其中斐德烈・羅吉法（Fredrik Logevall）的著述尤其堪稱代表。肯・休斯（Ken Hughes）在二〇一五年對白宮錄音帶作的詮釋與分析，將尼克森與季辛吉在一九七三年巴黎協定以前的思考與決策建了一個幾乎不容置疑的紀錄。我把研究重點主要擺在賓州卡萊爾（Carlisle）的美國陸軍軍事遺產與教育中心（Military Heritage and Education Center）、佛吉尼亞州關蒂柯（Quantico）的美國陸戰隊檔案處（US Marine Corps' Archive）。我在德州科技大學（Texas Tech University）設於魯巴克（Lubbock）的越戰研究中心（Vietnam War Study Center）研究線上資料，還對各種年齡層的男男女女，有越南人也有美國人，作了近百次訪談。在莫里・普利班諾（Merle Pribbenow）大力協助下，我讀了好幾千頁經過翻譯的越南備忘錄、文件與歷史。

不久前播出的那部伯恩斯—諾維克（Burns-Novick）製作的電視紀錄片，在全球各地重新喚醒了有關這場惡戰的意識。任何像我一樣在二〇一八年發表有關越戰著作的史學者，都欠了這部紀錄片的情。一連三代慘遭戰火折磨的越南人，直到今天仍然無法掙脫戰爭陰影。我希望我這本書能將這段痛苦經驗表述一二。

馬克斯・黑斯廷斯

於英國伯克郡（Berkshire）的奇爾登佛利艾（Chilton Foliat），

以及馬來西亞蘭卡威（Langkawi）的達泰（Datai）

二〇一八年五月

第 1 章

美女與許多野獸

Beauty and Many Beasts

◎戀戀不捨的帝國夢

在數不盡戰爭悲歌中，越戰是一場悲劇中的悲劇。談到這場漫漫浩劫，不是從一個法國人，也不是從一個美國人，而是從一個越南人開始。段方海（Doan Phuong Hai，譯音）於一九四四年生於六號公路（Route 6）邊一個村莊。當地雖然距離河內僅僅十八英里，卻非常質樸。在段方海最古早的印象中，有一幕就是村子市場邊小山丘上、法軍哨站周圍那些生了銹的鐵刺網，還有風吹鐵刺網發出的嘯聲。鐵刺網背後，那面法國三色旗下，住著一個越南人喇叭手，名叫元。幼小的段方海很喜歡元，曾用元送給他的一些空奶油罐、金屬瓶蓋做了一輛心愛的玩具車。段方海會與一群孩子團團圍坐，聽元講述他的許多英勇戰績，邊偷看元腿上那塊石灰岩山（Limestone Mountain）之戰留下的傷疤。在那場戰疫中，元吹響衝鋒號，外籍兵團衝鋒，殺了一百名共產黨。孩子們喜歡撫摸元的斜紋臂章，將元偶而送給他們的空彈殼視為珍寶。

有時元會以一種低沉、哀傷的聲音唱著，或許唱的是他之前一年去世的母親；有時，他還會帶著他那一小群孩子軍來到河邊，吹著各式各樣軍號，「有些讓我們聽得熱血沸騰，有些讓我們想哭」。一九五一年，段方海一家人將所有家當搬上一輛老巴士，遷往河內。元班長那天在路邊檢查哨值勤，給了他兩片口香糖、還在他耳朵上輕輕揪了一下做為臨別贈禮。巴士啟程，段方海見到元在飛揚塵土中朝他揮手。房屋、稻田、竹林、以及村子盡頭那幾棵大樹逐漸在他眼前消逝，也永遠離開了他的人生。就像之後半個世紀越南人一樣，他就此走上顛沛流離、雖不乏喜悅、但多的是悲苦辛酸的人生旅程。段方海後來自己也當了軍人，但再也不曾有當年元與他的喇叭為自己帶來的那種浪漫情懷。

越南人在西元九三八年將中國人趕走以前，被中國統治了一千年；之後中國人曾幾度重返越南，直到一四二六年才終於徹底離開。越南雖說享有獨立，但情勢始終動盪不安，治理也乏善可陳。敵對王朝分別控制北方與南方，直到一八〇二年嘉隆帝一統南北，從順化城（Hue）展開統治為止。十九世紀末，法國在帝國版圖擴張熱潮中看上印度支那（Indochina，即中南半島），開始在南方以武力不斷擴張勢力，建立交趾支那（Cochinchina）。一八八三年五月，當國民會議（National Assembly）在巴黎投票，決定籌措五百萬法郎軍費派遣遠征軍進駐交趾支那、建立「保護國」時，保守派政治家尤・杜拉法索（Jules Delafosse）說，「各位先生，讓我們先把名稱問題弄對了再說。各位要的不是一個保護國，而是一個屬地。」當然，交趾支那就這樣成了法國屬地。法國投入兩萬大軍攻略越南北部的東京（Tonkin）。經過一年苦戰，法軍占領東京，開始以嚴刑峻罰進行統治。法國當局雖說廢了通姦犯要被大象踩死的古刑，但將一切挑戰法國霸權的人處以過去只用來懲罰竊賊的砍頭。殖民當局在西貢建了一座提煉廠，鴉片消費開始暴漲。

越南面積十二萬六千平方英里，比義大利或法國本土略大，境內山嶺疊嶂，異國風情植被與溽暑、肥沃的濕地交錯。只要能夠撐過在暑熱中掙扎的痛苦，幾乎所有訪客都為越南之美嘆為觀止。於是有人寫下讚美詩句：「幾乎每一處水牛悠遊其間的稻田，都有一隻白鷺啄食著小蟲；草木青蔥得刺人眼簾；色澤有如奶泡咖啡般的大河，河邊渡口站著等船的人；華麗的佛塔和高蹺木屋被狗與鴨子環繞；騰騰暑氣伴著莊稼的氣味，再加上隨處可見的小溪，都給人一種肥沃、一種自然滋生、成熟結果的感覺。」

越南人的編織工藝舉世無雙，他們製作的草棚、籃子、與錐形草帽令西方人讚不絕口。陳列在街頭小販攤位上那些奇形怪狀的死雞鴨，隨處可見的算命的、擲骰子賭博的，各式各樣的香料，還有像蝙蝠一樣大的叢林蝴蝶，也令西方人稱奇不已。這裡有燦爛的水文化：人們用舢舨悠遊於車輛到不了的小溪與運河深處；釣魚不僅好玩，還為居民帶來取之不盡的食物。令訪客流連忘返的除了鬥雞與賭場之外，還有順化皇宮那許多排場與儀式。法國人在順化扶植了一個傀儡皇帝，他擺下的酒宴有一道烤孔雀大餐，據說孔雀肉與嚼不動的小牛肉差不多。湄公河（Mekong）三角洲的居民對順化古都附近的沿海地區疑忌頗深，他們說，沿海地區「山不是很高，水不是很深，但當地男人狡詐，女人縱慾過度。」一個喜愛越南人的西方人寫道，越南人說起話來抑揚頓挫，「用一連串甜甜的呱呱聲譜出單音節語言，像鴨子唱歌一樣。」

越南有五十種族裔，其中最原始的幾個部落都位於虎、豹、象、熊、野豬、與亞洲犀牛出沒的安南蠻荒。北部的紅河（Red River）與南部的湄公河兩大三角洲農產極為豐富，米糧出口貿易的興旺終於導致法國眼紅。就像美國人向西部擴張、英國殖民當局在非洲各地割據一樣，法國人也在安南據地稱雄，印度支那人民開始向征服他們的西方主子納稅。到二十世紀三十年代，百分之七十農民淪為佃農或小地主，在印度支那聚斂驚人財富的一百多家法國養殖場主，毫不留情地剝削越南人。套用一名英國訪客的話說，他們「就像過去的貴族對待奴隸一樣，完全不把越南人當人看待，或許不這麼做不可能辦到有效剝削」。

在殖民當局的制度性殘酷助長下，法國農場主、橡膠大亨與礦場老闆對他們的員工予取予求。殖民當局並且以人為手段將法郎兌越南比索的匯率訂得很高，為巴黎國庫賺進不少好處。法國也將它的語言、教育、與文化成功灌輸了許多越南人。一名學童回憶說，班上教師告訴他，說他的先祖是高盧人[6]（Gauls）。後來，多虧他在法軍擔任士官的父親嚴肅而自豪地對他說，「你的祖先是越南人」，他才知道真相。一名澳洲外科醫生寫道，就算出身相對低微的越南人「對他們的悠久歷史與古文明也相當有感」。

他們的情況相較於比利時統治下的剛果人（Congolese）略勝一籌，但不如英國統治下的印度人。中、上層越南人的生活有一種矛盾，他們不得不接受歐式文化與語言，但除了上班，他們幾乎不與法國人往來。一九四三年出生的阮通（Nguyen Duong，譯音）自小愛看《丁丁歷險記》（*Tintin*）與法國間諜小說。但就像所有亞洲人都將掌摑視為奇恥大辱一樣，他對學校裡法國教師動輒掌摑學生的作法也深惡痛絕。他從未見過父母招待過法國友人，或與法國人外出用餐。就像有人將牙買加的金斯敦（Kingston）稱為西印度群島的牛津一樣，西貢也有遠東巴黎之稱。它一直就給人一種純商業的感覺，因此一切相安無事，沒有激情，沒有炫耀……兩萬名歐洲人就這樣聚居在羅望子樹成蔭的街邊。」

對搜刮獲利的一方，殖民地的日子快活似神仙，只是好景不常，過慣這種生活的人會染上比瘧疾或痢疾更兇險的病：在鴉片與僕人簇擁下，出現在東方世界的那種讓人癱瘓的萎靡，久居印度支那的法國人都知道「le mal jaune」（黃鬼子）的可怕。法國人雖說身為統治者，但仍然難免遭到當地上層社會分子的鄙夷。越南人由於有一種用搪瓷染黑牙齒的傳統，對白齒很瞧不起：曾有個皇帝在接見一名歐洲國家大使時說，「這個有一口狗牙的男子是什麼人？」諾曼·路易斯曾寫道：「他們太文明，不願在見到白人時吐口水，但他們會裝出全然冷漠……就連拉黃包車的苦力，在一言不發、拿了白人顧客兩倍車資之後，也會立即掉頭，故作不見狀。那種自己只是個洋鬼子、遭到眾人

6 譯注：高盧，古羅馬對住在現今法國等地部落人民的稱呼。

唾棄的感覺真不好受。」

能夠面對法國統治而無動於衷的越南人少之又少，地方暴亂層出不窮。一九二七年，湄公河三角洲的榮金（Vinh Kim）村出現一個叫做「聯合女子樂團」（United Women's Troupe）的少年演藝團體，演出反殖民秀。二十世紀三十年代的越南鄉間，出現許多示威、焚燒農作、叛軍亂黨事件。在重債擠壓下，許多農民因付不出稅金而下獄。高利貸情況猖獗，到一九四三年，人數占農民總數不到百分之三的地主擁有幾乎半數越南土地。殖民當局對這一切視若無睹，認定高壓是最好的藥方。一名越南保安官嘲笑一名被捕的革命分子：「螳臂怎能擋車？」

游擊隊與土匪在所謂「les grands vides」（大缺口）的蠻荒地區不斷出沒。普羅康多（Poulo Condore）島上那座可怕的監獄永遠人滿為患，對那些發配到島上的越南人，法國當局就連裝模作樣的審判程序也免了。普羅康多不久成為人們口中的「革命大學」，許多日後在獨立鬥爭中扮演要角的人物都曾在島上服刑。有意思的是，後來成為二十世紀最著名革命家之一的越南革命領導人胡志明，是極少數沒有進過這所「大學」的例外。

胡志明於一八九〇年生於越南中部村落，原名阮生恭。他的父親是出身卑微的庶子，後來成為地方官，但之後放棄官職，成為遊走各地的教師。胡志明像武元甲、范文同、與之後的吳廷琰一樣，都是一八九六年創辦的順化「國學」（Quoc Hoc）中學的學生。胡志明在一九〇八年因參加革命活動遭國學開除，他抛開家族牽累，先在一個村學裡教了一段時間書，隨即在一九一一年上了一艘法國貨輪，在鍋爐間與廚房打雜。之後三年，他隨船環遊世界，然後在讓他頗為嚮往的美國待了一年，隨後在倫敦卡爾登飯店（Carlton Hotel）擔任助理糕點主廚。胡志明越來越積極投入政治，與來自愛爾蘭、中國、印度等四面八方的許多民族主義人士結交。他能說流利英語與法語，還能說幾種中國方言，後來還學會了俄語。

胡志明在一九一九年起草一份請願書，送交出席凡爾賽（Versailles）和會的美國總統伍德洛・威爾森（Woodrow Wilson），要求威爾森支持越南獨立。胡志明在信中說，「所有……陷於文明對抗野蠻之爭的民族，無不充滿希望，期待著即將展現在他們眼前的公理與正義時代。」他出席一九二〇年法國社會主義大會，發表後來馳名的演說：「要我用短短幾分鐘時間向諸位陳述資本主義匪徒在印度支那犯下的種種罪行，根本不可能。監獄比學校多……我們沒有新聞與言論自由……我們沒有移民或出國旅行的權利……他們盡全力用鴉片、用酒麻醉、殘暴我們。他們……為保護（非越南的）利益，屠殺成千上萬人民。」胡志明開始經常引用列寧的話，為左派雜誌供稿。

一九二四年，他往訪莫斯科，會見俄國新領導人，在所謂「東方工人大學」（University of Oriental Workers）度了幾個月，然後前往廣州，為蔣介石的蘇聯顧問擔任通譯。三年後，蔣介石反共，胡志明逃回歐洲。一名法國友人描述當年在一座跨塞納河（Seine）的橋上與胡志明的一段對話如下，胡志明若有所思地說，「我原本一直以為自己會成為一個學者或作家，但我走上了專業革命這條路。我在許多國家旅行，但什麼也沒見到。我奉有嚴令，行程也經過精心安排，再想改變路線看來也辦不到了，是吧？」

誰下的「嚴令」？胡志明的一生有許多謎。他從未結婚，對政治鬥爭的投入似乎總能滿足他的情緒需求。為他的環球旅行出資的金主是誰？他是領錢為莫斯科辦事，還是說他只是接受一些志同道合的旅行夥伴的資助？他成為共產黨不足為奇，因為世上資本主義信徒與他的信念勢同水火。他的著作與思想雖說並無新意，但他善能鼓動他人，讓他人信他、對他忠誠、甚至愛他。幾年以後，一名越南學生寫道在巴黎與胡志明初次謀面的情景：「他有一種蒼白、弱不禁風的神氣。但這反而突顯那像衣裝一樣、裹在他身上的沉著、冷靜的尊嚴。他為人帶來一種強大、寬宏的心靈意識，像一記重拳般擊在我心上。」

一九二八年，胡志明遷入印度支那民族主義流亡人士匯聚的曼谷。翌年他來到香港，在一座正在舉行比賽的足球場主持越南各敵對派系領導人會議，以躲避警方耳目，他說服與會派系領導人團結在印度支那共產黨旗幟下。莫斯科「共產國際」（Comintern）於一九三一年正式承認了印度支那共產黨。之後幾年，越南爆發一連串叛亂。法國隨即回應，一方面轟炸叛軍涉嫌聚居的村落，同時將叛亂領導人送上斷頭台。胡志明雖說與這些暴亂事件沒有直接關連，但這時已成為歐洲列強各殖民地通緝的要犯。歷經多次風險，他說服一名香港醫院員工謊稱他已死亡，趁機逃進中國。之後他往返中、俄兩國之間，在貧病交加下苟延殘喘。在這段期間與他會面的一名法國共產黨特工說，胡志明「興奮緊張，不住顫抖，腦子裡只有一個想法：他的國家」。

一九四一年初，在離國三十年後，胡志明秘密返回越南，用一雙腳與舢舨旅行，開始以筆名「胡志明」寫作，「胡志明」即「光明使者」之意。五十歲的他寄居越南北部山間洞穴，在洞裡會見尊他為「胡叔叔」的年輕人，包括范文同、武元甲等後來成為革命英雄的人物。武元甲向自己率領的那一小股游擊隊首次引見胡志明時說，「同志們，這是一個住在這裡的老頭，一個熱愛這場革命的農民。」不過他們很快發現，這老頭不僅不村俗，而且絕不是農民。胡志明為那些從未見過河內的人畫地圖，還教他們怎麼挖茅坑。有個老革命後來回憶說，「我們當時暗自心想，『這老頭是什麼人？放著這麼多可以教我們的不教，卻教我們怎麼挖茅坑！』」無論怎麼說，胡志明很快成為這支游擊隊與整個越南獨立聯盟（簡稱「越盟」）的領導人。一開始，越盟眾領導人並不諱言各自的意識形態，直到很久以後才公開承認共產主義是他們的唯一信條。

納粹稱霸西歐讓法國在殖民地威權掃地，也加深了農民的苦難。在印度支那，法國開始征用火柴、布料、燈油等基本用品以因應本國需求。湄公河三角洲在一九四〇年發生一次共產黨領導的短暫叛變，揮著鐮刀錘子旗的叛軍殺了幾名法國官員，攻下幾處軍隊哨所，他們占領糧倉，就地分糧，還搗毀幾座橋樑。這次所謂南奇村（Nam Ky）暴動僅持續了十天，只有少數在地人參與，但它突顯了鄉間民怨沸騰之勢。

從一九四〇年夏季起，日本利用它享有的區域性壟斷優勢開始在印度支那駐軍，首先切斷西方對中國的運補路線，之後步步進逼，建立占領區，迫使美國總統富蘭克林・羅斯福（Franklin Roosevelt）在一九四一年七月對日本實施石油禁運。儘管法國仍然保有名義上的權威，當時印度支那真正的主子是日本人。日本人亟需商品供應本國產業，並且認定越南人應該減少稻米生產，增產棉花與黃麻。這種政策再加上強制性食品出口，逐漸在東南亞產量最豐的米倉造成饑荒。

一九四四年，印度支那旱澇成災，哀鴻遍野。至少一百萬越南人死於饑荒，占東京（越北的東京）約十分之一的人口，災情之慘與同期間英屬印度發生的東孟加拉（East Bengal）大饑荒不相上下。一些可靠的報導說，越北地區確實出現人吃人的悲劇，但沒有法國人捱餓的傳聞。對許多越南北部的居民來說，這場饑荒仍是生平最可怕的經驗，就連之後的戰亂也比不上。一個住在河內附近村落的農民說，他最早的記憶就是他的母親斥責孩子浪費食物：「你若記得一九四五年，就不會這麼做。」

還有一個農民描述農村十室九空、饑民覓食的慘狀：「骨瘦如柴、衣衫襤褸的饑民徘徊在每一條鄉間小路與城市大街。接著路邊、寺廟庭院、教堂園區、市場、公園、巴士與火車站開始出現屍體。一群群飢餓的男女抱著嬰孩，拖兒帶女地闖入每一處可以闖入的田地與菜園，尋找他們認為可以充飢的東西：生香蕉、香蕉樹的核與莖、竹筍。我住的那個村的人不得不以武力保護他們的田地。」牛車載走屍體，送到集體墳場埋葬。一天，他三歲的妹妹在屋外吃一塊米糕，一個「衣衫破爛、活像鬼魅」的瘦弱年輕男子衝上來，從她手裡搶了米糕，迅速逃逸。

在有些地區，有人設了義廚為饑民施粥，這些義廚前面總是大排長龍。當年十幾歲、住在東京地區的文琪（Van Ky，譯音）說，「早上打開前門，你可能看見一具躺在那裡的屍體。如果你見到一大群烏鴉，表示那下面有死屍。」文琪後來成為越盟著名民謠歌手。這樣的人生經歷培養出文琪這類革命鬥士，自也不足為奇。文琪於一九二八年生在農民之家，但他得天獨厚，成長於舅舅的書香門第，從舅舅那裡學習拉．封丹[7]（La Fontaine）寓言，還根據這些故事演出小小舞台劇。他從幼年時代開始閱讀維克多．雨果[8]（Victor Hugo）的《悲慘世界》（*Les Misérables*）這類名著。十五歲那年，他為共產黨散發傳單，成為當地秘密民兵組織的頭子，直到共產黨發現他的藝術才能比軍事才能對革命大業更有用為止。當年共產黨宣傳部門非常擅長利用音樂，他們將傳統民謠改編，由樂團巡迴各地演唱，宣傳黨的訊息。文琪寫了一首民謠〈希望〉（Hy Vong），在抵抗運動唱響。他的經驗證明獨立鬥爭的一個重要層面：對法國文化的尊重，無損於越南人要法國撤出越南的決心。

◎越盟進軍

第二次世界大戰的最後階段造成重大區域性後果。一九四五年三月，日本人發動政變，罷黜法國傀儡政權，全面掌控越南。只有在被殖民的民族認定殖民者高他們一等、殖民統治勢所難免的情況下，殖民制度才能持續，但這種白種人高黃種人一等的概念在東南亞永久改觀了。日本人統治手段殘酷，引起越南人反彈，但越南人也對同是亞洲人的日本人竟能如此威懾法國人，留下深刻印象。有越南人因此稱日本人「oai」，即「讓人敬畏」之意。那年七月，美國支援越南游擊隊的組織：戰略情報局（OSS），派出一支由阿基米德．巴蒂（Archimedes Patti）少校率領的特工，前往印度支那工作。巴蒂與胡志明會合，並在一處宿營。那些乳臭未乾的年輕人，就像二戰期間太多在世界各地敵軍占領區內工作的英、美青年一樣，對於能在危機四伏的環境中找到戰友感激不已：他們愛上那種異國環境的浪漫，與招待他們的主人結為密友。一名二十二歲的游擊隊嚇唬一名戰情局特工說，不可以走出丹太（Tan Trao）的營區，「因為如果日本人逮到你，會把你像豬一樣吃了。」但這名游擊隊事後大笑不已地向武元甲說起這事時，遭到武元甲喝斥：「我們是革命黨，這個組的人是我們的盟友，我們必須以一種文明、有禮的方式與他們交談。」

華府的印度支那決策既笨拙又變幻不定，盟軍領導人忙著徹底擊敗德國與日本，但從南斯拉夫到緬甸、從希臘到越南，在地民族主義分子一心一意只想在軸心國撤軍後掌控政權。從殖民地人民的角度看來，趕走法西斯獨裁卻讓過去無論是法國人、英國人或荷蘭人的殖民主子將枷鎖再次套在脖子上根本沒有意義。戰略情報局那支與胡志明會合的小組對胡志明的氣質心儀不已，聽信胡志明的說詞，認定越盟會運用他們提供的武器打擊日本人。事實上，越盟只對日本占領軍發動了少數幾次充做樣板的小規模行動，卻集中力量打造組織，把武器保存下來對付法國人。胡志明指派武元甲為軍頭，武元甲原是教師，對歷史極有興趣，但從沒受過任何軍事訓練。一九四四年十二月二十二日，他成立所謂越南解放軍宣傳隊（Vietnamese Liberation Army Propaganda Unit），全員總計只有三十四人，其中包括三名婦女。一九四五年五月十五日，這個宣傳隊併入「解放軍」。

越南現代史學者得意洋洋地紀錄了當年共產黨人如何利用西方武器與訓練來追求本身的目的。一九四三年，在盟軍占領法屬馬達加斯加（French Madagascar）之後，英國秘密作戰組織「特戰執

7 譯注：拉·封丹（一六二一—一六九五），法國詩人，以《拉封丹寓言》留名後世。

8 譯注：雨果（一八〇二—一八八五），法國浪漫主義作家代表，代表作有《鐘樓怪人》、《悲慘世界》等。

行隊」（Special Operations Executive）軍官在維琪（Vichy）政府的一座監獄中徵招了七名越南囚犯。這七名越南人向解放他們的盟軍保證，說他們渴望返回越南與法西斯作戰，但不提他們將法國人也視為法西斯。越盟在日後的一份報告中說，「這七名情報人員表面上是盟軍特工，但骨子裡是共產黨員」。在接受戰技、情報訓練之後，這七名越南人以跳傘方式回到越南。他們原本擔心會因為替特戰執行隊工作而遭共產黨排斥，但他們受到共產黨熱烈歡迎，還立即奉命向加爾各答（Calcutta）發電，要求更多武器、無線電、與醫療補給。

大戰於一九四五年八月突然結束，讓胡志明得以採取主動，填補出現在北部的權力真空。他的使者說服越南那位古怪、懶惰的年輕傀儡皇帝保大寫信給巴黎政府說，想保護法國的立場，唯一辦法就是「坦誠而公開地承認越南獨立」。巴黎的臨時主子戴高樂（Charles de Gaulle）不肯回覆這封信，但也不得不眼睜睜、看著保大在八月二十五日退位以前邀胡志明組織政府。胡志明要支持他的群眾湧入東京地區首府河內，一九四五年九月二日，他在河內巴亭（Ba Dinh）廣場對數以萬計、欣喜若狂的群眾宣布建立越南國。胡志明說：「法國人逃了，日本人垮了，保大皇帝已經退位，我們人民已經打破一百多年來綁住我們手腳的桎梏。」

巴亭廣場宣布建國的新聞在全國各地播出，當年住在順化南方的一名學童日後回憶：「我們的老師高興得不得了，對我們說，我們必須走出去，好好慶祝獨立。他們還說，當我們老了……我們必須記住這普天同慶的日子。」胡志明在演說中引用了美國獨立宣言，加上戰略情報局隊員在升旗典禮中向越南國旗敬禮的照片，也為他帶來一場宣傳大勝。巧的是，就在升旗典禮舉行過程中，美軍一個P-38戰鬥機編隊正好飛經廣場上空：看在成千上萬越南民眾眼中，這無疑是美國對新政府的祝福。

事實上，當然，這一切不過是在華府缺乏決策方向的情況下，一小群充滿理想主義的國務院與戰情局青年的自我表態而已。對胡志明崇拜有加的巴蒂少校，曾說胡志明是「謙謙君子」，另一名戰情局的美國隊員也說，「我們覺得他主要是民族主義分子，其次才是共產黨。」許多年以後，巴蒂承認「我當年（對胡志明引用獨立宣言的用意與目的）或許有些天真……但我堅信越南人有自主的合法權利。再怎麼說，（第二次世界大戰）爭的不就是這個嗎？」

在大多數革命鬥爭中，有魅力的領導人都是決定因素，印度的甘地（Gandhi）與尼赫魯（Nehru）、肯亞的肯亞塔（Kenyatta）、古巴的卡斯楚（Castro）都是例證。事實證明，由於胡志明在一九四五年一人掌控越南獨立運動，他的政權即使出現明顯短處，甚至犯下野蠻暴行，他建立的法統仍然堅不可摧。當年十六歲的阮高祺日後寫道，在那段歲月的河內，「我與我那一代幾乎每一個人，每天掛在嘴上的一個名字就是胡志明。」許多家庭開始陳列他的肖像。有一個年輕人說得好：「我們渴望一個供我們崇拜的英雄。」法國人從來就沒打算培養一個同情越南人命運的越南政治階級：富有、受過教育的越南人，生活在一個與農民生活的截然不同的世界。胡志明與他的心腹雖說也知道沒有什麼越南人會公開支持共產黨，但他高舉驅逐法國人的大旗，讓廣大民眾團結在一起。之後許多年，他在越南聲望之高幾乎像神一樣，沒有人能跟他爭鋒。

在獨立鬥爭初期的「解放區」，土地透過強制措施從地主轉交到農民手中。胡志明與他的部屬並沒有透露這種土地再分配只是過度手段，最後的目標是農業集體制。政治幹部將俄羅斯吹捧成越南必須模仿的人間樂土。胡志明展現超人一等的政治操控技巧，憑藉本身的魅力，讓所有見到他的人為他的氣質與智慧折服。在慈眉善目的外表下，他擁有所有革命家必備的品質：為了他認為能夠造福人民的大業，能夠絕對毫不手軟地犧牲人民。任何政治運動似乎都應該接受一項檢驗：檢驗重點不在於它是資本主義、共產主義、或法西斯，而在於它基本上是否人道。據說武元甲曾為越盟回答了這個問題：「這世上每一分鐘總有數以十萬計的人死亡。死幾百人、幾千人、幾萬人，就算死的是我們的同胞，也不算什麼。」

胡志明的作為反映同樣信念，不過他太精，從未在西方人面前表達他真正的想法。他究竟是「真正」共產黨，或只不過是迫於政治必要而擁抱列寧的民族主義分子？有關辯論很多，證據似乎壓倒性地偏向前者。一些為他辯護的西方人認為他是狄托[9]派（Titoist），但胡志明絕不是狄托派：他不斷譴責南斯拉夫一九四八年脫離蘇聯集團的作法。他公開表示對史達林的崇拜，但史達林對他從未有所回報，既不信任他，也未曾為他提供重大援助。

如果法國在一九四五年效法英國在放棄馬來亞以前的作為，宣布法國準備撤出越南，同時展開接班過程，培養信得過的在地領導人出來主政，越南或許仍有些微可能不致淪入共產黨手中。但法國人不但沒有效法英國，還選了一條慢性自殺之路，宣布絕不容許越南獨立。殖民主義者這種不妥協的作法，讓胡志明在這場獨立鬥爭中占得道德上風。

這項失策主要得由戴高樂負責，他的駐遠東聯絡官皮耶・梅斯密（Pierre Messmer）認為法國必須與越盟會談，但戴高樂在一九四五年三月否決了梅斯密的建議。高傲的戴高樂，把重建法國威權的重任交給頑固的殖民主義將領傑利・達尚禮（Thierry d’Argenlieu），任命達尚禮為駐西貢高級專員。在世上若干地方，特別是非洲，缺乏可靠的民族主義運動，讓歐洲人對他們的帝國之夢戀戀不捨，渴望將帝國權力與特權延及下一代。但在越南，就像在亞洲其他地區一樣，一旦地方領導人有了再也禁不了的話語權，有了附和他們的群眾，外國霸權的氣數也走到盡頭。這正是法國耗盡往後十年時間意圖否定的現實。

一九四五年九月十二日，在越盟於河內奪權之後不到一個月，英國與印度軍隊在西貢登陸。他們放了被關在獄中的法國殖民分子，還在日本人助陣下，用幾場浴血惡鬥打斷了越盟執政之路。英軍指揮官道格拉斯・葛拉希（Douglas Gracey）少將宣稱，「印度支那政府的問題完全是法國家務事。」他手下一名軍官描述與越盟第一次打照面的情形：「他們前來見我，說一些『歡迎』之類的客套。場面鬧得不愉快，我很快就把他們趕走了。他們顯然是共產黨。」有人批判葛拉希，說他用他的軍隊壓迫胡志明的手下。但葛拉希不是凱撒，甚至不是蒙巴頓[10]（Mountbatten）。他不過是相對而言的低階軍官，奉命像當年他在世界各地的許多同僚一樣，用刺刀重建戰前秩序而已。

蔣介石手下的十五萬中國軍隊，按照華府指示開抵越南北部，執行盟軍占領任務。越南人稱他們「tau phu」，即「肥腫的中國人」，可能是因為腳氣病的關係，他們似乎都有一雙肥腫的腳。這些中國人來到越北鄉間，將一切可以吃的、可以拿的全數搜刮盡淨，作為不像軍人，而像蝗蟲。他們對胡志明積極擴張政治權威的事不聞不問，對於賣武器給越盟的事倒是十分熱衷。一九四五年十月初，第一批法國軍隊開進西貢，但事隔一年多以後，法軍才再次掌控北部。這一年多的延誤為共產黨帶來無價良機，對帝國主義者卻是致命的大錯。

當時十六歲、還是學生的范福逢（Pham Phu Bang，譯音），心目中的越盟是個徹頭徹尾的獨立運動：「我對共產主義一無所知。」在日本人席捲越南之初，他見到同是亞洲人的日本人竟能把法國殖民強權打得慘敗，感到激動不已，「就像見到兩頭大水牛鬥角一樣」。在日本潰敗之後，范福逢展開他自己的革命生涯，從粗心大意的中國軍人身邊偷取武器，寫「與胡志明一起奮起」、「自由越南萬歲」的傳單與標語。一天，他上了一列載運米糧到北部饑荒災區的火車，但火車因為一座橋樑遭盟軍炸毀而困在橋頭，無法動彈。負責護送米糧的越盟於是徵用地方村民馱著米袋涉水

9 譯注：狄托（一八九二—一九八〇），南斯拉夫革命家，不結盟運動發起人。
10 譯注：蒙巴頓（一九〇〇—一九七九），英國海軍元帥，末任印度總督。

渡河。一名骨瘦如柴的村民找上年輕的范福逢，這村民已經領到一罐米，但仍不斷哀求，想為自己的孩子再領一罐米。范福逢說，「我們同夥間經常在討論，這些慘劇該由誰來負責？統治越南的日本人？把食物都搶了、拿給自己人的法國人？還是炸毀鐵路的美國人？我們認為他們都有罪。我們又彼此互問：我們這麼弱小的國家為什麼有這麼多敵人？」

一九四五至四六年間，越盟接管非共的「前鋒青年」（Vanguard Youth）運動，並在北部鎮壓其他反對團體。許多與越盟角逐的領導人被捕下獄，鄉間地區數以千計的所謂「人民公敵」遭到清算。一九四六年一月四日，越南舉行全國大選，越盟迫不及待地宣布獲勝，就像印度支那地區之後幾十年舉行的每一次選舉一樣，這次選舉也毫無疑問，操控作假、弊病叢生。由於北部地區還駐有中國占領軍與盟軍代表，有短短一段時間越盟在表面上容許言論自由。但到了六月中旬，大多數中國軍已經撤離，整肅隨即展開。

胡志明的部屬迅速而有效地在農村，特別在接近中國邊界的偏遠地區取得控制權。但相形之下，在湄公河三角洲地區，由於法國已經在一九四六年初重建主控地位，所以共產黨叛亂結構得轉入地下，與殖民政府祕密角逐。許多越盟人犯獲釋，包括二十年以後成為越南統治者的黎筍。法國不斷將越盟分子逐出都市地區，黎筍等人遂在湄公河三角洲鄉間安身，組織游擊隊與法軍作戰。法軍也展開反擊。

法國之所以採取這種註定失敗的策略，相當程度上是因為它在二次大戰的慘敗。而印度能夠逃過類似慘劇，或許只因為英國選民在一九四五年大選中展現智慧，投票支持一個社會主義政府，這個政府做出歷史性決定，讓英國從印度次大陸與緬甸撤軍。法國情況大不相同，一九四五年夏，來自蓋亞那（Guyana）的黑人代表耶松・孟尼維拉（Gaston Monnerville）在巴黎說，「若是沒了帝國，今天的法國不過是一個被解放的國家……全靠它的帝國，法國今天才能成為戰勝國。」第四共和[11]（Fourth Republic）一連幾個政府如旋轉門一般進進出出，它們的一切施政全無效率，只有一項例外：它們都下定決心在海外屬地駐軍，而且手段之狠大概只有蘇聯人差堪比擬。一九四五年，在阿爾及利亞伊斯蘭教徒叛亂，殺了一百名歐洲人之後，法軍展開報復，屠殺了約兩萬五千人。一九四七年三月，三萬七千法國殖民統治四百二十萬黑人的馬達加斯加發生暴亂，法軍出動鎮壓，殺了九萬人。只因當時大戰方艾，世人道德勇氣淪喪殆盡，法國方能以如此手段製造屍山血海，而不受任何譴責。類似的血腥暴力衝突開始伸入印度支那，阿爾及利亞與馬達加斯加是重要借鏡。

法國的魯莽與殘酷固然令人稱奇，更讓人不解的是美國竟然支持他們。若是得不到軍援，巴黎的殖民政策會在一夜間崩潰。根據斐德烈．羅吉法的觀察，美國在決定協助法國國內復甦的同時，即使不支援法國的帝國蠢動也不矛盾。但華府決定支持法國重建殖民勢力，部分原因是，甚至在冷戰轉劇以前，華府決策人士已經對共產黨不斷攻城掠地心生不滿。美國自由派知識分子固然厭惡殖民主義，但在那個種族隔離情緒仍然濃烈的時代，白人對「次等人種」頤指氣使似乎並無不妥。在二十世紀四十年代末期，法國的政策還沒有像後來那樣與美國站在一起反共，但在哈利．杜魯門（Harry Truman）總統的施政計畫中，越南人或馬拉加西人、阿爾及利亞人等被殖民民族的利益並不重要。

在一開始，一些越南人認為法國勢力重返越南是可以接受的權宜之計，因為這樣可以免除中國人在越南北部的掠奪與搜刮。法國象徵性地承認胡志明是東京地區的主子，保大的名義上的統治也獲得認可。一九四六年七月，胡志明在訪問巴黎討論越南前途問題時，還受到國家元首的禮遇。但

11 譯注：第四共和，一九四六至一九五八年間的法國共和政府，實施議會制。

這不過是粉飾而已。在隨後於楓丹白露（Fontainebleau）舉行的會談中，巴黎政府明白表示，之所以找胡志明來，不過是要胡志明聽取指示而已，不是要與他談判權力的再分配。戴高樂說，「法國為她的海外屬地帶來文明，只有與這些屬地結合，法國才是個大國。沒了這些屬地，法國有不再偉大之險。」

法國代表團團長以一種輕蔑的口吻告訴一名越盟代表，「我們只需一次例行警察行動，花八天時間就能把你們全部趕出去。」一連幾星期，胡志明一直悶悶不樂。當時在巴黎留學的一群越南留學生前往旅驛拜見他們心目中的英雄，胡志明當時要他們叫他「胡叔叔」，不要叫他「總統先生」，讓學生們心馳不已。他問他們對越南前途的看法，還用一個下午的時間與他們交談。其中一名學生是將近三十年後成為南部地區革命領導人的張如堂（Truoug Nhu Tang，譯音），他在回憶這段往事時說，「這世上很難找到這樣一位在類似狀況下而有類似行為的世界級領導人。」當時胡志明發現這群學生有的來自越南北部，有的來自中部與南部，不禁欣喜地說，「太好了！我們偉大家庭的青年……你們必須記住，河川可以流乾，山嶺可能崩塌，但國家永遠只有一個。」他的話深深打動那群愛國青年的心。張如堂說，因為它們讓他們想到「越南領導人一直用來鼓舞人民的口號與詩……從那天下午起，我成了胡志明的忠實信徒。他的樸質、魅力、與親和讓我折服。他……火一樣的愛國熱忱為我提供了一個畢生效法的榜樣」。

胡志明回到東京，知道不可能與法國達成和解。法國人表現得像一個不折不扣的兩面派：隨著可供差遣的軍隊、飛機與軍艦越來越多，法國開始加緊在南部的控制，並將勢力伸向北部。一九四六年夏，法軍指揮官菲利普・里克萊（Philippe Leclerc）說胡志明是法國的敵人，還大言不慚地宣布，說越南之戰已經打贏了。里克萊從沒將武元甲看在眼裡，武元甲原是胡志明手下情報頭子，當時是越盟「國防部長」暫定人，他笑口常開，讓許多西方人以為他軟得多，沒有胡志明那麼狠。事實上武元甲不僅自負，還是個毫不容情的狠腳色：法國人對他的羞辱，徒然使他對殖民主義者更加深惡痛絕。

里克萊後來改變他對印度支那的看法，開始認定在共產黨與非共人士聯手、以民族主義陣線對付法國的情況下，法國無法取勝。但沒多久他因為飛機墜毀而死在非洲，傑利．達尚禮隨即出任駐西貢高級專員，成為法國對越南政策主導人。達尚禮生性狡詐、倔強，他讓巴黎政府相信法國可以打垮越盟：「從現在起，我們不可能再與胡志明打交道……我們必須另外找個可以談判的對象。」法國人打算扶植那位年輕的遜帝保大。但就像世上許多被壓迫的國家一樣，越南情勢也大舉左傾，沒有一個越南人能像胡志明一樣讓這麼多越南民眾為他效命。

一九四六年十一月，在談判破裂後，法國對海防（Haiphong）港周邊的所謂越盟據點展開殘酷的海、空軍轟炸，幾千人死難，只有海防的歐洲人居住區沒有被炸。十二月十九日，達尚禮發布要越盟認輸的最後通牒，越盟則在河內發動武裝暴動，前後長達六十天，作為對這項通牒的答覆。越盟最後在無所不在的毀滅中被迫撤離，法國人也自欺欺人，說他們已經奪回東京地區控制權。

但外國觀察家對這種說法存疑。倫敦《泰晤士報》（*The Times*）一名記者在十二月寫道，「一旦陷入這種以恐怖主義對付恐怖主義的情勢，任何殖民帝國最好還是趕快洗手退出為妙。我們見到法軍雖說又一次征服印度支那大部分地區，卻讓法國商人或養殖場主人只能生活在鐵刺網圍繞的園區裡。」胡志明與武元甲開始為持久戰做準備，他們需要建立法國空軍機場與重砲無法夠及的基地。就這樣，作為越盟主力的約三萬名部隊放棄城鎮，撤往西北偏遠地區的越北（Viet Bac）。

這些現在以洞穴或茅屋為家的越盟領導人，從不自以為能取得絕對軍事勝利，他們只想讓法國因為統治成本過高而自願放棄。為達到這個目標，轉入地下的地方團體發動游擊戰，而正規部隊只在條件有利的情況下才會擇定時間、地點出擊。他們主要依賴俘獲的武器，但在約三千名日本逃兵協助下，也開始製造自己的武器。憑藉奇巧智謀，他們尋找法軍棄置的彈殼重新裝填，用俘獲的大砲彈與迫擊砲彈製作地雷。在一開始，他們公開或秘密控有約一千萬人口，這些人大多數向他們付稅，為他們服勞役或兵役。越盟儘管譴責鴉片走私，說這是殖民當局剝削的明證，但胡志明也靠鴉片走私為越盟籌款。

家庭在越南社會中一直享有幾乎神聖的中心地位，但在那段動亂的歲月，許多家庭拆散了。當時十歲的陳浩（Tran Hoi，譯音），父親是個默認法國統治的小商人。陳浩的父親說，「如果必須在殖民統治與共產主義之間做選擇，我選殖民統治，因為這樣做能讓我們接觸到西方文明。」但陳浩那位當醫生的舅舅宣布他決定加入胡志明。就像數不清的越南家庭一樣，陳浩一家人就此四分五裂，直到幾十年以後仍然難以癒合。

第 2 章

「骯髒的戰爭」

The 'Dirty War'

◎壓路機兵團

一九四七年初期幾個月，法國歌手夏利・圖內（Charles Trenet）的低吟：「La mer, qu'on voit danser la long des golfes claires.」（意即：眼前的海水，伴著明亮的海灣起舞）——讓人沉醉在法文美麗的詞藻中。迪奧（Christian Dior）推出「新面貌」（New Look）時裝系列，用緊身胸衣與細腰擄獲時尚女子的心，也宣示節約、儉樸的日子已經告終。法國文化、風格、以及自然與人為之美再一次重登世界舞台。南西・米福[12]（Nancy Mitford）不斷從巴黎發聲，嘲笑她那些說英語的同胞如何在美食、才智、與品味上不是法國人的對手。

但也就是同樣這些聰明、自負、有著極度不安全感的人，選擇投入八千英里外一場殘酷的殖民戰爭。這場戰爭最後斷送了超過九萬條法國人命，越南人的死傷更多得難以計數。生活在法國本土的大多數法國人，對這場維護帝國海外屬地的「la sale guerre」——骯髒的戰爭——，縱使沒有直言批判，也漠不關心。這時已遭政治放逐的戴高樂，終於發現法國在印度支那並無重大利益，而且在越南用兵並無勝算。但一小群人聲嘶力竭地高喊戰鬥，讓法國走上代價奇高的戰爭之路。

喬治・歐威爾[13]（George Orwell）曾說，想結束一場戰爭，最快的辦法就是認輸，法國人何其不幸，花了將近十年才結束這場戰爭。這場印度支那之爭展現的形式，因所在區域不同而不同。在北部地區，殖民軍以大部隊運動對付共產黨部隊，共軍兵力最後達到六萬人，還有不斷進進出出的農民幫他們挑重運補。一份越盟文件說，每年十月到四月的乾季「最利於征戰」，從五月到十月的雨季由於部隊運動困難，宜於休養、訓練、再部署與計畫。在城市地區，法軍忙著對付恐怖攻擊，恐怖分子經常往人潮擁擠的咖啡館扔炸彈、槍擊政府官員等等。這類事件已經成為新常態的一部分：在海防市市長的一次招待會舉行期間，附近發生爆炸與槍擊事件，招待會也暫停了。之後消息傳來，說一名越盟分子在向一處警所投擲手榴彈以後已遭槍殺，招待會隨即恢復，來賓又喝著雞尾酒，繼續交談。在一次不常見的血腥攻擊事件中，游擊隊闖進西貢河（Saigon River）河口附近聖雅克船長市（Cap St Jacques）一名法國人住家，用手榴彈與舊型英國衝鋒槍殺了八名軍官、兩名婦女、六個孩子、與四名越南僕人。

在鄉間，為保護村莊與道路，由將近一千個城堡與瞭望台組成的防護網被建成。瞭望台周邊埋了地雷，設有鐵刺網、木樁、砂袋、波紋鐵板，還挖了插滿削尖竹竿的壕溝。這些工事對越盟的制阻效應不大，越盟游擊隊經常過來把地雷挖走，供做己用，而且如果越盟打定主意，一般都能攻占一處地方性據點。巡防於黑河（Black River）的法軍小型砲艇也經常與藏身岸邊的游擊隊交火，激戰不已。

同時，在高山與叢林地區，法國特種部隊（Groupement de Commandos Mixtes Aéroportés, GCMA）率領著基於各自理由而痛恨共產黨的部落土著。由於進出這些地區只能靠機場跑道，有些GCMA戰士在別無選擇的情況下加入部落，不少人就此終老高山叢林，未再重返文明。這也是不斷進行傘兵空降作業的最後一場戰爭，有時每周都會有一次空降作戰。但對大多數法軍部隊而言，這主要是一場爭奪道路控制權的戰爭，直升機扮演的角色很小：直到戰爭末期，法軍也僅僅擁有二十三架直升機。步兵使用檸檬（Citron）、橘子（Mandarine）、水銀（Mercure）、千層糕（Artois）、海鷗（Mouette）、與尼斯I與II（Nice I & II）這類詩情畫意的名目為代號，在鄉間發動似乎永無止境

12 譯注：南西．米福（一九〇四—一九七三），英國小說家，以描寫上流社會生活的長篇小說著稱，代表作有《愛的追求》、《寒冷季節的愛情》等。

13 譯注：喬治．歐威爾（一九〇三—一九五〇），英國小說家，代表作為《動物莊園》與《一九八四》。

的掃蕩作戰。這類行動殺了一些越盟，但不僅將法軍累得筋疲力盡，也讓農民更加痛苦不堪。

武元甲沒有進過戰爭學院，但他愛讀書，是拿破崙（Napoleon）、克勞塞維茨（Clausewitz）、與毛澤東游擊戰術的信徒。一九四七年一月二十七日，他的手下伏擊一支載著殖民當局越南籍政治人物在北部視察的車隊，這是越盟最早期高調宣揚的一場勝利。這次攻擊行動的大膽與效率令殖民當局震驚，事件中有十四輛車輛被毀，教育部長與一名法國工程師遇害。之後類似事件不斷出現，從河內到海防的五號公路成為「血腥之路」。南北走向的一號公路邊一個村落，由於經常發生伏擊事件而遭法國當局以推土機剷平。

雙方競相比狠。越盟在抓到不肯聽命的村長後，往往先施以中古式的酷刑，再當全村農民面前活埋。有一次越盟殺了一名在法軍服役的越南士兵，一名游擊隊員從附近一家人家借來一把鉗子，將死者嘴裡的金牙拔了出來。一個當時目睹這慘劇的孩子事後寫道，「我見過許多屍體，有被砍了頭的，有被斷了手腳、挖了內臟、甚至剝了頭皮的，但最讓我噁心的還是那名游擊隊露著獰笑、手持兩顆金牙的情景。」由於越南社會有祕密結社的悠久傳統，越南人對表面一套生活、暗中一套生活的作法早已習以為常。

在戰場上，法國讓他們的軍隊幾乎隨心所欲、毫不吝惜地運用火力。作家諾曼・路易斯描述了他第一次飛往西貢的經驗，他搭乘一架法航（Air France）客機，坐在他旁邊的一位外籍兵團上校，以一種識途老馬的眼神望著底下的湄公河三角洲。當飛機以兩千英尺高度飛越一叢茅屋時，路易斯見到一股好似香火般的煙從地面裊裊升起，他隨即發現那不是香火，而是一團濃煙。隔不多久，地面上那些移動的斑點也逐漸清晰，那位外籍兵團上校說，「那是在打仗。」路易斯寫道，「不知怎麼，在說這話時，他的心靈似乎已與地面上發生的事結合在一起。他那旅途勞頓的身軀突然變得神氣活現，精神抖擻。就憑著這種像神職人員一般的氣質，他成為機上所有旅客的重心。暴力就在我們眼皮底下上演，但我們幾乎就像正在讀歷史一樣，與底下的暴力漠不相關……想來飛行員在執行轟炸任務時能毫不猶豫地肆意殺戮，一定就是這種心態。」

法軍的殘酷，部分原因是種族支配的習慣使然，部分也因為他們很了解，許多農民就算沒有真正與法國為敵，但農民知道敵人在哪裡，知道游擊隊躲在哪個洞口、哪一條路邊等著法軍。大家都知道，法軍與他們的盟友高台教與和好教——位於南部的教派，擁有相當強大的民兵——每犧牲一個人，就會殺五個平民償命。一九四八年十一月，兩百多名越南婦女與兒童在後來成為北越最南方省分的美澤（My Trach）遭到屠殺，儘管證據確鑿，卻始終未見法國對這宗慘案有所聞問。另一方面，在和好教創辦人遭到伏擊遇害等類似事件發生後，套用伯納·法奧（Bernard Fall）的說法，「和好教常把越盟同情分子用繩索綁在一起，把他們一串串丟進河裡，讓他們像一堆堆垃圾一樣、在潮水中載浮載沉，自生自滅。」

載有合眾社（United Press）記者、美國人鮑伯·米勒（Bob Miller）的一艘法國裝甲駁船，一天深夜在一條運河巡邏時，船上探照燈鎖住三艘違反宵禁令的舢舨，其中兩艘舢舨因為不理會要他們停船的命令，而遭法軍機槍子彈打成蜂窩。另一艘舢舨上是兩個老農民夫婦帶著他們的兒子，還有幾袋米糧。那幾袋米在一陣混亂中掉進河裡，老夫婦的兒子也跳進河中設法逃逸。裝甲駁船上一名士兵朝他身上丟了一顆手榴彈，殺了他。一名有禮的法國軍官於是向米勒解釋說，「只有讓民眾了解，違反規定會遭到極端嚴懲，法國才有望占有上風。」占上風？甚至在相對平靜的一九四七至四八年間，外籍兵團一個營因地雷、衝突、與伏擊事件而死傷的人數就高達兩百人。

外籍兵團已經成為印度支那英勇傳奇的一部分，但其他法國軍人瞧不起他們，稱他們是「壓路機兵團」。外籍兵團分子很雜，除了有越南百姓以外，還有希特勒的黨衛軍（ＳＳ）與國防軍（Wehrmacht）殘餘分子。他們以強暴、掠奪惡名遠播。生長在一個傳統地方官家庭的楊文美

（Duong Van Mai，譯音）描述外籍兵團如何闖進她家，用刺刀畫開箱子，取走他們看上眼的一切財物。她之後隨家人跋涉穿過北部戰區，又遭法軍將她一家人的現金與黃金搜刮一空，還說這是法軍合法徵收的作戰津貼。殖民軍裡面的黑人士兵比較沒有種族歧見，不過他們什麼都搶，連村民積存的鹽與魚露醬都不放過，就像二次大戰期間的歐洲一樣，遭到摩洛哥軍人光顧的地方災情最慘重。越盟的士兵雖說以殘忍出名，但他們同樣也以誠實著稱。

伯納．法奧是奧地利出生的法國作家與冒險家，他有關法國印度支那戰爭的著作常為世人視為經典加以引用：他提出許多鮮活生動的軼事，其中有些還有憑有據；他還對執行叛亂反制作戰的難度做了精闢分析。但他的作品基本上只是宣揚法軍英勇事蹟，身為當代目擊者的他必然對法軍犯下的許多暴行心知肚明，卻對這些犯行隻字不提。法國統治下的越南人也同樣麻木不仁：美國人豪沃德．辛普森（Howard Simpson）親眼見到幾名狂歡作樂的法軍傘兵駕著一輛吉普車，在西貢一條市街上橫衝直撞，把擺在街邊曬乾的幾個裝滿紅辣椒的竹籃撞得四分五裂、散落一地。吉普車過去以後，兩名老婦人默默走上來，費盡辛苦地收拾，盡可能挽回一些可以挽回的東西。當然，這不過是大悲劇下一個微不足道的小插曲，但辛普森自問，遭到如此怨屈，那兩名街頭小販怎能就這樣逆來順受？

早在一九四八年，法國人曾不很熱衷地試著以保大為首建立一個反共政治陣線。沒隔多久，時年三十四歲的保大結束流亡生涯，返回法國。但懶散、驕縱的保大每天只是忙著與法國政客一起詐財，既無道德、也沒有政治威信的他，關心的只是女人、打獵與遊艇。就這樣，法國決心以軍事手段解決問題，最後在印度支那部署了六十二個步兵營，其中包括十三個北非營，三個傘兵營，與六個外籍兵團營。此外還部署了幾十萬戰力令人存疑的民兵，負責保衛村落與道路。

直到戰爭最後階段，法國一直不缺因為需要錢而志願投效參軍的在地人。有些加入法軍的越南軍人勇敢善戰、盡忠職守，立下赫赫軍功。但更多的人根本無心戰鬥，只是領軍餉、混日子而已。此外，法軍指揮官一直無法解決一個曠日持久的難題：如何集中優勢兵力在北部地區對付武元甲的正規軍，同時在其他地區保護約一千個可能發生衝突的目標。無論是法國、法國的盟友或共產黨，都不具備掌控整個越南的實力。套用克里斯多佛・高夏（Christopher Goscha）的話說，「他們管轄的都是一些相互角逐、像群島一樣的國家，這些國家的主權以及對人民與土地的控制權，隨著軍隊進入、撤出，隨著權力均勢轉移而不斷消長。」沒多久以前本土才遭納粹占領、受盡折磨的法國，竟然能對對戰爭暴行視若無睹，頗令一些史學者感到訝異。但一些法國人對法國遭納粹占領的經驗另有解讀：直到一九四四年中，絕大多數法國人都在納粹淫威下屈服，這證明殘酷的占領手段果然有效。

一九四九年十月，戰事急遽升高。越南北方的巨型鄰國中國變天，由毛澤東領導的共產黨主政。毛澤東撇開中、越兩國歷史仇隙而支持越盟。突然間，胡志明與武元甲有了在北方的靠山，還獲得許多從蔣介石手下國民黨敗軍擄獲的美製武器。越盟在中國邊界建立訓練學校，數以百計的中國軍事顧問投入武元甲軍中。法國開始在越南西北部承受災難性的折損，駐在越南的法軍為控制情勢而苦苦支撐，因為他們主要侷限於道路，而面對的是散播在叢林與山區的敵軍。蜿蜒穿越山區隘口的四號公路，一列由一百輛車組成的車隊在緊靠中國邊界處遭到伏擊，半數車輛被毀，大多數乘員被屠殺，法國被迫放棄一塊又一塊土地。

在那段時間，發生在黎筍身上的故事很是膾炙人口。黎筍於一九〇七年生在越南中部，早在胡志明結束流亡返回越南前十年，已經是死硬派共產黨革命分子，兩度坐監，關了許多年。黎筍這時是越南共產黨南方局書記，其他領導人都有專屬茅屋、保鑣與櫥子，極度節儉的黎筍卻選擇停泊在湄公河三角洲深處的一條舢舨，帶著兩名助理做為棲身、工作之所。當時為他擔任信差的人中，有一個年輕貌美、受過法國教育的女孩叫做阮瑞娥。阮瑞娥原本與另一革命分子相戀，但因為對方在別處已有妻小，省黨委下令阮瑞娥結束這段戀情。

一九五〇年有一天，黎筍請阮瑞娥共進早餐。對於這位拚勁十足、人稱「二百燭光」的領導人，阮瑞娥很是敬畏。黎筍又高又瘦，面容憔悴，衣服也破爛不堪，永遠菸不離嘴的他，腦子裡似乎除了革命，其他什麼念頭都沒有。但年齡比她大了一倍的他，很快表明心跡，說要娶她為妻。阮瑞娥不肯，說黎筍像她原先那位戀人一樣，也在北部有妻室、子女。黎筍辯解稱，自己是包辦婚姻的犧牲者，而且與「妻子」已經二十年不通音訊。就這樣，由黎筍的親密戰友黎德壽擔任媒人，兩人在南方局叢林總部舉行婚禮。這對新婚夫婦的新生活完全談不上閨房之樂：沒有嫁妝，因為新娘的全部家當只有一條長褲，當他們將少得可憐的家私送上舢舨拔營時，阮瑞娥往往必須跳入河中，與幾名男子一起把船推出淺水區。他們經常挨餓，往往只能找些叢林根莖與野菜，混著少得可憐的米飯果腹。

一九五一到五二年，阮瑞娥擔任黎筍的政治祕書，還生了一個女兒取名烏映（Vu Anh，譯音）。阮瑞娥的丈夫似乎很愛她，有一次她穿過象草叢來到南方局，黎筍見到她走近，興奮得跑出來，雙手抓著她繞了好幾圈。黎筍這種人性真情的流露，讓阮瑞娥震驚不已，因為黎筍向以冷酷無情著稱，是越戰中僅次於胡志明的狠角色。

從一九五一年起，越盟開始強調胡志明早年刻意淡化的意識形態。中國不僅為越盟提供軍事顧問，還為越盟帶來如何建立共產社會的政治建議，而鎮壓異己就是其中一項關鍵：毛澤東在展開統治的前兩年，就殺了約兩百萬中國人。許多越盟控制的地區，為了不讓農民接觸共產黨文宣以外的資訊，開始將收音機列為違禁品，大多數原本支持越盟的知識分子與中產階級開始遭到排擠。

由於戰火最激烈的戰場都在北部，北部地區人民夾在雙方砲火交攻之間，災情也最慘重。阮公倫（Nguyen Cong Luan，譯音）生長在河內附近一個農村，村子迫不得以接受法國管轄。他的父親因此被越盟抓走，遭到酷刑，最後在懲教營中被處死。但殖民軍也沒有因此放過阮公倫，他們多次將阮公倫下監，好幾次阮公倫認為自己在劫難逃。法國人常說，他們在印度支那從事的是文明教化使命，但事實充滿反諷。阮公倫寫道，「向法國軍事當局臣服，並不能讓我們就此免於遭到擄掠、強暴、酷刑或殺害的命運。任何一個小兵，無論是法國人、非洲人、或是越南人，都可以對越南百姓為所欲為，而且不必擔心會被送上軍法審判，或遭上級懲處……一個士官的權力像中世紀總督一樣大……百姓見到他得像見到神、或見到大官一樣，稱他『Ngai』，意思就是『閣下』。」

殖民當局這種趾高氣昂的表態，讓越盟能夠利用本身的儉樸大作文章。在馬來亞叛亂期間擔任英軍保安首腦的吉洛・鄧普勒（Gerald Templer）中將，有一段入木三分的觀察：「今天你可以看出共產黨的運作方式，他們很少賭賽馬，不常出席餐會或雞尾酒宴，而且也不打高爾夫。」由於法國人可以選擇不在越南服役，所以派駐越南的法軍基層官兵大多是傭兵，包括北非人、西非人或越南人，外籍兵團成員有半數是德國人。下了勤務的官兵可以完全拋開軍紀，酗酒普遍成風，就像他們的黃皮膚與左手食指那道油漬一樣，燒焦糖的氣味說明他們是鴉片煙老菸槍。一九五〇年十二月，尚・德拉特・塔西尼（Jean de Lattre de Tassigny）將軍繼任越南總督，開始建立一支完全由越南人組成的軍隊。「越南化」在一九七一年成為骯髒的字眼，但早在二十年前，法國人已經用「jaunissment」說明塔西尼的政策，意即將戰爭「黃化」，或至少將屍體變成黃人的屍體。沒有人對這支純越南人的新軍寄予厚望，部分原因是一起五萬比索的賄賂醜聞。

武元甲這時在越南北部部署了六個兵力萬人的師，擁有許多輕武器，不過欠缺食物、服裝與裝備。早期的越盟沒有防水或遮陽保暖的衣物，直到一九五二年越盟才為士兵提供一些單薄的服裝，而對那些樸質單純的農民兵而言，這樣的服裝似乎已如奇蹟。當時有個共軍士兵說，「人類竟能造出能擋雨水的紙，真讓我們嘆為觀止。」

法國繼續在戰場取勝：部署在紅河三角洲的砲艇阻斷了向北方共軍運補米糧之路。一九五〇年五月二十五日，在共軍砲轟距離中越邊界只有幾英里的洞基（Dong Khe）法軍營區之後，法軍傘兵空降增援，擊潰入侵共軍，把他們趕回叢林。但無論如何，位於極北山區、靠著蜿蜒山徑穿山越嶺與外界相連的法軍衛戍據點，仍然動輒遭到越盟攻擊，特別是在武元甲的正規部隊取得迫擊砲與大砲之後，情勢尤其凶險。法軍不時也會莽撞地將脆弱的小股部隊投入布滿越盟的地區。殖民軍雖說就全國範圍而言占有極大數量優勢，但在西北地區，武元甲有時能以數量取勝。

九月十六日一早，在大砲支援下，越盟出動五個營又一次對洞基法軍基地展開攻擊。像越盟其他所有重要行動一樣，共產黨在這次行動展開前也花了幾周時間準備、策畫。在戰事展開之初，武元甲總部接獲警報說，一個團走失了，沒有抵達攻擊發起線，初步傷亡會很慘重。但走了許多里路、親往戰場督戰的胡志明，要越盟保持冷靜、繼續攻擊。經過五十二小時血戰，越盟終於取勝：洞基於十八日上午十點攻陷。一名法軍軍官帶著三十二名外籍兵團士兵在陣地即將失陷前逃脫，經過一星期長途跋涉，走出叢林，與法軍重新會合。

武元甲這時在山嶺起伏的中國邊區乘勝追擊，法軍決定放棄位於洞基北方二十英里的另一基地高平（Cao Bang）。十月三日，高平法軍指揮官、滿嘴髒話但甚獲部下擁戴的皮耶．夏彤（Pierre Charton）中校，領著車隊撤出高平。車隊載有兩千六百名主要是摩洛哥的士兵，包括一些妓女在內的五百名平民，後面還跟著一些大砲與重裝備。夏彤原本奉命拋下累贅，輕裝撤離，但他倔強固執，決心光榮撤軍，因此付出幾百條人命的代價。車隊在撤至高平南方九英里的山隘時，因橋樑被毀以及不斷的伏擊而被困。不到二十四小時，數不清敵軍從附近叢林居高臨下發動攻擊，打得夏彤的部隊潰不成軍。

但夏彤的遭遇只是這整個恐怖故事的半個情節而已。為了接應高平這支車隊安全撤回，法國還派出一支兵力三千五百人、主要由摩洛哥士兵組成、代號「貝雅德特遣隊」（Task Force Bayard）的部隊，外加一個精銳的傘兵營。貝雅德特遣隊由馬賽・勒帕吉（Marcel Le Page）上校率領，於九月三十日離開七溪（That Khe）往北。部隊在接近洞基時，同樣受阻於越盟激烈的機槍與迫擊砲火力。上級指揮部下令勒帕吉採取斷腕措施：燒了車輛、丟下火砲、撤入叢林、繞過越盟與夏彤會合。勒帕吉遵奉這項幾近瘋狂的命令，率部撤出法軍防線遁入蠻荒深處，與另一支在劫難逃的部隊會合。

法軍隊形很快散亂，跟不上隊伍的人迅速消失，再也不見蹤影：受傷的人只有停下來等死。每一次攀高、下低都讓身背重負的步兵苦不堪言，雨水不僅讓他們全身透濕，還讓他們得不到空中支援。經過一連多天的征戰與追逐，越盟同樣兵困馬乏，但勝利為他們帶來無比鼓舞：他們知道法軍情勢危殆。武元甲在十月六日下達幸災樂禍的軍令：「敵人比你們更餓，比你們更冷！」夏彤與勒帕吉在第二天會合，他們的隊伍因死傷慘重而兵力銳減，他們缺水、缺食物，彈藥也不足。越盟於是再發動猛攻：十五個營對準筋疲力盡的敵軍火力全開。摩洛哥士兵軍心潰散，指揮官下令部隊分成小股作戰，這命令幾乎與「Sauve qui peut」（趕快逃命吧）一般無二。夏彤受傷被俘，其他逃散的法軍大多數逐一被殺。最後只有六百人撤入位於更南方的法軍陣地，約四千八百名法軍列入死亡與失蹤名單。物資損失也很慘重：四百五十輛卡車、八千支步槍、九百五十件自動武器與一百門迫擊砲。武元甲與他的中國顧問一起喝得大醉以示慶賀，他事後說，這是他生平第一次喝醉。

十月十八日，法軍放棄位於諒山（Lang Son）的另一北方基地，大量軍火彈藥落入共產黨手中。越盟為這幾場戰鬥付出高昂代價，據估計，死傷約為九千人，但就像日後一樣，封鎖一切可能不利於他們的資訊是共產黨的一貫手法。世人對越盟傷亡狀況一無所知，但法軍慘敗的消息迅速傳開，讓許多支持法國的人氣餒不已。事實上戰事過程並非都是一面倒：在一九五一年初，武元甲一連幾次發動大規模攻勢都以失敗收場。那年一月，越盟攻擊河內西北三十英里的一座基地，法國空軍動用燃燒彈，重創越盟：六千人戰死，八千人受傷。對武元甲而言，這幾場慘敗的教訓是，若在法軍空中與地面火力攻擊圈內投入大規模兵力，就必須做好失敗的準備。

任何一名西方國家將領，若是像武元甲一九五一年春天一樣折損那麼多兵力、遭到那麼慘重的敗績，勢必面對一場政治與媒體風暴，幾乎必然遭到免職厄運。但越南政治局無需面對民眾檢驗，唯一操控生殺大權的胡志明對武元甲有信心。二次大戰期間的蘇聯元帥朱可夫（Zhukov），從來無須對他為取勝而付出的「屠夫帳單」負責，武元甲也一樣。由於法國民眾每天可以在報上讀到法軍在印度支那戰場受苦受難的消息，法軍將領難免投鼠忌器，於是讓完全沒有類似顧慮的武元甲享有一項重大優勢。

◎華府買單

英國作家葛拉姆．葛林（Graham Greene）寫了一本以法國殖民統治末期西貢為背景的小說《沉默的美國人》（*The Quiet American*）。或許這本小說中最有名的一段話，首推小說主角英國記者湯瑪斯．傅勒（Thomas Fowler）對沉默美國人奧登．派爾（Alden Pyle）的評語：「我從未見過一個像他這樣動機這麼好、卻惹來這麼多麻煩的人……善意與無知構成的裝甲讓他百毒不侵。」在這場戰爭中，最具歷史重要性的一個發展就是，因戰費激增而舉步維艱的法國，找上了美國。從一九五〇年起，美國開始為法國這場戰爭買單。當時華府決策人很擔心東南亞會繼中國之後，淪入共產黨勢力圈。此外，拉攏法國，讓法國勉為其難地同意德國軍備重整，也是美國願意買單的一個原因。

就這樣，沒隔多久，越南戰場上的幾乎每一枚炸彈、每一發子彈，都是美元而不是法郎付費。

美國之所以如此慷慨解囊，是因為希臘、義大利、法國、土耳其等許多國家的安定與民主政體受到共產黨威脅。當時擔任美國國務院政策規畫負責人、一九四六年「長電報」作者喬治・坎南[14]（George Kennan）認為，蘇聯就像一潭「流水」，「不斷在世界權力的盆地找角落、鑽空子」。世上無論任何角落發生革命，史達林與之後的毛澤東只要認為可行，就會給予支持。一九四七年三月十二日，美國總統在國會發表後來所謂的「杜魯門主義」：「在世界史上這一刻，幾乎每一個國家都必須在幾種生活方式中有所選擇。但在太多情況下，這選擇並非出於自由意願……我認為，美國必須訂定政策，支持崇尚自由的人民，協助他們對抗武裝少數團體或外來勢力的壓迫。」

但雖說國際共產主義威脅是真，西方的反共奉獻也值得後世仰慕，但美國與其盟國為了反共，也犯下一些重大不公、不義。前後幾近六十年間，華府默認弗朗西斯科・佛朗哥（Francisco Franco）將軍在西班牙的法西斯獨裁統治，還包庇中、南美幾個獨裁政權，原因只是這些政權都宣示反共。在南非的白人少數政權敗象已呈幾十年後，英國與美國仍設法繼續替它撐腰。在印度支那，法國說服美國，讓美國相信殖民主義也是反共的主義。毛澤東的部隊席捲中國，讓美國保守派在震驚之餘，要求採取強硬措施以確保美國盟友的安全。堅決支持中國國民黨政府的《時代》（*Time*）雜誌與《生活》（*Life*）雜誌創辦人亨利・魯斯（Henry Luce），將他整個出版帝國全力投入越南的反共，影響越南戰局前後長達二十年。

14 譯注：喬治・坎南在一九四六年從莫斯科發了一通長達數千字的電報，即著名的「長電報」，認為蘇聯的本質就是擴張主義者，為美國定下在冷戰期間的圍堵戰略基調。

一九五〇年二月的中蘇條約，讓人擔心亞洲真有可能遭到全面赤化。美國保守派人士麥克・林德（Michael Lind）在他的修正主義越南研究中寫道，「一九五〇年二月十四日傍晚，有三個人並肩聚在克里姆林宮宴會廳中，計議如何讓印度支那陷入半世紀的戰亂、專制暴政與經濟萎縮，如何在美國與歐洲製造政治動亂。這三人是史達林、毛澤東、與胡志明……他們訂定一項國際共產主義陰謀，而胡志明是要角。」那一年六月，金日成揮軍南侵，讓西方世界更加驚惶。美國與盟國部隊趕赴朝鮮半島，打了三年半的戰爭，但對手其實是中國人。美國會在印度支那支援法國殖民主義，韓戰經驗是重要原因。

三十年代的美國，曾因民主黨政府對法西斯獨裁者一味姑息而遭致慘重後果。到一九五〇年，國務卿狄恩・阿契森（Dean Acheson）與助卿狄恩・魯斯克對當年這些慘事記憶猶新。國會也不斷施壓，要民主黨政府對「莫斯科—北京軸心」展現鋼鐵般的強硬。參議員威廉・傅爾布萊特（William Fulbright）日後說，在評斷美國政策時，必須考慮當時蘇聯擴張的背景：「面對當年俄國那種你死我活的抗爭，我們認為我們必須在全球各角落打擊他們。」當時約瑟夫・麥卡錫（Joseph McCarthy）參議員提出的麥卡錫主義當道，美國政府中同情左派的人士紛紛中槍下馬。最了解亞洲情勢的外交官員於是被踢出國務院，留下一批對亞洲、特別對越南問題一無所知的官員。

但並非每一位「霧谷[15]」（Foggy Bottom）官員都贊成美國支持法國殖民當局。早在五十年代初期，雷蒙・法斯狄（Raymond Fosdick）就呼籲美國不要重蹈在中國的錯誤，成為「反動派的盟友」。法斯狄寫道，無論巴黎還殘留什麼幻想，印度支那遲早要獨立。「既如此，我們為什麼還要把自己綁在法國人那個已經殘破不堪的風箏尾巴上？」法國會輸掉這場戰爭，主要不是因為他們缺乏武器彈藥，而是他們提不出任何有理性越南人可能需要的東西。

翌年，來自麻省的年輕國會議員約翰・甘迺迪（John F. Kennedy）訪問西貢，在旅行日記中寫道：「在這些人民心目中，我們越來越像殖民主義者。因為每個人都認定我們控制聯合國，也因為我們似乎有花不完的財富，如果不能做到這些新國家要我們做到的事，我們會被他們罵死。」甘迺迪雖有這種智慧，但美國人當時不以為然。喬治．坎南在年老以後，對他所提的圍堵政策遭華府誤解而感嘆不已。他說，圍堵蘇聯與中國的手段很多，而且政治、文化、經濟、與外交手段都比軍事手段更合適，但華府採取的幾乎是清一色軍事手段。

一九五〇年冬，聯合國駐朝鮮半島派遣軍潰敗的夢魘似乎即將成真，華府在一片恐慌聲中簽下協議，大幅增加對印度支那的援助。在那以後，法國越來越無心戀戰，美國的作戰意圖卻日漸昂揚：殖民軍逐漸成為一支美國的代理人部隊。杜魯門與阿契森不但沒有向巴黎施壓要法國與越盟談判，還呼籲巴黎不要談判。這是華府在印度支那鑄下的第一個大錯，並且一路錯到底。美國對法國的軍援不僅暴漲到一億五千萬美元，由於驕傲的法國人不肯向他們的金主說明作戰計畫，美國還無權管控這些軍援的花用。到一九五一年初，法國每個月可以接到超過七千二百噸美援軍事裝備。法軍戴著美軍頭盔，使用許多美軍武器，駕著美軍吉普與卡車，飛著大多屬於美製的飛機作戰。也難怪當美軍十年後抵達越南時，越南人將美軍看成早先壓迫他們的法軍的後裔。

一九五一年九月，看在客觀觀察家眼裡，法國想保有印度支那已經顯然是不切實際的幻想。但在塔西尼將軍一次唱作俱佳的華府之行之後不到四個月，美國為塔西尼的部隊運來十三萬噸裝備，包括五千三百萬發彈藥、八千輛卡車與吉普、六百五十輛戰鬥車、兩百架飛機、一萬四千件自動武器與三千五百具無線電。這是塔西尼在這場戰爭扮演的最後一次重頭戲。之後他突然撤出印度支

15 譯注：霧谷，指美國國務院，諷刺國務院的政策混淆不清，讓人有如霧裡看花。

那，死於癌症。

到一九五三年底，新上台的艾森豪（Eisenhower）共和黨政府得負擔百分之八十的印度支那戰爭軍費，約為每年十億美元。仍是美國重要盟友而且越來越懂得撤出帝國之道的英國，對美國的作法深深不以為然。英國人認定法國人即將被趕出印度支那，再多槍砲彈藥也無法扭轉這種頹勢。溫斯頓．邱吉爾（Winston Churchill）政府認為美國的決策已經走火入魔。當時擔任外交次官的塞爾文．勞艾（Selwyn Lloyd）在一九五三年八月寫道，「美國境內現在有一種對中共近乎歇斯底里的情緒，對俄國的情緒稍遜一些。」當然，美國人將越盟視為撒旦勢力的工具。

◎農民

少數受過相當教育、懂得思考的越南人見識到越盟的殘暴，對外國的援助表示歡迎。北部一名學童寫道，「根據我讀過的書，我相信美國人至少比法國人好……當然，像任何其他國家一樣，美國肯幫助它的盟友，一定是因為可以從中得到好處，但……美國在援助貧窮國家時似乎很慷慨。」不過，不難理解的是，許多越南人看法正好相反：他們支持越盟革命，既要剷除殖民政權，也要攻擊世世代代以來剝削農民的地主階級（包括法國人與越南人）。

當時的越南農村十分貧窮，一個讀過小學的人就能在地方上受到「知識分子」的禮遇。有些夫婦只有一條褲子，丈夫與妻子必須輪流穿。農民每天都得挑水上山、灌溉稻田，他們往往得趁著月光幹活，因為白天太熱，在心情愉快時還會邊唱邊工作。稻子必須每年施一次肥、除三到四次雜草、收割兩次。春收得利於雨水豐沛，占一年收成的四分之三。貧窮的村民為補貼收入，會跋涉進入山野蠻荒，收取柴火出售，有些村民進城打工，最窮的村民靠四處打工糊口。

家庭與村子是最主要的社會建制。每一個茅屋旁幾乎都有一個木製祭壇，供著水果與甜食，越有錢的人家，祭壇也越講究。農村家庭一般子女眾多，絕大多數父母會根據子女是否能幹、是否勤勞，做為是否鍾愛子女的標準，而且不以為恥。父親的話是法律，不過或許真正的權力握在母親手上，民間流行一句話：「沒了父親，你仍然吃得到米飯、魚，但沒了母親，你就等著吃落葉吧。」家庭以外，村子最大。大多數天主教村落設有鐘樓，佛教村子有佛寺與玉蘭樹。有些村子設有稱為「dinh」的會所，或許還有一家木匠店與一個裁縫鋪。

村子底下分成幾個小聚落，聚落的生活與勞動大體採公有、共享方式：每逢新年，村民聚在一起做米糕，連夜烹製成功之後用細竹絲穿在一起，他們共聚一堂，為父母祈求福、壽與財富。就像大多數亞洲人一樣，越南人也相信智慧隨年齡而逐年增長。在宰殺一頭豬以後，孩子們用豬膀胱吹氣，做成氣球玩耍。他們還會玩捉迷藏，用竹管製做類似西方孩子玩的玩具氣槍，或玩「打棍子」比賽。每逢年節喜慶，他們可以吃到果醬、糖果、花生、鵪鶉蛋、與包了糖衣的南瓜。但在大多數日子，他們只能吃到米飯與蔬菜，而且就已經很感恩了。

一些越南人日後美化了戰前農村那段儉樸的日子，有個婦人說，「每個人都相互認識，住家也從不關門」，她對那種「並肩攜手之美」、群策群力的樂趣緬懷不已。但絕大多數農民沒有這種思古幽情，在他們的回憶中，有的只是苦難、迫害以及捱餓。阮氏清平（Nguyen Thi Thanh Binh，譯音）一九四八年生在河內東部一個貧農之家，她家有四百平方碼稻田，父母帶著六個孩子住在聚落裡一座茅草屋中。聚落住了約三十戶人家，沒有一戶人家有收音機或自行車。識字的村民很少，有時村裡送來報紙，大家就會聚在一棵樹下，由一名識字、聲音也響亮的村民坐在樹枝上，大聲唸著報上有趣的報導。

這些村民從小到大沒有為父母或孩子照過像，因為沒有人有相機。農民穿的是睡衣，與北部褐色、南部黑色的連衣褲，這些裝扮之後在偶然情況下成了游擊隊的制服。部分由於用玻璃碎片割斷臍帶的習慣使然，嬰兒夭折率高得驚人。由於洪水或饑荒，村子常遭棄置。阮氏清平沒有快樂的童年回憶，孩子得在田裡找田螺佐餐，人生只是不斷的痛苦掙扎。她在二十歲那年成為終生共產黨員，以近乎宗教般狂熱尊奉胡志明為「不可或缺、無可比擬」的領導人。

胡志明在西南部的武裝群眾，沒有武元甲的部隊在北部締造的那種戰績，但胡志明只憑土地再分配運動一個議題就贏得廣大支持。就算比較富裕的佃農也渴望分得土地，因為地主取走多達半數的出產，許多佃農只能為地主做牛做馬，就像奴隸得為主人搖一輩子吊床、永世不得翻身一樣，他們極力支持越盟的秘密土地再分配計畫。一名越盟幹部在一九五〇年告訴諾曼・路易斯：「我們的敵人逐漸讓我們皈依共產主義，如果只有當共產黨才能讓我們享有自由，我們就當共產黨吧。」

一名史學者曾說，武元甲的士兵都是「單純的人，他們的世界觀完全來自自身與家人的直接經驗……再加上世世代代以來的壓迫與苦難」。越盟戰士的強項就是紀律、耐力與創造力；他們擅長野戰，特別精於偽裝掩蔽；他們能吃苦，而且願意犧牲。但最重要的是動機：他們渴望共享政治、經濟、與社會革命的果實。巡迴各地的共產黨幹部發動政治—教育計畫，編寫民歌，協助村民讀書識字。他們還為孩子們推出一種「從遊戲中學習」的計畫，這些計畫或許用心良善，卻都是強制措施：幹部迫使村民掛出鮮花為飾、寫著「掃除文盲的鬥士萬歲」字樣的標語。在有些村子，不識字的民眾會受到肆意羞辱，例如被迫爬過泥地前往市場。共產黨每推出一項新運動就會告訴受害者：運動手段儘管殘忍，為的是人民的大利。

就連共產黨正式黨史，也在日後承認，死在嚴厲懲罰下的「無辜民眾不在少數」。看在為越盟工作的那些頭腦簡單的農民眼中，只要穿藍色長褲、白色有裁縫店標籤襯衫的人，一定是法國間諜。黑手黨在談到誅殺對手時，不說殺人，而說把對手「送去與魚睡覺」，與越盟「送敵人去河裡找蝦」的說法有異曲同工之妙。越盟殺人極盡殘忍能事，而且大張旗鼓，毫不隱藏，他們最喜歡的行刑手法就是集合鄰居旁觀，然後當眾人面前將犯人活埋，或將犯人開腸破肚。共產黨愛用一句話：「寧可錯殺一名無辜，也不能放走一名罪犯。」越盟在「解放區」建立惡名昭彰的懲戒營，在阮公倫的父親死於懲戒營之後，懲戒營人員不情不願地將他父親的遺物交給他的母親：只有一個打火機。

越盟在一九四七年發動一場意識形態「清洗」運動，數量不明的大批「階級敵人」被殺。只要你是地主或是政府公務員，包括你的一家人，都生活在死刑威脅陰影下。天主教由於被蓋上外國地主的印記，天主教徒也成為迫害對象。為達到預期恐怖效果，地方上的討伐大會（稱為 dau to）一般在寺廟前的庭院或在地主家裡舉行。由一些與地主有嫌隙的農民出頭，在越盟幹部主持的人民法庭訴說地主罪狀。一旦判處死刑，受害人可能就地槍決，或用石頭打死，吊死，或以更殘酷的手段受死。在湄公河三角洲的美清（My Thanh），一名高台教教士被判活埋，他要求行刑劊子手開恩，給他一槍斃命，劊子手不屑地說，子彈是用來對付「海盜」（法國人）的。

身為農民孩子的阮氏清平，還記得一些地主為躲避檢控，藏身在附近池塘裡，還用蘆葦遮蓋頭部。有些藏得不夠好，被揪了出來，她與其他村民一起看著他們受審。清平雖為忠貞共產黨幹部，但事後也承認「許多人遭到不實指控」。在北部，「人民法庭」開庭往往像演戲一樣是一件地方盛事，法庭一般在晚間召開，選擇的場地總有足球場大小，圍著場地周邊插滿竹子製的火炬。出庭的人包括七名法官、貧農與一名土地改革幹部，有時還會有中國顧問出席。審判台牆壁上掛著胡志明、毛澤東與史達林肖像，還漆著一些類似「打倒反動奸詐地主」的標語。

許多人未經審判就遭處決，一民農人談到兒時一段無法磨滅的可怕記憶：他十二歲那年的一九五二年，越盟游擊隊來到他位於北部的村落，抓了兩名到村子與友人共渡新年、在法軍服役但沒有武裝的士兵，隨即在他家後面將兩人砍頭。他日後說，「我仍然能聽到他們的脖子被砍斷時發出的聲音。」游擊隊走了以後，法軍來到村子，說鄰居必須為兩名士兵被殺的事負責，於是放火燒了附近每一棟房舍。一九五三年，越盟送這男孩上「再教育營」，要他做兩星期自我批判：「我必須將我犯下的一切錯誤，我的父母或祖父母犯下的一切錯誤寫下來。每個人都得絞盡腦汁，寫一些東西。」當史達林死的時候，每個獄警都得戴上表示哀悼的黑帶。沒隔多久，法軍發動攻勢，趕走游擊隊，解放了這男孩。他與家人又回到村子，只停留幾天就逃往河內。

戰事的拉鋸讓戰火下的人民痛苦不堪。在一次越盟敗退期間，湄公河三角洲一名貧農欣喜非常，因為經濟封鎖已經解除，他又可以隨意出售自己的農產了：「大家都非常高興……我也不斷自言自語，『希望只有一邊控制我們，無論哪一邊都好。在兩邊都控制的情況下討生活，太讓人受不了。』」英（Anh）的父母是地主，她因為想趕走法國人而加入越盟。之後她與另一名越盟戰友結婚，生了一個兒子，一起在湄公河三角洲過著游擊隊的苦日子。但在一九五二年，她退出游擊隊：「我見過太多可怕的事，共產黨抓住一切權力，不斷殺戮民族主義分子。」她說，她之所以還能存活，只因她太年輕，根本不構成威脅。

就像許多英國老人對一九四〇年那段「閃擊精神[16]」（blitz spirit）的日子懷念不已，在許多越盟老人心目中，當年北部「解放區」的狀況有如太平盛世。後來成為游擊隊巡迴歌手的文琪，提到當年往事猶然欣喜不已：「那種精神太美妙了！我們認為我們都是一個大家庭的一分子。」街邊開始出現所謂「軍人之母」的志願食堂，由地方上的婦女為戰士提供免費食物。文琪帶著他的三人組徒步數百英里巡迴表演：「那段日子真的很有趣，很精彩。雖說我們身在戰區，戰鬥非常激烈，但每個晚上我們總會演出一場，而且引來許多觀眾。我唱的歌不是很好，我們的和音技巧也不成熟，但我們會說故事，會吟詩。」舞台邊的燈經常得蒙上罩子，以免引起法國人注意。文琪的演唱最南曾經到過順化，在造訪順化期間，他睡在香江（Perfume River）岸邊，吃著從城裡帶出來的食物，抽著菲立普·摩里斯（Philip Morris）香菸，還與一個來聽他唱歌的女孩談了一小陣戀愛。

與他同台演出的另一歌手海周（Hai Chau，譯音）會說英文，文琪於是說服海周，要海周朗讀《讀者文摘》（*Reader's Digest*），幫他學習英文，為戰後的日子做準備。旅途間，他們不時會被「法國人來搜索了」的聲音驚醒。法軍逼近時，越盟游擊隊會說「野牛出來了」示警。海周寫了一首諷刺法國占領軍的歌，歌名就叫「野牛出來了」，很獲越盟游擊隊喜愛。許多革命分子仍能從那段艱苦的共同經驗中找到浪漫，文琪是其中一人。這些浪漫，讓越南人拾回法國人百年來一直不讓他們得到的東西：自尊。就這樣，月復一月、年復一年的過去，數以百萬計的越南人開始相信，支持共產黨最好的理由就是共產黨註定是贏家。在順化附近農村一間草房，一名小女孩半夜三更與母親與姊妹們一起做著越南國旗，「紅底中間一顆黃星，因為我們知道，大家都會需要用它們慶祝……勝利」。

但若照單全收、接受文琪的說法，認為那段戰時歲月充滿詩情畫意，就大錯特錯了，貧窮與犧牲都十分驚人。支持革命運動的農民與支持革命運動的資產階級之間，緊張情勢不斷升高。一九三一年生於一個貧窮農家的阮德輝（Nguyen Duc Huy，譯音）奉派在中國境內的新越盟官校受訓，見識到階級鬥爭與自我批判大會的可怕。一名曾經獲頒英勇戰功勳章的學生因為受不了意識形態逼供而自殺，阮德輝本人也曾被扣上各種罪名，包括主持一個法國間諜網、一個民族主義分子暗殺隊等等，還曾因此在地下黑牢被關了七個月。他在備忘錄中寫道，「這一切的不公不義，無

16 譯注：閃擊精神，即置之死地而後生的奮戰精神。

法用筆墨形容。」奇的是，在經過這許多折磨後，他仍然對共產黨忠心耿耿，在抗法戰爭中擔任連長，之後以營長身分參加對美國的戰爭。

阮氏玉全（Nguyen Thi Ngoc Toan，譯音）在加入越盟的最初幾年，一直因家世富裕而備受折磨。她的父親是皇族，曾在皇帝的內閣擔任部長。在加入武元甲軍中以後，一開始大家只把她當成「孩子兵」，沒把她放在心上。但之後，儘管她懷抱滿腔熱血，身邊的人開始有了閒言閒語：「這女孩唸過法國學校，來這裡幹什麼？大官的女兒怎能過抵抗運動的苦日子？」阮氏玉全之後說：「他們讓我很難受，我很不高興。」儘管如此，她仍然無怨無悔地效忠越盟。但另一資產階級、當年十六歲的阮高祺，對游擊運動的熱情因此消逝了。阮高祺寫道，「對他們來說，抵抗運動為的不只是趕走外國人，還要翻盤當統治者，進行報復。」阮高祺後來加入法軍，成為飛行員。

儘管在河內附近多場戰鬥中遭到重創，越盟仍繼續擴大在北部的「解放區」。到了一九五二年，根據估計，他們控有南部地區四分之一的人口；在中部與北部分別控有四分之三與超過半數人口。法國將龐大資源浪費在要塞化上，為保護紅河三角洲，法國建立所謂「塔西尼防線」（De Lattre line）：用五千一百萬立方碼鋼筋水泥建了兩千兩百個碉堡，每個碉堡前方設有幾個「ＰＫ」，也就是瞭望塔（poste kilométrique）。這種要塞戰術正中越盟下懷，越盟採取不斷削弱法軍實力的蠶食作法，將這些孤立據點個個擊破。越盟總是選在夜間出擊，碉堡守軍首先會聽到鐵刺網中傳來竹竿炸藥爆炸聲，就知道越盟來了，接著他們會聽到共軍步兵「前進！」的呼喊。天色破曉時，越盟已經撤軍，只留下一些往往殘缺不全的屍體，以及迫擊砲或火箭彈在地面或在水泥掩體上爆炸而造成的一片片焦黑。在河內或海防，法軍參謀官會彼此喃喃低語，「你聽說ＰＫ141昨夜發生的事了嗎？」

這場戰爭造就許多極具魅力的法國領導人，紅鬍子彪形大漢保羅・范奴山姆（Paul Vanuxem）

就是其中一人，五十歲的他學識淵博，是一位夠格當哲學教授的戰士；馬賽．畢加（Marcel Bigeard）少校在二次大戰期間是士官，於一九四四年空降法國；騎兵出身、永遠領繫一條絲巾的克里斯汀．德．卡斯特里（Christian de Castries）上校是個花花公子，而且頗以有女人緣自豪。因這場戰爭而聲名大譟的法國女子也不在少數，身為醫生也是直升機駕駛員的法雷莉．安德里（Valérie André），以及獲頒無數勳獎的傘兵護士保羅．杜邦．迪吉尼（Paule Dupont d'Isigny）都是這樣的女中豪傑。

一九五二年秋，武元甲在紅河東岸集結三個師，要他們奪取具有戰略重要性的山嶺義老（Nghia Lo）。憑藉夜間行軍，以及絕佳的白天隱蔽——每一名士兵負責替走在前面的士兵背的背包做偽裝——法國人沒有發現這項調動。隨後，從十月十七日起，越盟發動一連幾場攻擊，奪下一串據點。馬賽．畢加率領的傘兵營負責斷後，掩護殘存法軍撤往黑河（Black River）。畢加的傘兵營經過幾場浴血苦戰，終於衝破重圍，重返法軍防線，受到英雄式歡迎。但義老之戰是一次大慘敗，畢加的部隊在且戰且走途中，不得不一路放棄他們的傷員。在地民眾戰後回到戰場，在畢加撤軍道路沿途發現許多被砍下、插在樁上的人頭，都是那些傷兵的。

一九五三年四月，共產黨為分散法軍力量，在寮國開闢新戰線。到那年六月，中國提供越盟的補給與彈藥，已經從去年同期的兩百五十噸增加到每個月兩千噸，外加莫洛托夫（Molotova）卡車與推土機。另一方面，法軍的軍官與士官荒越來越嚴重，許多北非派遣軍幾乎沒有經過訓練，從地方徵集的十一萬民兵也讓人信心缺缺。在亨利．納瓦爾（Henri Navarre）將軍出任總司令之後不久，駐太平洋美軍高級將領「鐵麥克」奧丹尼爾（'Iron Mike' O'Daniel）在一九五三年夏訪問西貢。鐵麥克像過去一樣，呼籲法軍主動出擊。韓戰經驗顯示，輕武裝的中國軍若在在曠野平川堵到美軍，有時還有勝算。但如果打一場可以將空中武力與火砲派上用場的陣地戰，美軍幾乎所向無敵。既如此，法軍何不利用這種陣地戰優勢？納瓦爾表示同意。他計畫打一場陣地戰，讓全世界都看到法軍的實力與越盟的短處，他選了奠邊府。

第 3 章

不曾是堡壘的堡壘

The Fortress That Never Was

◎等待武元甲

法國在印度支那戰爭期間做了太多「致命決策」，要從中找出一個最致命的並不容易，不過一九五三年十一月做的那個決策確實有撥雲見月之效：自此以後，勝敗誰屬，大局已定。相對說來，奠邊府只是一場小型戰役，殖民當局這一邊只投入一個師的兵力。但這場戰役對士氣造成決定性影響，因為這是一場法軍發動的戰役，法國擺明了要與越盟一決雌雄，但之後因為一堆笨到不行的決定而敗北。在那段日子，納瓦爾將軍在巴黎的那些老闆，幾乎與納瓦爾本人一樣困惑：既不願放棄，又不願繼續投入這場戰鬥。法國國防委員會（Committee of National Defence）在十一月一次會議中達成決議，印度支那戰爭的戰略目標是「迫使敵人承認他們不可能達成決定性軍事成果」。法軍唯有重創武元甲的六個正規師或至少其中幾個師，才能達到這個戰略目標。但葉奧吉・卡巴尼（Georges Cabanier）將軍在會後帶著巴黎訓令來到西貢，要納瓦爾不要輕舉妄動：從今以後，一切重要行動都得由巴黎政客們做決定。

不過，納瓦爾在十一月二日決定大舉出動，重新占領奠邊府的一處舊營區。奠邊府位於河內西方一百七十五英里，距離寮國邊界不遠。納瓦爾在對敵人行蹤或意圖都沒有足夠情報的情況下做成這項決定，在情報蒐集方面，武元甲總是比他的法國對手更了解情況，部分是通過在巴黎處於有利地位的共產黨人，他們首先忠於黨而不是三色旗。無論如何，納瓦爾事後說，「我們相信在要塞化陣地防禦作戰方面，我們有絕對優勢。」他的副手、負責東京防務的蘭內・柯尼（René Cogny）少將，當年四十九歲，是個自負的大塊頭，曾在二次大戰期間住過德國祕密警察的黑牢。柯尼原本主張集中兵力防守紅河三角洲，但也只得同意納瓦爾的這項新計畫。

根據他們的設想，若能在位於遠西的奠邊府建立強大的陸、空軍基地，法軍就能從這處基地出擊，制止越盟運動，如果敵軍膽敢攻擊這處基地，必能把敵軍打得鼻青臉腫。占領稱為奠邊府的這一群聚落，能讓武元甲無法將勢力深入一處稻米與鴉片重要產區。儘管機場距離河內很遠，柯尼可以動用六十九架C-47「達科他」（Dakotas）運輸機因應基地每天八十噸的運補需求。法軍認為，最大風險在於對「熱」空降區的第一波空降，因為越盟在當地駐有一個營。

當年五十五歲、曾經參加過第一次世界大戰的納瓦爾，認為這樣的風險可以接受。納瓦爾是個冷峻、勇敢、超級英俊的軍官，他沒有指揮大部隊的帶兵經驗，但架子十足，極其自負。他在前一年五月抵達印度支那，奉命以實力創造條件，為撤軍談判做準備——日後加入越戰的美軍將領，後來也接到華府當局的類似訓令。當時擔任艾森豪總統國務卿、六十五歲的約翰．福斯特．杜勒斯（John Foster Dulles），是個律師出身、不苟言笑、固執、口才便給的外交官。他以剛在半年前結束的韓戰為例，說明聯合國軍如何奮戰到最後一刻，讓聯合國代表團在板門店談判桌上取得優勢。姑不論納瓦爾的部屬事後說些什麼，當時大家都認為納瓦爾這項奠邊府用兵計畫筆除了戰術性小問題之外不會有什麼大麻煩，當然更沒有人想到會遭致慘敗。

十一月二十日星期五，上午十點三十五分，就在納瓦爾會晤從巴黎來訪的卡巴尼之前不久，第一批兩個法軍與越南軍傘兵營空降奠邊府。納瓦爾幾乎知道卡巴尼帶著要自己不得輕舉妄動的訓令前來，所以故意搶在接到訓令以前動手。不幸的是，法軍這項主動出擊，正中胡志明、武元甲與首席理論家長征的下懷。那年十月，三人在深山一間簡陋竹屋舉行的會議中達成協議：若只是在紅河三角洲與法軍角逐，法軍可以在基地附近部署兵力與火力，越盟必須誘使法軍分兵出擊，在法軍遠離基地以後發動逆襲。胡志明在會中揚起緊握的拳，比喻法軍在東部的兵力，然後說，「但如果拳頭打開，要把手指一個個折斷就容易了。」納瓦爾將一根手指向西伸往奠邊府，正好跳進胡志明給他設好的套。

當法軍與越南軍傘兵應著跳傘長「跳！跳！跳！」的口令，在引擎隆隆聲中跳出C-47黯淡的機腹、躍向六百英尺下方的登陸區時，奠邊府之役的前哨戰也打響了。在第一批登陸的法軍傘兵硬漢中，最著名的人物首推皮耶．郎格萊（Pierre Langlais）上校。郎格萊當年四十四歲，是布列塔尼（Brettany）人，他非常勇猛，不過智慧有限，以脾氣火爆出名。他們果如預期，在敵軍砲火中登陸，一名第一次出戰鬥跳傘任務的醫官在著地以前因腦部中彈而陣亡。到夜幕低垂時，郎格萊部下傘兵在付出十五死、三十四傷的沉重代價後，迫使越盟撤軍，建立防禦周邊。郎格萊粗口爆得比過去更兇，因為他像許多傘兵一樣，在跳傘墜地時撞碎了腳踝，不得不後撤，上石膏養了一個月。

第二天，美製C-119「飛行貨車」（Flying Boxcars）來到登陸區上空，投下重裝備與車輛，因為跑道當時遭越盟炸得坑坑洞洞，還無法起降飛機。到奠邊府戰役終於結束時，法軍在當地投下幾近六萬個降落傘，形成空拍照片中一眼望去，盡是一片白色與彩色斑斕。在推土機剷平跑道、飛機可以起降之後，援軍開始源源而至，最後奠邊府的基地衛戍兵力達到一萬兩千人高峰。

基地指揮官是克里斯汀．德．卡斯特里上校。德．卡斯特里當年五十一歲，出身軍事世家，自稱他的家族出過一位元帥、一位海軍與九位陸軍將領。他還是一位業餘馬術專家，贏過許多獎牌，曾在印度支那遭地雷炸得遍體鱗傷。有人在戰後說他在奠邊府戰役中躲在工事裡，不敢出來督戰。但德．卡斯特里的紀錄太輝煌，這類指控的真實性令人懷疑。不過就道德面來說，他是否有罪就難說了，他完全欠缺鼓舞部屬的領導統御才賦。在處境越來越艱險的情況下，他淪為勇氣盡失的宿命論者。奠邊府的敗仗不能歸咎於他，因為主導這場戰役的是納瓦爾與柯尼。但他犯了許多作為與不作為的戰術性錯誤。

許多有關奠邊府的報導不斷使用「碉堡」一詞，但奠邊府從來就不是什麼據險易守的碉堡。它其實是叢山環抱間、一處平原上的一連幾座矮丘，這時矮丘上死傷之慘，令人不忍卒睹。在越盟發動攻勢之前幾個月建立的防禦陣地幾乎沒有一個真正要塞化，許多守軍勇氣有餘，但對挖掘工事不屑一顧。他們的指揮官認為一天二十四小時都能與河內保持空中聯繫。

另一方面，在距奠邊府遙遠的山區，武元甲獲悉法方的部署。武元甲的參謀每天必讀法國新聞報導，他們從報導中得知納瓦爾決定在奠邊府與越盟決戰。武元甲決定直接挑戰敵軍總司令，投入大部隊攻擊奠邊府。武元甲所以做這項決定，是因為當時軍事均勢已轉而對越盟有利，而法軍設在河內的總部一開始對此並不知情。中國已經將擊敗國民黨部隊後擄獲的美製M2A1一〇五公厘榴彈砲、一二〇公厘迫擊砲與三十七公厘高射砲提供越盟。武元甲的砲兵現在打擊威力大增，可以用一〇五公厘榴彈砲攻擊一萬兩千碼外的目標。

武元甲最重要的一項堪稱歷史性的決定是後勤補給，他的中國顧問在這項決定中或許也扮演了相當角色，他得說服他自己與越盟政治局，他的部下有能力把這些每個重達兩噸有餘的大砲，在亞洲最艱險難行的地形上長途跋涉五百英里，而且還得為四個師的圍城部隊提供補給。為達到這個目標，越盟於十二月六日在「解放區」各地下達總動員令，徵集可以輪番上陣的農民挑夫。每一名挑夫必須至少服役一個月，然後帶著一身疾病、疲憊不堪地返回家鄉。為鼓舞這些農民男女，越盟強調土地改革在即：只要勝利，就能享有土改果實。除了「一切為前線，一切為勝利！」的老口號以外，他們現在又加上一句「土地歸於農民！」

武元甲把他的前進指揮部遷了三百英里，搬進距離奠邊府法軍營區九英里、一群炸彈炸不到的山洞與人工地道裡，於一九五四年一月五日架上地圖桌。他的參謀開始為部隊發行通報，通報中有新聞報導、有訓令，還有一些花俏的漫畫。其中有一幅漫畫把法國畫成一個奇醜無比、躺臥著的婦人，婦人生下奠邊府，靠一條代表空中聯繫的臍帶與奠邊府相連，一群穿著黑衣的小人正在切割這條臍帶，讓那醜婦十分惱火。幾星期以後，這一切果然成真。

共產黨後勤與工程人員開始在補給線上揮汗，有些路段可以行駛蘇聯製莫洛托夫卡車，他們就用接力運輸方式，派出一群群挑夫在卡車運補路線兩端裝貨、卸貨。米糧載在竹筏上，從中國境內沿黑河而下。武元甲要求戰場儲備一千噸彈藥——每一發一〇五公厘砲彈重四十四磅。越盟步兵開始向奠邊府運動，一旦抵達目標區，他們會領到鏟子挖土，領到繩子拉車。在補給線沿途，偽裝是非常重要的課題。在叢林，他們會把樹頂綁在一起，形成一條隧道。在架橋的時候，他們把橋架在水面下，讓敵人看不見橋。在平坦開闊的地方，他們會成群結隊、跟在卡車後方，用足跡踏平卡車輪跡。若不幸還是被法國飛機逮到，傷員能得到的唯一救助，是醫護生帶來的碎布與農民用止痛藥。

談到火砲運輸，越盟軍官陳杜（Tran Do，譯音）描述他們一連幾星期、不斷反覆的例行任務：「每到夜晚，當冰冷的霧氣降入山谷時，人群開始糾集……山徑太窄，很快就走入一處蓋過腳踝的泥沼，輪子稍有偏差，整門砲就會墜入山溝、深谷。我們用人力充當卡車，流著汗水與淚水，將大砲一門門拖進陣地……我們每天靠半生不熟、或過熟的米飯裹腹，因為廚房在造飯時，白天奉命不得冒煙，晚上奉命不得冒火星。在上山時，數以百計的人用長繩拽著砲，還在山頂上架設絞盤以防滑落。下山時難度高得多，砲車變得更重，山徑不斷扭曲，拐彎。砲組人員負責指揮拖運方向，不斷用楔子插在山徑上止滑，步兵負責拉繩子，轉絞盤。我們點著火把工作一整夜，可以把一門砲移動五百或一千碼。」一名士兵為了不讓一門砲滑落山谷，倒臥在車輪底下阻滑殉身，後經越盟宣傳人員追封他為英雄。

法軍情報單位也曾竭力跟監這場在西北方如火如茶展開的運補活動。根據他們的評估，武元甲只能徵集兩萬挑夫，為大約同等數量的士兵運補。但事實上，共產黨動員了六萬人。加固了的自行車成為補給鏈的重要一環，每一輛自行車載重一百二十磅，緊急狀況可以加到兩百磅。共產黨領導人不僅能鼓舞士兵、還能鼓舞挑夫為這場鬥爭付出令法軍與傭兵們自嘆弗如的努力與犧牲。曾有一名幹部要求士兵志願上前，拆除隨時可能爆炸的法軍延遲引爆炸彈，結果竟有十人舉手，搶著執行這項極端危險的任務，讓一旁的戰俘看得目瞪口呆。

奠邊府戰役緩緩展開，從十一月二十日第一批傘兵空降到武元甲翌年三月間發動第一波攻勢，兩者之間有一百多天空窗期。法軍一開始曾試圖走出防禦周邊，但沒有得逞。十二月，兩個傘兵營向九英里外一個村落進擊，但遭越盟阻擊，被迫退卻。納瓦爾於是向德・卡斯特里下達新命令：必須不計一切代價守住奠邊府。不久，四門一五五公厘砲、以及若干一〇五公厘榴彈砲與一二〇公厘迫擊砲運抵法軍營區，法軍信心十足，認定可以在火砲上壓制越盟。但事實證明，雖說有了強大火砲，想鎖定目標卻難上加難：地圖品質太差，空中偵察與砲兵觀測都大受影響；越盟重武器的位置也很少曝光。

整個十二月，法軍指揮部不斷接獲令納瓦爾與柯尼感到不安的情報，不過他們不是很在意。他們現在知道越盟四個師正移進北部山區，但仍然不確定這四個師的目標，因為敵軍在中央高地（Central Highlands）與紅河三角洲聲東擊西，讓河內當局舉棋不定。直到當時為止，越盟發動的攻擊每在遇到法軍頑抗時都會放棄，法軍將領們因此認定，武元甲所部一旦在奠邊府受挫也會拔營撤軍。一名法國《世界報》（*Le Monde*）記者在訪問奠邊府營區後告訴讀者，營區官兵士氣高昂，都表示「On va leur montrer!」（我們要給他們好看！）

隨著年關將至，納瓦爾發現越盟正在部署榴彈砲。他在十二月三十一日向巴黎提出報告說，奠邊府可能守不住。但在一九五四年最初幾周，衛戍部隊最大的敵人是無聊。郎格萊上校腳踝裹著石膏出院，回到營區，騎在一匹小馬上跑來跑去。巡邏隊不斷傳來死傷。許多法軍盼望越盟早日發動攻擊，他們才能迎頭痛擊，把越盟趕回山區，以便他們早些撤回河內，享受燈紅酒綠。但也有人感覺情勢不妙：朱利・古樹（Jules Gaucher）中校在一月十一日寫信給妻子說，「時間過得很慢，這裡什麼樂子都沒有。他們告訴我們說，天搖地動的苦日子就要到來，說大難就要臨頭，我們在劫難逃。」

接下來幾周，衛戍軍對越盟砲陣地發動幾次攻擊，都以失敗收場。部分由於法軍B-26掠奪者（Marauder）轟炸機機員受到的限制，法軍壓制越盟補給線的計畫也未能如願：有一次法軍陣地遭到空襲，郎格萊起先認定這是中國空軍幹的，之後才發現投彈攻擊他們的竟是法國人。但這不稀奇，因為法國空軍經常得在一萬兩千英尺高空投彈。在距離奠邊府遠方，越盟不斷發動突擊隊夜襲，一方面藉以削弱法國空軍實力，一方面擾亂納瓦爾的注意力。在對河內與海防附近機場發動的夜襲中，越盟毀了二十架飛機，其中大多是珍貴的C-47運輸機。

從十二月起，納瓦爾等法軍將領與他們在巴黎的上級已經握有充分情報，知道戰事有可能以慘敗收場。但由於驕傲、宿命、愚蠢以及欠缺道德勇氣等多項因素使然，他們沒有認錯，而且繼續錯下去。如果當時奠邊府衛戍軍撤軍，除越南以外，沒有人會聽過這個地方，那只會是一項習以為常的地方性撤軍行動。納瓦爾要負主要責任，但法國整個政治與軍事領導層也難辭其咎。當時法國剛掙脫納粹占領的陰霾未久，法國政、軍領導人一心只想重建「祖國光榮」，他們的一切決策也因此深受影響，這是法國的不幸。就這樣，他們犯下二十世紀原本最可以避免的一場軍事慘敗。

一月最後一周，守軍進入最高警戒。根據情報，越盟不出幾小時就要發動最大規模的攻擊。情報其實沒錯，越盟原本確實計畫這麼做，但武元甲改變了計畫。由於能將戰前準備工作做得面面俱到，武元甲最近連戰皆捷。但讓他那些渴望出擊的部屬喪氣的是，他現在認為攻擊奠邊府的條件還沒有完全成熟。部隊已經在周邊集結，這固然不錯，但大砲與迫擊砲彈儲備還沒有達到他要求的標準。他將攻擊發起時間延後。

根據他修訂後的新時間表，這場即將展開的大戰必定一直打到大雨傾盆、濕漉不堪的雨季。武元甲估計，他的部隊由於部署在山上，承受的苦難會比部署在平原的衛戍軍輕一些。在巴黎，一名高級軍官也有同感，他憂心忡忡地說，到了四月，德．卡斯特里得站在水裡指揮奠邊府作戰了：「我們認為我們可以摧毀越盟三個最精銳的師，但事實是敵人在我們周邊運動，牽制了我軍主力。」當時巴黎當局進一步討論了撤軍問題，但這麼做會損失巨量物資，而且負責斷後的部隊幾乎肯定將全軍覆滅。納瓦爾於是決定增兵。

接下來七周，圍城與被圍的敵對兩軍隔著叢林與山丘對恃，短短幾十天就像永無止境一樣難熬。飛機來往起降，防禦周邊外不時有一些小規模衝突。奠邊府仍然不斷有貴客到訪，包括軍政要員，小說家葛拉姆．葛林、美軍將領鐵麥克．奧丹尼爾等等，他們都毫髮無傷地離去。在這段時間，對越盟補給線發動的空襲收效甚微。機組人員欠缺經驗，還為他們那些破舊的老飛機取名「死亡陷阱」。在印度支那戰場上陣亡的六百五十名法國空軍，許多是人為疏失或機械故障而不是敵人砲火下的犧牲者。越盟從經驗中得知，來襲的法軍飛機若發出吵雜聲響，造成的傷亡低得出奇。一名在村子遭到空襲時逃過一劫的年輕人寫道，「轟炸與砲擊嚇人的成分超過實際傷人……不斷的轟炸讓人沒那麼害怕。」不僅如此，在奠邊府附近地區，法軍飛機開始遭到越來越激烈的蘇聯製三十七公厘高射砲砲火反制。在十二月，五十三架飛機被越盟地面砲火擊中，受到嚴重程度不等的損失。此後隨季節變化，天候每下愈況，飛行員得靠二次大戰使用的領航技術飛行，飛機與人員折損事件於是層出不窮。

從納瓦爾的觀點，比這些戰場上的問題更讓人擔心的，是來自歐洲的消息。有關大國計畫舉行高峰會，談判即將展開，押在奠邊府戰事上的賭注似乎在一夜之間升高了。駐守奠邊府的法軍開始嗅到一種極其熟悉的氣味：出賣。他們現在儘管仍不承認可能打不贏這場戰爭，但認定自己將成為他們瞧不起的那些政客的犧牲品。

在美國與歐洲，對印度支那戰爭不滿的情緒已經不斷升高。在二次大戰期間研發原子彈的曼哈坦計畫（Manhattan Project）展開之初，英國首相邱吉爾對原子彈造成的衝擊似乎一無所知，甚至莫不關心。但十年後，儘管已經老態龍鍾，他對核武器危害的擔心，比許多美國人——包括艾森豪總統——更加有過之而無不及。邱吉爾與他的外相安東尼・艾登（Anthony Eden）認為，新研發成功的氫彈不只是一種作戰武器而已；就算只是揚言使用氫彈遂行外交政策目標，也是一種極其恐怖的冒險。

美國政府開始考慮解決印支戰爭問題的選項，包括轟炸中國，以懲罰毛澤東的支持越盟。這種可能性讓英國如坐針氈。公開主張用核彈炸中國的美國人，其中包括幾名美軍將領，這些人數雖說不多，戰事一旦升高，沒有人知道它會發展到什麼程度。英國人主張與中國與蘇聯談判，透過外交途徑解決問題，但艾森豪政府不以為然。美國保守派認為英國這種政策是向侵略者示弱，是姑息養奸。

一九五四年一月在柏林舉行的一次緊張、艱鉅的外長會議，促成法國撤離印度支那的退場機制。在那個時候，由於美國堅持，中國一直被排斥在國際會議門外，因此與會的俄國外長維亞契斯拉夫・莫洛托夫（Vyacheslav Molotov）呼籲召開邀請中國參與的國際會議，以解決韓戰、印支戰爭等亞洲重大問題。美國國務卿杜勒斯不同意，他認為共產黨不法篡奪了中國，不願與北京同桌談判。但艾登在邱吉爾支持下，極力支持這項邀請北京與會的主張。法國外長葉奧吉・畢杜（Georges Bidault）也贊成北京與會，當時搖搖欲墜的巴黎政府急著想與北京對話，討論北京支持越盟的問題。杜勒斯終於勉強同意。柏林外長會議於是在二月十八日宣布，訂四月二十六日在日內瓦舉行國際會議，由英國與俄國共同主持，邀請所有有關各造與會。

印度支那戰場上的敵對兩軍，現在都有了一項新的緊急任務：盡可能在談判展開前搶占最強有力的戰場態勢。納瓦爾與他的部屬放棄從十二月以來一直持續的那種時而樂觀、時而悲觀的戰情預測，開始一味表達取勝的幻想。當時印度領導人賈瓦哈拉・尼赫魯（Jawaharlal Nehru）建議印度支那戰場上兩軍立即停火，但巴黎政府由於接獲納瓦爾這些充滿信心的報告，毫不猶豫地拒絕了尼赫魯的建議。雖說越盟看來也不可能接受停火，但這是法國從談判桌上取回奠邊府賭注的最後機會。拒絕停火，也錯失了這最後機會。

◎災難在招手

在與巴黎遠隔重洋的東京西部，在吉普車四處亂竄激起的塵土與法軍工事斷斷續續遭到的砲火洗禮中，法軍又發現敵軍的另一怪招。根據傳統智慧，大砲應該部署在逆向坡上，讓敵人的直接砲火打不到。但武元甲訂了新規則，把榴彈砲都部署在面向坡上，砲管朝下對準德．卡斯特里的陣地，讓幾乎每一處法軍陣地都在越盟砲火射程內，無所遁形。而且越盟把火砲都藏在地道裡，只有在開火時才拖出來，讓法軍砲火幾乎無從反制。奠邊府平原海拔一千英尺，法軍地勢最高的陣地也只有一千六百英尺高。但在距離法軍陣地僅僅五千碼外的越盟陣地，平均海拔有三千六百英尺，武元甲的大砲很快就能重創法軍一舉一動。

德．卡斯特里的大砲與迫擊砲都部署在空曠的陣地，完全沒有掩護。法軍透過空運，將幾輛拆卸了的十八噸重「霞飛」（Chafee）戰車運入奠邊府，重新組裝，以提供機動火力。但也就在這時，法軍軍官發現越盟的砲擊火力之強，前所未見。越來越猛烈的越盟砲火，表示奠邊府前哨陣地的守軍再也不能找空子、上營區的兩個野戰窯子（妓女戶）取樂了。到二月中旬，儘管越盟還沒有大舉發動攻勢，奠邊府守軍已有十分之一傷亡。由於可以派上用場的C-47越來越少，守軍補給與彈藥欠缺情況更加嚴重。

三月十一日，越盟大砲開始砲擊停在奠邊府跑道邊的飛機。從十三日起，每一架在奠邊府起降的飛機都遭到攻擊，飛行高度只要低於七千英尺就不安全。三月十二日，柯尼的座機冒著如雨襲來的彈幕從奠邊府起飛，他能安全脫險算他命大，這是這位喋喋不休的將軍最後一次奠邊府視察之旅。幾周以來，武元甲的軍隊就在戰場上不斷挖、挖、挖，工事規模之大，只有第一次世界大戰西線的工事差堪比擬。一名越盟寫道，「鏟子成為我們最重要的武器。」越盟在奠邊府周邊建了一個由地道與戰壕組成的網路，不僅做為棲身之用，也為進擊路線提供掩護。法軍陣地以九座小丘為重心，每座小丘各取一個美麗的女子名。「伊莎貝拉」（Isabelle）與「碧翠絲」（Béatrice）是其中公認防禦工事最堅強的兩處陣地。不過，一名剛抵達奠邊府的一名傘兵軍官發現，這兩處陣地的戰壕與砲位掩體都做得不夠，如果法軍官兵們在之前幾周能像越盟那些人一樣拼命挖掘，奠邊府陣地會比現在強得太多。

三月十三日上午，武元甲麾下三一二師宣讀一份胡志明的來電，之後全師官兵齊唱越盟國歌。那天下午，三一二師集中全力對距機場跑道不到兩英里的法軍東翼陣地碧翠絲發動攻擊。下午五點五分，守軍發現越盟開始行動，剛準備下令迫擊砲與大砲開火，越盟已經搶先開火。大砲與重迫擊砲砲彈不僅落在碧翠絲，還恍如狂風暴雨般襲向奠邊府陣地各處，特別是砲陣地與指揮所。由於越盟砲兵在之前幾周不斷對德．卡斯特里的據點進行觀測與盤算，或許也因為得力於中國顧問協助，這一波轟炸非常準確。越盟巡邏隊憑藉無比勇氣與耐心，經常利用暗夜潛入法軍鐵刺網陣地與戰壕邊，匍匐數小時刺探虛實。他們特別鎖定法軍陣地中無線電天線的位置，因為豎有這類天線的陣地一定是指揮中心。

郎格萊上校與他身邊一群官兵全憑奇蹟般的運氣才能逃過一劫。當砲擊開始時，郎格萊正光著身子站在一個打了洞的汽油桶下洗淋浴，他立即光著身子躲進他的掩體。不到幾秒鐘，一枚砲彈在指揮所屋頂爆炸，指揮所木樑倒塌，一時間塵土飛揚，裝備殘骸散落遍地，讓郎格萊與部下幾名軍官驚得目瞪口呆。第二枚砲彈隨即落下，但沒有爆炸。不遠處升起一個紅、黃兩色火球，說明奠邊府儲

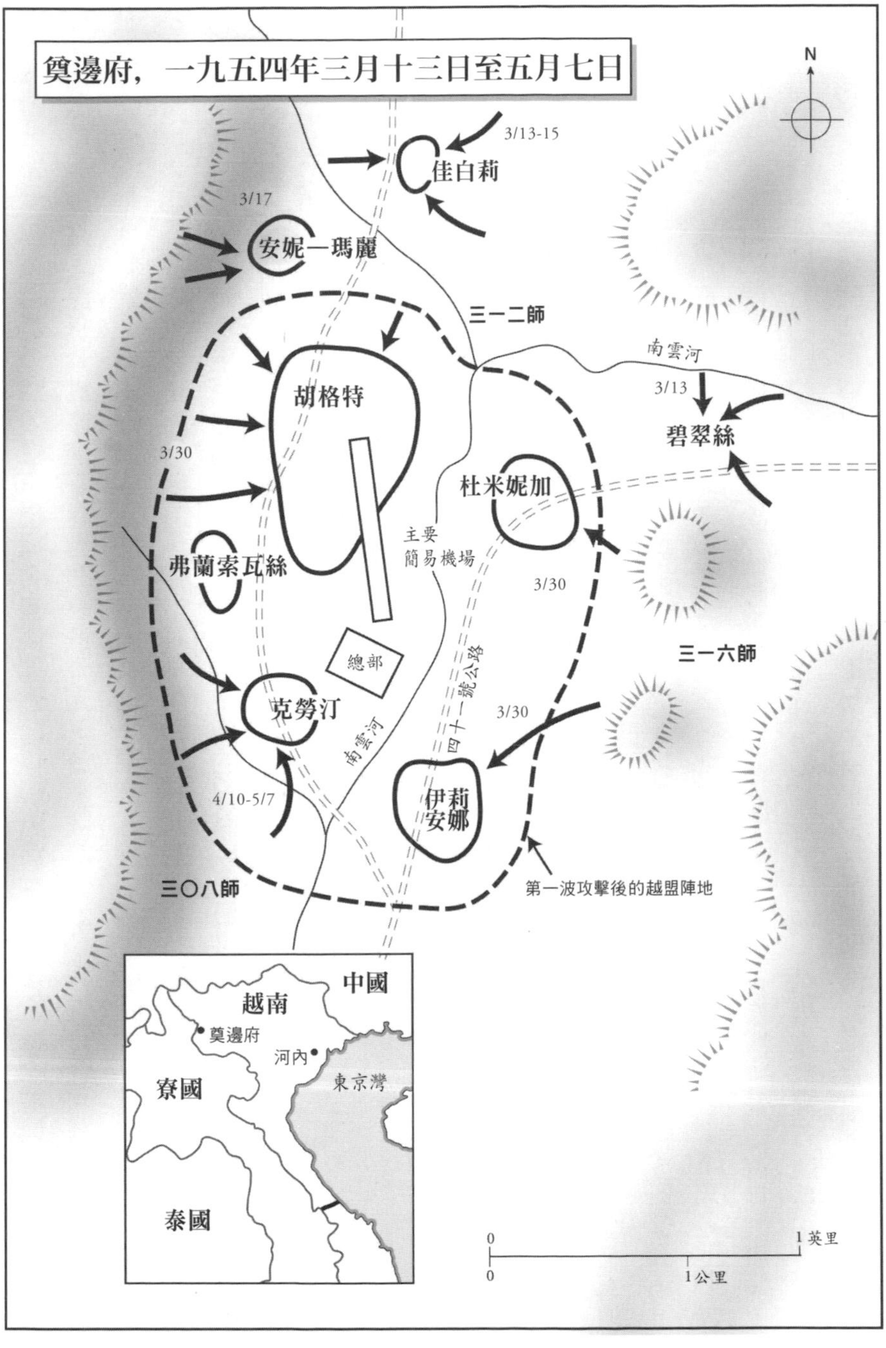
奠邊府，一九五四年三月十三日至五月七日
N
3/13-15
佳白莉
3/17
安妮—瑪麗
三一二師
南雲河
3/13
碧翠絲
胡格特
3/30
杜米妮加
主要
簡易機場
弗蘭索瓦絲
3/30
三一六師
總部
四十一號公路
3/30
克勞汀
南雲河
伊莉
安娜
4/10-5/7
三〇八師
第一波攻擊後的越盟陣地
中國
越南
莫邊府
河內
寮國
東京灣
泰國
0
1英里
0
1公里

存燃料與燃燒彈的彈藥庫爆炸了。除了郎格萊的一架觀測飛機以外，擺在附近的一切裝備都被炸毀。

當三月十三日夜幕低垂時，守軍指揮官發現他們已經形同跛腳。許多電話線被切斷，在傍晚一片迷濛中，無線電通訊也含糊不清。兵力四百五十人、負責守衛碧翠絲的外籍兵團營編制不足，而且缺少軍官。指揮官們知道越盟進攻在即，但認為攻勢要到入夜以後才會展開。這時越盟已經將戰壕挖到距碧翠絲周邊只有五十碼的地方，在吵雜不堪的大喊大叫與號角聲中，越盟步兵開始挺進，爆破管在防禦陣地鐵刺網下爆炸的聲響不絕於耳。大砲的打擊威力最是可怕，晚上六點半時，一枚砲彈炸毀了碧翠絲指揮所。入夜以後，各處據點守軍只能在照明彈螢光下孤軍奮戰，有些外籍兵團守軍在重創來犯敵軍後不支。但不到一個小時，越盟無視本身的慘重傷亡，拚死進軍，占領了深入法軍防線的幾處陣地。

一位法軍連長不斷以無線電呼叫砲兵支援，甚至在他的戰壕已遭攻陷後仍然繼續奮戰：「正一百碼……一百碼近……五十碼近……對我打！越盟已經打到我們頭上了！」之後無線電傳來靜電嘶嘶聲，連長的聲音也沒了。曾在寫給妻子的信中預言大難將至、在劫難逃的朱利．古榭，在戰陣中受重傷不治。郎格萊奉命接管，但電話與無線電聯繫都已中斷。午夜過後不久，越盟控制了碧翠絲，打死一百多名守軍，俘虜兩百多名大多受傷的戰俘，只有一百名守軍在一名士官長率領下逃逸。天色於十四日早上六點十八分時破曉，煙雨濛濛的戰場上一片古怪的死寂。不久濛濛細雨轉成傾盆大雨，奠邊府營區醫護人員從令人窒息的碉堡中走出來喘氣。他們無不筋疲力盡：一個晚上下來，他們動了十個腹部、十個胸部，兩個頭部、十五個骨折與十四個截肢手術。到處是殘骸：焚毀燒焦的車輛、撞爛了的飛機與裝備。法軍在夜間對越盟砲兵陣地發動一次遲來的空襲，結果當然沒有成功。

隨後，受傷被俘的法軍尉官菲德烈．杜平（Frédéric Turpin）蹣跚地從碧翠絲走進「杜米妮加」（Dominique），帶來越盟休兵後撤傷員的建議，柯尼總部同意了。這是武元甲的一招精明的心理戰，因為他藉此表現越盟的勝利者身分，並把照顧八名重傷法軍的責任交到衛戍部隊手裡。杜平運氣不錯，後來上了後撤河內的飛機。至於那些留在奠邊府的人，皮耶．荷庫爾（Pierre Rocolle）寫道，「所有沒有緊急任務在身的人都有一種麻木感。官兵們都忍不住自問，『一支外籍兵團的部隊怎麼會在一夜間潰敗？』」柯尼的反應是再派一營傘兵增援奠邊府。

武元甲準備對「佳白莉」（Gabrielle）重施故技，佳白莉位於奠邊府北緣，由第七阿爾及利亞輕步兵營（7th Algerian Tirailleurs）防守。第七營官兵飽餐戰飯，準備打一場夜戰。果不其然，十四日晚上六點，就在日落前不久，越盟三〇八師展開攻勢。一場惡鬥一直打到深夜，一架達科他在空中盤旋，丟下照明彈照亮夜空。守軍堅守了幾個小時，法軍大砲造成越盟步兵慘重傷亡。但在十五日凌晨三點半時，越盟再次發動砲轟，山丘上彈落如雨，命中佳白莉指揮所，裡面的官兵大多數非死即傷。法軍計畫在破曉時分發動反攻，戰車與傘兵部隊正在集結待命的消息傳來，也讓守軍軍官振奮，問題是阿爾及利亞那些士兵已經無心戀戰。十五日早上七點，第一批越盟部隊攻上佳白莉山頂，阿爾及利亞輕步兵，包括一個沒有接敵的連，匆忙爬出戰壕往山下飛奔逃命。越盟就這樣占領佳白莉，守軍八十人陣亡，三百五十人被俘，包括患了腦震盪的第七營營長。趕來增援的越南傘兵營隨即跨過空曠地形展開反擊，但由於越盟砲火猛烈而撤軍，阿爾及利亞輕步兵營敗兵也陸續逃回奠邊府縮了水的周邊。

不到二十個小時連吞兩個慘敗，讓法國領導人極為難堪，他們於是將佳白莉的失守歸咎於守軍軍官。納瓦爾在一封寫給巴黎朱安元帥（Marshal Juin）的信中說，守軍士氣的崩潰「極顯然問題出在指揮官，這些指揮官原本都信心十足（或許太過了），結果卻從一個極端轉向另一極端。」納瓦爾派出兩名志願參戰的校官前往奠邊府，取代陣亡者遺缺。有鑒於空軍顯然無法制壓武元甲的運補線，納瓦爾提出一個異想天開的辦法，計畫在叢林上空製造人工雨，水淹共產黨。

在奠邊府，德．卡斯特里總部的幾名參謀官神經崩潰，參謀長一動不動、呆坐在掩體中，不肯脫鋼盔。德．卡斯特里本人不斷發號施令，但沒有領導可言，他沒有親臨陣地各處演說、視察，鼓舞士氣，而是埋首行政工作。越盟砲兵開始卯上法軍砲陣地，造成法軍砲兵慘重傷亡，三分之一的一五五公厘砲砲組與半數以上的一二〇公厘迫擊砲砲組人員傷亡。戰鬥進行到第三天，衛戍軍儲備的兩萬七千枚砲彈已經耗掉一半。在前進觀測陣地失守後，法軍砲兵被迫幾乎盲目亂射，只能由河內派出飛機對武元甲陣線進行空拍，送回河內處理，再將處理好了的照片空投進奠邊府，供砲兵作為目標選擇依據。

德．卡斯特里那位笑臉常開的砲兵指揮官查爾斯．皮羅斯（Charles Piroth）上校，原本拍胸脯保證能制壓共產黨部署的每一門大砲，但現在由於一連兩個晚上戰鬥失利，他被郎格萊罵得狗血淋頭。皮羅斯回到自己的掩體，痛哭流涕地說，「我真是羞愧得無地自容。」事實上，應該羞愧的是他的上司，他們不該選在奠邊府這樣一處無險可守的地方，讓一萬兩千名法軍與殖民地派遣軍，與兵力五倍於他們還有一名優秀統帥的越盟部隊決戰。但無論怎麼說，皮羅斯還是抱著一枚手榴彈，然後拉開保險針。德．卡斯特里想隱瞞這起自殺事件，但消息很快走漏，還刊在《世界報》上。三月十四日晚，幾枚砲彈落在基地包紮站，檢傷分類室裡的十四名官兵，與九名術後官兵死難，X光設施也被毀。在那以後，傷兵處境更加慘不忍睹，在戰事結束以前，軍醫們治療了兩千六百六十五人，動了九百三十四次手術，然後看著三百一十九人不治。基地的機場跑道繼續遭到砲火洗禮，十架因天候關係困在機場的飛機被毀。

接下來兩天，三月十五到十六日，幾乎平靜無事。越盟透過擴音器用法國、越南、阿拉伯與德國四種語言向基地守軍喊話招降。這些招降措施並非白費功夫：柯尼不顧德．卡斯特里的強烈反對，派了忠誠度極不可靠的一個越南營與兩個泰國營進駐奠邊府。法國軍官早就擔心一旦出現和談，這些由在地人編組的部隊可能譁變。他們擔心得沒錯，在聽到越盟喊話、知道日內瓦和會即將召開之後，許多在奠邊府服役的越南人發現法國不會是這場戰爭的勝利者。三月十五日夜間，駐守佳白莉西南方一點五英里的「安妮－瑪麗」（Anne-Marie）陣地的泰國營，開始有人逃亡，而且很快形成逃亡潮：有一個據點的守軍全部逃光了。沒隔多久，越盟展開砲轟，一批批守軍開始放棄據點。一名法軍前進觀測員用簡單幾個字做了無線電報告：「泰國人走光了。」安妮－瑪麗一號與二號陣地就這樣為越盟幾乎兵不血刃地占領。武元甲馬不停蹄，立即下令自己的迫擊砲與無後座力砲進駐安妮－瑪麗。

奠邊府守軍士氣這時已經潰散，武元甲若乘勝追擊，很可能以一舉攻下整個奠邊府，他的部下都迫不及待想這麼做。德．卡斯特里後來寫道，敵我兩軍士氣天差地遠，「一邊是為獨立而戰的民族軍……另一邊是簽合約辦事的傭兵」。但武元甲不肯冒然躁進。做好萬全準備、徐圖進取的做法效果很好。更何況，他的部隊為取得早先幾場勝利也已遭到重創：攻擊碧翠絲的步兵有四分之一陣亡，攻擊佳白莉的一個營死了兩百四十人。六名僅僅受過粗淺訓練的越盟醫護兵得照顧七百名傷患。

在彈片橫飛的戰場上，越盟士兵因為沒有鋼盔，以及早期發動的「人海」攻勢而死傷慘重。他們夜復一夜、通宵達旦地挖戰壕，掘坑道，從最近的森林伐木做樑，運到幾英里外的戰場。為支援這場戰役，共產黨控制的越南北部全體動員，許多未經訓練的青少年就這樣投入戰場，發生在奠邊府戰役的可歌可泣事蹟絕非法軍專利。

武元甲每天都會研究補給供應狀況，研究那條「不斷移動的紅線」。一天上午，他質問後勤司令為什麼前一天晚上連一噸米都沒運到。後勤司令答稱因為大雨傾盆，無法運補。武元甲說，「我不管下雨還是下冰雹，總不能讓我們的兵空著肚子打仗吧！」但武元甲這話不過是說說罷了，他很清楚部下許多官兵都在挨餓。越盟部隊幾乎沒有肉類或蔬菜可吃，到三月中旬，套用三一二師一名士兵的話說，領到的米「爛得我們不知道要怎麼煮」。他們領不到香菸，只能找些野菜根胡亂果腹。

但武元甲決定貫徹他那套作法：將準備工作做得滴水不漏，確保每一次攻擊的勝利，打得法軍永無翻身的機會。他的三十七公厘高射砲對法軍飛機造成重創，幾乎沒有一架從奠邊府折返的飛機能安然無恙。在德．卡斯特里部下九個山頭的三個淪陷之後，越盟砲兵開始不斷對機場進行砲擊。撤運傷員的飛機越來越少，而且每有一架飛機降落，必定引發基地一陣恐慌。攝影記者尚．佩活（Jean Péraud）在報導中說，機場情景就像一九四五年的德國一樣：「叫喊聲，淚水。傷兵在機艙口互相踐踏，搶著登機。自採訪集中營以來，沒見過這種慘況。」十七日，越盟經過精心設計，又擺出「人道姿態」，將八十六名受傷的戰俘送回奠邊府。此舉當然使基地原已遠超負荷的醫護設施壓力更加沉重，如何處理截下來、推積如山的殘肢斷臂，也讓基地軍醫們束手無策。

法國軍醫人員沒有贏得喝采，三月二十三日，一架H-19直升機違反命令降在一處完全沒有掩護的地點。在傷員登機過程中，機組人員全數離機以躲避砲火。不久H-19中彈被毀，機上傷員全數罹難，包括將軍的兒子亞蘭．高畢葉（Alain Gambiez），但機組人員都逃過一劫。一名法國記者極盡諷刺地寫道，「當然，這架直升機機組不是從空軍精英中挑出來的。」德．卡斯特里也大罵這些機組沒種。很快，法軍固定翼飛機那些疲憊不堪、鬥志全無的機組人員也成為抨擊對象。就這樣，美國中央情報局（CIA）旗下航空公司CAT開始承擔越來越多的奠邊府再補給任務，CAT那些傭兵飛行員不僅技術較佳，勇氣也比法軍飛行員更勝一籌。最令人提心吊膽的是燃燒彈運補任務：一架C-119在跑道加速準備起飛時，駕駛員將起落架收得過早，導致機腹擦在碎石地面，爆出火星，引燃了機上裝載的四噸「地獄果凍」（hell jelly，即燃燒彈）與一千五百加侖航空油料。機上人員竟然逃得性命，算得邀天之幸。

至於奠邊府衛戍軍，大多數法軍單位仍然篤定，不過他們對那些殖民地部隊的蔑視也日復一日、不斷增高。十五日那天，不僅越南傘兵營沒能奪回佳白莉，套用皮耶・胡庫爾的話說，他們的法國軍官也「樹立了極為惡劣的榜樣」。一個阿爾及利亞營放棄陣地，溜進周邊外的叢林與村落，數以百計的「南雲之鼠[17]」（the rats of Nam Youm）就靠著搶來的補給生存，一直混到戰事結束。北非砲兵與工程兵軍心仍然穩定，但就算沒有大攻勢，他們每天也有五十人傷亡。

成為守軍軍魂標竿的人物不是德・卡斯特里，而是郎格萊上校。一名仰慕他的外籍兵團官兵說，郎格萊「一連五十六天，每天唱著『馬賽曲（Marseillaise）』，他總是那麼神采奕奕。」但郎格萊勇氣有餘，智謀不足，不是一名戰術專家。德・卡斯特里曾向納瓦爾坦承「他的毛病就是太猛」。十六日，郎格萊身邊又多了一名悍將：馬賽・畢加。畢加少校雖說初抵奠邊府，卻是一位久經戰陣的老兵，他的父親是法國杜勒（Toul）一名身無分文的鐵路工人。在經歷奠邊府的一場血戰後，畢加為部下每一名傘兵請領軍功十字章（Croix de Guerre）。他的部下都用他的無線電呼號「布榮額」（Bruno）稱呼這名鐵漢。只不過郎格萊與「布榮額」雖能浴血奮戰，卻不能讓奠邊府浴火重生。

奠邊府守軍也打了幾場勝仗，重振了一些士氣。但為了打這幾場勝仗，甚至只為了進行例行巡邏，衛戍軍都得付出生命代價，迫使德・卡斯特里左右為難。傷患的命運更加惡化，一名叫做樂華耶（Leroy）的士官，三月十六日在伊莎貝拉被彈片畫傷，後送野戰醫院休養，但隨即醫院被炸，他因此二度負傷。醫護兵用卡車送他回伊莎貝拉，正好撞上越盟新一輪砲擊，卡車司機被炸死。法軍將他從卡車殘骸中救出來，醫護人員還在他肚子上動了一次手術。他活了下來，在一條排水溝裡

17　譯注：南雲之鼠，奠邊府戰役期間的衛戍軍逃兵，他們因藏身在奠邊府附近南雲河邊而得名。

躺了三個晚上，終於在三月二十五日上飛機後送河內。

三月十三日到二十七日間，三百二十四名傷患後撤，但在二十八日，越盟大砲炸毀一架停在跑道上的達柯他運輸機，武元甲的砲兵這時已經可以將整個奠邊府所有的陣地完全納入攻擊圈內。畢加率領一千兩百名傘兵拚死對越盟砲陣地發動攻擊，一般相信，在那天的戰鬥中，越盟有三百五十人戰死，許多高砲陣地被毀。但法軍也有一百一十人傷亡，整整一個連的兵力就此喪失，卻沒有決定性戰果，德．卡斯特里沒有那麼多兵力與越盟繼續玩下去。機場報廢了，整個奠邊府作戰計畫依為根本的「空中橋樑」就此四分五裂。士兵開始從機場跑道卸下穿了孔的鋼板，蓋在戰壕與掩體上，飛機不會再下來，不再需要鋪在跑道上的鋼板。

在那以後，傷員命運更加悲慘。「威諾加」（vinogel）的供應開始短缺。威諾加是一種經過脫水處裡的酒精產品，許多世紀以來一直是法國士兵的生命活水。三月二十九日起，天降大雨，而且連下幾星期，直到戰事結束為止，讓敵對兩軍都受盡折磨，戰士們得在泥濘中戰鬥，倒在泥濘中。衛戍軍現在完全依靠空投取得補給，而空中支援不足的窘境已經十分明顯。迫於越盟高射砲火猛烈，運補飛機只得放棄白天低空空投，改為夜間高空空投，但這種作法使越來越多物資落入越盟部隊手中。武元甲極盡挖苦能事地說，「敵人空投可是我們一項不容小覷的補給來源，那是真正從天上掉下來的東西。」

法國在二十世紀打的一場最著名的保衛戰，是一九一六年的凡爾登（Verdun）之戰。在這場戰役中，菲利普．貝當（Philippe Pétain）將軍部下將士靠著一條脆弱的補給線撐持，終於擊退強敵，這條補給線因此垂名青史，即所謂「神聖之路」（voie sacrée）。三月二十二日，德．卡斯特里上校在一封致柯尼將軍的私函中說，奠邊府即將成為印度支那的凡爾登，只是欠缺一個重大關鍵：它沒有「神聖之路」。

第 4 章

血腳印

Bloody Footprints

◎放棄，還是炸？

武元甲將他四分之三的正規部隊投入奠邊府，但即使在作戰期間，越盟散在各地的游擊隊也不斷施壓，以分散法軍兵力。紅河三角洲與更南方的安南都有零星戰鬥，從二月到三月中旬間，五十九個要塞化據點被越盟攻占。由於法軍後撤，將防線移往北方，湄公河三角洲大部地區淪入共產黨手中。為了保住越南各地與寮國境內的陣地，納瓦爾與柯尼已經疲於奔命。奠邊府危機迫在眼前，整個印度支那也似乎搖搖欲墜。這世上只有一個國家能幫法國扭轉這種頹勢：美國。

一九五四年春，有將近兩個月時間，艾森豪總統與他的首席幕僚主張軍事干預。他們願意、甚至渴望這麼做。就像華府在之後二十年的考量一樣，他們關心的不是越南人民的福祉或願望，他們只是不願見到共產黨在亞洲再下一城。坐視共產黨在越南取勝，不僅助長中共氣焰，也損及西方威風。深受麥卡錫主義影響的美國共和黨選民，更不會樂見一個赤色越南。

在武元甲發動奠邊府攻勢一星期之後，法國參謀長保羅・艾利（Paul Ely）於三月二十日抵達華府，為如何解決越南問題的辯論更添一分緊急。艾利毫不掩飾地提出警告：美國若不干預，奠邊府會淪陷。美國立即同意先提供一些零頭，包括幾架掠奪者轟炸機與八百具降落傘。但艾利要的比這多得多，而且很快找到熱心的代言人。美國參謀首長聯席會議主席、海軍上將亞瑟・雷福（Arthur Radford）是鷹派中的鷹派。雷福立即建議用駐在菲律賓的六十架B-29超級堡壘（Superfortresses）轟炸武元甲在奠邊府的圍城軍。美國國防部一個研究小組更建議，若能「妥為部署」，只需三枚戰術核武器就能一舉剷除共產黨的威脅。雷福也認為這是可行的選項。但國務院認為使用核武器之說萬萬提不得，萬一傳到法國人那裡，消息一定走漏，後果不堪設想。

美國陸軍參謀長、韓戰英雄馬修・李奇威（Matthew Ridgway）將軍，堅決反對干預，認為這是一場選錯了地方、錯誤的戰爭。但艾森豪總統另有看法，他贊成投入美國軍力，但條件是必須首先取得國會與盟國的支持。美國必須動員盟友，特別是英國。國務卿杜勒斯、雷福以及副總統理查・尼克森都極力主張「禿鷹行動」（Operation Vulture），就是前述用B-29發動空襲的計畫。接下來幾星期，就在德・卡斯特里部下官兵浴血奮戰的同時，華府、倫敦與巴黎也為美國應該如何投入這場戰爭而激辯。

三月三十日，五個越盟步兵團在奠邊府發動一波波持續不斷的攻勢，由阿爾及利亞軍防守的「伊莉安娜」（Eliane）一號陣地附近據點紛紛淪陷。這些阿爾及利亞士兵與率領他們的軍官幾乎互不相識，在法國殖民軍軍中，領導統御主宰一切。士兵如果認識、信賴他們的軍官，在戰陣上才有可能賣命。帶兵官如果不能贏得部下信任，或在戰陣上倒下，部下士兵也往往不戰而散。越盟依照老規矩，於下午五點砲擊，一個小時過後發起步兵攻擊。大雨讓戰壕積水，也斷了守軍獲得空中支援的指望。更偏北方的杜米妮佳同樣告急，郎格萊只能在望遠鏡中眼睜睜望著敵軍不斷侵入。戰場很快出現四處各自為戰的步兵戰鬥，而且法軍都在苦撐。伊莉安娜一號陣地的阿爾及利亞守軍開始逃竄，一名傘兵軍官當場拔槍殺了幾名逃兵以鎮壓恐慌。但已經無力挽回，防禦周邊開了一個大口。經過幾近四小時血戰，陣地崩潰。杜米妮佳二號陣地也出現同樣場景：阿爾及利亞守軍朝越盟軍跑去，但將兩手舉在空中。到晚上十點時，杜米妮佳二號也為越盟攻占。

視死如歸、奮戰到底的法軍官兵不乏其人。一位十八歲的歐亞混血士官夏拉蒙（Chalamont），操控一挺機槍，直到陣地被團團圍困、全員陣亡為止。由於二十七歲的軍官保羅・伯恩布浩克（Paul

Brunbrouck）死戰不退，法軍勉強守住杜米妮佳三號陣地。伯恩布浩克曾參加一九五二年十二月的那商（Na San）保衛戰，那商之戰是又一場法軍與越盟的惡戰。現在駐守杜米妮佳三號陣地的他，不斷率部用他們的一〇五榴彈砲對付敵軍，最後當敵軍已經近逼眼前，他下達不用座標、見到就打的緊急命令。郎格萊用無線電下令他放棄砲位，伯恩布浩克答道：「別想！」三十一日晨，在總計發射一千八百枚砲彈之後，他率領手下那些勇猛的塞內加爾砲兵，帶著還能操作的三門榴彈砲後撤。伯恩布浩克因此役獲頒外籍兵團榮譽騎士十字章；兩周以後，他在又一場血戰中英勇捐軀。

伊莉安娜一號陣地很快為越盟攻陷，同時易手的還有一個號稱「香榭麗舍」（Champs Elysées）的陣地。到了早上，兩軍都已筋疲力盡。一個主攻的越盟步兵團由於兵力耗損過大，不得不退出戰線。法軍失去相當部分火砲，剩餘的五百噸彈藥也損耗過半。納瓦爾為了解這些新戰況從西貢趕到河內，還發現柯尼整個晚上都不在指揮部，很可能陪在一個女人身邊。這兩位如今都已陷身困境的將軍，還因此彼此之間爆了粗口。美軍將領「鐵麥克」奧丹尼爾提出一項荒謬的建議，主張法軍派遣裝甲部隊西出河內，解奠邊府之圍。這項建議所以荒謬，是因為它完全沒有考慮越南北部地形險惡，不利裝甲運動，以及越盟擅長伏擊法軍車隊的現實。不過，艾森豪總統後來還是對法國沒有採行奧丹尼爾這項建議表示不解。

納瓦爾與柯尼採取更多病急亂投醫的作法，三十一日上午，又一個傘兵營空降奠邊府。儘管奠邊府終將不保的情勢現在已經明顯，但志願請纓上陣的法國人仍然不絕於途，以亞蘭・畢沙（Alain Bizard）上尉為例，就放棄陸軍參謀長助理的大好前程，加入德・卡斯特里的衛戍軍。或許這是因為年輕的法國職業軍官渴望一雪法國一九四〇年淪陷之恥，他們要證明新一代法國人擁有他們父執輩欠缺的犧牲勇氣。

三十一日晚，法軍發動反攻，奪回杜米妮佳二號與伊莉安娜一號陣地，但很快就遭越盟再次攻陷。四月一日與二日，法軍擊退幾次敵軍夜襲，但到了二日上午，為加強剩餘山頭的防禦，法軍棄守「胡格特」（Huguette）二號。四月三日，參加過碧翠絲保衛戰的十二名外籍兵團放棄據點投降，重創了守軍對外籍兵團的信心。像所有那些落入武元甲手中的逃兵一樣，這些外籍兵團逃兵也立即奉命替越盟挖掘工事、挑運補給。到四月七日，衛戍軍軍醫為照顧五百九十名傷兵已經疲於奔命，外籍兵團與傘兵營兵力已經降到每營不足三百人。法軍要求停火，讓飛機後撤傷患，但武元甲不理會，他又何必理會？

有關美國干預的辯論繼續在華府進行，不是為了救法國，而是為了挫折共產黨銳氣。這項辯論對歷史的重要性，已經遠勝於對奠邊府命運的重要性。從三月底開始，杜勒斯展開一項鼓舞美國人的媒體造勢運動。他把越盟比為中國人的利用工具，說美國不會坐視共產黨取勝，不過對於美國準備採取什麼行動，他始終諱莫如深。許多媒體以首頁刊出報導，讓讀者有美國即將出兵的準備。《美國新聞與世界報導》（*US News and World Report*）雜誌說，「美國已經向共產黨挑明了：美國不打算讓印度支那被吞掉。」大多數世人仍然認為，優勢火力最後能在奠邊府勝出。英國《旁觀者》（*Spectator*）周刊在三月十九日說，「法國人應該可以打贏這場戰役，果真如此，則我們第一次有望見到印度支那隧道盡頭的陽光。」《旁觀者》在四月九日的社論中說，「儘管奠邊府打得天怒人怨，德．卡斯特里與他部下一萬一千名官兵這場圍城之戰提醒法國，讓法國知道她仍然能打，仍然是世人仰慕的大國。」這類評論除了一廂情願以外，還反映當時一種不切實際的親法主義。

四月三日，美國國務卿杜勒斯主持一項國會兩黨聯席會，與會領導人包括民主黨籍國會議員德州的林登・詹森、喬治亞州的理查・羅素（Richard Russell）、肯塔基州的厄爾・克萊門茲（Earle Clements）；共和黨籍的科羅拉多州議員尤金・米里金（Eugene Millikin）與加州的威廉・諾蘭（William Knowland）等等。參謀首長聯席會議主席雷福在會中做簡報，向兩黨國會領袖說明奠邊府危在旦夕。杜勒斯說，總統希望國會兩黨通過聯合決議，支持美國動用海軍與空中武力進行干預。雷福說，如果印度支那不保，「整個東南亞，連同印尼一起淪陷只是早晚的事」。在與會國會議員不斷質問下，雷福只得承認，所有參謀首長中，只有他一人主張採取軍事行動。有國會議員於是問道，為什麼會這樣？雷福答道，「因為我比我的同僚更了解亞洲。」雷福雖說不是很有智慧，但從來就是信心十足。

與會人士隨即討論片面還是多邊行動的關鍵議題，林登・詹森表示，「我們不要再打一場由美國提供百分之九十兵力的韓戰。」從一九五〇打到一九五三年的韓戰，毀了杜魯門總統的二度連任，也為美國帶來一個教訓：美國願意付錢，讓其他人替他們在遙遠的亞洲國家與共產黨打仗、戰死，但不願見到他們自己的子弟犧牲。國會領袖們直截了當提出質問：如果美國出兵，英國會不會出兵響應？杜勒斯坦承英國會不會出兵很難說。聯席會最後達成讓杜勒斯與艾森豪都不滿意的結論：除非能說服其他國家與美國聯手，否則國會兩黨不會有決議。四月四日晚，艾森豪在白宮說，英國的表態顯然已具決定性。那天夜裡，法國正式要求美國空軍支援奠邊府。納瓦爾還表示，前往支援奠邊府的美國飛機可以將標誌塗掉，或改漆法國標誌，說明他搞不清現實狀況。

四月五日晚，邱吉爾接到艾森豪一封極富感性的私函。信中要求英國與美國聯手，出兵干預印度支那戰爭，並引用二戰期間英、美聯手對抗希特勒、昭和、與墨索里尼的歷史說，「貴我兩國難道沒有因此學得一些教訓嗎？」第二天，艾森豪在國家安全會議中說，這仍是一場「非常可以打贏」的戰爭。四月七日，艾森豪在記者會中首次公開提出後來傳得沸沸揚揚的「骨牌理論」。他說，如果印度支那淪陷，整個東南亞「很快也都會失守」。在艾森豪之前，法國人已經以保齡球為喻，提出一套叫做「十球瓶」（ten-pin）的類似理論。

航空母艦「拳師號」（Boxer）與「艾賽克斯號」（Essex）隨即奉命駛往東京灣，以備艾森豪同意出兵援法之需，但對出兵抱持懷疑態度的美國領導人仍然大有人在。在國會山莊，麻省民主黨參議員約翰・甘迺迪呼籲當局向美國民眾說明真相。甘迺迪說，除非法國讓它的殖民地完全獨立，美國的任何干預都將徒勞無功：「用金錢、物資、與兵員投入印度支那叢林」，對付一個無所不在、卻又遍尋不著，而且「獲得民眾同情與暗中支持」的游擊隊敵人，成功的可能性微乎其微。但艾森豪仍然堅持如果盟國響應的話將要出兵。他焦慮、不耐煩地等著倫敦方面的辯論結果。

法國將更多援軍投入奠邊府，當局做出一項令人匪夷所思的決定：空投一營沒有受過跳傘訓練的志願軍。讓沒有經歷過空降陣仗的人在夜間跳傘，進入敵軍包圍的一處狹小周邊，這世上大概再也找不到比這更可怕的事了。當飛機即將進入空投區時，志願軍才被告知，每一次飛經空投區時間有限，只夠六個人跳傘。眼見共產黨高砲陣地射出的曳光彈漫天飛舞，十個志願軍總有一個人臨陣腿軟，拒絕跳傘，在引擎吼聲與跳傘長喊叫聲中，面對腳下一片盲然未知，不肯跳傘很有一種感染效應。但無論如何，大多數志願軍仍然勇敢地躍入黑暗，在法軍防線著陸，而且損失少得出奇。但戰事結束後，在這場大難中劫後餘生的志願軍未能領到傘兵章，理由是他們沒有按照規定完成傘訓課程，官僚主義的荒謬與可恥真令人嘆為觀止。

四月一日那天，納瓦爾演出又一鬧劇：大張旗鼓，為衛戍軍軍官舉行晉陞授階儀式，包括德・

卡斯特里晉陞准將。另一方面，越盟圍城部隊繼續拼命挖著，將戰壕與地道伸向下一個目標。四月十日上午，剛掛上上校官階的馬賽·畢加率部對伊莉安娜一號陣地發動反攻。兩名輕機槍手護持下的火焰發射手走在最前面，他們就這樣唱著軍歌，衝進越盟的槍林彈雨中。在歷經一場惡戰後，他們在上午十一點半時攻上陣地山頭，隨即因為死傷六十人而停滯不前。守在胡格特六號陣地的一百名守軍眼見陣地不保，於十八日破曉時分跳出戰壕，狂奔穿越越盟散兵坑，衝向法軍防線，共有六十人返防。

在一九五四年四月英美危機談判的整個過程中，一直瞧不起英國、特別是瞧不起英國領導人的杜勒斯，不得不努力偽裝，掩飾自己對英國的態度。他的談判對手也對杜勒斯沒有好感，邱吉爾曾說，杜勒斯是個「乏味無趣、沒有想像力、不可理喻的人」。四月十一到十二日，杜勒斯在倫敦重彈老調，強調英、美兩國聯手抵抗極權威脅的必要。英國外相艾登對杜勒斯極盡禮遇，但也極度懷疑。讓人感到極度反諷的是，艾登在一九五四年強調印度支那戰事與三十年代納粹崛起時情況不同，不能作為西方聯手用兵的正當理由。但兩年後，他在擔任首相時，卻不得不以三十年代事例為喻，強調西方應該聯手支持英國出兵埃及。無論怎麼說，艾登與杜勒斯的談判完全沒有交集。杜勒斯的巴黎之行，也因為法國外長葉奧吉·畢杜不同意美方所提出兵干預的先決條件：給予印度支那絕對獨立，而毫無成果。但華府的鷹派仍然積極活動，副總統尼克森在四月十六日告訴報紙編輯人，「美國必須前往日內瓦，採取積極立場，促成自由世界的聯合行動。」在遙遠的印度支那，法國人聽到尼克森這句話，對戰局燃起一絲希望。

◎「意志的勝利」

奠邊府衛戍部隊在四月十四到二十二日間折損官兵二百七十人。不滿的士兵殺官犯上並非美軍專利，一天夜裡，一名士兵往一處擠滿士官的掩體投了一枚手榴彈，這士兵被就地處決。在四月十四日，德．卡斯特里手下能夠作戰的步兵還有三千五百人；兩千名逃兵藏身營區外圍，每晚出來搶奪降落傘送下來的口糧。在戰事展開之初，法軍周邊延伸一千兩百英畝；現在已經減半。戰場景觀與一九一七年的西線頗相近似：泥濘不毛的荒地上，處處殘骸，有斷裂的武器，用過的彈藥，轟炸造成的焦黑與創痕也隨處可見。在白天，敵對兩軍沒有人膽敢在這無主之地暴露身軀。法國空軍的戰技仍然糟得提起來讓人傷心。德．卡斯特里在四月十三日向柯尼提出的戰報中說，三架轟炸機炸了自己人，空軍還把八百枚砲彈空投到敵軍手中。德．卡斯特里在電文最後，惱火地加了一句「不說也罷」。

越盟以無比活力，極盡巧思地將戰壕與地道伸向法軍陣地，他們的步兵攻擊展現的勇氣也可圈可點。但到戰事結束時，守軍造成的敵軍傷亡遠超過本身傷亡。直到二〇一八年，河內仍然不肯提出任何可信的奠邊府傷亡數字，說明這數字一定驚人龐大。根據落入法軍手中的越盟戰俘的證供，我們得知當時越盟步兵營瘧疾猖獗等等諸多慘狀。武元甲迫於人員損耗過大，決定放棄人海戰術，改採比較算計的作法，還舉行一連串宣傳與自我批判會議。越盟政工幹部為鼓舞他們絕大多數出身農村的士兵與挑夫，提出保證說，只要打勝仗，不出幾星期就會在「解放區」實施土改，清算地主的財物。但毫無疑問，對這些單純儉樸的農民而言，最有效的振奮劑是他們知道他們會打贏。

四月二十二到二十三日，武元甲部下官兵從已經挖進法軍防線周邊裡面的地道殺出，攻下胡格特一號陣地，陣地指揮官在一群越盟士兵圍攻下戰死。德．卡斯特里下令反攻，因為沒了胡格特一號陣地，空投補給的空間也消失了。傘兵預定四月二十三日下午兩點發起反擊，但在攻擊發起一小時前，德．卡斯特里才發現傘兵無法即時出動。情勢一片混亂，想臨時取消預定空襲為時已經過晚。四架掠奪者轟炸機與十幾架戰鬥機已按照計畫於下午一點四十五分飛臨上空，大多數可以動用的火砲也已開火。胡格特一號陣地的越盟傷亡慘重，但空襲、砲轟過後戰場沉寂了四十五分鐘，讓越盟趁著空檔大舉增援。

等到法軍兩個連終於跳出陣地時，越盟的還擊砲火已經十分猛烈，在空曠地形進擊的法軍進到半途已經筋疲力盡。到下午三點半時，他們為越盟砲火壓制，傷亡慘重。又隔一小時，殘餘法軍在七十六人戰死或重傷的情況下撤軍。一名兩腿被打殘的尉官賈漢（Garin），為了不讓同袍弟兄救他，舉槍轟了自己腦袋。越盟現在已經控有半個機場，德．卡斯特里的醫護站擠了四百零一名重傷患與六百七十六名輕傷患。一名軍官對那些沒有地方安身的傷患說：「不能站、不能坐的人，最好躺在戰壕裡。」

日內瓦會議召開在即，杜勒斯帶著雷福將軍飛往歐洲，再次請求邱吉爾政府出手，並與法國磋商。這時情況已經十分明朗，美國如果不干預，奠邊府氣數已定。一些保守派極力支持美國干預，《旁觀者》的社論反映了這種觀點：「如果一定要用軍事手段才能說服胡志明與中國，那就用吧。」四月二十二日，杜勒斯與法國外長畢杜再次集會巴黎，以建立在日內瓦會議的共同政策陣線；同時，法國參謀長艾利與納瓦爾不斷要求美國提供更多飛機。當英國加入談判時，或許因為喝多了，畢杜變得非常情緒。畢杜日後說，當時杜勒斯曾私下問他對於在奠邊府使用核武器的看法；

核武器議題至少非正式提及，看來極有可能。

這些歐洲人的反應讓艾森豪與杜勒斯憂心忡忡，法國人讓他們擔心，因為法國人要美國援助，卻不接受美國提出的條件；英國人讓他們擔心，因為英國人不相信必須在法國人敗走以前加入印支戰爭。中國揚言收回香港，也讓英國人疑神疑鬼、舉棋不定。無論怎麼說，邱吉爾與外相艾登堅持己見，駁斥了艾森豪的「骨牌理論」，拒絕在艾登與蘇聯外長莫洛托夫擔任共同主席的日內瓦會議召開以前支持任何新的軍事行動。四月二十六日，雷福在首相鄉間別墅的晚宴中向邱吉爾展開遊說，邱吉爾給他的答覆是：「奠邊府要塞失守是必須面對的事。」邱吉爾告訴雷福，英國就連幫自己救回印度都辦不到，哪可能幫法國救回印度支那。

杜勒斯在四月二十九日向白宮回報的電文中說，「英國的態度越來越軟弱。英國似乎覺得我們可能不惜與中國一戰，此外他們也擔心我們會動用核武器，這一些讓他們非常害怕。」在所有越南的幾場戰爭中，英國一直強力主張和解。如果邱吉爾當年做了不一樣的答覆，艾森豪會不會動用核武器雖說仍是問號，但西方盟國很可能出兵支援基本上已經絕望的奠邊府。艾森豪在發給杜勒斯的訓令中說，他雖說不願意片面動用美軍，但如果能說服英國象徵性地出動幾架皇家空軍轟炸機，一旦有了這個政治煙幕，他不僅只是勉為其難，還會樂意出兵。

從一九四〇年起，英國就不斷運用外交手段拉攏美國。現在面對這個華府如此重視的問題，英國當然不願與美國唱反調。但倫敦如此小心翼翼，確實很有理由。人們常說，一九五二到五五年間回鍋當首相的邱吉爾已經不復當年神勇，這話固然說得不錯，但在越南這個議題上，邱吉爾展現的英明與固執卻令人佩服。英國擔心，美國出兵的真正目標是懲罰中國。美國既然已經為它的法國客戶提供這麼多武器裝備，艾森豪政府怎能對中國軍援越盟如此深惡痛絕？在英國人眼中，韓戰是一場與共產黨僵持不下、讓人無法忍受的惡戰。冒然投入印度支那戰爭可能導致更嚴重的後果：可能是一場世界大戰。邱吉爾告訴美國人，他不願與華府串通起來誤導美國國會，因為表態支持西方軍事行動救不了奠邊府，只會對和平造成無法言喻的衝擊。

雷福極為憤怒，希望見到共產黨「在印度支那遭到一陣毒打」的艾森豪也一肚子火。兩年以後，艾森豪在蘇伊士運河慘敗事件中拋棄艾登，與這次華府因英國「膽怯」而與英國結下的樑子不無關係。但在一九五四年春，除非運用大得不成比例的傳統火力、甚至核武器，否則西方無論採取什麼軍事行動都救不了奠邊府。在大多數世人眼中，美國後來的投入越戰是一種明目張膽的殖民主義作為，如果西方國家在一九五四年出兵印度支那，也會給人同樣印象。印度支那前途應該主要取決於政治、社會、與文化要件，但在當年華府的有關辯論中，幾乎沒有人談到這個議題，大家關心的只是應該出動多大火力。一九五四年的華府就像十年後一樣，理所當然地認為，只要美國出兵對付那些穿塑膠拖鞋的農民，武元甲的軍隊不僅必將慘敗，還可能全軍覆沒。

美國人認為，如果法國在印度支那打輸了，那是因為……因為他們是法國人。美國官員對法國在印度支那表現的不屑，讓戰地記者伯納．法奧（Bernard Fall）很是不滿。法奧曾經寫道，一名美國官員對他說，「整個法國就是一個墮落的國家，不承認也不行。法國人看見德國人就怕，駐在印度支那的整個法軍就只知道賺錢，根本不想戰鬥。」由於美國在一九五四年春沒有出兵，位於越南西北荒郊野外的奠邊府命運已定。《費加洛報》（*Le Figaro*）刊出一幅標題「最後堡壘」的漫畫，畫的是巴黎政府部長用他們剩下來的最後幾發子彈自殺。大多數法國人或許對奠邊府的陷落聽天由命，但在精英們心目中，這標示法國的大國地位已告終結。

納瓦爾與柯尼仍抱著一線希望：或許雨季到來，天氣條件惡化，能使武元甲的攻勢後繼乏力；也或許列強在日內瓦的會議能促成停火。兩人呼籲巴黎增調援軍，認為這樣做可以提高奠邊府存活的機率：「更多犧牲有其必要，因為除了軍事榮耀以外，增兵至少有望帶來有利的結果。」當然這只是一廂情願。法國空軍幾乎沒有人願意飛奠邊府勤務。被迫執勤的機組人員在一萬英尺高空就將補給推出飛機，讓幾近半數補給落入越盟手中。大多數轟炸是透過雲層的盲目轟炸。四月二十八日，法國空軍法蘭什・孔泰（Franche Comté）聯隊在報告中說，上校聯隊長、他的副官、與八名飛行員因健康問題不宜飛行。這位聯隊長說，「我出於我的良心，拒絕派他們在白天（飛越奠邊府）執行低空任務，這是白白送死，是無謂的犧牲。」德・卡斯特里向河內大吐苦水，說他的部下在奠邊府為國捐軀，空軍卻如此孬種，「怎能有如此雙重標準。」

美國傭兵飛行員在奠邊府之戰的表現比法國空軍高明得多，其中CAT飛行員詹姆斯・麥高文（James McGovern）的事跡尤其為人津津樂道。麥高文是個一嘴大鬍子的巨漢，人稱「地震麥根」（Earthquake McGoon）。他駕著C-119執行了無數次奠邊府運補任務。在最後一次任務中，他的C-119在滿載彈藥飛近空投區時中彈。他駕著一個引擎已經報廢了的C-119駛離空投區，不肯跳傘：他的飛機曾在中國上空被擊落，他經過長途跋涉，歷經無數艱險終於逃得性命，現在他不想「再像那樣走路」。不過這一次他沒能讓飛機安全著陸：他的C-119墜落地面，引發一陣大爆炸。

《世界報》在四月二十四日完全無視安全保密，宣布法國將發動「神鷹行動」（Operation Condor）：三千名官兵從寮國出發，穿越叢林以解奠邊府之圍的垂死掙扎。儘管少數樂觀派仍對這項行動寄予厚望，但情況很快明顯，援軍根本不可能穿越層層叢林阻隔與越盟攔截。這時，眼見死亡或被俘命運迫在眼前，奠邊府衛戍軍大多數也知道自己在劫難逃。他們之間唯一的差異是，少部分官兵仍然奮勇死戰，大多數官兵不是變得暴怒不堪就是整天愁容滿面。據守周邊核心陣地的官兵仍能領到口糧與用來澆愁的酒；守在外圍掩體裡的人有時一連多天得不到補給，只能靠發了霉的麵包與蕃茄醬維生。在醫院裡，高文（Grauwin）醫生不斷安慰受傷的官兵，要他們別怕爬在他們傷口附近那些蛆，因為那些東西只會吃已經腐爛的組織。四月二十六日，伊莎貝拉陣地發生騷亂，陣地裡的阿爾及利亞軍隨即嘩變，陣地指揮官要將肇事主謀處決，但德．卡斯特里制止了他。四月三十日，全身發著惡臭、疲憊不堪、餓得半死的外籍兵團，就頂著暴雨，在他們水深及膝的戰壕中慶祝一八六三年在墨西哥的卡麥隆（Camerone）之戰[18]周年紀念。

五月一日晚，武元甲的步兵攻擊伊莉安娜一號陣地，在九十分鐘肉搏戰之後攻陷目標。同一天夜裡，防守杜米妮加三號陣地的泰軍與阿爾及利亞軍在一場硬仗之後棄守。在伊莉安娜二號陣地之戰，德．卡斯特里部下有三百三十一人陣亡或失蹤，一百六十八人受傷。現在他只有兩千多一點的兵力，對抗武元甲的一萬四千人。越盟這時秀了他們的新武器：蘇聯製卡秋莎（Katyusha）多管火箭發射器。這種武器以發射時發出尖叫聲，讓敵軍心驚膽戰出名。納瓦爾與柯尼之間的關係越搞越僵，納瓦爾甚至指控柯尼散播失敗謠言，揚言對柯尼軍法審判。

奠邊府情勢持續惡化，排泄物、曝露未埋的屍骨發出的惡臭已經中人欲嘔。純粹只為了讓法國代表團在日內瓦會議否認失敗，小股志願軍仍然不斷空降進入營區。還能行走的傷兵重返他們的單位，不少傷兵就這樣包著泥汙的繃帶守在戰壕裡。郎格萊與畢加討論穿越叢林突圍的可能性，最後的結論都是必敗無疑。

越盟又發動攻擊，五月四日早晨，衛戍軍無線電傳來一名尉官不斷告急的口信。在連長中彈後接掌胡格特四號陣地摩洛哥軍指揮權的這名尉官喊道，「指揮所只剩下我們十個人……等待救援……援兵在哪裡？……越盟攻來了……我聽得到他們……他們沿著戰壕朝我殺來了……他們到這裡了……啊！」五日晚上，柯尼向霉運當頭的德．卡斯特里送來一道蠻橫無理的命令：「要死守不退，完成你光榮的任務」。

之後二十四小時，衛戍軍再獲三百八十三名空投生力軍，其中一百五十五人是越南人。五月六日早晨，德．卡斯特里接獲情報，說越盟將在當天晚上大舉進攻。伊義．葉夫威（Yves Hervouet）

上尉要求高文醫生去掉綁在他斷臂上的石膏，讓他可以再次進入他的戰車督戰。晚上九點半，一枚越盟地雷在伊莉安娜二號陣地下爆炸，沒隔多久，陣地就在滂沱大雨中遭越盟攻陷。尚．普榭（Jean Pouget）上尉領軍反擊，但沒有成功。伊莉安娜四號與伊莉安娜十號陣地一連打了幾場惡戰，迫使郎格萊與畢加用無線電呼叫飛臨陣地上空的飛機取消預定的一波傘兵空降，因為這時周邊已經過緊，傘兵很可能落入越盟陣地。在伊莉安娜四號陣地於晚上九點過後不久失陷前，陣地指揮官發出最後一則電訊，要求砲兵不要砲轟陣地，因為每一處戰壕都擠滿法軍傷兵。在醫護站附近，除了傷兵與死者以外，現在還多了一堆一堆人在漫天砲火中隨處躺著，因為他們既沒有武器也沒有任務，除了睡覺外實在也沒事可幹。

五月七日下午五點，德．卡斯特里以無線電向柯尼總部報告說，「我們已經盡了全力。我將於五點半時遣使求和。」柯尼本人於是接起話筒，想阻止守軍正式投降：「你不可以舉白旗，要繼續打下去，戰至最後一兵一卒。」德．卡斯特里假裝應允，答道：「Bien, mon général」（是，將軍）。柯尼回了一句：「Allez, au revoir mon vieux」（好吧，再見，老傢伙）。隨後，德．卡斯特里從他那潮濕、暑熱的掩體傳令，要部下搶在正式投降以前盡量搗毀武器。普榭上尉寫道，「在慘淡、陰森的燈光下，他看起來比三月間老了十年。」幾乎從不與部下官兵照面的這位奠邊府指揮官，就這樣自始至終沒有展現一絲一毫足以讓他成為英雄的氣質。但若是將奠邊府的失陷歸咎於他也錯得離譜，因為早在法軍當局選在距離如此遙遠、補給如此不易的地點建立陣地之初，奠邊府覆滅的命運已經註定。越盟由於占盡地利，可以不斷加碼，讓法國窮於因應，最後全盤通殺。

18 譯注：一八六三年四月三十日於墨西哥爆發的卡麥隆之戰，是法國外籍兵團建軍史上最具代表性的一場血戰。

戰事緩緩步入尾聲。一名地面無線電作業員要一波飛臨奠邊府、準備展開攻擊的戰鬥機與轟炸機返航，呼叫凱撒五號（César 5）：「我們正在炸毀一切……向我們的家人道別……Adieu César（永別了，凱撒）。」伊莎貝拉比其他陣地多挺了幾小時，它的一千兩百名官兵嘗試暗夜突圍，在一場混戰中損失了兩個連。許多衛戍軍繼續死戰。據信，最後戰死的是一名名叫馬哈默德・賓沙拉（Mohammed ben Salah）的摩洛哥砲手，他在德・卡斯特里投降以後幾小時仍然操作著一門一〇五公厘榴彈砲。越盟俘虜五千五百名戰俘，其中四千五百人都是傷兵。法軍指揮部正式紀錄有案的一千一百六十一名逃兵，現在也加入戰俘之列，納瓦爾麾下十六個法國與殖民地營被消滅了。越盟幹部兼歌手文琪感嘆地說，「這是一場難以置信的勝利，一場超乎我們想像的勝利。沒有人想得到我們怎能打敗這樣一支強大的軍隊。」，陳崇莊（Tran Trong Trung，譯音）上校說得有理：這主要是「一場意志的勝利」。

德・卡斯特里部下官兵死在戰俘營的人比戰死的人還多，許多戰俘還沒進戰俘營已經送命。在來到共產黨戰俘營以後，越盟會派出政委，裝模作樣先向法軍軍官戰俘來一篇講話：「你們要在這裡停留一段時間，透過勞作接受再教育，停留多久不確定。你們要像那些被你們壓迫的人一樣生活過日，像他們一樣受苦受難，以了解他們，我們會指引你們尋求真理。」百分之四十三、三千九百名的法軍衛戍軍戰俘最後獲得遣返。六十名泰軍與十九名歐洲人逃出戰場，在叢林中跋涉一百英里後終於脫險。德・卡斯特里在一九五四年年底獲釋，他對前來接他的海軍軍官提出的第一個問題是：「聽說他們要槍斃我，這是真的嗎？」

穿著法軍制服被俘的一萬四千三百二十四名越南軍，十個人中只有一人生還。當然也不能完全怪罪越盟，因為越盟欠缺醫護支援，就連自己的官兵都在饑餓邊緣掙扎。無論怎麼說，對於那些選錯了邊的同胞的死活，武元甲等人顯然漠不關心。越盟為了打贏這場戰役犧牲了大約兩萬五千人，他們怎可能對敵人寬大?前文所述那位官宦之女阮氏玉全，當時二十一歲，在武元甲軍中當醫護兵。奠邊府戰勝後，她嫁給三〇八師副師長高雲康（Cao Van Khanh，譯音），婚禮就在德・卡斯特里的指揮所舉行。

在書面上，奠邊府未必是決定印度支那戰爭成敗的關鍵，因為法國仍然擁有強大兵力。武元甲的部隊打得兵疲馬困，也無力乘勝追擊、發動全面總攻。但法國政府與人民已經忍無可忍。皮耶・荷庫爾寫道，「奠邊府像緊箍咒一樣迫使我們停火，因為堅持這場鬥爭的意志已經不復存在。」最難過的是法國那些美國軍需官：他們已經提供大量軍援幫法軍打仗，結果還是打輸了。

認定任何歷史性事件結果早已註定的說法，一般來說都是錯的。但法國在一九四五到一九五四年之間的印度支那經驗卻是例外：由於民族主義抵抗升溫，加以非共政治要件——即許多美國人急於指認的神秘「第三勢力」——的軟弱，印度支那的殖民統治註定解體。美國外交官、十年以後在越戰中扮演重要角色的道格・蘭賽（Doug Ramsey）說，「我不知道，或許一連許多年下來，我們已經淌進這趟混水了。事情可以回溯到羅斯福幫助殖民帝國那幾年。還有，想一想約翰・福斯特・杜勒斯那些空話。」

武元甲的勝利在多大程度上應該歸功於他的中國顧問，也一直引人爭議。中國顧問顯然為武元甲提供許多技術性指示。但許多越南共產黨領導人雖說來自越南南部與中部，北越——從現在起，我們不妨用這個名詞泛指越南共產黨——幾乎不需要、也不接受其他人的指導。十年來的戰陣經驗使武元甲部隊成為戰技精熟、鬥志昂揚的勁旅，加以他們像所有那些共產黨軍隊一樣，似乎不將傷亡看成一回事，許多外國人日後稱讚北越軍是「東方普魯士」。為因應專制極權國官方神話之需，河內鋪天蓋地頌揚著胡志明。無論如何，至少直到目前為止，這一切運作得很有效：若沒有胡志明始終堅定不移的支持，武元甲不可能辦到他辦到的那些事，不可能在遭到那麼多場血腥敗績之後，仍能保住他身為總司令的地位。北越人民對武元甲本人也崇拜有加，但由於他過於標榜自我，沒有人喜歡他。武元甲之後寫了許多有關奠邊府與越戰的文章，文中只有一個主角，就是他自己，對於部屬的戰功，他幾乎隻字不提。儘管如此，他在奠邊府的勝利是二十世紀一件軍事大事。

◎日內瓦

巴黎於五月七日下午四點四十五分播出奠邊府守軍投降的消息，稍後，在外長們開會辯論越南政治前途問題前僅僅數小時，消息傳到日內瓦。讓人不敢相信的是，法國外長畢杜在日內瓦外長會中發表聲明時，竟頌揚法國在越南的「文明化」角色，把戰事說成「這場硬加在我們身上的衝突」。談判桌上——杜勒斯不肯與中國外長同席——接下來的進展更加令人稱奇：法軍雖在奠邊府慘敗，越盟卻沒有在談判桌上取勝。付出幾萬條人命代價取勝的越盟，最後只能拿到半個勝利果實返國，怎麼會這樣？

一九五四年四月二十四日，以周恩來為首的兩百人中國代表團首先抵達日內瓦，立即成為全球媒體矚目焦點，也揭開了日內瓦談判故事的序幕。當年五十六歲的周恩來，出身書香門第，溫文儒雅，英俊瀟灑，又極度精明幹練。儘管幾十年來一直充當毛澤東大屠殺的工具，但周恩來一直深獲國際社會敬重。蘇聯代表團帶著一大箱魚子醬抵達日內瓦，準備在舉行多邊宴會時饗客之用，不過這樣的宴會後來都沒有舉行。美國國務卿杜勒斯保持他一貫的外交作風，在周恩來向他伸出手時，轉身把背對著周恩來。眼見杜勒斯如此表態，最緊張的不是中國人而是英國人，他們擔心杜勒斯會因懷恨而破壞會議進程。中國人與俄國人顯然支配全局的事實，更讓美國人相信胡志明不過是他們的馬前卒而已，在日內瓦，周恩來與莫洛托夫代表團人馬無處不在，只有在會議室裡才能看見越盟代表團身影。

在各國代表團紛紛住進各自酒店時，杜勒斯領著唯一一個渴望將印支戰爭繼續打下去的代表團，非常不爽。他說，這根本是一場對共產黨的外交出賣大會，與一九四五年的雅爾達（Yalta）會議不相上下。自由派專欄作家沃爾特・里普曼提出他的觀察如下：「參議院共和黨領袖堅持敵人必須無條件投降，否則不談和，堅持除非盟國集體行動，否則美國不參戰，但越盟已經戰勝，現在也沒有一個盟國願意參戰，美國在日內瓦會議的立場根本是癡人說夢。」

不過杜勒斯的頑固確實造成關鍵效應，以勝利者姿態與會的共產黨代表，因此未能在日內瓦談判桌上討到應有好處。在一九七二年，尼克森總統曾祭出所謂「狂人理論」（Madman Theory），想讓北越因為擔心尼克森會狂得動用極端軍事手段而不敢蠢動，結果沒有成功。但在一九五四年，所有日內瓦會議與會共產黨代表團都怕極了美軍進兵亞洲。韓戰為中國人與俄國人帶來的好處，比帶給西方列強的好處更少。這些共產黨代表都看報紙，也都非常清楚美國國內保守派勢力正當道。他們知道即使不挑釁，艾森豪政府也很有可能出兵越南，甚至動用核武器。更何況，儘管越盟向以犧牲奮戰能力超人一等著稱，但在一九五四年五月，越盟領導層也知道情況堪虞，戰爭的壓力以及同時展開的社會革命，已經令「解放區」人民無法喘息。

在日內瓦會議中，首先提出「分治」主張的，可能是俄國代表。越盟雖在越南北部享有主控地位，在南部的實力仍然軟弱。魯斯克在一九四五年決定以北緯三十八度線為界、實施南北韓分治的作法，於是成為一個可供效法的先例。五月三日，在正式越南問題會議於日內瓦召開前，保大的傀儡政府揚言，法國若不能保證分治問題不列入議程，它將抵制這項會議。同一天，杜勒斯返回華府消氣，由副國務卿、艾森豪的戰時參謀長沃爾特・貝德爾・史密斯（Walter Bedell Smith）代理美國代表團團長。與會代表都喘了一口大氣，因為「老貝」很理性，不像杜勒斯那樣蠻不講理。各式各樣、涉及每一個代表團的私下雙邊會談隨即展開，為五月八日在奠邊府陷落陰影下召開的正式會議鋪路。

在會議第一周，中國代表幾乎一聲不吭，只有艾登與莫洛托夫兩位外長在會中發言。五月十日，范文同發表開場聲明，說越盟承諾會讓所有印度支那三國全面獨立。他保證曾經與胡志明作戰的越南人「不會受到壓迫」。隨後，讓西方代表驚訝的是，范文同表示願意考慮分治議題。越盟顯然已經遭到中、俄兩國強大壓力，不得不提出此一建議。

共產黨陣營一旦提議分治，分治變得極為可能，只不過應該如何畫分南、北越的後續性問題必定仍有許多拉拒與角逐罷了。法國為了保有河內與海防，一開始主張「豹皮」式的領土分配，明訂應該讓予共產黨的區域。五月十二日，保大代表團重申反對一切畫分的立場。但在英國鼓勵下，法國與越盟代表之間已經展開雙邊事務性談判。

杜勒斯在美國發聲，表明他不贊成分治，保守派媒體隨即開始大舉炒作。《時代》雜誌說，英國領導人「很像那些姑息派」。貝德爾・史密斯在記者會中表明美國不接受分治，在私下裡，艾登顯然贊同分治的態度讓他越來越惱火。華府也曾透過秘密雙邊談判促巴黎堅定立場、抗拒分治，但法國的答覆是，除非美國立即採取軍事行動，否則巴黎只有同意一途。儘管英國不買帳，艾森豪與杜勒斯仍然又一次試探採取聯合軍事行動的可能性。但澳洲與紐西蘭也不肯出兵，就此澆熄了美國主戰派最後一絲熱情。《旁觀者》周刊說，日內瓦會議初期的會談「混亂得駭人聽聞」，與會者無不同意這個說法。

為了解之後幾周會議的進展，我們先得認清一件事：奠邊府投降並不表示越南其他地方的戰事也就此打住，法國招募的越南人部隊逃兵情況越來越嚴重，法軍繼續在戰場上吞敗。六月四日，納瓦爾被免職，由保羅・艾里（Paul Ely）繼任越南總督，法軍隨即再吞兩場慘敗。首先，從中央高地安溪（An Khe）撤軍的一〇〇機動大隊（Groupe Mobile 100）從六月二十四日起一連幾次遇伏，約半數人員陣亡，五分之四的車輛被毀；法軍最精銳部隊之一的第一「朝鮮」團全軍覆沒。七月十二日，四二機動大隊也遭到類似命運。同時，武元甲據說正準備在紅河三角洲發動大規模新攻勢，中國新建了一條直通「解放區」北部邊界的鐵路，現在每個月可以為越盟補給四噸彈藥與裝備。

甚至在腥風血雨、殺戮不斷聲中，日內瓦和平談判仍然停滯不前，讓世人耐心漸失。在倫敦的巴黎餐廳（Café de Paris），英國名演員諾艾．柯華（Noël Coward）在介紹女星瑪璉娜．迪特利（Marlene Dietrich）時，朗誦一首極盡詼諧能事的打油詩，讚美千百年來美女的誘惑。在唸到克麗歐佩特拉（Cleopatra）時，他的詩句讓在場眾人無不捧腹：「尼羅河女神一笑能罷干戈，比談來談去毫無結果的日內瓦談判快多了。」（The Serpent of Nile/ could achieve with a smile/ far quicker results than Geneva.）但突然間，日內瓦談判露出一線曙光，因為法軍戰場噩耗頻傳，華府開始發現，若容讓情況繼續演變下去，可能出現比分治更惡劣的後果。除非美國干預，整個越南可能都會淪入共產黨手中。貝德爾．史密斯於是同意美國有必要與共產黨妥協。另一方面，日內瓦會議共產黨陣營在六月十五日舉行秘密戰略會議，周恩來在會中敦促越盟，要越盟更加務實，不要再謊稱他們在寮國與高棉沒有駐軍。莫洛托夫也表示附和。

三天後，事情出現另一戲劇性發展：法國總理約瑟夫．蘭尼爾（Joseph Laniel）下台，由皮耶．孟戴—法蘭斯（Pierre Mendès-France）繼任。新總理上台後立即宣布，若不能在三十天內達成印度支那停火，他也會辭職。孟戴—法蘭斯就這樣為日內瓦談判訂下一個限期，周恩來也告訴艾登與其他與會人士，他同樣希望盡速達成停火。周恩來於六月二十三日在伯恩（Bern）與孟戴—法蘭斯私下會談，兩人談得很好。周恩來明白表示，他的主要目標就是阻止美軍進入印度支那。兩人同意，為達到這個目標，越南必須分治。

由保大選定的新總理吳廷琰代表的越南反共派，仍然對分治抵死反對。但真正重要的關鍵只有一個：華府會不會投反對票？邱吉爾寫信給艾森豪：「我看孟戴－法蘭斯已經下定決心，要在最理想的條件下抽身。果真如此，我想他是對的。」六月二十四日，杜勒斯告訴國會領導人，美國將採取新政策：保衛南越、寮國、與高棉，不讓共產黨入侵，「保住這些地區，盡我們全力，對抗顛覆」。杜勒斯這篇聲明等於默認北越已經赤化。

另一方面，中國與越盟領導人檢討他們的立場，為日內瓦關鍵性的下一回合談判作準備。七月三日到五日，在華南城市柳州舉行的會議中，周恩來談到一九五〇年夏天，共產黨入侵南韓戰事逆轉的往事。他告訴胡志明與越盟代表團：「朝鮮問題關鍵就出在美國干預……（麥克阿瑟的）援軍來得這麼快，完全出乎我們意外……如果不是美國干預，朝鮮人民軍已經把李承晚（的軍隊）趕到海裡去了。」周恩來這番話，字裡行間明白透著對美國人的恐懼：中國人擔心，越盟如果像北韓金日成那樣貪得無厭，會遭致一場地緣戰略大禍。

一九五四年，在美國人心目中，毛澤東擊敗蔣介石國民黨、羞辱美國的慘痛經驗不過事隔五年，記憶猶新。一些美國保守派仍抱著一絲扭轉「中國敗局」的希望。僅僅四年前，中國才因為無法容忍麥克阿瑟的勝利之師在鴨綠江邊耀武揚威而出兵，介入韓戰。當日內瓦會議舉行時，毛澤東對北京政權的穩定並無信心，因此周恩來的首要任務就是確保中國安全。要確保中國安全，最好的辦法就是安撫美國人：如果能讓艾森豪與杜勒斯消火，他可以與一個非共的南越共存。

柳州會議就順著這基調進行。由於法國仍駐有四十七萬大軍，對付越盟的三十一萬人，打下去並非不可能。如果印支戰爭遙遙無期打下去，東西方緊張關係進一步惡化，華府仍然有可能出兵越南。十年鬥爭取得的一切成果可能完全化為烏有。武元甲承認，若不能達成政治解決，越盟可能需要兩到五年時間才能取得絕對軍事勝利，他的中國顧問也有同感。法國主張以通過榮市（Vinh）南方的北緯十八度線為界，進行分治，比越盟最先的提案：通過安南中央高地中部的北緯十三度線為界偏北了許多。中國建議雙方互讓，而以北緯十六度線為界，而胡志明似乎也沒有異議。周恩來在七月七日就這項進展向毛澤東提出報告，毛澤東也認為有妥協、迅速解決問題的必要。基於類似地緣政治考量，俄國人也同意了。

日內瓦會議最後一輪會期於七月十日展開，杜勒斯拒絕出席。他認為，與會代表們討論的這項分治交易，就像三十年代西方國家對法西斯的怯懦、姑息一樣，與投降無異。杜勒斯認為，分治不過是通往共產黨全面接管越南的中繼站。更何況，為了支援印度支那反共戰爭，美國已經投入二十五億美元，比法國本身自一九四五年以來接獲的經援還多。另一方面，孟戴－法蘭斯根本懶得將這項談判進展告知保大。在西貢，美國大使力勸剛就任總理的吳廷琰接受分治，因為半個國家比沒有國家總要好得多，但吳廷琰仍然拒絕，還指示他出席日內瓦會議的外長，要設法將河內與海防納入西貢統治下，吳廷琰日後每在面對不快的現實時，往往採取這類不切實際的作法。他堅持日內瓦會議將西貢政府的觀點納入紀錄：分治忽視了「越南人民全體一致要求國家統一的願望」。

七月十六日，在密鑼緊鼓的雙邊與特別會談聲中，副國務卿貝德爾・史密斯抵達日內瓦，勉為其難地代表美國與會。但他奉有指示，不參加任何這類討價還價的會議。兩天以後，外長們同意由印度、加拿大與波蘭派員組織國際控制委員會，監督擬議的停火。七月二十日，法國與越盟達成協議，以北緯十七度線附近為界，畫分南、北越，為新成立的南越帶來一條短短的、可以防守的邊界。這條分界線「屬於臨時性質，無論如何不應視為一種政治或領土疆界」。所有越南人都可以在三百天內決定自己願意依附的政權，而且無論他們選擇北遷或南移，都享有國際保證的自由遷徙權。大選應在兩年內舉行。南、北越都要像寮國與高棉一樣，宣誓中立。法國人將撤出越南，打道回府。

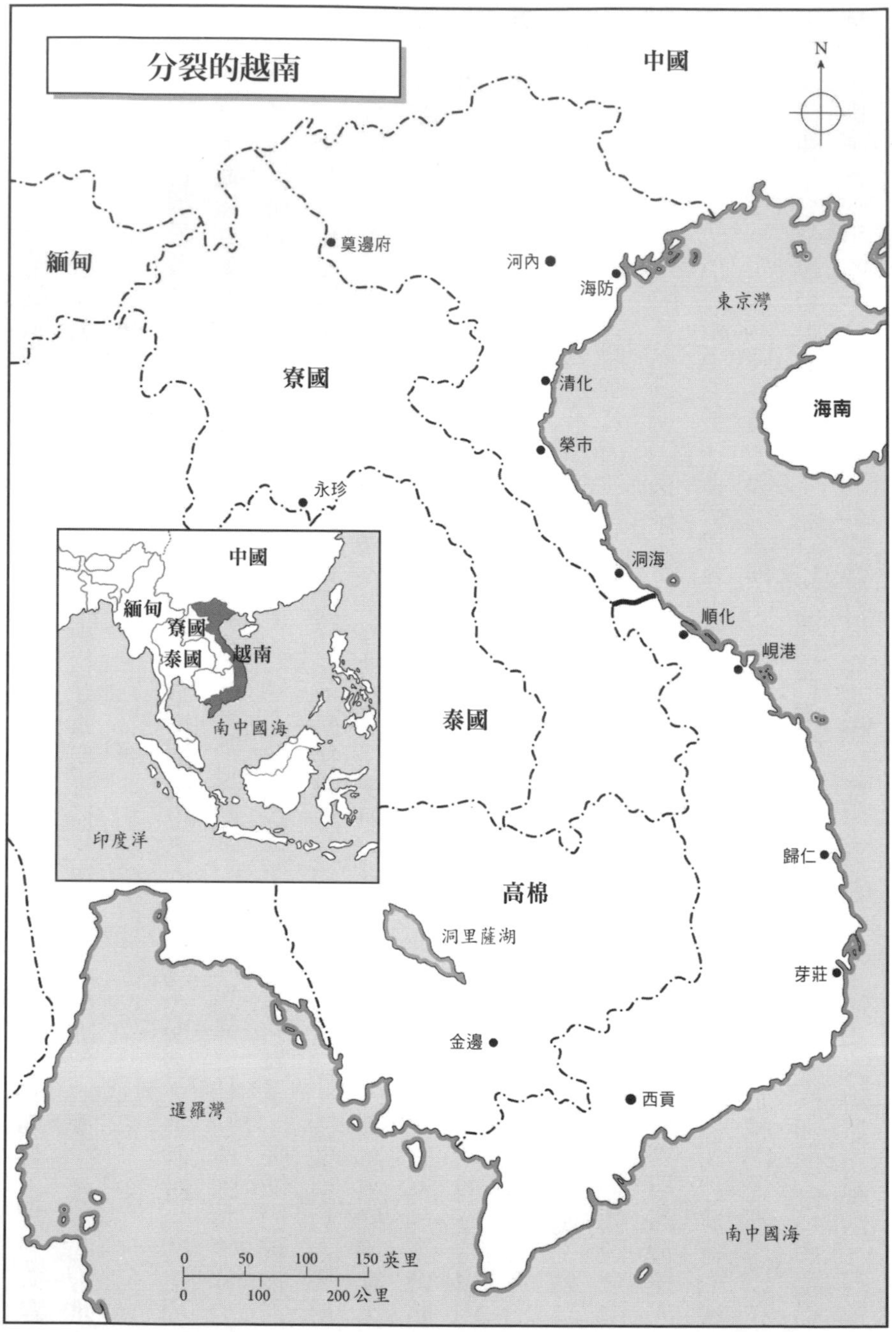

分裂的越南
中國
N
緬甸
莫邊府
河內
海防
東京灣
寮國
清化
海南
榮市
永珍
中國
緬甸
寮國
泰國
越南
南中國海
印度洋
洞海
順化
峴港
泰國
歸仁
高棉
洞里薩湖
芽莊
金邊
西貢
暹羅灣
南中國海
0 50 100 150 英里
0 100 200 公里

日內瓦協定（the Geneva Accords）主要有兩份文件，一份是法國與北越在一九五四年七月二十一日簽署的敵對狀態終止協議（The Agreement on the Cessation of Hostilities）。另一份是法國、英國、中國與俄國口頭通過的日內瓦會議最後宣言（The Final Declaration of the Geneva Conference）。杜勒斯發表聲明，強調美國對新成立的南、北越特別關注，他提出警告說，任何對協議條款的破壞都將是「一件嚴重關切、對國際和平與安全構成重大威脅的事」。原本看來註定失敗的日內瓦會議，在歷經數周折衝起伏之後終於達成協議，除了美國以外，所有有關各造都認為身為會議共同主席的安東尼·艾登功不可沒。一名目擊者對艾登「幾乎超人的幽默與耐性」贊不絕口，這次會議，是這位聰明絕頂、風度翩翩的英國外相的職涯代表之作。

日內瓦協定僅就法國殖民主義者與即將成為北越南主子的共產黨之間的停火達成協議。華府與西貢日後就根據這一點而堅持，南越不在特定兩年限期內舉行大選，並不違反他們同意的任何協議。世界各地許多人很快就了解，儘管日內瓦會議的結果令人不快，但這也是最好的結果。《旁觀者》在七月二十三日的社論中說，「這是一個壞和平，但在現有環境下，這幾乎肯定是可以達成的最好的和平。」《旁觀者》推斷，只因為華府磨刀霍霍，才讓共產集團不敢需索過度：「無論怎麼說，美國那張狂妄、醜陋、猙獰的嘴臉似乎間接導致了和平。」

會議結束後，為了安撫美國國內共和黨選民，也為了重建華府因未能保住北越而受創的威信，艾森豪與杜勒斯開始努力為南越建立法統與重要性。杜勒斯說，希望南越在吳廷琰治下「掙脫法國殖民主義陰霾」邁向繁榮。由於美國當年對吳廷琰一無所知，華府對吳廷琰寄予如此厚望，令人多少有些詫異。英國人看法不一樣，他們一直不肯捲入印度支那紛爭，因為他們認為印度支那對英國沒那麼重要。英國人認為，西方國家應該全力在歐洲與蘇聯周旋。另一方面，俄國與中國現在理所當然願意為剛加入社會主義陣營的北越提供一些援助。美國若不能將南越建成一處資本主義櫥窗，會讓共產黨大放寬心，但共產黨並不想在印度支那與西方進行對決。

越盟代表悻悻然離開日內瓦，認定他們遭周恩來出賣，但胡志明接受必須再等一段時間才能在整個越南稱霸的事實。他充滿信心，認定南－北越舉行的選舉能帶來統一。至於目前，他與他的同志當務之急就是在北越打造一個夢想中的社會主義國度。越盟領導人儘管滿腦子想的盡是武裝鬥爭，但到一九五四年，他們一定也已心懷感激，至少他們可以住在屋裡，晚上與家人一起睡在床上，可以吃勉強過得去的食物，可以安心工作與生活，不必擔心炸彈或砲彈隨時來襲。

沒有一個西方人將這個日內瓦協定視為一個成功故事，就像看待大多數大國外交一樣，他們也將它視為一項「損控」作業，讓一個筋疲力盡的殖民國撤出一場打不贏的戰爭。但這項協定有一項極其不尋常之處：新成立的西貢政府得到太多，打了勝仗的越盟得的太少。這是因為俄國人與中國人對越南的興趣，其實遠遠沒有華府那些冷戰鷹派想像中那麼大。毛澤東不希望自家門前出現一個過於強大的共產越南；此外，他似乎也急著將寮國與高棉納入自己而不是胡志明的勢力範圍。

全面停火於七月二十七日生效，為越南的暫時性分治鋪路。越南共產黨南方局書記黎筍，離開他生活了多年、位於湄公河三角洲的南方局秘密總部，乘一輛手推的鐵路推車，跨過南部往北。共產黨開始在北部接管。十月九日，法軍在一連串軍事儀式結束後撤出河內；這些敲鑼打鼓、鳴笛吹號的儀式狂妄自大，目中無人，讓一名美國旁觀者想到唐吉訶德（Don Quixote）。在儀式中，奠邊府敗軍之將柯尼向傘兵、外籍兵團、陸戰隊、塞內加爾與北非軍軍旗致敬，裝甲縱隊隆隆駛過河內薄弱的碎石路面，壓得街頭顫抖不已。法軍的撤離全無一絲慷慨大度的騎士風範，只給人一種焦

土政策的苛毒感：殖民主義者搬走一切可能對勝利者有價值的東西，搬不走的全數搗毀。

當年十歲的段方海，感覺那些撤離河內法軍的喇叭聲「悲哀得像在哭泣」。在一個刮風下雨、又濕又冷的傍晚，他們最後一次降下碉堡上的三色旗。兩名士官將濕漉漉的旗子疊好，交給降旗式指揮官，再由指揮官交給衛戍軍司令。當軍樂隊高奏馬賽曲時，雨水夾雜著淚水，流在許多官兵臉上。儀式結束後，衛戍軍登上卡車駛往海岸。自殖民軍進入河內到現在撤軍，整整七十五年。

法軍撤離後，首先進駐越南的是國際控制委員會（International Control Commission）的代表。這些代表中，有「揮著手杖、蓄著翹鬍子的印度軍官，有戴著古怪三角軟帽、臉色蒼白的波蘭人，還有愛喝啤酒、說著自成一格法語的加拿大人」。跟在他們身後的是勝利者：武元甲的先頭部隊。豪沃德．辛普森寫道：「他們個頭都很矮小，排成兩行，順著街道兩邊進城。他們穿著淡褐色、插滿樹葉的制服，頭盔上罩著掩護網與碎布，背著沉重的武器與裝備，踏入一個全然陌生的環境。越盟三〇八步兵師在前進時，好幾百雙穿著廉價布鞋的腳踏在街道上，發出柔軟的沙沙聲。越盟部隊就這樣進入河內，寫下世界史上最安靜的一次勝利者進城紀錄。」這些農民軍，目瞪口呆地望著河內宏偉的建築與寬廣的街道。街道兩邊也擠滿好奇圍觀的民眾，有些民眾還大聲喝采，不過這些喝采並非全然自發，在越盟進城前幾天，共產黨幹部已經先行在河內四處遊走，勸市民為了自己的利益，最好為進城的越盟軍鼓掌叫好。

當時有幾名美國人在場，其中包括人稱「黑羅吉」（Black Luigi）、「羅羅」（Lou-Lou）、或「三指羅」（Three-Finger Lou）的大塊頭羅欣．柯年少校。柯年是生在法國的美國人，他於一九三九年回到法國，親歷法國吞敗。之後他進入美國戰略情報局，在歐洲與華南工作。原本在愛德華．蘭戴（Edward Lansdale）上校所率駐北越美軍顧問團擔任主管的他，現在負責組建留守團隊。柯年是一位半秘密戰士典型：嗜酒、強悍、敢說敢言、經常爆怒。有一次，因為汽車無法發動，他氣得拔出點四五手槍，把一匣子彈完全打進引擎裡。現在，就在大隊越盟士兵走過身前時，柯年突然扯開嗓門、用越南話大喊「胡志明萬歲！」他身旁那些共產黨見狀大喜，卻沒想到他此舉其實是在戲弄他們。之後許多年，柯年一直沿用這一招，而且還很管用。

在法國殖民統治結束前，諾曼．路易斯問道，「與西方這場槍口下的短暫姻緣，現在已經如此無情地拆散。這一切值得嗎？流了這麼多血，這麼多年的蔑視、奴役與鄙夷，究竟是否有什麼神秘的歷史必然性嗎？印度支那這些重享自由的國家，不得不驟然拋開一成不變的舊有生活方式，擁抱唯物論與撲朔迷離的提高生活水準之夢，在即將來臨的重生歲月中，他們能獲益嗎？」

住在一號公路邊的一名老農說，「看見兩卡車法軍士兵離開順化再也不回來，是我這輩子最快樂的一天。他們在我的房子前駛過，看起來非常哀傷。」自一九四五年以來，共有九萬三千名法軍官兵在印支戰爭中喪生，現在法軍撤離，這些官兵的遺骨就此長埋異域。他們與草木同朽，沒有人會為他們編織什麼浪漫故事。不過，十年以後，西貢傳出一個故事：有人見到一〇〇機動大隊官兵臉朝法國、一動不動站在在中央高地十九號公路邊他們中伏、埋骨的地方。

第 5 章

南北越的專制暴政

The Twin Tyrannies

◎「恐怖政權」

就像英國、美國、義大利與其他許多國家各不相同一樣，北越與南越也一直各行其是。就連爆粗口罵髒話，用字也略有不同，以「fuck mother」為例，在西貢是「杜米」（du me），到河內就成了「迪米」（dit me）。在日內瓦協定簽訂後幾年之間，兩個越南都淪入高壓專制政權控制中。不過，胡志明的北越享有一些重大政治優勢之利，經歷戰火蹂躪的北越，雖因共產黨經濟政策而造成貧窮狀況急遽惡化，但在紀律管控方面卻十分有效。與吳廷琰相形之下，胡志明在越南度過的歲月要少得多，但身為獨立鬥爭勝利者的胡志明，不但擁有無比威望，而且擅長運用個人魅力在國際舞台上發揮巨大效果。此外，北越對資訊與交流密不透風的管控，外國人見不到發生在北越的動亂、整肅與殺戮。反之，南越吳廷琰政權的愚蠢與殘酷卻都攤在光天化日之下，許多南越農民發現，南越地主們的惡形惡狀比法國殖民主義者好不了多少，但他們對北越農民的悲慘命運卻一無所知。直到許多年以後，越南南部人民才開始緬懷一九五四到一九六〇年間那段日子，將它們視為失落的「六年快樂時光」，因為在那六年間，南、北越較少相互殘殺。

一九五四年七月二十五日停火後，北越出現大規模流亡潮，商人、曾替法國工作的人員、地主、反共人士、特別是天主教徒等不下百萬人，因擔心遭到新統治者迫害，從陸、海、空三路逃離北越。那是一段充滿割捨、恐懼、別離的混亂日子。越盟幹部不斷攔下載難民沿一號公路南下海防的巴士，呼籲、有時甚至強迫車上的人留在北越。靠著經營小生意，生活還過得去的阮通一家人災情慘重，在河內郊外機場的人潮中，他的母親將一個藏有金珠等全家財富的袋子放在地上，轉眼間袋子彷彿蒸發一般就此消逝。阮通一家人就這樣幾乎分文不明地抵達西貢，展開新生。

甚至早在北越尚未上台的政府發放奠邊府紀念茶杯時，隨著一些比較富裕的居民將財物擺在家門前街邊，開始大甩賣，一幕幕讓人心酸的景象已經在河內出現。有些家庭拆散了。阮氏晴（Nguyen Thi Chinh，譯音）的父親、曾是富裕地主的阮居（Nguyen Cuu，譯音），告訴當年十六歲的阮氏晴與她十九歲的哥哥阮林（Nguyen Lan，譯音），說他們一家要逃往南方，阮居的另一個女兒在嫁給一名法國醫生後已經前往南越。就在他們一家準備逃亡的前一天晚上，阮居給了阮林與阮氏晴兄妹兩人每人一個纏腰袋，袋裡藏了一些錢、食物與生活必需用品。但在第二天清晨，阮林將睡夢中的阮氏晴搖醒，在她耳邊輕聲說道，「到外面來。」阮氏晴來到屋外，發現她哥哥的一名友人已經牽著兩個自行車等在路邊。阮林對阮氏晴說，「我們準備加入革命。父親會理解的，但是他不會准許。」阮氏晴嚇壞了。她懇求、哭叫、拽著自行車把手不放，但阮林終於還是與他的友人一起騎上車走了。

阮氏晴六神無主，只得喊醒父親。父親要她按照原定計畫離開河內，自己留下來尋找阮林。幾個小時後，阮氏晴來到人潮推擠、亂成一團的機場，上了一架貨機。父親在與她分手時，給了她一個金手鐲。阮氏晴抵達西貢以後，經由分發送進一個難民營。她在難民營裡整日以淚洗面地過了幾星期，終於遇到一名好心的家族友人，收容她住進自己家。兩年後，阮氏晴嫁給這位家族友人的兒子。直到將近四十年後，她才第一次聽到她哥哥的音訊。

在法國空軍當見習的陳會（Tran Hoi，譯音）毫不遲疑地隨著他的中隊部搬到西貢。但他的母親決定留下來，處理房產與家族巴士公司銷售事宜。陳會登上一架C-47飛往西貢：「我一路哭著，我們越南人從不放棄家族。」如果知道自己直到一九九八年才能與家人取得聯繫，他會哭得更傷心。由於再也不能在年節假日與家人團聚，他在南部的日子始終充滿憂傷。

北越居民乘巴士、火車、汽車或步行，魚貫來到海防，登上大多數由美國人提供的船。事後有人說，美國特工在北越發動宣傳，嚇唬北越居民逃往南方。美國人搞宣傳是不爭之實，暢銷書《救我們掙脫邪惡》（*Deliver Us From Evil*）作者、美國保守派「英雄」湯姆．杜立（Tom Dooley）博士杜撰的那些兇殘的故事就是例證。但同樣千真萬確的是，許多留在北越的人，因為信了胡志明的謊言沒有走，而淪為悲劇犧牲者。

地主之子阮海丁（Nguyen Hai Dinh，譯音）看著他唯一的妹妹加入逃往南方的人潮，自己留了下來。「為什麼？因為我非常笨……我們過去總認為法國人是迫害我們的殖民惡棍。直到共產黨接管以後，我們才開始想到法國人其實是我們友人。」在新秩序底下，所有有財產、或受過教育的人都被標上標籤，遭到排斥，甚至被處死。阮海丁發現，他的階級背景使他不能上大學，不能擔任任何主管工作。他的新意識形態老師說，「過去，這是一個封建國家：現在它是農民與工人的國家。你沒有國家。」他的父親被打成「反社會分子」，褫奪公權五年，不得不為共產黨幹部做廚子、討生活。阮海丁痛恨這一切，特別是不能說出自己的想法尤其令他恨之入骨。他與一個叫做「芳」（Phuong，譯音）的女學生約會，但在整整五年交往期間，他不敢談論任何政治議題：「每個人都在彼此監視著，任何人都可能是線民。」根據規定，他只能幹體力活的粗工。

在若干部落地區，居民使用法國特種部隊在停火前提供的武器，繼續進行武裝抗爭。伯納．法奧說，由於駐地過於遙遠，法國無法撤回幾名派駐部落的法國軍官，只得任由這些軍官一個個被捕或被殺。法奧說，直到一九五六年夏，還有一名法國軍官在無線電中大罵、求救：「你們這些狗娘養的，救我們！救我們！至少空投一些彈藥，讓我們可以戰鬥，別讓我們像豬狗一樣任人宰割。」法奧說，法國沒有採取任何行動：「沒有U-2事件[19]，沒有國際交涉，法國根本不承認有這些特種

19 譯注：美國間諜機U-2被蘇聯擊落引發的事件。

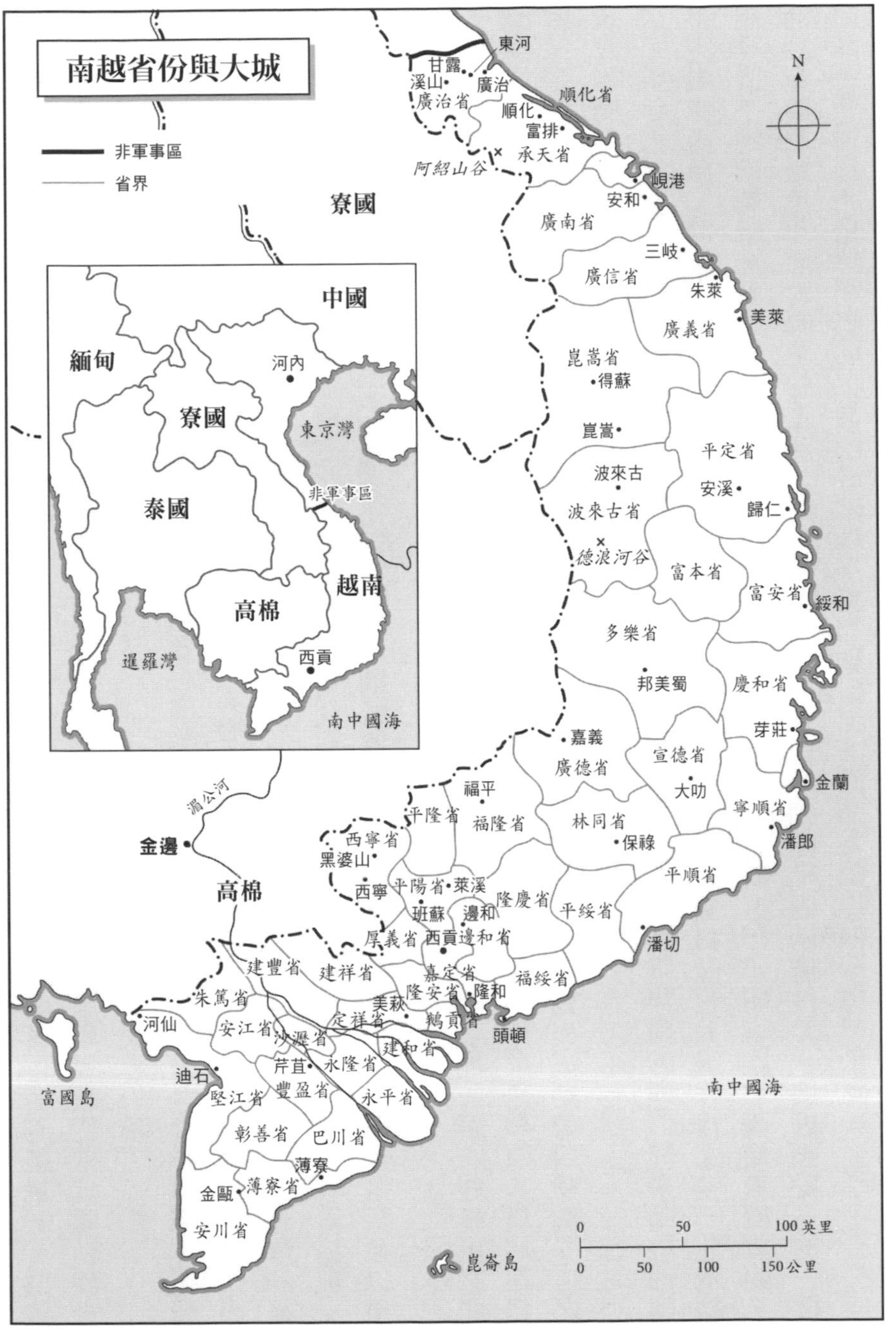
南越省份與大城
非軍事區
省界
東河
甘露
溪山
廣治
廣治省
順化省
順化
富排
承天省
阿紹山谷
峴港
安和
寮國
廣南省
三岐
廣信省
朱萊
美萊
廣義省
崑嵩省
得蘇
崑嵩
平定省
波來古
安溪
歸仁
波來古省
德浪河谷
富本省
富安省
綏和
多樂省
邦美蜀
慶和省
芽莊
嘉義
廣德省
宣德省
大叻
金蘭
寧順省
福平
平隆省
福隆省
林同省
保祿
潘郎
西寧省
黑婆山
西寧
平陽省
萊溪
班蘇
邊和
隆慶省
平綏省
平順省
厚義省
西貢
邊和省
潘切
建豐省
建祥省
嘉定省
隆安省
隆和
福綏省
朱篤省
美萩
鵝貢省
河仙
安江省
沙瀝省
定祥省
建和省
頭頓
芹苴
永隆省
迪石
富國島
堅江省
豐盈省
永平省
南中國海
彰善省
巴川省
薄寮
金甌
薄寮省
安川省
崑崙島
0
50
100 英里
0
50
100
150 公里
金邊
湄公河
高棉
中國
緬甸
河內
寮國
東京灣
非軍事區
泰國
越南
高棉
暹羅灣
西貢
南中國海
N

部隊，共產黨也樂得自行解決這問題。」河內周刊《人民軍》（*People's Army*）在一九五七年九月報導，自停火生效兩年來，北越軍在紅河以東山區打死一百八十三名、俘虜三百名「敵軍」，還迫使四千三百三十六名部落土著歸降。或許這些人裡面法國人不多，不過這篇報導證明抵抗運動確實持續存在。

也就在這段期間，新政府準備實施土地改革。黨報《人民報》（*Nhan Dan*）呼籲幹部「拋開自私與息事寧人論調」，「毫不容情地領導農民打垮整個地主階級」。國際控制委員會的印度代表說，那些認為北越政權純粹只是民族主義與社會主義者的人，都太天真了。他說，河內領導層「毫無疑問有共產黨性格」。北越媒體大舉推出惡毒的反美宣傳。皮耶．艾斯林（Pierre Asselin）發現，所有專制獨裁政權都需要敵人，他寫道，「將美國妖魔化……造成一種『有用的對手』，藉以爭取、保有民眾支持……越南革命」。

北越在一九五四至五六年間推出嚴厲的土地改革方案，奪走許多地主的土地，讓一些農民眉開眼笑。但由於這項土改造成太多苦難，武裝鬥爭的結束儘管帶來許多好處，許多越南人仍然在窮困、半饑荒邊緣掙扎。前殖民官員之女楊文美說，「政府按工計酬，讓農民失去勤勞的動機」。之後實施集體化，「短缺成為一種生活方式」。

成年人一個月可以領二十八磅米，十盎斯肉，十盎斯糖，與一品脫魚露。他們每年配給四碼布，兩條內褲。但即使在最艱苦的歲月，共產黨領導人與他們的家屬日子也過得好得太多。北越精英享受不到南越統治者累積的那種財富，不過絕不會挨餓。一九五五年，所幸獲得緬甸米糧救助，北越方能避免十年前大饑荒的重演。河內的主要現金來自中國提供的兩億美元，與俄國提供的一億美元。不過這不是無償捐助，河內必須把本國迫切需要的商品外銷以換取這些外匯。

有關北越統治者在革命初期的冷血、殘殺，可靠的統計數字從未公布。一九五六年十月二十九日，當時擔任副總理的武元甲在一篇演說中承認了這類犯行：「我們不分青紅皂白，將所有的地主視為敵人，這讓我們認為到處都是敵人……為壓制敵人，我們採取強硬措施……用未經授權的手段（就是嚴刑拷打）逼供……許多無辜百姓就這樣被安上反動分子罪名，被捕，受懲，下獄。」據估計，這段期間被處決的人數高達一萬五千。雖說沒有人指控胡志明有分，他卻從未運用他龐大的聲望阻止這些暴行。

地主的大部分財物不僅充公，在許多案例中，新政權還要地主將多年來「多收」的租金償還佃農。許多地主不但失去資產，耕牛也被強奪，楊文美的一個老舅舅只得將犁套在肩上，耕那塊當局發給他的田。她的另一個舅舅的大房子遭當局「重分配」：楊文美四十年後重訪故居，發現那房裡住了四十人。北越居民段方海的祖母被安上地主罪名，之後受到拷問、譴責，資產被充公，幾天時間似乎老了幾十年。她咳嗽、氣喘，但不肯讓兒子帶她上河內看診，就這樣病死了。

為了強調農民自尊，打擊資產所有人，共產黨就用這種制度性羞辱折磨整個地主階級。即使是阮氏玉全醫生這樣的死忠共產黨員，之後也承認「發生了許多我認為不合道理的事」。阮氏玉全儘管對黨全力奉獻，但許多年來一直不能晉升：「一切都需要正確的家庭背景。」她所謂「正確的家庭背景」指的是：農民出身的人，比像她這樣受過教育、有所謂「特權」背景的人有優勢。不同的意見、多樣性與資訊自由都在查禁之列。在真理的議題上，北越採取史達林式作法，一切政治局說了算，政治局的命令就是真理。

後來成為秘密幹部的張如堂承認，許多被處決的「人民公敵……所謂地主……其實不過是有了一塊比鄰居稍大些耕地的貧農罷了，他們持有的田地根本少得可憐。」他並且指出，共產黨對一九五六年鎮壓「知識分子」事件從未表示悔意：就算僥倖逃過牢獄之災的人也遭到軟禁，不能與外界聯繫。一九五六年十一月，北越爆發幾起叛亂事件，當局出動兩個師進行鎮壓。其中一起事件發生在義安（Nghe An）省。根據後來黨史紀錄，三名叫作甘（Can）、敦（Don）與葛（Cat）的天主教神父，強占村子建立要塞、搶奪武器、俘虜幹部，並組織民眾示威抗議土地改革，導致這次事件。

共產黨史紀錄上承認：「我們被迫動用軍力……所有主謀與他們的走狗都被捕。」除了在血拼中死亡的好幾百人以外，事件過後有兩千人遭處決，更多人被捕下獄。一九五六年與一九五九年間，萊州（Lai Chau）省動亂頻傳。河內將事件歸咎於中國國民黨特工煽動，但也承認這些叛亂造成「造成許多困難的政治情勢……讓民眾對社會主義心生恐懼與憂慮，削弱了人民對黨與政府的信心。」

阮氏晴的哥哥阮林想加入越盟，卻被越盟關了六年。之後由於領不到配給卡，他只能到醫院賣血，成了街頭挑夫。這對兄妹的父親阮居命運更悲慘，甚至在坐完牢出獄以後，他仍然領不到配給卡，不能找工作，最後淪為乞丐。一天夜裡，阮居飢寒交迫下，來到老友、小說家吳交（Ngoc Giao，譯音）門前敲門。吳交的妻子打開門，見到是阮居，立即請阮居走開，因為她的先生也與當局不對盤。當阮居敲門時，吳交以為來人深夜造訪，必是警察，於是躲上屋頂藏身。這時見到老友到訪，吳交從藏身處下來，把阮居讓進屋裡，給阮居飽餐一頓，還讓他洗個澡。兩人談了一整夜，最後吳交不得已說道，「我怕你不能留在這裡。」阮居在離開時對吳交說，「如果你聽到我女兒的任何消息，請告訴她我多麼愛她。」說完這話，阮居的身影消失在街頭。之後，吳交夫婦每天清晨在後巷擺上一袋米飯，這也是他們能冒險做到的唯一援助了。他們就這樣每天清晨擺一袋米飯，擺了約兩星期。直到一天，米飯擺在那裡直到入夜仍然無人領取。阮居就這樣從他們、從越南的生活中消逝，沒有人知道他死於何時何地。直到戰爭結束後許多年，阮氏晴才獲知父親這最後一段人生旅程的辛酸。

在西方情報用語中，北越是一個「拒絕往來地區」。但由於有一名無懈可擊的反帝國主義領導人胡志明，而且在他的領導下打贏一場革命鬥爭，世人對北越倒也不敢小覷。大多數西方人對北越的封閉社會地位並無興趣，認為這不過是共產國家常態。北越一名知識分子日後說，胡志明的一生應該分成三大階段進行觀察，初階段的他是單純的愛國者；接下來的他是共產黨；最後的他表面上雖是民族主義者，實際上追求著共產國際的利益。就愛國者觀點而言，他的那些民族主義競爭對手除了印度支那以外，對這個世界幾乎一無所知，他卻因為旅行全球、見多識廣，以及與中國、蘇聯的意識形態關係而獲益匪淺。特別是在中、蘇關係於五十年代末期惡化以後，胡志明能以無比高超的平衡技巧周旋於這兩個巨型共產國之間，左右逢源。

在北越，胡志明幾乎像神一樣為人崇拜。但一九五六年二月，尼基塔·赫魯雪夫在蘇共二十屆黨大會發表演說，譴責個人崇拜，這令河內政治局大感震驚。胡志明手下高階幹部大多數是史達林的信徒，套用一句黨官的話，史達林於一九五三年的去世讓「我們淚流滿面」。現在，莫斯科主張與西方只做經濟與意識形態之爭，同時譴責與西方的軍事攤牌，這讓河內領導人很是不爽。一九五六年的匈牙利暴動讓北越領導層更加確信，一旦放任異議，統治權威就可能遭到挑戰。

一名加拿大外交官從河內提出報告：「討論北越經濟崩潰的可能性並無意義，因為北越本來就沒有經濟結構。」北越在獨立時，全國一千三百萬人口中只有三十名合格工程師與寥寥可數幾家工廠，國家統治者忙著解決內政困境，根本沒有向南方進軍的胃口。八萬軍隊已經解甲還鄉，以擴大農村勞動力。中國與蘇聯也都明白表示，反對任何可能惹惱美國人的武裝挑釁。

有關一九五四到一九五七年間河內權力鬥爭的證據仍然薄弱，但無論怎麼說，胡志明與武元甲似乎顯然都不想再啟戰端，他們相信不必透過戰爭也能建立一個共產黨統治的統一越南。在這個階段，兩人一再重申的和平統一承諾是誠懇的。但其他崛起中的新秀有不同看法，他們眼見西貢吳廷琰政府的逐步變化，認定武裝鬥爭是統一越南的唯一可行之途。

◎「我們也只有這號人物」

在一九五四年的北越出亡潮期間，南越也出現「歸北」人潮，不過規模較小。共產黨的軍隊往往在依依不捨的告別聲中，撤離他們駐紮的社區。從一九五四到一九五五年間，共有十七萬三千九百名越盟戰士與八萬六千名眷屬往北方「歸建重整」。一名革命資深分子在奉命歸北以前，前往湄公河三角洲道別，她向留守的同志說，「兩年後再見」，意思是，兩年後舉行大選，共產黨必勝無疑，國家就能再次統一。伸出兩根手指，表示兩年後一圓國家統一之夢，是當時越盟資深分子慣用的手勢。南方局書記黎筍，把當時懷了他們第二個孩子的阮瑞娥送上一艘波蘭船，與親密戰友黎德壽的家人一齊北上，他自己留了下來。黎筍直到臨死前，一直認為胡志明犯了兩個歷史性錯誤，第一個是在一九四五年讓法國重返越南，另一錯誤就是一九五四年的分治。他與其他強硬派分子相信，只有靠打仗才能建立統一的共產黨越南。他在臨別時告訴阮瑞娥，「對胡志明說，二十年以後再圖重聚了。」

河內違反日內瓦協定，下令一萬名越盟秘密留在南部，做為武裝鬥爭再起的保險之計。大多數奉命北上的游擊隊都對南、北分治一事感到不解，甚至憤怒。在跨過新「非軍事區」（DMZ）來到北部之後，他們的不滿更加升溫，因為北部生活艱苦，尤勝於南部；此外，家人離散也讓許多越盟戰士惱怒不堪。黎筍的妻子帶著兩個幼兒住在河內一座車庫上方的一間屋內，替黨報寫一個題為「越南婦女」的專欄，對她置身南方局夫婿的命運一無所知。一些來自南部的越盟對北越的權威並不順服，而且他們幾乎都懷抱一個夢想：回到他們南部的家鄉。有些幹部將子女送往俄國或中國唸書。

新的南越與南越政府享有相當優勢：湄公河三角洲是東南亞最大米倉；鄉間相對而言未受戰火

摧殘；雖說越盟以獨立鬥士之姿廣獲支持，但南越人民對共產主義的熱情遠遠比不上北越；此外，美國人渴望將南越打造成一個所謂「自由世界」的櫥窗。一名南越軍官日後回顧當年景象說，「我們將這種生活視為理所當然，我們並不富裕，但我們日子過得很舒服，還享有一些自由。我們很柔軟，因為生活在富裕之鄉，南越人一直就很柔軟；北越人很強悍，因為他們來自艱苦、貧窮的地方。」一名在西貢當了高級公務員的北越流亡人士寫道，「對我們許多人來說……一九五六到六〇年間是我們這輩子的黃金歲月，我們對未來充滿憧憬與指望。」一九四九年出生的農家女方氏莉（Phung Thi Ly，譯音）回憶童年，說那是「熱帶鳥與水牛隨處可見的天堂，狗、雞、豬是我們的寵物，湍急的小河供我們戲水，廣闊的田野讓我們奔跑、歡笑」。

胡志明經過一番戰火歷練成為北越主人。相形之下，吳廷琰只是花花公子國家元首保大欽點、先後經法國與美國同意的統治者。吳廷琰擁有一些偉大領導人的特質：勇敢、誠實、雄辯、熱愛自己的國家。不幸的是，他同時也是一名狂熱的天主教徒，盲目奉獻一個貪得無厭的家族，極度自以為是，懷念不存在的過去，對人民的需求與期望漠不關心。

對大多數越南人而言，吳廷琰統治下的生活只是殖民主義時代的延續。充斥在他生命與死亡中的那些大塊頭美國人，顯得他是那麼渺小。吳廷琰生於一九〇一年，曾經有意效法哥哥吳廷俶當一名神父，後來他說服教廷，任命吳廷俶為順化總主教，吳廷琰選擇從政，在二十五歲那年當了省長。一九三三年，法國要保大任命吳廷琰為內政部長，但由於殖民當局不肯將實權賦予任何越南人，吳廷琰只幹了三個月就掛冠而去。他當時說了一句一語成讖的話：「共產黨有一天會擊敗我們，不是因為他們強，而是因為我們弱。」在第二次世界大戰期間，吳廷琰曾為越盟俘虜，越盟還殺了他的一個弟弟與一個侄子。胡志明當時曾與吳廷琰見面以爭取吳的合作，但遭吳拒絕。根據吳廷琰日後的說法，吳廷琰對胡志明說，「你是個燒毀了這個國家的罪犯。你殺了好幾百人，我弟弟與他的兒子不過是其中兩個人罷了。」胡志明後來放了吳廷琰，讓許多共產黨懊惱不已。

在一次越盟暗殺未遂之後，吳廷琰在一九五〇年離開越南，先在新澤西州雷伍德（Lakewood）的天主教瑪利諾神學院（Maryknoll Seminary）度過兩年流亡歲月。他在院中做一些粗活，但也結交了斯貝曼樞機主教（Cardinal Spellman）、最高法院法官威廉・道格拉斯（William Douglas）等天主教重量級人物，還有參議員麥克・曼斯斐德（Mike Mansfield）與約翰・甘迺迪。他對殖民主義與共產主義的深惡痛絕讓甘迺迪留下深刻印象。吳廷琰於一九五三年移居比利時一所本篤會（Benedictine）修道院，結交了一些法國權貴，還贏得當時在坎城（Cannes）郊外流亡的保大的信任。吳廷琰能如此結交權貴，得力於他的弟弟吳廷瑈甚多，後來許多人說吳廷瑈是吳廷琰的「後台老闆」。

吳廷琰於一九五四年六月二十六日低調返回西貢，隨即奉命出任總理，但他繼續堅持苦行，也仍然像過去一樣，誇張到離譜得自以為是。宗教信仰與道德自負讓他認定自己的統治來自於天，與三百年前查理一世（Charles I）在登基為英格蘭王時的說法如出一轍。吳廷琰認為，南越的安全完全是軍事問題，為解決這個問題，他於一九五五年實施徵兵。對於結納新友人或與舊敵手修好，他毫無興趣。他宣布他的決定，要求部屬完成，他本人一天工作十六小時。極端注意細節的他，往往對來訪的大使或外國記者發表長篇大論，一講四個小時不休息，有時他還會親自簽發出境簽證。胡志明以能言善道著稱，吳廷琰卻毫無幽默感，特別是對他自己尤其如此。一九五四年八月十二日，美國國家安全會議認定骨牌理論應驗，美國必須在印度支那重建西方陣營因法國戰敗而受挫的聲望。一周以後，艾森豪批准 NSC5429/2 號法案，美國就這樣成為南越的金主，南越國庫收入問題解決了。

西貢政權最難克服的障礙在於，南越領導人與官員幾乎沒有人參加過獨立鬥爭，事實上他們有許多還曾在法國當局手下辦事。吳廷琰悔了早先赦免越盟活躍分子的諾言，開始將他們下獄。在巴黎，總理艾加・富爾（Edgar Faure）說，那個小狂人「不只沒有能力，還瘋了」，美國政府也越來越有同感。但除了他，還能有誰？直到一九六一年，美國副總統詹森才為吳廷琰吐了一句大實話；「狗屎，在那裡，我們也只有這號人物可用。」但從一九五四年起，儘管美國人對吳廷琰的適任已經感到懷疑，但在西貢小小的精英圈，他們除了吳廷琰以外，實在也找不出另一名候補統治者。

空軍上校愛德華・蘭戴是最早在南越政壇呼風喚雨的美國人之一。四十八歲的蘭戴是軍事委員會（Military Mission）負責人，軍事委員會是秘密組織，負責召募本地人對北越進行破壞，但效果一直不彰。那些走了霉運，被它徵召的本地人或被捕、或被殺，幾乎無一倖免。在先後二十年間，華府老闆不斷派遣星探上越南舞台，物色「印度支那的勞倫斯[20]」（Lawrence of Indochina）人選，蘭戴或許是這些星探的第一人。曾經擔任廣告公司主管、辯才無礙的蘭戴，與吳廷琰頗有交往。他曾因向菲律賓總統拉蒙・馬格賽賽（Ramon Magsaysay）獻策，幫馬格賽賽鎮壓胡克游擊隊[21]（Huk guerrilla）而聲名大噪，現在杜勒斯要他重施故技，對付北越共產黨。在西貢的其他美國人，對蘭戴的評語好壞參半。有人認為他喜歡亂放砲，但也有人對他讚譽有加：「他讓我最佩服的是，無論面對美國人與越南人，他都能用心傾聽，都能精打細算。特別是對什麼可能、什麼不可能，他的見解尤其獨到。」蘭戴一再警告吳廷琰，要吳廷琰爭取民心。

蘭戴幹了許多有爭議的事。一九五四年十月的一場兵變，據說是他負責敉平的。他曾用中央

20 編注：勞倫斯（一八八八—一九三五），常稱T. E. Lawrence，也稱「阿拉伯的勞倫斯」（Lawrence of Arabia），是一位英國軍官，因在一九一六年至一九一八年的阿拉伯起義中作為英國聯絡官的角色而出名。

21 譯注：胡克游擊隊，一支二戰期間建立的共產黨游擊隊。

情報局幾百萬美元秘密經費買通高台教與和好教領導人，要他們支持吳廷琰；還曾與「平川派」（Binh Xuyen）頭子黎文遠打過交道。平川派控制南越妓院與鴉片煙館，是勢力龐大的黑社會組織。它設在堤岸（Cholon）的大世界賭場（Dai The Gioi），四周高牆環繞，戒備森嚴，有兩百張賭桌。黎文遠有一支四萬人的綠扁帽私人武力，專責保護他，還享有法國人的支持。

在那段歲月，失去統治權的殖民統治者與剛掌權的美國人角逐勢力，造成許多黑色鬧劇。蘭戴常說一個故事：美國大使館工作人員在宿舍前廳發現手榴彈，經中情局查證，是法國競爭對手為向美國人示威而玩的花樣。那天晚上，軍事委員會狠角色羅欣．柯年走進西貢最熱門的法國人聚會所「海軍上將餐廳」（L'Amiral），拿出一枚手榴彈，拔掉保險針，邊舞著這枚手榴彈，邊用法語向餐廳裡的人大聲發表演說：「我知道你們一定都氣急敗壞，才會想出這種威脅美國人、特別是我們使館工作人員的爛招。但我得警告你們，萬一發生什麼不愉快或不值得的事，我們都會一樣後悔。」一說完這話，柯年把保險針插回手榴彈，大模大樣走出餐廳，揚長而去。之後，法國人威脅美國人的事果然再也沒有發生。

蘭戴想買通黎文遠，但沒有成功，美國人開始擔心黎文遠可能利用法國人的支持而擊敗吳廷琰。英國觀察家也同樣悲觀，一名外交官在評估報告結論中說，「吳廷琰具備矢志救國的民族革命領導人所需的許多特質——勇敢、誠實、堅忍、信仰以及對共產主義的深惡痛絕。」但報告又說，不幸的是，吳廷琰「不懂妥協」，也「沒有行政能力」。一九四四至四五年間在艾森豪麾下擔任軍長、脾氣火爆的約瑟夫．「閃電喬」．柯林斯（Joseph 'Lightning Joe' Collins），在以總統特使身分訪問越南、返回華府之後提出報告說，美國在支持一個輸家。柯林斯日後說，「我喜歡吳廷琰，但我越來越認定他沒有能力管理他那一堆怪裡怪氣的脾氣。」一九五五年四月二十七日晚間六點十分，杜勒斯從華府致電西貢，就像開除家裡女傭一樣，授權幹掉吳廷琰。

但接下來的事，讓批判吳廷琰的人感到猶豫。就在那天晚上，或許出於巧合，但可能也因為蘭戴玩了什麼把戲，南越軍隊與平川派在西貢街頭爆發巷戰。在發出那通幹掉吳廷琰的電文六小時之後，杜勒斯緊急撤銷前令：由於爆發小型內戰，死了五百越南人，這件事暫時保留。戰事進行到五月底，政府軍打贏了，黎文遠被迫流亡，最後老死法國。美國人認為吳廷琰其實很有幾把刷子，開始對他加油添醋地熱情擁抱。極具影響力的游說團體「美國越南之友」（American Friends of Vietnam）主導人、參議員休伯特・韓福瑞說，吳廷琰「誠實、正直、高尚」。亨利・魯斯在《生活》雜誌中寫道，「每一個美國革命兒女，甚至只是仰慕美國革命的人，都應該（對擊敗平川派這件事）歡欣鼓舞，高呼『吳廷琰萬歲！』」

為了避免舉行共產黨幾乎肯定獲勝的選舉，吳廷琰於一九五六年十月發動公民投票，罷黜保大，自立為南越總統與國家元首。蘭戴在這件事上玩了一個手法：他把支持吳廷琰的選票印成紅色，越南人眼中的吉祥色，而把保大的選票印成象徵不祥的綠色。吳廷琰在這次公民投票中得到百分之九十八點二的支持票，這麼荒謬的多數，就算是蘇聯舉行的選舉也顯然太超過了。在華府，杜勒斯說，「南越現在是一個自由的國家，不是一個傀儡。」但吳廷琰的南越能生存，靠的是一卡車一卡車運來的美元。如果北越沒有經濟建設，南越也好不到哪裡去，美國資助的進口不斷湧入南越，造成驚人的貿易赤字。越南人開始流行殖民時代法國那句老台詞：「皈依天主教就有飯吃。」後來擔任南越總統的阮文紹就聽進這句話，於一九五八年放棄佛教，成了天主教徒。美援從一九五四年的一百萬美元暴漲到一年後的三億二千二百萬美元，而且此後逐年增加，除了韓國與寮國以外，人均援助金額超越華府對世上任何其他國家的援助。國務院的保羅・卡坦伯格（Paul Kattenberg）還提了一個異想天開的建議，認為美國應該每年向北越行賄五億美元以「修補作戰損失」，講白了，就是不要找南越麻煩。卡坦伯格說，這樣付錢給北越，比資助吳廷琰便宜得多。

不過華府沒有人對這項建議有興趣。現金就這樣大舉湧入西貢國庫，由總統手下的將領與官員隨意支用，浪費與貪汙開始猖獗。取得政府進口許可就能財源廣進，金錢與商品的湧入讓一些都市中產階級發了大財，許多新富階級是從北部流亡南部的人。在資本主義系統下，似乎只有農民才會老老實實勤奮幹活，西貢出現好一場泡沫榮景。

◎好時光

二十世紀五十年代末期的南越首都仍保有殖民時代的優雅與幾分東方的頹廢，讓許多西方人趨之若鶩。裹著「奧黛」越式旗袍，或者更精確地說，脫下它們的越南女孩，讓剛踏上這塊土地的西方人看得如醉如癡。有文學素養的外國人，不免想到葛拉姆．葛林寫的那段名言：「帶一個安南女孩上床，就像帶著一隻鳥一樣：她們會在你枕邊吱吱喳喳說著，唱著。」大多數西方人搭上的性伴侶是職業妓女，中產階級越南人的社交生活仍然非常保守，在奉父母之命、媒妁之言結婚以前，大多數人頂多只有與異性朋友牽手的經驗而已。之後以三妻四妾、紅粉知己廣闊著稱的阮高祺說，當他二十一歲那年以飛行員見習生身分赴法國時，像幾乎所有他那一代的越南青年一樣，他還是處男。

愛惜羽毛的越南人稱那些與西方人混在一起的女孩是「Me My」，這稱呼只比稱呼她們是妓女稍稍好了一些。家庭一般對子女管教甚嚴。張如堂的父親為他的六個兒子分別指定醫生、藥劑師、銀行家、工程師的職涯。張如堂原本也遵循父命，投入藥劑學研究，但之後決定加入革命：「每個星期日，我們都聚在祖父家裡，聽祖父講解儒家戒律。他會提醒我們要做個好人，要正直，孝順。他會討論一些最重要的原則，包括仁愛、責任、禮教、忠誠等等……特別對男孩，他告訴我們兩件不能推卸的責任：保護家族榮耀與忠於國家。我們會一起合唱我們早已背得滾瓜爛熟的歌：父親為你犧牲，養育你攀上泰山，母親的關愛像永無止境的流水……」

從北越流亡到南方的阮氏晴，在一九五六年碰上人生又一次轉折。年輕美麗的她，邂逅在西貢拍攝電影《沉默的美國人》的約瑟夫・曼基威（Joseph Mankiewicz）。曼基威請她試鏡，飾演「芳」（Phuong）一角。芳是越南女孩，先後與英國記者法勒（Fowler）與美國中情局探員奧登・派爾（Alden Pyle）相戀。阮氏晴很興奮：因為她的陸軍軍官新婚夫婿正在美國受訓，她正閒得發慌。根據禮教，丈夫不在家，她必須徵得婆婆同意才能外出工作。但她的婆婆一口拒絕了她：家裡出了一個女戲子，那還了得。直到第二年，阮氏晴才真正展開她的演藝生涯，在一部越南電影裡演出。這次她的婆家沒有反對，因為她飾演一個尼姑。

之後，阮氏晴擔綱演出二十二部影片，包括《美國佬在越南》（*A Yank in Vietnam*）與《中情局行動》（*Operation CIA*）等名片。她在東南亞各地拍片，成為南越備受仰慕的著名影星。但儘管如此成功，家人離散、音訊全無的悲劇，在她的良知上烙下永難癒合的傷痕：「戰爭是我的敵人，若沒有戰爭，我的人生可以多美麗啊！」曼基威拍的《沉默的美國人》在華府首映時，邀請蘭戴上校前往觀賞，曼基威誤以為《沉默的美國人》原著中那位反英雄角色指的就是蘭戴。蘭戴上校對這部影片讚不絕口。但其他人都不喜歡它：奧迪・墨菲（Audie Murphy）將沉默的美國人演成一個誠實、正直的大好人，原作者葛拉姆・葛林也因電影將他的諷刺小說消毒而深感遺憾。

美國的鉅額援款雖說不少遭到貪汙、浪費，一些援助也發揮效用，加以戰事暫停，為五十年代末期的湄公河三角洲帶來一段太平盛世。一名農民說，「在我看來，這段時間像置身童話故事中一樣；我無憂無慮，享用我的青春好時光。」共產黨入黨人數急遽減少。田裡稻穗盈滿，果園果香處處，豬隻倘佯農舍周遭，魚兒悠遊在村中水塘。木屋漸漸取代了茅屋，有些農民買了些家具，許多人有了自行車與收音，孩子開始上學校，馬達動力的舢舨與幫浦也出現了，農業邁開現代化的腳步。

但那些淪落在最底層的人無緣獲利。就像北越一樣，南越的政治系統也欠缺大度，只不過在一開始不那麼血腥而已。被越盟趕走的地主回到村裡索取田地，甚至要求償還租金。吳廷琰越來越獨裁：他的情報頭子陳金全（Tran Kim Tuyen，譯音）雖說身高不到五英尺，體重只有一百磅，卻有「亞洲最冷血殺手」之稱。吳廷琰毫不畏縮地抗拒選舉。在這個問題上，他確實可以得理不饒人：他的政府本來就沒有在日內瓦協定上簽字，而且北越舉行的選舉也毫無自由與公平可言。

此外，在美國人與一些歐洲人眼中，南越也與美國的其他代理國一般無二。比吳廷琰政權更加惡劣的政權照樣存活，甚至還成長、茁壯。南韓獨裁者李承晚雖說殘酷、貪腐，但無礙其繼續執政之路。菲律賓總統拉蒙·馬格賽賽用血腥手段擊敗胡克游擊隊。共產黨對希臘的威脅在雙方你來我往的腥風血雨中終於敉平。拉丁美洲那些獨裁者暴虐無道，將一切誠實、正義、或人道拋諸腦後，但仍能繼續享有華府支持。

就這樣，在二十世紀五十年代末期，依美國人看來，吳廷琰政權儘管無能、貪腐、高壓，只要繼續聽話，就沒有加以剷除的必要。一九五七年二月，共產黨企圖暗殺吳廷琰，但吳廷琰毫髮無傷。蘭戴上校向他的老闆大力吹捧吳廷琰，讓一些華府人士印象深刻，當時駐在西貢的西方記者寥寥無幾，對華府所謂越南情勢一片大好的說法無從反駁。吳廷琰在一九五七年五月訪美時，受到艾森豪總統熱情接待。他在紐約的遊行彷彿英雄凱旋，有二十五萬紐約人夾道歡呼，紙花漫天飛舞，盛況空前。《紐約時報》誇他是「亞洲解放者，一位擇善固執的人」。《波士頓環球報》（*Boston Globe*）稱他是「越南的鋼鐵人」。《生活》雜誌更用極盡誇張能事的標題發表一篇專文。這標題是：「越南的奇蹟硬漢：美國的新訪客吳廷琰，振奮了他的國家，讓赤色政權聞風喪膽」。

回到西貢以後，美國顧問勸吳廷琰多多在人民面前露面：這樣做可以讓人民更擁護他。但這次美國行讓吳廷琰認為美國人真的崇拜他，他的偏執狂也因此更加嚴重。他開始認為自己頑固有理，還曾經若有所思地對記者瑪格麗特．希金斯（Marguerite Higgins）說，如果美國像「用線操縱傀儡一樣控制西貢政府……美國與法國又有何不同？」美國新聞處的艾夫．布貢納（Ev Bumgardner）說，吳廷琰認為美國人是「偉大的大孩子——用心良善，強壯有力，科技知識豐富，但不夠精細，不擅長與他或與越南人打交道。」

吳廷琰與之後幾任南越領導人大不相同，他確實很有主見。不幸的是，他拒絕了原本可能保他性命、甚至還可能讓他成功的幾項建議：杜絕自己家人的濫權，放棄對天主教的偏愛，根據能力、而不根據忠誠度選拔部屬，整肅貪汙，不再迫害異議分子，推動激進土地改革。

西貢人瞧不起北越人，喜歡自比為「nguoi Viet」，就是「真正越南人」。但從北越流亡南來的天主教徒，在吳廷琰朝廷以及他的人民勞動革命黨（Can Lao）中占有顯然多數。本身也是河內流亡人士的楊文美後來寫道：「吳廷琰的政權越來越像一個外來投機客組的政府。」對吳廷琰為禍最烈的人，首推他的弟弟吳廷瑈。吳廷瑈聰明、城府極深、心狠手辣，是南越保安頭子。他的妻子、人稱「龍女士」的瑈夫人，絕對是中央卡斯公司（Central Casting）在挑選東方惡女巫（Wicked Witch of the East）一角時的最佳人選。北越政治局用了許多暴徒替他們施暴殺人，但這些暴徒也只能在自己的監獄裡逞兇耍狠。相形之下，吳廷瑈夫婦卻以手段毒辣全球聞名，重創了西貢政府形象。

同樣，吳廷琰手下那些將領也愛穿隆重軍裝、掛滿勳章、戴著墨鏡，似乎這已經成為全球各地暴君打手們的標準妝扮。有些高級將領還喜歡像西方人出席正式場合時一樣，穿著燕尾服赴宴。任何見到他的領導人如此穿著的南越農民，自然認為「他們」與「我們」大不相同。一名合眾國際社

（UPI）的越南記者，在見到吳廷琰抵達西貢國會大樓時對同事說，「河內那些人或許是不折不扣的惡棍，但他們絕不會笨到坐著一輛賓士車在民眾眼前出現。」胡志明的行徑就是鮮明對比：他不肯搬進前河內總督府的華廈做為私宅，卻選中總督府庭院裡園丁住的小屋搬了進去。一名美國記者說，「我們依賴他們來建國的這些人，與他們自己的人民毫無交集。」

直到一九六〇年，還有百分之七十五的南越農地為百分之十五的人擁有，而且由於農民害怕，幾乎所有的農地都無人耕作。在共產黨呼籲下：一旦地主與保護地主的政府官員奪回一個村落的控制權，這些農民就得償還欠租，許多農民拒付田租，因而成為革命支持者。西貢恢復殖民時代強制勞役舊制、迫使人民每年為政府項目免費工作五天的作法，也激起廣泛民怨。有一次，中情局的威廉・柯比（William Colby）要求吳廷琰以激進手段重畫農地，吳廷琰答稱：「你不了解，我不能剷除我的中產階級。」政府指定的村幹部成了村子裡作威作福的小暴君，不僅享有斷案全權，甚至能判村民死刑。管理地方藥房的護士、負責計算家庭人口稅額的警員都收賄，村民會議代表營私包訟。心驚膽戰的村民逢到婚喪喜慶，不敢不邀這些壓迫他們的人做為座上賓。倒也不是沒有好官，但大多數官員或無能、或殘暴、或貪腐，有時還三者兼具。

就這樣，當暗殺事件於一九六〇至六一年間頻傳時，許多村民鼓掌叫好，因為遭暗殺的往往是那些最不得民心的官員。吳廷琰並且推動「農莊城市」（agrovilles）計畫，將農民強制遷入要塞化村落。這項計畫原本意在將農民與共產黨隔離，但結果徒然讓許多不願遷徙的農民離心離德。吳廷琰有多殘忍？共產黨提出一個直到今天仍堅持的說法，說吳廷琰在一九五四到一九五九年間殺了六萬八千名真正或想當然爾的敵人，逮了四十六萬六千人。就像南越誇大北越土改過程中死亡人數一樣，共產黨提出的這些數字也誇張得離譜。可以確定的是，西貢政府極力提升天主教利益，迫害前越盟。北越共產黨用層層掩護，蒙蔽世人耳目，建了一個極有效率的警察國，而吳廷琰與他的家族造的警察國卻因組織鬆散，將犯下的殘酷暴行弄得舉世皆知。

吳廷琰政權的失敗並非無可避免，吳廷琰如果當時能以一種稍微開明的方式統治，原本可以讓共產黨勢力無法復甦。斐德烈·羅吉法曾經撰文指出，鑒於中國與蘇聯對於日內瓦協定的實行都漠不關心，「吳廷琰的南越像南韓一樣存活，並非難以想像……吳廷琰是從一九四五到一九七五年間，出現在越南的唯一一名重要的非共產主義政治人物。」但吳廷琰幹了無數蠢事：從一九五七年起三年之間，西貢政權施工建造了五十萬平方碼出租公寓與別墅，五萬六千平方碼舞廳；卻只建了十萬平方碼教室、五千三百平方碼醫院。

讓共產黨有機可乘，在南部重燃戰火的，不是吳廷琰沒有舉行統一選舉，而是西貢政權在內政方面犯行與失誤過多。無論就本國或就世界舞台而言，在誰最有資格代表越南人民發聲的競賽上，胡志明都遠遠超越吳廷琰。當年十歲的張梅里（Truong Mealy，譯音）在湄公河三角洲上學時，他的共產黨教師說，「你們知道吳廷琰為什麼來越南嗎？他是美國派來的。現在他一家人都掌權了，所有窮人都必須工作來供養他們。誰應該統治越南？吳廷琰還是胡志明？」五年以後，張梅里當了越共信差——在南越境內活動的共產黨游擊隊隨後被稱為「越共」。

◎重新武裝

最後一批法軍於一九五六年四月二十八日撤離西貢。讓河內沮喪的是，日內瓦協定的西方簽字國就此洗手退出印度支那，撇清一切推動選舉的責任。從那以後，在一開始，重新點燃南部地區戰火的不是河內的一項決策，而是吳廷琰政權在地方上激起的眾怒。一名農民告訴美國學者詹姆斯·楚林格（James Trullinger），他與他的村子認為，共產黨暫時按兵不動是經過精打細算的策略，河內只要有耐心，讓南越人民忍受幾年吳廷琰的折磨，革命機會就成熟了。在未經上級授權的情況下，南越游擊隊開始對政府軍與設施發動攻擊。

一九五六年十二月，仍在湄公河三角洲主持南方局的黎筍，向北越政治局發了一份言詞激昂的公文，打響共產黨重拾武裝的第一槍。黎筍在文中描述共產黨員如何遭到迫害、黨組織如何被一一拔除，以及西貢當局不斷收緊的軍事管控，特別是在中央高地，情勢尤其堪虞。河內在對黎筍的回覆中，勉強同意南越游擊隊可以為自衛而開火。河內還對暗殺「反動叛徒」與炸彈攻擊「吳廷琰建制」的行動表示支持。北越並且派出小股情報官與爆破兵——即西方國家所謂突擊隊——前往南方。南越共產黨之後宣稱，在一九五七年間，共有四百五十二名南越政府派任的官，大多是村長或被殺、或被綁架、或歸順。恐怖活動重起：朱篤（Chau Doc）一間酒吧在七月十七日遭到攻擊，死了十七人；西貢一家咖啡廳在十月十日遇襲，十三人受傷；之後西貢又發生三次炸彈攻擊事件，十三名美軍受傷。

接下來一件重大發展是黎筍奉召重回北越。一九五七年夏，黎筍與一名同志抵達河內。由於當時河內正因經濟危機而陷於權力鬥爭，為防萬一，當局一開始安排兩人住進一所有警衛守門的賓館。但兩人還是想辦法在晚間溜出來逛街，在紅河劇院（Hong Ha theatre）買了站票看戲等等，直到後來警衛將兩人的自行車輪胎放氣，才迫使兩人呆在賓館裡。據說黎筍當時非常不滿，指控政治局只想平靜過日子：「他們放棄了我們。」

黎筍在河內停留時間越長，越了解一旦重啟戰端，莫斯科或北京都不會提供援助。但在接下來幾個月，黎筍憑藉過人精力，在親密戰友黎德壽支援下，硬是擠下北方那些競爭對手，成為在政治局呼風喚雨的人物。在一名共產黨高官口中「沉默寡言，冷酷無情」的黎德壽，後來在一九七二至七三年巴黎和平談判中成為季辛吉的談判對手。身為革命老兵的黎筍，為革命付出的犧牲與奉獻幾乎無人能比，這樣的資歷讓他在北越備受敬重。他有一句名言：「你若與帝國主義匪幫講道理，什麼事也辦不了，你得拿一把錘子打他們腦袋才行。」北越共黨書記當時因為推動土地集體化引發混亂而下台，武元甲似乎是順理成章的繼任人選。但結果是黎筍於一九五七年十二月繼任這個要職。

黎筍於五十年前生在南越北部一個木匠家庭，本名黎文遠（Le Van Nhuan，譯音）。早在胡志明結束流亡返回越南之前很久，已經獻身革命。他的個性強悍盡人皆知，不過一些比較挑剔的同事認為他言語過於粗糙。完全不知社交禮儀為何物的他，瞧不起無論是意識形態或人性上的軟弱，早在一開始，他就認為武元甲軟弱，甚至還可能認為年邁的胡志明軟弱，只不過一直不敢說罷了。他的個人生活在他死後很久仍然是個謎。直到二十一世紀，他的第二任妻子、前越盟信差阮瑞娥才透露她悲劇的一生。

在一九五六年越南春節，黎筍當時仍在南方，阮瑞娥帶了蜂蜜、人蔘與幾碼河東（Ha Dong）絲等禮品，前往河內郊外探望黎筍的父親。她在公公家裡見到丈夫的結髮妻子，後者見到阮瑞娥，才發現先生再娶而泣不成聲。幾個月以後，幾個黨官找上阮瑞娥，對阮瑞娥說，高級幹部只能有一個妻子，而黎筍的妻子不是她。已經為黎筍生了兩個孩子的阮瑞娥震驚不已，對到訪的黨官說，除非黎筍本人到河內來對她有所澄清，否則她什麼也不同意。隔不多久，黎筍果然來到河內。但黎筍沒有對她的處境表示同情，他讓她第三次懷孕，然後把她交給黨的中央婦女協會（Central Women's Association），由中央婦女協會贊助，送她到中國「研習」。

在她流亡中國期間，黎筍開始寫信給阮瑞娥，有時還寫得很激情。其中一封信上寫道，「我愛妳，非常愛妳，不要為了些少外力或一些不幸的事而產生任何誤會。親愛的，愛情能戰勝一切障礙，妳如果愛我，妳就能解決所有妳的問題與困難。」每當黎筍因公訪問北京時，兩人也能偶爾小聚，有一次她還面見了胡志明。黎筍把他們的三個孩子納入自己監護。阮瑞娥後來發現自己三個孩子都由黎筍第一任妻子扶養後，不禁失聲痛哭。又隔了幾年，她獲許重返越南小停，看望孩子。在那次訪問中，她與黎筍一起度了三天，當時黎筍似乎「很不自在，很不快樂」。她在一九六四年奉派前往湄公河三角洲擔任宣傳幹部，直到一九七五年才再次見到自己的孩子。

由於和平統一無望的信念不斷加深，河內激進派開始抬頭。北越共產黨首先於一九五八年十一月通過第十四號決議案，用農業集體化將北方的革命大舉推前。接下來的一個月，南越一所拘留營爆發食物中毒事件，包括共產黨員在內的大批犯人死亡。翌年年初，政治局接獲南越農村寄來的求救信，其中一封顯然出自地方幹部手筆的信這樣寫著：「胡叔叔！美國人與吳廷琰已經邪惡得太不像樣了，請你准許我們砍掉他們的腦袋。」在隨即展開的幾周辯論結束時，北越共黨中央委員會頒布第十五號決議案，邁出升高戰事的一大步。十五號決議案授權採取更激進的行動，用耳熟能詳的共產黨詞令寫道：「只有革命勝利才能解除窮人的悲慘命運，才能拯救南方可憐的民眾，打擊美國帝國主義的邪惡政策，打擊分裂國家、引發戰爭的美國傀儡。」十五號決議案還決定組織「志願軍」開往戰區，就像中國之前組織「志願軍」打韓戰一樣。在之後幾個月，約四千六百名政治幹部、技術與工程人員進入吳廷琰的土地，其中大多數是「歸北」的南方人。決議案並且授權開通「559號戰略公路」：一條穿過中立的寮國、連接胡志明小徑（Ho Chi Minh Trail）通往戰場的秘密通道；三年兵役也已經恢復。當年批准第十五號決議案的一個北越領導人日後說，「我們直到一九五九年才終於認清不會有大選，吳廷琰在屠殺我們的人。有跡象顯示，美國會繼續加強介入，也因此，我們國家想統一，唯一的途徑就是暴力。」

河內遲遲不肯將十五號決議案的事告知俄國人，因為黎筍一夥人知道這事會惹惱俄國人。更何況，直到一九五九年五月七日，有關十五號決議案的消息才傳到南方局。北越領導人仍然不敢向美國挑釁，生怕惹惱美國會遭來美軍攻擊。俄國與中國間迅速加深的意識形態分裂，也反映在河內的兩派對恃上：胡志明與武元甲偏向莫斯科；黎筍則是親北京派的頭子。

當毛澤東搞「大躍進」、造成至少五千五百萬中國人死難之際，河內卻喊出「今日中國，就是明日越南」的口號，可謂不合時宜之至，而這一切，黎筍似乎難辭其咎。同時，黎筍領導班子還得鎮壓內部異議分子：天主教徒發動示威，要求移居南越。示威群眾高喊「打倒共產黨」，引起軍隊開火，造成傷亡。經濟困境迫使河內削減國防開支，從一九五五年占全國總預算百分之二十七，降到一九五八年的百分之十九點二，再降到一九六〇年的百分之十六。工廠紛紛關閉，農業產值不斷下挫迫使當局減少米糧配給。捷克大使在向本國提出的報告中說，蘇聯集團提供北越的援助許多遭到浪費。英國駐河內領事在一九五九年六月提出報告說，「整體生活水準越來越低落，就連窮人都比過去更窮……除了這個政權本身的人以外，這裡的西方人見到的每一個越南人都不喜歡這個政權。」

吳廷琰拋棄正人君子、提拔諂媚宵小，河內半斤八兩，也只重視革命資歷與意識形態純正、壓抑聰明才幹之士。法國一名外交觀察家提出報告說，十個北越人中有九個「只要有機可乘就會起事暴動」。但擔任黨中央組織部部長的黎德壽，選在這一刻針對前地主與「富」農等所謂「不受歡迎人物」發起新整風。這時的北越共產黨政治局，一味強調意識形態純正，不像二十世紀後期社會主義者，而像四十年前的布爾什維克[22]（Bolsheviks）。北越通過譴責異議分子的新法令，由公安部執行。公安部部長陳國煌（Tran Quoc Hoan，譯音）成為批判人士口中的「越南貝利亞」（the Beria of Vietnam）。貝利亞是替史達林整肅異己、惡名昭彰的劊子手。

22 譯註：布爾什維克，由列寧領導的無產階級政黨。

在十五號決議案頒布之後幾個月間，革命黨繼續在南越暗殺政府官員，對南越共和軍發動新一輪攻擊，由於它的美軍顧問稱它「阿文」（ＡＲＶＮ），這時越南人也稱它為阿文。一名越南青年告訴一名美國記者：「我恨那些當兵的……因為他們太傲慢。村民已經非常窮了，但當兵的還要強迫他們築路修橋……當兵的拿了武器保護吳廷琰與他的政權。」美國的建國象徵開始成為游擊隊攻擊首選的目標：一九五九年春，穿黑衣的游擊隊在高棉邊界附近炸了兩輛約翰・迪爾（John Deere）拖拉機就是例證。

在地方官員殘酷無情的壓榨下，許多農村青年發現革命帶來的浪漫氣息。一名十八歲的青年說，曾經與法國人作戰的一名老人鼓勵他拿起武器。「每聽他談到有關越南英雄的事蹟，我就很激動。他告訴我，吳廷琰要求美國人幫他們……把南越納入他們統治下。他呼籲我……履行愛國青年職責，為爭取國家獨立、重建幸福與繁榮而戰。」在隨後展開的數周軍訓中，他那一組有十五名農人因沮喪與想家而逃亡。但他本人堅持到底，完成了軍訓：「我只見到光榮，沒想到艱苦。」

一九五九年，越共的攻擊越來越猛。那年七月八日，當美軍顧問與南越第七步兵師官兵在邊和（Bien Hoa）附近觀賞珍妮・克萊恩（Jeanne Crain）主演的電影《襤褸衣衫》（*The Tattered Dress*）時，六名越共用槍枝與手榴彈發動攻擊，三十八歲的戴爾・魯斯（Dail Ruis）少校與四十四歲的士官長齊斯特・歐佛南（Chester Overnand）遇害，成為後來人稱第二場印度支那戰爭中，死在共產黨手中的最早兩名美軍。游擊隊攻擊在全國各地持續升溫，在十二月一個天光未亮的清晨，一排越共游擊隊在三角洲四號公路上截下一輛巴士。他們趕下乘客，帶著武器上了巴士，迫使司機把他們載到一處政府軍要塞化據點。他們在黎明時抵達這處據點，發現為讓士兵上市場採買，據點柵門已經大開。游擊隊衝入據點，槍殺一名警察與幾名守軍，餘下的駐軍隨即投降。游擊隊在收繳武器、搗毀據點之後，抓了當地村長撤入叢林，後來他們殺了這村長。

越共這些作為志在顯示他們有隨心所欲發動攻擊的能力。一名幹部得意揚揚地說，「老虎已經醒了！」村民不得不對地方勢力消長精打細算，因為一旦誤判，輕則財物盡失，重則性命不保。共產黨靠宣傳把自己的實力吹捧上天，幾乎所有村民都向他們秘密納稅。共產黨幹部們愛說一些越南人耳熟能詳的諺語，如「寧為老鼠頭，不當大象尾」、「水牛再怎麼磨牠的角，還是水牛」等等。他們用擴音器，擊著廟裡的木魚，敲鑼打鼓，多少帶著強制意味地發動有時多達一千農民參與的群眾大會。他們拆毀政府旗幟，在樹幹貼上海報與標語。有關越共的神話開始廣為流傳：說他們擁有變得出米飯的魔法鍋，有裝在背包裡、可以充氣變大的小艇，有「天馬」，還有一發子彈可以射殺五十人的神槍，讓那些容易上當的農民聽得如醉如癡。游擊隊為了示威，有時還會在大白天列隊在農村間遊行。

一九六〇年遭游擊隊殺害的死難者，許多當著村民大眾面前受刑，就像越盟時代一樣。一名婦女因為有兩個兒子在共和軍中服役而遭砍刀砍死；一名遭活埋的男子不斷尖叫，「我要死了！我要死了！」最後土堆越積越高，土堆下傳來的哭叫聲也漸漸消逝；還有一名村民只因為與地方上的警察喝酒而被殺。每有一名農民因為信念而支持共產黨，就有兩名農民因為恐懼而支持共產黨。但部分或許因為革命為窮人帶來一種他們有生以來未曾有過的自尊，有些農民確實支持革命。審慎也是一項因素，越來越多越南人相信吳廷琰已經是過去式，未來是共產黨的天下。

到一九六〇年年初為止，越共的武裝宣傳部隊據說已經殺了一千七百名政府官員、村長、教師、醫院工作人員，還抓了另兩千人。中央高地發生暴動。吳廷琰的軍隊展開反擊，收復失土。根據新頒布的「叛國法」，數以千計異議與宗教少數分子以及共產黨嫌疑分子被捕。斷頭台重出江湖，成為政府劊子手最愛的行刑工具。

由於先是南方局、最後河內也拒絕將游擊戰升高為全面戰爭，令許多越共沮喪。地方幹部再向當局請願，要求提供武器抵抗西貢「殘酷暴政」。由於沒有行動的刺激，那些暗無天日、貧窮匱乏的日子讓許多越共備受煎熬。一名與一支越共單位駐在湄公河三角洲的游擊隊，日後談到蠻荒叢林生活那種可怕的孤獨，那種只有因野獸踏過而打破的一片死寂，仍然心有餘悸：「廣闊無邊的叢林，遭汙染的水，還有瘧疾，時間也因悲情而凍結。」一名連長在他的長官面前捶胸叫道，「我寧願死也不願這樣活著！讓我們展開武裝鬥爭吧！」

一九六〇年九月，南方局下達支持者千呼萬喚、終於等來的一紙命令：將對政府軍發動協同攻擊。在那以後，革命區迅速擴大。沒隔多久，根據評估，三分之一的南越人口、約六百萬人都生活在共產黨公開或秘密控制下。共產黨幹部開始大搞土地再分配。游擊隊活動暴增，特別是在三角洲地區，叛軍利用熟悉河流與潮汐狀況的在地優勢，氣焰尤其囂張。他們在河曲與運河彎處設伏，或利用漂浮木繫上水雷，與岸上的電雷管連線。北越現在是一個紀律森嚴的社會，而南越為因應恐怖攻擊也成了一個高壓軍事化國度。西貢用百分之九十的美援添購軍備以維持政權，而沒有將這些錢花用在經濟或農業發展上。美軍顧問團忙著建立一支傳統軍隊，讓南越也能像南韓一樣抵抗來自北方的入侵。同時，在一個人口只有六十萬的省，南越部署了六百名警察、九個民防連以及二十四個民兵排，分別駐守三十個要塞化據點、保衛一百一十五個村落，但共產黨的叛亂氣焰仍不斷高漲。

一九六〇年，冷戰緊張情勢在全球持續發酵，南韓獨裁者李承晚在那年四月垮台，讓河內雀躍不已，希望這是吳廷琰政權崩潰的先聲。一周以後，俄國擊落一架美國U-2偵察機，打碎了東西方和解之夢。中蘇分裂在北越政壇造成的對抗情勢變本加厲，胡志明曾設法斡旋，但徒勞無功。黎筍、黎德壽與他們的親中派掌控了政治局。對河內而言，支持越共武裝鬥爭已經成為一種不可抗拒的政治必然。唯一議題是應該多快、提供多少援助。黎筍面對的問題是，他必須幾乎完全依賴本國資源打這場他想打的仗。

另一方面，十八名南越反共領袖一九六〇年四月二十六日在西貢一家著名酒店集會，會後他們發表由「一群愛國者」簽署的「帆船宣言」（Caravelle Manifesto），要求政府改變政策。同年稍後，美國大使艾爾布利吉・德柏洛（Elbridge Durbrow）提交一份備忘錄給吳廷琰，詳列華府認為極端重要的改革：公布政府決策與預算；由民選代表對政府各部門進行審查；將新聞法自由化，並改善與外國媒體的關係；透過電台廣播，與農民進行「爐邊閒話」（fireside chats）式的交流；對農民更加寬容。這些都是民主社會的重要、甚至不可或缺的措施，但吳廷琰完全無法接受。他不僅不理會「帆船宣言」，還將德柏洛這份清單視為美國人以老大自居的做態。或許他還曾反問德柏洛，北越政治局能做到這份清單上的哪些項目？

美國仍然集中全力，應付武裝鬥爭問題。面對越共叛亂升溫態勢，華府決定打破日內瓦協定的相關人員限額，加派數百名軍事顧問，將駐南越軍事顧問人數從三百四十二人增加到六百九十二人。這些美軍顧問的指揮官，特別是軍援協助團（MAAG）團長山姆・威廉斯（Sam Williams）將軍，認為游擊隊純屬安全問題，只能靠槍口解決。

一九六〇年年底，共產黨將南部抵抗運動正式改名為「民族解放陣線」（National Liberation Front, NLF）。重要的是，儘管陣線領導人都是共產黨員，但它努力建立一種民族主義聯合陣線的形象。美國專家告訴即將成為美國總統的甘迺迪，說民族解放陣線是一股「對東南亞自由與民主構成無法接受的威脅」的政治勢力。民族解放陣線矢志達成的目標包括：將社會團結帶進南方、推翻吳廷琰、趕走美國人、實施土地再分配、用談判統一國家。從這些目標中，完全看不見黎筍處心積慮、建立史達林式社會的痕跡。

日內瓦協定簽訂後那幾年，南、北越人民都因為政府殘酷無能而受盡折磨。南方農民如果知道北方農民的悲慘遭遇，或許還會為自己感到慶幸，至少在吳廷琰統治下，挨餓的人很少。他的美國後台老闆們完全誤判情勢，認為越共叛亂是莫斯科與北京指使的。事實上，直到一九五九年以前，對西貢政權的抗拒是在地、自發性行為。一九五九年以後相當一段時間，越共也只獲得北越而不是外國的援助。

重啟統一鬥爭的主要推手是黎筍，他的身影在之後的發展過程中無所不在。至於他那些政治局同事，所以贊成戰爭，很可能因為他們認為可以用打仗來逃避內政失敗的罪責，或藉以為北越窮困的人民注入一種人生新目標。「帝國主義」敵人竟把未來寄託在死驢子吳廷琰身上，算他們走運。照理說，刻正轉劇的這場戰爭沒有一方能打贏。

第 6 章

甘迺迪的主政

Some of the Way With JFK

◎「他們會把國家丟了，如果……」

當艾森豪向總統當選人約翰．甘迺迪簡報、說明接掌白宮以後將面對的議題時，老將軍強調的不是越南，而是越南隔鄰的寮國。艾森豪說，國務院曾向他提出警告，說寮國是「一個同性戀國度」（a nation of homosexuals），讓甘迺迪聽得一頭霧水。即將卸任的艾森豪說，寮國是東南亞安全所繫的第一張骨牌，一旦失去寮國，鄰國泰國會受到威脅；能否保住這張骨牌，對新總統的決心而言是一大考驗。從事後先見的角度看來，艾森豪這些憂慮似乎純屬想像，但在當時這一切卻顯得非常真實。寮國，寮國啊寮國，一度人稱「百萬大象之國」成了共產黨與反共勢力撞擊點，在全球各地上了新聞頭條。在一九六〇年，《紐約時報》以三倍於越南的篇幅報導這個人口稀少、非常貧窮、一片蠻荒的蕞爾小國。

百年來，寮國歷經無數政治動亂、饑荒、內占、與外國干預造成的悲劇。令外在世界大惑不解的是，寮國人，或者應該說組成寮國的各原住民族群，對這一切卻似乎能一笑置之，不以為意。寮國人喜歡聚會，拿男性生殖器開玩笑。特別是在春天火箭節，每個寮國人都要自製火箭施放，有些人製作巨型火箭，不時造成生命與財產損失。隨著法國於一九五三年十月讓寮國獨立，中國與北越將勢力伸入寮國，美國也自二十世紀五十年代末期開始在寮國撒幣。一名到訪的《華爾街日報》（*The Wall Street Journal*）記者說，寮國領導層「泡在美援裡欣喜若狂」，享用冰箱，開著大車，而全國民眾只能靠一百五十美元的年均收入維生。因為中央情報局的官員們愛上這片新疆土，例如後來成為寮國名人的德州比爾．萊爾（Texan Bill Lair），中情局開始對寮國產生興趣。萊爾的同事羅伯．艾默利（Robert Amory）後來說，許多中情局人員愛上寮國，因為這是「一個打仗的好地方」。只要一離開首都永珍，你幾乎想幹什麼就能幹什麼，願意找誰打就找誰打，想種什麼毒品就種什麼毒品，沒有人會管你的閒事。

直到一九六〇年，由一群地方權貴與軍頭們雜亂湊成的寮國政府，勉強還能維持統治。之後敵對派系之間爆發內戰，在永珍街頭大打出手。美國人基於一些不很全面的理由，認為共產黨即將當權。不可否認的事實是，當時包括在地政黨「老撾人民軍」（Pathet Lao）與一些北越軍隊在內，共產黨徒在寮國各地確實都很活躍。比爾．萊爾遂與地方苗族軍頭王寶（Vang Pao）達成交易，為王寶提供金錢與武器，由王寶對共產黨發動游擊戰。美國對王寶一夥人的投資，從一開始的五百萬增加到一九六二年的一千一百萬美元，在六十年代結束時增到五億美元。王寶號稱擁有兩萬戰士，不僅打了幾場大勝仗，還靠毒品走私賺進大筆財富。中情局當時在寮國駐有約七百名特工，大部分從事秘密半軍事活動，他們穿著牛仔褲，駕著單引擎飛機[23]在山間穿梭，將食物與武器轉交部落土著與其家屬，有時自己也投入戰鬥。

這個彈丸之國就這樣在東、西方博弈舞台上成為眾所矚目的焦點。毛澤東曾問黎筍「老撾（寮國）有多大？」黎筍答道，有將近八萬平方英里，人口兩百萬。毛澤東說，「我的天！那麼大的地方，那麼少的人。雲南面積與它差不多，但有四千萬人。如果我們能送個一千五百萬到兩千萬人到那裡住，豈不美哉？」當蘇聯運輸機降落河內嘉林（Gia Lam）空軍基地，帶來運交寮國的作戰物資時，基於政治考量，國際控制委員會的波蘭人與印度人故作不見。在華府壓力下，英國保守黨政府開始支持美國在寮國的反制行動。在一九六一年三月與甘迺迪舉行的峰會中，英國首相哈洛．麥米蘭（Harold Macmillan）勉強保證，如果永珍政府垮台，英國會作一些軍事表態。翌年，當巴特

23 譯注：指瑞士皮拉圖斯公司（Pilatus）出廠的單引擎飛機Pilatus Porter STOL。

寮的軍隊逼近寮國西部邊界時，英國皇家空軍派出一中隊「獵人」（Hunter）戰鬥機進駐鄰近的泰國。那還是老故事：英國極力避免新承諾，但又不敢違反美國旨意、得罪華府。

麥克・艾蘭（Mike Eiland）早在西點軍校受訓時，就參加過在假想國「Soal」的演習——Soal即為寮國英文名Laos的反寫。華府的聯合參謀首長主張在寮國投入地面部隊。但在一九六一年五月，對秘密作戰情有獨鍾的甘迺迪宣布主張加強秘密作戰。如果能讓所有外國勢力都退出寮國，就更理想了。高棉統治者施亞努親王（Prince Norodom Sihanouk）早在一九五四年春就提議召開「中立化」寮國的國際會議。在美國外交官艾維雷爾・哈里曼（Averell Harriman）主導下，經過一年多談判，美國、俄國、中國與南越、北越於一九六二年七月簽定新日內瓦協定，同意寮國中立。

河內領導層對這項安排嗤之以鼻，認為這不過是莫斯科為掩飾軍事行動而搞出的一塊遮羞布，根本不值一顧。北越儘管一再否認駐軍，它的軍隊卻繼續在寮國各地暢行無阻。中情局一些嘴上刻薄的人乾脆把胡志明小徑稱作「艾維雷爾・哈里曼紀念公路」（the Averell Harriman Memorial Highway），因為面對共產黨有系統地破壞日內瓦協定，哈里曼卻一籌莫展。由於這本書講的是越南，寮國情勢唯一值得注意的是，之後在永珍掌權的蘇法納・佛瑪親王（Prince Souvanna Phouma）漸漸成為美國的馬前卒。走出永珍，由於河內一再穿過寮國對高棉與南越游擊隊進行運補，也由於美國人決心在不太明目張膽違反中立的情況下阻止他們運補，一場沒有人承認的戰爭在寮國各地斷斷續續打著，幾十萬寮國人受害。

二戰期間當過炸彈目標分析師的麻省理工學院（MIT）經濟學教授華特・羅斯陶（Walt Rostow），在先後出任甘迺迪國家安全事務副特別助理與國務院政策規畫處處長時，幾乎從上任第一天起就呼籲甘迺迪政府把重心從寮國轉移到越南。甘迺迪本人很快也表示贊同，認為既然要對付共產黨，就該以越南而不以寮國為戰場，面對變本加厲的游擊隊活動，美國必須給吳廷琰更多援助。湄公河三角洲的安全情勢急遽惡化，送往民間醫院的醫療補給只有靠中情局飛機與直升機飛到廢棄村落與廢耕了的稻田進行運補。一九六一年五月，副總統詹森訪問南越，誓言繼續支援南越，還誇吳廷琰是「亞洲的邱吉爾」。大衛・哈伯斯坦（David Halberstam）之後在描述詹森此行時寫道，「他給了我們的保證，不僅把甘迺迪政府投了進去……讓華府更牢牢牽著西貢的傀儡政權，升高了論調，還把林登・詹森也投了進去，對詹森而言，說話就得算話。」

同年十月，愛德華・蘭戴寫信給甘迺迪的軍事顧問、後來出任參謀首長聯席會議主席的麥克斯・泰勒（Maxwell Taylor）將軍：「越南人是個能幹、充滿活力的民族。他們今天看起來有些荒腔走板，如果不能打出一些火花，激起他們努力求勝的意志，他們會把國家丟了。將適當的美國人擺在越南政府適當的位置，提供作業指導，就能打出這樣的火花……我們需要有才幹與熱情的美國人作這些事。」泰勒在二次大戰期間曾任傘兵司令。

蘭戴隨即提出建議，解決越南問題的辦法就是派遣更多美國人進駐越南。甘迺迪政府在三十四個月主政期間果然依計行事。一九六一年五月，四百名綠扁帽部隊進駐南越，幾個月以後，四十架美國陸軍直升機與四百名駕駛與維修人員跟進。越來越多的顧問開始源源湧入南越，配置於直到營級的南越共和軍部隊。到一九六二年年中，駐越美軍顧問人數已經高達八千。河內說，一九六二年二月八日建立的「軍援越南指揮部」（MACV）顯示甘迺迪有意加碼。他們說對了，到一九六三年十一月，美國駐越人數已達一萬六千：有陸、海、空軍；有技術人員與駕駛員；有電子監聽人員與農業專家；有學界社會分析師與趾高氣揚的特種部隊牛仔；各式各樣怪咖無所不包。

美援金額約為一年四億美元，運交南越的軍事裝備與車輛數量屢創新高。一九六二年四月，吳廷琰政府修改早先的「農莊城市」方案，推出「戰略村」計畫，將農民遷入築有鐵刺網的要塞化村莊，讓游擊隊無法騷擾農民，但此舉也迫使農民遷離他們依戀的祖墳。蘭德公司[24]（RAND Corporation）當時提出報告，認為南越農民可能無法接受這項計畫，但陸戰隊少將維多．「蠻子」克魯拉（Victor'Brute'Krulak）在國防部敲桌說道，美國會「迫使農民做讓這項計畫成功的事」。戰略村計畫取得重大戰術勝利，讓越共的日子難過許多，但付出的社會與政治成本也極為高昂。印度支那問題專家豪沃德．辛普森眼看著一群「悶悶不樂、又髒又亂的農民」被趕出他們的茅屋，搬往戰略村。一名頭上有瘡疤的老人用法語對著拍攝畫面的電視記者大聲抗議道，「這不對！他們強迫我們搬！我們不要搬！告訴他們，這不對！」保安過來把這老農拖走，老農仍然聲嘶力竭地叫道，「美國人不了解。告訴美國人我們不要搬！」

一九六二年七月二十三日，保羅．霍金斯將軍（Gen. Paul Harkins）在檀香山舉行的戰略會議中，告訴以國防部長麥納瑪拉為首的政、軍界人士：「今年四月發動了四百三十四次地面行動……五月間增到四百四十一次。六月間空中任務出動超過一千架次……吳廷琰總統已經表示打算讓南越軍隊更經常進入戰地，駐留更長時間……毫無疑問，我們站在勝利這一邊」。在問到取勝時機時，霍金斯說，他認為可以在一九六三年年底打敗民族解放陣線。麥納瑪拉隨即提出警告說，「我們必須有最壞的打算」。他說，所謂「最壞的打算」就是可能要到一九六五年年底才能擊敗越共。

在甘迺迪主政的那幾年，許多後來在越戰中扮演重要或較次要角色的人物陸續出現在舞台上。一九六一年，楊文美從西貢來到華府留學。美國讓她嚮往，但美國南部州的種族隔離讓她苦惱，就連她應該使用白人或有色人種浴室都讓她猶豫不決。最後她遇到大衛．艾利約（David Elliott），與艾利約結婚，夫妻兩人攜手，窮幾近畢生心力投入越南人民的研究。艾利約是波士頓人，曾在耶魯攻讀，之後在新山一（Tan Son Nhut）美國陸軍無線電攔截單位服役。他之後在軍援越南指揮部工作一年，然後加入蘭德，在湄公河三角洲進行一項長期研究。為什麼選擇越南？艾利約說，「這是冷戰期間最激烈的前線。它在寫著歷史，而我拿到了觀賞這場大戲的前排座位。」

柴油引擎排放的廢氣、香料辛辣味、不絕於耳的車輛喇叭聲以及讓人無法喘息的暑熱，在西貢街頭造就一片令人興奮的光怪陸離，吸引了來自四面八方的理想主義者與尋找刺激之士。許多滿懷對越南關愛、立志匡正這個世界的美國青年徘徊在自由街，呆呆望著街景——或著應該說，望著西貢女孩。法蘭克・史考登（Frank Scotton）生於一九三八年，長在「對抗外來壓迫者的革命戰爭是文化一部分」的麻薩諸塞州；他的父親在一九四四年突出地（Bulge）之戰中陣亡。「我認為我也應該參軍，打一場仗。美國過去出兵海外，在各地打來打去，成績都還不錯。韓戰雖磨了我們一點銳氣，但我們仍然認為我們戰無不勝。」史考登在派駐越南多年期間，一直以家族勇敢善戰的傳統為傲：「我不能壞了祖先這個標準。」

他捨棄國務院而加入美國新聞處，「因為我天生是個喜歡到處亂跑的人」。在飛往越南以前，他在華府見到三名年輕的越南軍官，他們問他會不會說越南話，他說不會，但他聽說用法語也能與越南人溝通。那三名軍官臉色立刻轉變，其中一人說，「那是殖民語言。」史考登在一九六二年抵達越南時立刻發現幾乎所有美國人都因言語不通而受阻：「他們就連地名都唸不出來。我深深了解到我們背負的歷史重擔。不到幾周，我已經看清吳廷琰不是『亞洲的邱吉爾』。」

史考登開始迷上越南，無畏、甚至莽撞地穿梭在稻田與叢林之間，為美國大使在偏遠山村進行民調。當年有一小股美國人獻身這項工作，史考登是其中一人。他說，「我一直在找志同道合的

---

24 編注：蘭德公司，是美國的一所智庫。在其成立之初主要為美國軍方提供調研和情報分析服務。其後組織逐步擴展，並為其他政府以及盈利性團體提供服務。

人。真正關心與並不真正關心的人兩者之間其實有差。」見到史考登的西貢青年很快開始說他是個怪胎，許多美國人也有同感：大使館人員稱他「特立獨行的雜種狗」。越南還造成他婚姻破裂，他的妻子凱莎琳在他們設於歸仁（Qui Nhon）的家中開了一個英語班，努力過日子，但經過幾個月煎熬，她回美國，兩人離了婚。之後他先後與幾個越南女子結了情緣。

剛踏出語言學校的道格・蘭賽也於一九六二年抵達越南，先在大叻（Dalat）美國新聞處散發美新處資料，工作了幾個月。他說，「我幫著吳廷琰獨裁政權散發一份叫做『自由世界』（Free World）的文件，覺得很諷刺。」當地人直到與他熟識以後，才敢向他表白他們的看法，不過蘭賽很快認定吳廷琰不是一個可以信賴或持久的領導人，並且開始熱衷於捉摸不定的所謂政治「第三勢力」。「我對法蘭克・史考登做的那些設法由下而上打造這個社會的事情產生興趣。」他越來越相信，與其推動「我們那些愚蠢的政策」，讓戰爭無休無止地打下去，不如讓共產黨享有十年、二十年主控權。他說，在許多地方，無論控制在哪一邊手裡，「控制範圍不超過ＡＫ-47或M-14的有效射程」。蘭賽說，共產黨的恐怖統治令人沮喪，但「美國與西貢政權不分青紅皂白的砲轟與空襲」更讓人無法忍受。戰事初起時，他在湄公河三角洲見識到政府軍的能力——單只是一個越共即將發動攻擊的傳言，就讓當地「阿文」的部隊拔腿撤離。

鮑伯・戴斯塔（Bob Destatte）生在俄亥俄州一個天主教徒工廠工人之家，有十五個兄弟姊妹，家境雖然清貧，但工作都很勤奮。他放棄大學教師課程，投身軍旅：「我要走出我的小鎮，看看這個世界。」由於一位軍中友人告訴他，只要加入陸軍安全署（Army Security Agency）就會調赴海外任職，他志願加入這個機構，成了摩斯碼攔截員。他在一九六一年奉派到西貢，戴斯塔說，在飛往西貢的飛機上，他期待能碰上「漫畫書《泰利與海盜》（*Terry and the Pirates*）裡那些躲在暗處的人物」。但自從坐在一輛卡車後座、第一眼瞥見兩個穿越式旗袍的女郎起，他的想法完全改變：不到幾個月，他就在二十二歲那年娶了阮氏瑛（Nguyet Thi Anh，譯音）。當時他的單位駐在新山一空軍基地的兩輛房車裡，一名在單位工作的越南青年邀他回家與家人共進晚餐。戴斯塔就在這次家宴中邂逅這越南青年的妹妹阮氏瑛，阮氏瑛教他使用筷子，「我想那就是一見鍾情吧。」戴斯塔不久與阮氏瑛成婚，但與單位長官串通好，直到一九六三年即將輪調回美國以前才正式登記，因為根據當年的規定，與本地人結婚的美軍會立即被遣返。與許多這類異國婚姻不一樣的是，戴斯塔與阮氏瑛的婚姻一直很美滿。

心理戰顧問鮑伯・凱利（Bob Kelly）在廣義（Quang Ngai）省為南越組織親政府群眾大會，第一場這樣的大會不很成功。當局像驅趕牲口一樣把地方民眾趕進會場，要他們頂著大太陽坐在會場，而且還沒有水喝。這場集會的重頭戲是一架C-47低飛越過會場上空，廣播政府宣傳。但C-47進場過早，它從一千英尺上空發出刺耳聲響掩蓋了省長在會場的演講。接著，坐在C-47機上的播音員用越南話問道：「省長先生，你還沒講完嗎？」這句話把地面上那些越南官員氣得吹鬍瞪眼。讓他們更惱火的是：當C-47開始空投傳單時，一綑綑傳單沒有在空中爆開，而是像炸彈一樣墜落地面。參與這場集會籌備工作的美國人看到這種場面無不捧腹大笑，有人還笑得涕泗縱橫。但他們始終沒想到這是一場越南政治集會，讓越南人見到美國人主導他們的群眾大會非常不宜。

一九二〇年出生的威廉・柯比（William Colby）在中國度過幾年童年時光，之後進入普林斯頓（Princeton）攻讀。從一九四四到四五年間，他在法國與挪威占領區內為美國戰略情報局工作了幾個月，有一段極浪漫的經驗，然後進入「野比爾」唐諾文（'Wild Bill' Donovan）的律師事務所，幹了幾年枯燥乏味的工作。一九五〇年，他加入中央情報局，有了「一幫好兄弟」，展開一段好時光。他首先在瑞典與義大利實習，隨後於一九五九年派駐西貢。他遍訪越南各地，認定圍堵共產黨是唯一實際可行的目標。當麥克斯・泰勒與華特・羅斯陶建議大舉擴增美軍顧問實力時，他提出異議說越南「其實不是一個軍事問題」。一九六〇年七月，柯比出任中情局西貢站站長，主持了一連幾項派遣半軍事團體滲透北越、對越共發動反恐作戰的行動，結果都以失敗收場。像許多美國人一樣，他也掌握一些解決問題的處方，只是始終不夠全面，提不出全盤解決的政策罷了。

艾爾・葛雷（Al Gray）生於一九二八年，父親是新澤西州鐵路列車長。葛雷成了職業陸戰隊員，在他眼中，新兵訓練營那套東西不過是小菜一碟：「我們可是狠角色。」他當了士官，在一九五二年晉升少尉，在韓戰尾聲以前進觀測官身分親歷了戰鬥。之後他投入訊號情報與特種作戰，在北韓、俄國與泰緬邊界出監測任務。葛雷上尉於一九六〇年派駐西貢，他喜歡南越，敬佩吳廷琰：「我認為他做得對。」他以半個間諜的身分，經常穿著便服像旅客一樣搭乘美國航空（Air America）客機旅行。接下來十年，他投入陸戰隊與情報部門之間的接口工作：「我覺得我們做的事有一天能救人性命。」

他們都是冒險家，當然，大多數美國人嚮往越南為的也正是冒險。法蘭克・史考登雖是平民，但他熱愛帶槍獨闖蠻荒鄉野，尋找刺激，也追求知識。這種行徑往往為他帶來新聞處官員一般不會碰上的情勢。在他早年浪跡中央高地期間一天早上，他見到一名男子斜背著槍朝他走來：「如果他沒看見我，從我身邊走過就好了。但是他把槍甩到胸前，朝我舉槍，我見到他面露驚訝，我想我自己一定也滿臉驚容。我將我的卡賓槍上膛，打開保險，而我的動作比他快。我們距離那麼近，不可能射偏了，瞄準就像伸手指那樣簡單，是意向的延伸。既然必須做，就必須做得徹底，我開過幾次槍。事後我並沒有罪惡感，但每想到兩個陌生人在山邊巧遇，其中一人送命，總讓我深感悔恨。」

又有一次，史考登帶著一名部落青年當嚮導，穿越一處荒野。在黃昏天光漸暗時分，他們見到兩名武裝游擊隊漫不經心朝他們走來。史考登的嚮導於是一衝而前，用刀結果了走在後面的那名游擊隊。另一人於是轉身舉槍，但遭史考登連發數槍擊斃。那名青年嚮導隨即把遭他捅死那人的屍體拖到一處叉路口，讓屍體臉朝來時路站直。史考登問那嚮導這麼做有何用意，那會說一些法文的嚮導聳聳肩，答道「C'est la guerre psychologique!」（這是心理戰！）

在甘迺迪主政期間，華府內部一直為一個問題爭論不休：美國是否應該大舉超越現有顧問與支援承諾，開始部署大規模戰鬥部隊。麥克斯．泰勒將軍是贊成增兵的一派（不過他後來立場大轉彎）。他說，「南越不是一個極度難以用兵的地方……北越對傳統轟炸幾乎無力招架……特別是如果能讓我們的空軍放手施為，我們完全不必擔心共產黨兵力能大舉進犯南越與其鄰國。」身為軍人的泰勒，將這場衝突視為一個軍事問題。他建議美國派遣至少八千名後勤人員赴越。

國務卿魯斯克與國防部長麥納瑪拉不同意增兵：兩人都認為，小規模兵力投注達不到讓政治成本合算的成果。根據國防部評估，要肅清南越境內的共產黨，美國得派二十萬五千美軍進駐。曾經隨同泰勒訪越的一些青年外交官不僅反對泰勒的增兵建議，還認為吳廷琰政權維持不了多久。二次大戰的經驗記憶猶新，對戰略決策影響很大。它帶來的最大的教訓似乎就是：壓倒性的軍事力量不可抗拒。葛雷格．達迪斯（Greg Daddis）曾寫道，「大多數軍事將領與高級文官有一個共同失誤……他們相信，廣義的軍事力量可以在後殖民國家達到政治目的。」軍事力量能腐蝕人心：它使那些擁有政治權威、能夠動用軍力的人技癢。一連幾屆美國政府，都因為只需下令就能隨時運用軍事手段達成目標而犯下這類失誤。在與異族打交道的過程中，與其費神耗力地從社會與文化面切入，投入軍隊——特別是運用空軍——當然簡單得多。

一九六一年——事實上之後許多年也依然如此：決策人士對西方軍事介入可能造成的衝擊有一種麻木不仁之感。共產黨戰士在越南幹下許多壞事固然不錯，但比起美軍軍靴踏下的印痕，他們的足跡輕如羽毛。無論是否武裝，是軍人還是文職人員，富有的西方人僅憑現身已經能對一個主要為農村、一貧如洗的社會造成汙染。就像其他駐在西貢的美國高官一樣，中情局的柯比也獨享一棟別墅，僱了六名僕役，過著彷彿帝國總督一般的生活。美軍士兵認為越南人理所當然得為他們擦鞋，為他們看門。

相形之下，敵人有一大美德：他們除了槍以外，幾乎一無所有。不斷有農民說，共產黨再怎麼壞，他們不會發財。西方的富有與科技沒有引來貧窮越南人的欽羨；它只造成一種遙遠與隔閡：再多美軍醫療隊下鄉、再多的疫苗接踵、食物援助、拖拉機、尾掛機動小艇、「奇蹟」米，都不能緩解越南人這種疏離感。物質援助永遠換不來受者的感激。前往西貢動物園遊玩的孩子經常把猿猴比為美國人，因為牠們像美國人一樣，都有毛茸茸的長手臂。一些較年長的越南人見到美軍黑人尤其不快，因為黑人士兵讓他們想到過去殖民軍黑人部隊的暴行。地方上一些好事之徒與共產黨那些搞宣傳的人也在一旁搧風點火，說華府運到印度支那的都是美國人不要的商品，例如越南人討厭的布格麥等等。

要一名西點軍校出身的美軍顧問替一名四十七歲、一口爛牙的營長工作，而且兩人之間還沒有任何共同語言，在這種情況下，要他尊重這營長顯然很難。一名南越軍官寫道：「上級或是沒想到、或是沒告訴這名美軍上尉，要他調適我們的情勢與文化環境。他把我們這個營視同他的玩具一樣，搞出一些荒唐透頂的花招，想控制他的越南同僚，控制這個營。」事隔一年，在啟程返美以前，這名美軍上尉告訴他的越南同僚，他現在開始了解這場戰爭，並對自己早先幹的那些蠢事表示遺憾。但他說完上了飛機，另一名顧問到來，事情再次重演。「這就是顧問歷史。美國人有善意，但缺乏耐性。」一名越南官校生談到一場美國人險些惹出的文化衝突：在大叻軍校，一名美國陸軍上尉用手中簡報棍敲打一名正在打瞌睡的官校生的頭盔。此舉立即引起在場越南人譁然，幾乎釀成一場暴動，因為這種動作表示殖民主子對被殖民者的蔑視，在越南是大忌。最後官校校長出面，終於將事件平息。這校長是阮文紹上校，他後來當了南越總統。

恰克．艾蘭（Chuck Allen）的特種部隊A隊，一九六二年冬駐在溪山（Khe Sanh）郊外。這批美軍稱他們的越南同袍「ＬＬＤＢ」，就是「又小、又髒、又差勁的混蛋」（Lousy Little Dirty Bastards）。「要他們出來執行任務有時並不容易，他們不喜歡離開營區，有時我們得用額外食物或衣物向他們行賄。」執行巡邏任務的美國人常被同行的越南人氣個半死，因為這些越南人「意外」槍枝走火，嚇走越共，或故意在生火造飯時讓炊煙升得老高。「經過好一陣子，我們才知道美國的作法未必正確……在越南，這些可憐的混蛋已經打了十五年戰爭。現在我們來了，趾高氣揚，不可一世，要在六個月內打贏這場戰爭。」無論怎麼說，A隊對自己在這場戰爭中扮演的小小角色倒也怡然自得，還唱了一首後來許多美國人愛唱的歌：「我們所向無敵」（We were winning where we were）。當然，這是越戰結束以前的事。

先後在越南服役的美軍最後達三百萬人，但除了為夜渡資問題與本地人討價還價以外，絕大多數與越南人並無交集。美軍在遙遠的異國服役，依靠美國提供生活相關設施自然難免——所有處於類似環境的外國軍隊都有這種需求。就連報導戰事的美國記者，儘管筆下常把美國當局批判得體無完膚，卻認為在美軍餐廳寫稿是他們理所當然的特權。問題是，在甘迺迪主政期間，大多數主導越南政策的美國官員不了解越南，他們訂定的政策荒腔走板、與現實漸行漸遠自然不足為奇。

以司法部長身分經常參與印度支那決策過程的羅伯．甘迺迪說，「軍事手段解決不了反制叛亂的問題……任何不以社會改革為基礎，一味追求武器、科技與兵力的作法注定失敗，不應給予支持。」詹森在一九六一年訪問越南之後，也在報告中強調「負責任政治建制」的重要性，「必須對經濟、社會與越南人民遭遇的其他弊病同時展開強有力的整合攻擊，而且必須由越南人領導、發動這項攻擊。」國務院的羅傑．希爾斯曼（Roger Hilsman）認為，叛亂「不是一場戰爭，是一場涉及軍事層面的政治鬥爭」。這許多金玉之言應能讓決策人士達成確切結論：除非能建立政治基礎，軍事承諾終必徒勞。越南人不理會計畫與系統：他們無論看什麼，先看人，而且大多數越南人對吳廷琰家族的殘酷、無能與天主教深惡痛絕。華府雖然口口聲聲說為了民主而抵抗共產主義，卻反對選票決定的一切結果——就連美國人也為這項事實而尷尬不已。

不過一些有影響力的人繼續辯稱，吳廷琰政權縱有缺失也無大礙。中情局的柯比認為，吳廷琰是否獨裁不重要，重要的是能不能有效統治。他後來寫道：「統治南越需要強有力的領導，一板一眼運用美國式分權原則可能導致混淆與不決，而吳廷琰狂熱的奉獻或許更合適。」柯比與吳廷瑈建立一種友好的工作關係——事實上，中情局同事對他竟能與吳廷瑈如此邪惡的人交好都感到大惑不解。後來當中情局開始討論撤換吳廷琰的問題時，柯比甚至提議不妨用他的弟弟吳廷瑈取而代之。

甘迺迪政府上台不到四個月，就在一九六一年四月十七日發生中情局主導的古巴流亡人士豬灣（Bay of Pigs）入侵事件。這次事件，加上共產黨在那年八月建立柏林圍牆，以及赫魯雪夫叫囂說越南是蘇聯的民族解放戰爭實驗室等等，都造成甘迺迪政府決策人士揮之不去的陰影，當時沒有人知道西方會打贏冷戰。赫魯雪夫叮囑一九六二年成為蘇聯駐美大使的安納托里・杜布萊寧（Anatoly）：千萬不能讓蘇聯與美國發生武裝衝突，他的首要任務就是避免這項衝突——「不要找麻煩。」但當時沒有美國人聽說這事，在那個年代，整個世界處在核子大戰恐懼中，共產黨帶來的威脅史無前例。在當年環境中，國家領導人與他們的顧問很難明智思考、行動。西方陣營犯了許多錯，但對方犯的錯更多，匈牙利、古巴、柏林與波蘭都是例子。

甘迺迪與他那些民主鬥士認為他們與共產黨打的是一場全球性生死大戰。在談到越南民族解放陣線發動的叛亂時，甘迺迪說，「沒有人能把這些戰爭說成解放戰爭……這些都是自由的國家。」他這話對了一半，正確度或許比一些美國自由派的想法猶有過之；但也錯了一半，因為北越政權無論有多醜陋，或許除了吳廷琰統治下的人民不挨餓以外，南越政權也好不到哪裡。

◎麥納瑪拉的專制

一九六一到一九七五年間，華府的越南問題決策有一項特點：幾乎從來不讓越南人過問決策過程。對於生活在戰場的越南人提出的有關本身前途的任何主張，一連幾屆美國政府幾乎充耳不聞，一切的一切都由美國主導。一九六一到六三年間擔任駐西貢大使的斐德烈・「福里茲」・諾丁（Frederick 'Fritz' Nolting）曾向國防部長麥納瑪拉提出警告說，「要把一部福特車引擎裝進越南的牛車，縱非不可能也很難。」麥納瑪拉口頭上雖表示同意，實際上仍然照舊我行我素。大衛・哈伯斯坦在《一流精英》（*The Best and the Brightest*）一書中，有一段非常傳神的敘述，談到副總統詹森在見到麥納瑪拉、魯斯克、麥喬治・邦迪（McGeorge Bundy）、羅斯陶等人第一次聚會後的反應。詹森在會後趕忙找上友人與恩師、時任眾議院議長的山姆・雷柏恩（Sam Rayburn），盛讚這群人的優秀。但雷柏恩澆了他一盆冷水：「林登，你或許說得沒錯，他們或許正如你所說那樣智慧，但只要他們之中能有一個人選過警長（就是認識一些越南人），會讓我寬心得多。」

一名越南目擊者寫道，麥納瑪拉在帶著泰勒訪問越南時，提問的對象大多是在場的顧問，而不是實際作戰的軍人：「一些美國軍官看起來就像……嚴厲的校長面前那些頑童一樣……麥納瑪拉還問道，我們有多少特工潛伏敵陣營，讓在場越南情報官與美國情報官羞慚不已。」答案是一個也沒有。這種狀況直到戰爭末期仍然不變。中情局直到一九六九年才計畫對共產黨領導層進行監聽。

除了派駐戰地的軍事顧問，美國政府也從國內的學者專家處取得大量建議。冷戰帶來許多智庫，不僅提供科技研究報告，也針對特別是核子嚇阻等戰略議題提供情報。美國在蘇聯發射史普尼克（Sputnik）衛星之後，創建於一九五八年的先進研究計畫署（Advanced Research Projects Agency, DARPA），研發各式各樣叛亂反制科技。後來美軍發動化學去葉作戰時使用的橙劑（Agent

Orange）幾乎都是這些科技的產物。總部設在聖塔・蒙尼卡（Santa Monica）的蘭德公司接受空軍鉅額資助，是非營利組織。它擁有許多才幹之士，但似乎總是跟著空軍訂定的政策打轉。

麥納瑪拉對蘭德的研究報告十分熱衷，這不稀奇，因為這些報告主要都是他喜歡的系統分析。英國學者麥克・豪沃德（Michael Howard）教授在訪問聖塔・蒙尼卡以後，對蘭德研究人員的聰明智慧讚賞有加。但他日後表示，蘭德「好像一個修道院，住了許多聰明但不食人間煙火、不知世事為何物的神學家……他們似乎犯了認定一切與戰爭有關的事都能量化的錯」。蘭德研究人員的一場激辯，也讓在場的豪沃德沮喪不已。這場辯論的題目是：在遭到核子戰攻擊以後，洛杉磯市要多久才能恢復運轉？

甘迺迪上台以後，蘭德的首腦發現叛亂反制即將成為顯學，於是在一九六一年派遣第一批專家前往西貢。在之後幾年，蘭德一直扮演重要顧問角色。它那些受過高等教育的學者專家，幾乎沒有人質疑美國是否應該介入這場戰爭：他們只是憑著傳教士般的狂熱，為美國尋找取勝之道。分析師亞歷克斯・喬治（Alex George）說，「蘭德沒有和平主義者。」六十年代初期，蘭德的研究大多在聖塔・蒙尼卡進行，因為研究人員都不願搬到西貢。

不少東南亞領導人，特別是新加坡總理李光耀曾在那段時間向甘迺迪政府建言，強調擊敗越南共產黨對區域安定的重要性。一些重要盟友也一樣。英國政府認為美國在印度支那的態勢危機四伏，但外相霍姆（Home）寫道，「我希望美國人能撐下去。」英國人無論基於什麼理由遲遲不肯投入戰爭，現在西方聲望面臨考驗，取勝似乎變得很重要。馬來西亞總理東姑・拉曼（Tunku Abdul Rahman）呼籲曾在擊敗馬共叛亂中扮演重要角色的羅伯・湯普森（Robert Thompson）爵士：「你一定得去越南幫我守住第一線。」

儘管英國軍官對他們如何運用殘酷手段鎮壓民族主義游擊隊的事遮遮掩掩，不少美國人因英軍的鎮壓成功而獲得鼓舞。英軍在殖民戰爭中的作為沒有法軍殘酷，但他們在馬來亞、肯亞、塞浦路斯、亞丁運用的手段令人作嘔。皇家空軍將化學除草劑與落葉劑先後噴灑在游擊隊控制地區的作物上。一九五二年，英國共產黨報紙《每日工人報》（*Daily Worker*）刊出一張一名英軍陸戰隊員揮舞著兩名馬來亞恐怖分子首級的照片。這張照片引起民眾輿情一片嘩然，英國當局之後提出辯解說這是為了查證，但不滿之聲仍久久不消。英軍也經常砲擊村落。不過總之，英國似乎成功了。

身為原始日內瓦協定共同主席的身分，令倫敦政府感到不安，甚至有罪惡感，也因此，當美國違反協定，將越來越多顧問送進越南時，英國人很是失望。英國大使在一九六一年表示，美國若只加派一百名顧問，應該可以接受，但美國不由分說第通知英國，八千名顧問即將啟程赴越。當時擔任英國首相、美國忠實盟友的哈洛．麥米蘭，同意不在這件事上作文章，還因為美國不打算派遣戰鬥部隊進駐而表示寬慰，但他的部屬仍然呼籲國務院對增兵越南的事多加慎重。就這樣，當華府在那年十二月宣布，決定不再遵守日內瓦協定的一些條款時，英國人又挨了一記悶棍。

對於與美國並肩作戰的意願究竟有多強，英國人繼續舉棋不定。他們對東南亞有一種占有觀，認為他們了解叛亂反制，也衷心盼望共產黨失敗。一九六二年，有人建議召開會議讓越南像寮國一樣中立，但英國表示反對，因為當時吳廷琰的立場看起來非常軟弱。英國駐西貢特使哈里．郝樂（Harry Hohler）在一月間寫道，「越南問題的任何解決辦法，若不能打垮、剷除越共，都只會將南越拱手讓給共產黨」，這樣的後果「對英國在東南亞的利益與投資是災難，對自由世界扼阻共產黨威脅的遠景是重創」。

無論如何，美國人對南越事務的處理讓英國人無從置喙，中情局、國務院、美國陸軍與先後幾任美國大使之間的傾軋衝突，也讓英國人看得一頭霧水。另一方面，美國人也討厭其他人對他們的作法指手畫腳。特別是愛德華．蘭戴，對一堆過了氣的殖民主義輸家提出的建議尤其不耐煩。當時國務院贊成邀請英軍進駐，協助南越訓練人員。但蘭戴與國防部都對這項建議表示反對。於是，美國大使諾丁告訴英國大使，吳廷琰總統只想在警察與組織性議題上聽取羅伯·湯普森的建議。由於當時在西敏寺主政的是保守黨政府，在白宮當道的是甘迺迪，如果美國要求，英國派遣軍事顧問進駐南越並非不可能。結果是，美國人無意藉重湯普森。不過湯普森的經驗，加上一小群駐南越英國顧問的建議，確實也造成一個重大影響：中情局承認情報蒐集的重要性，並勸使越南人仿照英國作法，成立專責情報蒐集的「特戰處」（Special Branch）警隊。除此而外，湯普森雖也不時應邀往訪華府與西貢，在重大議題上並無影響力。

一九六二年冬，美國人一度滿懷樂觀，認為吳廷琰政權有進步了。澳洲人同意開辦一所叢林戰學校。澳洲著名記者丹尼斯·華納（Denis Warner）向澳洲人解釋說，「澳洲人為什麼要介入越南戰爭？部分原因是，我們認為共產黨若在越南取勝會威脅到東南亞其他地方，進而危及我們的安全，部分也因為我們得讓美國人相信我們不是紙老虎……那有些像是買人壽保險。」不過保費飛漲：在一九六九年，駐越澳軍人數高達七千六百七十二人，其中五百人陣亡。

華府戰略顧問進進出出，只有一個人在越南舞台上留了七年。在亞瑟王手下眾多圓桌武士中，他本是一位較不起眼的人物，但他在美國的越南悲劇中始終扮演重要性僅次於詹森的重要角色。羅伯·麥納瑪拉在一九六一年第一次踏進五角大廈3E-880號巨型辦公室，當年他四十四歲。他似乎從來沒有經歷過少不更事的青春歲月：一些官場萬事通在背後耳語，說他在第一次參加白宮舞會前，躲在家裡、對著一面鏡子練習扭扭舞，以免當眾出醜。曾是哈佛大學商學院明星學生、當過福特汽車老闆的麥納瑪拉，出身加州一個平凡之家，全憑聰明才智與不懈的努力而出人頭地。麥納瑪拉的個性，讓人想到有關一位攻於數字的英國政治人物的一句名言：「他把數字當成形容詞來運用。」曾經是鷹級童軍（Eagle Scout）的麥納瑪拉，據說在周末帶家人遠足時，還會規定妻子瑪姬（Margy）與孩子們的背包裡應該裝些什麼東西。他之所以接受國防部這個職務，是因為它帶來的權力誘惑令他無法抗拒。除了在家人面前以外，他是個冷漠、幾乎不講道德的人：他在一九六一年大事鼓吹憑空捏造的「飛彈差距論」（missile gap，認為蘇聯洲際彈道飛彈武力超前美國），毫無根據地將前任國防部長湯瑪斯．蓋茨（Thomas Gates）批判得體無完膚。

麥納瑪拉的辦公室成了發電站：推出趕造飛彈計畫、擴張軍力因應柏林危機、倡導新武器系統。美國在一九六二年十月古巴飛彈危機期間實施海軍封鎖，就是麥納瑪拉的主意。他對自己的能力似乎從不懷疑，認為好的決定一定也是快的決定。他迷戀控制，對閒話恨之入骨，他嚴懲洩密的軍方人士，讓自己成為唯一代表美軍的喉舌。

麥納瑪拉在一九六一年九月告訴參議院：「蘇聯共產黨帝國主義意圖將全世界納為殖民地，歷史上找不到這樣的先例……從來沒有獨裁者能組織得這麼好，能擁有這麼多毀滅工具。」為了反制蘇聯威脅，他可以毫不猶豫地公然撒謊——這個習慣最後終於讓他信譽掃地。他在國會作證時，喜歡一口氣舉出一堆資料數字，展現驚人記憶力：但福瑞德．韋恩（Fred Weyand）少將發現，麥納瑪拉舉出的許多「事實」根本是錯的。麥納瑪拉儘管是堅定的冷戰鬥士，但在甘迺迪上台第一年反對介入越南。他說，「這是一場沒有決定性結果的鬥爭，介入其中只會讓我們越陷越深。」另一方面，如果美國大舉軍事介入，「鬥爭可能加長，河內與北京可能公開介入……成功與否取決於許多我們無法控制的因素——特別是吳廷琰本身的作為」。

但之後麥納瑪拉改變主意。一九六二年五月，他應軍援越南指揮部司令保羅．霍金斯將軍之請第一次訪問越南。霍金斯事先獲得一份麥納瑪拉可能提出什麼問題的清單，以便他找出統計數字，作出讓麥納瑪拉開心的答覆，儘管這些統計數字根本是天方夜譚也沒關係。霍金斯告訴麥納瑪拉，美援使吳廷琰政權有能力擊敗共產黨叛亂，但事實是，就在麥納瑪拉在平陽（Binh Duong）聽取簡報時，南越共和軍一支車隊在附近遇襲，五人死亡。當他在峴港基地視察時，越共在十英里外炸毀一列運兵列車，死了二十七人，三十人受傷。麥納瑪拉當時告訴合眾國際社青年記者尼爾・席漢（Neil Sheehan），「我們有的每一個可以量化的評估都指出，我們將取勝。」麥納瑪拉沒想到這些「量化評估」都是霍金斯憑空捏造的產物。席漢後來在談到霍金斯時寫道：「他要自己相信他希望相信的事，要自己排斥他希望排斥的事。」

崇拜麥納瑪拉的人認為他公正超然、廉潔無私，甚至有人主張他應該在一九六四年與甘迺迪搭檔參選。著名軍事評論員韓森・包文（Hanson Baldwin）在《周六晚郵》（*Saturday Evening Post*）寫了一篇名為「麥納瑪拉帝制」（The McNamara Monarchy）的專文，描述麥納瑪拉建立的新國防官僚。反對麥納瑪拉的人——有許多是軍人——對他的傲慢深惡痛絕。麥納瑪拉有一種毫無來由的信念，認為自己了解軍事。詹姆斯・芮斯登（James Reston）後來在《紐約時報》一針見血地指出，「他有舊約先知的誠懇，但欠缺了一些東西；他少了對人性的懷疑，少了對人性弱點的尊重，少了有關歷史的知識」。無論怎麼說，從一九六一到一九六七年間，對美國的越南政策最有影響力的美國人，除了先後幾任總統以外，首推麥納瑪拉。

真正了解越南的美國人有一項最主要的領悟，就是他們對越南的認識太少了。軍事顧問高登・蘇利文（Gordon Sullivan）志願調往越南，生怕自己還沒踏上這塊土地，戰爭已經結束。二十五歲、來自麻省的蘇利文中尉，在上了六周越南語言課、學了幾句常用對話以後來到越南。他發現西貢「很有田園風情，不過是一個沉睡的河濱小城：沒有防空洞，自由街傳來菲律賓樂隊的歌聲。在那段日子，當個顧問並不容易：我有一具無線電，但無線電另一頭什麼也沒有。」從戰爭一開始到

結束，越南人之所以重視美軍顧問，最主要的原因是他們可以透過無線電召來神奇的砲擊與空中支援。蘇利文一夥人在啟程以前已經獲得警告：「要記住，你們根本就不該來這裡的。」他的飛機在高棉邊界附近一處不值一提的簡陋機場降落，跑道邊有一架H-21直升機殘骸，還有一張塔台貼出的告示：這跑道在乾季高出水面兩英尺，雨季會泡在兩英尺深的水裡。那位開著一輛吉普車前來接他的軍官對他說，「嗨，蘇利文，你喜歡雞尾酒洋蔥嗎？我們的組長每兩周可以得到一批新貨。」

之後幾個月，蘇利文帶著一名士官開車遍訪三角洲各地，車上帶著一大箱藥品，兩人就利用視察戰略村之便，將藥品分送各地村落。當時三角洲地區已經潛伏了許多越共。在回憶當年這段瘋狂行徑時，蘇利文說，「那真是玩命冒險……我也搞不懂我們怎麼能活下來。」他「想辦法與越南人打交道」，但越南人似乎生活在不搭調的另一世界。另一名顧問約翰・保羅・范恩（John Paul Vann）中校，在法蘭克・史考登抵達越南後告訴史考登，「入夜以後，就連河對岸發生什麼我都不知道。」特戰處軍官潘唐虞（Phan Tan Nguu）在談到他與中情局同事的關係時說，「我只把我認為他們需要知道的事告訴那些美國人。」

美國國防部在一九六二年舉行重要軍演 SIGMA I，最後得出的結論是，要打敗共產黨需要派駐五十萬美軍。之後舉行的 SIGMA II 在檢驗空戰效果之後認定，再怎麼轟炸也不能讓河內屈服。這些擺在決策人士面前、相互衝突的證據與評估，使華府各派系可以不斷改變想法、提出相互對立的建議。在甘迺迪主政那幾年間，國防部軍頭們一般贊成轟炸北越，反對派駐地面部隊。

◎黎筍提高了賭注

北越政府在一九六一至六二年間逐漸疏離俄國、偏向中國，不過中、俄仍然都不鼓勵河內升高戰事。當時共產黨認為，古巴、柏林、阿爾巴尼亞、剛果亂子已經夠多。北越內政困境持續難解：人口每年增加五十萬，人均稻穀產量卻減少了。為換取點滴進帳的現金，北越得將相當部分的稻米收成與四分之三的煤產運到中國。饑餓的農民大舉遷往城市，但來到城市以後很難找到工作，原材料短缺迫使許多工廠關門。

從一九六一年五月起，北越的肉食配給——包括貓肉與狗肉——減少到每人每周僅僅只有四盎司。那年夏天，饑民發動抗議示威，與軍隊衝突，在米倉上縱火，並在八月間燒毀一家自行車工廠。同安（Dong Anh）市發生炸彈爆炸案。一處地方駐軍發生譁變，苗族部落曾兩度攻擊軍方車隊。南越與它那些美軍顧問鼓勵這類行動，還對北越發動幾次突擊，但都以一敗塗地收場。不過，胡志明治下人民所以不滿，絕大多數出於自發，饑餓迫使他們反抗，但最後都在高壓下順服。一名法國外交官在一九六一年十月提出報告說，北越人民已經只能「被動屈服」。楊文美在談到北越人時說，「人民完全不知道外界發生了什麼，就像井底之蛙，只能見到頭頂那片天一樣。共產黨有太多控制手段了。」

黎筍這時已經掌控北越決策，而且持續控制了四分之一個世紀，不過當時世人並不知情。在好萊塢電影《艾爾．希德》（*El Cid*）中，西班牙中世紀民族英雄艾爾．希德要部屬將自己的屍體綁在馬鞍上，領軍打了最後一場勝仗。胡志明的情況正是這樣，他擔心越南會像韓國一樣，成為美國與中國角逐霸權的戰場。眼見自己健康狀況不斷惡化，年輕一代人嶄露頭角，他決定交出大權，淡出決策圈。但在全球許多地方享有盛譽的他仍是北越不可或缺的元首。胡志明與總理范文同是北越領導班子的門面，黎筍幾乎完全隱身幕後。親莫斯科的武元甲由於妄自尊大，貪得無厭，成為許多共產黨人的眼中釘。有人罵他是「自吹自擂」的小人。在奠邊府戰役中主持過北越軍後勤事務的一名老幹部對他恨之入骨，曾多次向胡志明告他狀。另一名高級將領兼內閣部長、同時也是黎德壽兄弟的幹部，將武元甲比作一個吱吱作響的老桶子，說「一桶水搖不響，半桶水響叮噹」（諷刺武元甲胸中沒貨）。

在與蘇聯以及中國打交道的過程中，黎筍展現了技巧與耐性。英文有一句諺語「到了羅馬」（When in Rome）[25]，黎筍喜歡引用越南版的「到了羅馬」：「拜訪佛寺時，你得穿上和尚的僧袍，在與鬼同行時，你得穿上紙衣服。」在相當程度上，由於莫斯科在古巴飛彈危機中首先退縮，黎筍與他的一夥人認為俄國人軟弱、不可信賴。對這一夥狠角色來說，寧可受苦受難也要達標的斯巴達式倫理主宰一切。為了向中國求助，黎筍不得不一再往訪北京，忍受中方怠慢，這讓黎筍十分痛恨。他的一名助理說，在一九六一年一次北京之行中，周恩來對黎筍斥道，「你們為什麼要在南越搞武裝鬥爭？……如果戰火延燒到北方，我現在就告訴你，中國不會派軍幫你打美國人……你們得靠自己，承擔一切後果。」

黎筍有時說毛澤東是「那個混蛋」。有一次毛澤東對來訪的河內代表團大談派遣解放軍解放南越，讓這些北越訪客打從心底產生一種對北京帝國野心的恐懼。黎筍儘管傾向中國，但絕不批判蘇聯，因為河內需要蘇聯提供較精密的武器與工廠。他經常挖苦北京的援助太小氣，說北京把越南革命視為中、美談判桌上的籌碼。

一九六一至六二年間，北越仍不敢過於強逼剛上台的美國新總統：河內儘管擴大在南方的滲透，但隨時小心翼翼，以免惹惱美國派遣戰鬥部隊。他們對是否談判的問題舉棋不定，一面透過南方局，訓令潛入南越的越共聚焦於政治鬥爭。在一封日期為一九六一年二月七日的「致南方的信」中，黎筍承認「我們比敵人弱」。他說，越共必須強調民族解放陣線是自治組織，不能讓人覺得它

25 譯注：即入境隨俗之意。

是河內的工具，這一點非常重要。北越領導人在這段期間的作為很是矛盾：他們一方面不肯提供民族解放陣線需要的支援，另一方面卻在國際舞台上大放厥詞——黎筍下定決心要成為全球共產黨革命的掌旗手。這些言論讓許多國家聽了刺耳，印度就是其中一個。從此以後，印度不再將北越視為對抗帝國主義壓迫的友邦，而將它視為區域安定的一項威脅。

一九六二年，河內終於授權大批「歸北分子」——在一九五四年遷往北方的越盟——前進南方。在民族解放陣線控制的每一個地方，越共幹部就會想盡辦法改變居民許多世紀以來養成的習性。教育方案對越南宿命論以及女性必須順服的說法提出挑戰。男女結婚時，舊有媒人角色經常為村裡的黨書記取代。小學在上算術課時會碰上這樣的問題：「政府軍據點裡有五十個士兵，我們發動攻擊殺了其中二十個，還有幾個士兵？」偶爾也有農民硬著頭皮問道，民族解放陣線或共產黨什麼時候才能像西貢政權一樣，提供殺蟲劑、貸款、抽水機、拖拉機與飼養顧問？幹部這時會向農民保證，只要革命成功，所有這些好東西都會從北方源源而來。

直到一九六三年，越共的主要武器來源仍是從政府軍手中奪來的戰利品：在一九六一年年底，根據評估，游擊隊持有的可以使用的武器只有兩萬三千件。不過，暗殺本來也不需要多大火力。根據可靠的估計，在一九五七到一九六〇年間，約有一千七百名南越村級與省級官員遭到謀殺。在一九六一年，這個數字增加到一千三百人，遇害者除了村長之類的人以外，還包括一些著名人物，例如擔任西貢駐國際控制委員會高級聯絡官的一名南越軍上校就被越共抓走，酷刑致死。這類殺戮在一九六三年增加到兩千人高峰，隨後減少到五百人，因為共產黨已經把大多數可以到手的在地敵人都殺盡了。逃過劫數的官員與地主自然小心謹慎，盡量避開農民，只敢躲在城市，西貢的權威因而重挫。地主逃離農村以後，民族解放陣線把他們留下來的土地送給支持革命的友人，這些友人為了切身利益，自此以後對革命更加死心塌地。

在整個越戰過程中，美軍起初瞧不起越共，罵他們是「屁眼」，是「越南蠻子」，但之後又誇張地認為他們有超人的本事與耐力。越共的事蹟讓美軍想到一個西部老故事：一個美軍騎兵追逐一名阿帕契（Apache）印地安，追了一百英里後那馬跑不動了，美軍騎兵於是換乘另一匹馬繼續追；同時那阿帕契折了回來，找到那匹倒下的馬，騎著牠又跑了一百英里，然後把馬吃了。事實上越共的表現時好時壞，有時還非常拙劣，就像世上任何其他軍隊一樣，越共也有許多人性弱點。南經（Nam Kinh，譯音）是三角洲地區越共的一名頭目，以精通戰術但超級嚴厲出名。他禁止一名部下娶地方上一名漂亮的寡婦，結果遭這名部下在背後放冷槍。地主之子年約三十的藍海（Thanh Hai），憑著戰技與好色，成為越共最有名氣的指揮官之一。他因為愛喝酒與愛跟女人鬼混一再遭到降級處分，曾有一次因潛入蚊帳強暴一名年輕役務兵的妻子而被捕。

冗長的理論會議讓許多越共苦不堪言，一名越共的抱怨最具代表性：「對我談政治就像對牛彈琴一樣。」不過也有人喜歡聽宣傳神話。隆安（Long An）省有一支越共部隊，領導人是一名叫做金鑾（Kim Loan，譯音）的女性。金鑾的先生遭政府軍殺害，她成了當地英雄人物，大家都說她有神奇法力。有一次她在購物時殺了一名試圖拘捕她的警察。又有一次她從一家美容院後門逃逸，當士兵在附近小村挨家挨戶搜索找她時，她爬上一棵樹，化身為一隻鳥飛走。當一名越南老人把這故事告訴法蘭克．史考登時，史考登說，「你總不會相信這是真的吧？」那老人笑著說，雖然他不能肯定故事是真是假，「但她跑了，不是嗎？」

野蠻仍是共產黨的首要武器。有一次越共闖進萊街（Lai Cay）一座小村，抓了二十名男女村民，指他們是政府間諜，把他們砍了頭，棄屍街頭，還在每具屍體上貼一張紙，說明他們的罪狀。在另一小村，越共把村長綁在木樁上，當著全體村民面前分屍；還把他懷孕的妻子開腸破肚，把他們的孩子砍頭。越共刻意營造這種暴行目的就是告訴農民，抵抗革命的代價比死還要可怕得多。

當然，殘暴不是一方的專利。道格．蘭賽曾在隆安省對學生做過一項調查，發現有四分之一到半數學生因西貢保安部隊的行徑而失去親友。在一九六二至六三年間，政府軍在湄公河三角洲一座村落殺了一百五十名村民。根據估計，這些村民中有六十人與民族解放陣線有關，但其他都是無辜村民。南越各地監獄與拘留所以極為可怕的環境關了數以千計政治犯，有些犯人關在西貢動物園裡——其中冤獄情事不勝枚舉。

儘管都市地區仍然在政府牢牢掌控下，鄉下地區的游擊隊爭奪戰卻你來我往，村落與整個區域的控制權經常易手，西貢有時也能有效運用取得的新武器與裝備。一九六二年八月底，在一名變節越共引導下，南越軍攻陷美福泰（My Phuoc Tay）的一座民族解放陣線訓練基地，殺了一百五十名教官與學員，倖存的越共新兵都逃回自己村落。美軍直升機大幅提升了南越軍的戰術機動能力，讓他們可以殺進共產黨盤據多年、未遇對手的偏遠鄉間。但能力與意志力是兩回事：許多南越部隊不肯進入可能遇伏的地區巡邏，一旦與敵軍交火也往往虛晃幾槍、走為上策。自一九六三年起，北越開始從海路將無後座力砲與迫擊砲等武器大量運交越共，特別是在湄公河三角洲地區運補活動尤其熱絡。

在城市，共產黨幹部想方設法煽動群眾暴動，經常教唆兒童向咖啡廳或市場投擲手榴彈。政府情報工作做得很差，共產黨隱藏身分的手法高明。當時十歲、充當越共信差的張梅里（Truong Mealy，譯音），曾經奉命進城，手握半截紙鈔在一家餐廳找一名只知道代號、握有紙鈔另半截的人物。如果他或類似他的其他信差被抓，他們也只知道他們的黨教師的名字，只有高級民族解放陣線幹部知道省級首長的姓名。

戰爭的節奏開始加快：武裝鬥爭從南方的叛亂開始直指西貢政府。河內的影響力與資源更加顯著，北越領導人開始聞到從西貢總統府飄來、病入膏肓的腐臭味。他們迫不及待圖謀搞垮吳廷琰政權，華府一些重量級人士也在想著同樣勾當。

第 7 章

一九六三年：葬了兩位總統的棺材

1963: Coffins for Two Presidents

◎小戰役，大故事：北庄之戰

美軍顧問、外交官、飛行員、特種部隊、電子監控與諜報人員開始成群結隊湧入越南，隨同而來的還有記者——大多是男性，但也有些少女記者——他們對越戰故事的影響力至少不下於那些戰士與政客。記者團大舉湧入說明一件事：媒體老闆們發現，美國在越南既已做了這麼大的投資，自然值得加強報導。前來西貢採訪的一般不是最頂尖的記者，最頂尖的記者會派駐華府、巴黎、莫斯科與倫敦，但西貢是最頂尖記者的搖籃。來這裡的記者，包括《紐約時報》的大衛·哈伯斯坦，美聯社（AP）的馬爾康·布朗尼（Malcolm Browne）與彼得·阿奈（Peter Arnett），《新聞周刊》（*Newsweek*）的法蘭索·蘇利（François Sully），合眾國際社的尼爾·席漢等等，大多年輕、初出茅廬、聰明而且極有抱負，他們愛上西貢的浪漫。席漢與哈伯斯坦共用一張辦公桌，後來兩人成為密友。

席漢原本在日本服美國陸軍兵役，在兵役即將屆滿時，他向合眾國際社東京局游說，想幫東京局值夜班，一次賺十美元。就在這時合眾國際社駐西貢記者請辭，席漢於是拿到這份工作。他於一九三六年生在麻省一個農場，他長得一表人才，但在獲得獎學金進了哈佛後沾上酗酒惡習。一九六一年以後他雖已滴酒不沾，但在翌年抵達越南時，或許也因為出身常春藤盟校，對美國仍有一種醺醺然的自信——之後幾年，這自信也遭到嚴竣考驗。他說，「當年的西貢是一個還沒有被美國搞砸、非常好的地方，在一開始的六個月，我一點也不害怕，坐著直升機在稻田上空飛來飛去，我覺得太棒了。我是冷戰期間的孩子，我們這代人的感覺都一樣，美國人不可能犯錯，我們要阻止邪惡的共產黨赤化世界，我們對現實幾乎一無所知，我們覺得這個國家值得支持。」

這些年輕的記者很快交上美麗的越南女孩，像時尚圈名人一樣，在「海軍上將」、「潔白的笑」(Souri-Blanche)或「布羅達酒館」(Bistro Brodard)這類餐廳擺有「記者專用」標籤的餐檯聚餐;一起坐三輪車或藍白相間的迷你雷諾計程車出席簡報,一起搭直升機上戰場。美軍顧問、外交官、以及無所不在的羅欣.柯年為他們提供各式各樣無頭新聞:席漢就曾說,「柯年話多。」第一支駐越休伊直升機部隊指揮官伊凡.斯拉維奇(Ivan Slavitch)不時會打電話要他們「出來吃個早餐」,那是即將有行動的暗號。不過,「大多數越南人不願跟你說話——他們怕惹上麻煩。」

南越少得可憐的電力供應大部分為美軍耗用,當冷氣機斷電停擺時,記者們只能揮汗如雨地守在打字機前寫稿。許多記者根據官式匯率報銷開支,但在黑市賣買美元,賺了一小筆財富,但席漢因為怕遭驅逐,一直不敢這麼做。哈伯斯坦後來建議席漢,要他把他寫的越南新書取名「最後邊界」(The Last Frontier),「因為這是最後一個讓我們找樂子、讓我們拿其他人的國家亂整的地方」。但這些記者都熱愛越南,大多醉心於他們的使命。他們發現美軍——特別是一九六二至六四年間美軍司令保羅.霍金斯將軍——對戰局極度樂觀,也觀察到現實狀況的差距,但他們熱愛越南。

從一開始,軍援越南指揮部就肆意宣傳造假,壓制讓他們不樂的事實。例如他們矢口否認美軍飛行員駕駛南越空軍飛機出戰鬥任務,直到《印地安那波利斯新聞》(*Indianapolis News*)刊出空軍上尉「傑利」夏克('Jerry' Shank)的家信,將真相公諸於世為止。夏克在信中寫道,「讓我最懊惱的是,他們不把我們在這裡幹些什麼事的真相告訴你們……我們,我與我的戰友,什麼都得做。跟著我們的那些越南『學生』都是些空軍新兵……他們又笨又無知,只是一些用來充當犧牲品的羔羊,對我一點用也沒有。事實上,我經常氣得想把他們好好打一頓。」直到燃燒彈火焰衝天的照片見報以前,軍援越南指揮部也一直否認這項事實。之後,儘管軍援越南指揮部與國防部不露絲毫口風,彼得.阿奈透露美軍使用CS催淚毒氣。

當年二十八歲的哈伯斯坦一開始也對美國參戰的正義深信不疑，但到了一九六二年秋，他開始懷疑這種信念，在《紐約時報》寫道，「面對這場戰爭的，是大體上不願介入或不友善的農民。打這場戰爭的政府也還沒有贏得大部分本國人民的青睞。敵人精瘦、饑餓，是打這類型戰鬥的老手。他打起仗來極具耐心，會不斷自我批判，而且最重要的是，他證明他願意付出代價。」那年十二月，哈伯斯坦向報社當局提出抗議，說吳廷琰一夥人對新聞報導設限。《紐約時報》將這項抗議轉告國務院，但國務院聳聳肩表示，美國人到越南是在一個主權國做客。這倒也是部分實情：南越政權儘管一再對美國大使館、軍援越南指揮部與中情局的建議與不滿嗤之以鼻，它卻很少拒絕美國自由派記者——吳廷琰眼中那些墮落的記者——採訪。談到這個話題，甘迺迪還曾一度打電話給《紐約時報》發行人，希望他約束他那些記者。

在談到美國軍方那些新聞發布時，《紐約時報》的李．葛里格斯（Lee Griggs）用「耶穌愛我」（Jesus Loves Me）的調子，譜了一首有關霍金斯將軍的歌：

「我們在取勝，這我知道，
霍金斯將軍是這樣對我說的。
在山區，情勢險惡，
在三角洲，情勢非常險惡，
但越共就快走了，
霍金斯將軍是這樣對我說的。」

一九六二年六月，荷莫．畢加（Homer Bigart）在為《紐約時報》寫的臨別報導中說，除非吳廷琰改變作法，否則美國必須投入戰鬥部隊，或是由軍事執政團取代西貢政府。《新聞周刊》的法蘭索・蘇利是這群年輕記者的老大哥。蘇利是法國人，生於一九二七年，早自一九四五年起就在西貢活動。並非所有駐西貢記者都喜歡他，有些記者甚至疑心他是共產黨，但他在敵我兩方面都有令人刮目的人脈關係。在遭吳廷琰驅逐出境以前，蘇利在他寫的最後幾篇報導中，引用伯納・法奧的觀點說，政治比戰術重要得多，但美軍訓練南越人的作法，卻是要南越抵抗一場韓戰似的入侵。他說，陸戰隊直升機不能為越南人帶來一種讓他們願意效死的意識形態。這篇報導的標題是「敵人有更大衝勁與熱情」，還配了一張吳廷琰手下女民兵的照片。

尼爾・席漢對一九六二至六三年間的西貢記者團有以下一段描述：「我們這群人可不是鬧著玩的：我們與美軍指揮部起衝突——非常嚴重的衝突。將軍們的謊言讓我們很憤怒。」有記者冒死採訪，也有記者膽怯不前，都讓席漢留下深刻印象。席漢日後說，當時有一家紐約報紙的記者「根本不敢離開西貢，這記者買通電訊收發員，把其他記者寫的稿子複印了交給他」，由他竄改一番交差了事。還有一些人是來找刺激、冒險的，這些人多半來得較晚：有一個英國自由投稿記者「拿了一支 M16 步槍，還殺了人。希恩・傅萊恩（Sean Flynn）還大喊大叫，說打巷戰真是精采刺激」。席漢在抵達西貢的最初幾星期，他自己也隨身配戴手槍，「之後我發現這樣做太瘋狂了」。他也不再隨身攜帶相機，因為「不斷從觀景窗往外看，你會看不見周遭發生的事，那可能讓你送命」。

對大多數二十一世紀戰地記者來說，席漢那一代記者享有一大優勢：他們都曾服役，對武器與軍隊那套作法熟門熟路。無論怎麼說，他們發現許多美軍瞧不起越南人。一名特種部隊上校的話堪稱這種種族歧視的代表：「你們不必學這些越南鬼子的語言，因為他們很快就得死。我們要把這些混蛋都殺了。」西貢記者團的幾名記者，特別是哈伯斯坦與席漢，後來都因採訪越戰新聞而成為美國家喻戶曉的人物。不過也有一些美國人一直到死，仍然認定這些記者雖贏得全球各地同業掌聲，但背叛了他們的國家。

一九六三年一月二日那天的一篇新聞報導，一開始談的是南越軍與越共之間的交火，但之後演成一場美軍指揮部與西貢記者團、信與不信之間意義重大得多的鬥爭。這次事件中的美軍主角是約翰·保羅·范恩中校。自一九六二年年中以來擔任南越軍第七師高級顧問的范恩，是個瘦高個，非常精悍。唯一讓他感到憂心的就是沒有機會與敵人決一死戰。他的機會來了：美國空中電子監聽人員在美萩（My Tho）西北方十四英里的北庄（Ap Bac）截獲越共五一四營電訊，霍金斯總部下令范恩，要他率領兩個在地民防營、由十架美軍H-21「飛行香蕉」（越共稱它們是「有角蠕蟲」）直升機運載的一支步兵、南越空軍「空襲者」（Skyraider）地面攻擊機、五架休伊UH-1武裝直升機、一連裝甲運兵車、外加一營傘兵進行圍剿，這令范恩雀躍不已。

根據美軍情報單位評估，敵軍在北庄的兵力為一百二十名游擊隊。但這項情報錯得離譜，當地除了駐有越共五一四營一個加強連以外，二六一營的一個主力連也正在北庄，準備調往其他地方。二六一營是一支勁旅，越南婦女流傳一句話：如果妳要嫁一個軍人，最好從二六一營裡面挑選。它的官兵戰陣經驗都很豐富，平均役齡超過兩年，高級幹部役齡在五年以上。自之前一年起，南方的越共全職游擊隊人數增加了一倍以上，總數達到五萬人，其中絕大部分部署在湄公河三角洲。儘管他們仍然極度仰賴俘獲的武器，不過從海路運來的武器數量正在不斷增加。偽裝成拖網船的北越運補船在一九六二年將一百一十二噸武器彈藥交給越共，這個數字在一九六三至六四年間暴漲到四千二百八十九噸，比穿越胡志明小徑運補的數量大得多。

二六一營的兵力主要是流亡北方的「歸北分子」，營長名叫「海皇」，真名是阮文道（Nguyen Van Dieu，譯音），甚獲部屬敬愛。副營長徐虎（Tu Khue，譯音）骨瘦如柴、禿頭，非常嚴厲。二六一營有一名連長名叫裴田（Bay Den，譯音），在西貢有很好的人脈。有一次他的妹妹租了一艘舢舨來到二六一營駐地邊看望他，發現裴田正在挖戰壕。他妹妹痛哭不已，求他放下一切跟她回西貢。裴田搖搖頭說，他已經獻身革命。他沒有回去，後來戰死。

在一月二日那天，北庄越共已經接獲線報，知道西貢一支部隊即將來襲，並且集結了三百二十人應戰。范恩中校當時不知道——或許如果知道，也會很高興——共產黨省級頭目已經下令阮文道，這次不要像過去一樣遇到南越軍攻擊就撤退，這次要死戰到底。於是越共在北庄正面叢林邊沿挖掘散兵坑與戰壕，守軍武器彈藥齊備，大多數擁有俘獲的美製武器，計有點三〇口徑機槍、白朗寧（Browning）自動步槍、M-1卡賓槍、點四五湯普森（Thompson）輕機槍等。鄰近的北庄與湯和（Tan Thoi，譯音）兩個小村的一千二百名農人聽說戰鬥將至，大多數已經逃入附近沼澤避難，但有三十人留下來協助運送彈藥與傷患。戰場已經準備就緒，就等范恩進兵了。

那天早上，范恩手下那些南越軍是些什麼人？從戰爭一開始到戰爭結束，南越軍士兵始終是戰火摧殘下最痛苦、死傷最慘、背負罵名也最重的一群。最讓越南農民背棄西貢政府的一件事就是強制徵兵，這個制度不僅使得農忙時節無人耕作，還造就了許多橫行鄉里的軍人——這些徵召入伍的士兵既身在異域他鄉，對地方自然也沒有歸屬感。有關南越軍恐怖暴行的傳聞很多，而且未必都是誇大謠傳：有兩個帶著步槍的南越軍士兵打賭一包香菸，看誰能把騎在水牛背上的一個孩子打下來。在戰爭初期的一九五五至五九年間，只有二十歲到二十二歲的青年需要當兵，服役十二個月，之後役期增加到兩年，在一九六四年增到三年。一旦披上軍服，南越人除了坐進輪椅或裝進屍袋，能夠回復平民身的人不多。當時無論在美國或在南、北越，特權階級家庭的孩子免服兵役是共同現象。南越的家族付錢行賄，在北越，高級幹部把子女送往海外深造，也能逃過兵役。儘管軍費占南越國民生產毛額（GDP）的百分之十五，南越軍的軍餉卻少得可憐。大多數士兵在經過五到六周敷衍了事的訓練以後就奉派進駐戰鬥部隊，當局還向他們保證，可以從實戰過程中學習戰技。一名軍官的話似乎可以代表南越軍人的心聲：「共產黨似乎知道他們為什麼戰鬥，而我們不知道。我們的政治訓練強調吳廷琰的人格，如此而已。」

如果一切有關人的要件都能依計行事，范恩在一九六三年一月二日那天早上上的作戰計畫很可以贏得參謀大學的獎勵。但這項計畫沒有中規中矩擺開鉗形攻勢之姿，而是像一堆玩具從箱子裡傾瀉而出一樣呈現在戰場。清晨一場濃霧推遲了步兵空運時機，所以早上七點過後不久，徒步進軍的民防軍首先撞上越共。在幾名帶兵官中彈後，民防軍全部伏臥在地，隨意放槍。親自在場指揮這支部隊的省長不肯下令要手下的第二個營進軍。上午十點過後不久，幾架H-21直升機違反范恩的命令，載著一個步兵連在「越共」（Victor Charlies[26]）火砲輕易可及的稻田降落。越共新兵都曾被耳提面命，說美軍直升機都是用紙板糊在金屬架上的軟目標，不足為懼。這說法那天早上在北庄得到驗證：共產黨砲火很快就將兩架老舊的H-21擊落，重傷了第三架。一架休伊直升機飛近墜落的H-21，試圖拯救機上美軍機組人員，也被打得機身千瘡百孔。

這個走霉運的步兵連就這樣困在空曠地形，被敵軍砲火壓制得無法動彈。在戰場上空的幾乎每一架直升機都中彈，而且無論空中攻擊或是呼叫召來的砲擊，對北庄守軍都沒能造成多少衝擊。范恩坐在一架盤旋在空中的L-19偵察機，眼睜睜望著自己的計畫在泥水、血汙與混亂中解體。指揮一連裝甲運兵車的黎崇柏（Ly Tong Ba，譯音）上尉不肯率部前進、拯救被困的步兵與機組人員。范恩透過無線電對他的裝腔作勢的威嚇惹火了黎崇柏。配置在黎崇柏旁邊的美軍顧問吉姆・史坎隆（Jim Scanlon）上尉只得垂頭喪氣地用無線電回覆范恩：「我有麻煩了，Topper 六號，我那同伴不肯動。」

「他媽的，他不知道這是緊急狀況嗎？」

「他說，我不接受美國人的命令。」

范恩氣得在對講機中大吼說，「黎崇柏！如果你不把你那些車輛都開過運河，我就要黎文史（Le Van Ty，譯音）將軍把你送進牢房！」

黎崇柏終於下令他的連前進，之後兩小時，這支裝甲車隊就在河堤與運河之間蹣跚而前。矮小的黎崇柏後來一直辯說，范恩與史坎隆都不了解在水道中行車的困難。當M-113裝甲運兵車終於用車載點五〇機槍投入戰場時，幾輛車的鋼質外殼被越共砲火打掉。越共陣地巧妙隱藏在香蕉與椰子樹林中，大多數南越軍打了一整天，始終不知道敵軍陣地究竟在哪裡。有一輛M-113想使用車上的火焰噴射器，才發現在添加燃料時犯了錯，射出的不是熊熊火焰，而是一條涓涓細流。裝甲運兵車在下午兩點半開始撤退，又有兩架直升機被敵火擊落。

為找出越共陣地，也為振奮南越軍的地面運動，范恩的L-19不斷貼地俯衝而過，但都沒有收效。晚上六點五分，七架美國空軍C-123運輸機開始大舉空降傘兵，結果災情慘重：傘兵降落在距離預定空降區半英里的地方，淪為青崔（Tan Thoi，譯音）地區越共的活靶，傘兵十九人戰死，三十三人受傷，其中包括兩名美國人。當夜幕低垂時，越共陣地仍然幾乎完好如初，隨後他們輕輕

26 編注：Victor Charlies，越戰時美軍對越共的代稱。越共（VietCong）這個詞來自於越南詞彙「越南共產黨分子」。英語中越共這個詞按大寫字母縮寫後就是V和C這兩個字母，在北約的音標字母表中，Victor指字母V，Charlie指字母C。在無線電通信相關規定中，這兩個字母不能讀「VC」，而是應該讀「Victor Charlie」，有時美軍也直接讀Charlie。

鬆鬆徹入附近的水草平原（Plain of Reeds）。

越共在這一整天的戰鬥中也有折損：共有十八人戰死，三十五人受傷，大多是砲擊與空中攻擊造成的傷亡。但西貢方面有三名美國人戰死，五人受傷，外加越南人六十三死一百零九人傷。在新澤西州的梅蘭丁（May's Landing），一個七歲男孩在電視上看到一名美軍直升機機槍手開火的畫面，小男孩興奮大叫道，「看啊，那是我老爸！」僅僅六小時後，一通電報送到梅蘭丁，傳來小男孩的父親、直升機機組長威廉·迪爾（William Deal）在北庄郊外一架休伊直升機中戰死的噩耗。

不過，相對於北庄之戰本身，第二天一月三日的媒體經驗對越戰戰史的影響更大。軍援越南指揮部司令保羅·霍金斯來到第四軍總部，宣布南越軍將對北庄再次發動攻擊。他告訴大衛·哈伯斯坦與彼得·阿奈，「我們已經把越共趕進陷阱，半個小時後就要開打了。」不幸的是，記者們知道敵人早已撤離，南越軍的這項所謂「攻擊」純屬一場鬧劇。霍金斯這話顯示，他若不是個傻瓜，一定是個信口雌黃的騙子——傻瓜的可能性較大，因為霍金斯從來不肯深入觀察任何情勢，以免見到他不想見到的東西。

幾英里外，事情更加嚴重。尼爾·席漢與路透社（Reuters）的尼克·騰納（Nick Turner）來到之前一天的戰場，發現南越士兵不肯處理自己人與美軍的屍體：最後由他們憎惡的記者把屍體一具具抬上直升機。接著，就在兩人與美軍准將羅伯·約克（Robert York）——來自阿拉巴馬州的二戰老兵——聊天時，南越軍展開支援新「攻擊」的砲擊，砲彈落在他們身周，激起一個個泥柱。約克叫道，「我的天，快跑，逃命要緊！」三個人拔腿狂奔，衝到水田邊撲倒地上，席漢當時相信這次自己死定了。當砲擊停止時，席漢與騰納從田裡爬起身來，全身都是水肥。但約克似乎沒事人一樣，仍直挺挺站在那裡。他聳聳肩說，「我可不想打濕我的香菸。」席漢後來說，「千萬別惹這樣一個在砲火中還能這麼冷靜的人。」五十發砲彈落在他們附近，炸死四名南越士兵，炸傷十二人。

南越步兵營長聞訊大怒，拔出手槍對準在這次砲擊烏龍事件中擔任前進觀測官的年輕尉官腦部開了一槍。

越共於一九六〇年也曾在西寧（Tay Ninh）省的楚海（Tua Hai，譯音）擊敗兵力比他們大得多的政府軍。就軍事意義而言，北庄的挫敗並不那麼重要，但這兩場挫敗不同之處在於，楚海之戰沒有外國人見證，但北庄之戰卻有越南境內幾名眼光最銳利的記者在場。席漢日後寫道，「我們知道這是我們碰上的最大的新聞。」席漢與哈伯斯坦都在各自的報導中引用一名匿名美軍顧問的話，說南越軍在一月二日的表現「奇爛無比」，但霍金斯卻仍然強調北庄是一場勝利。少數人——包括霍金斯將軍——懷疑說這話的匿名美軍顧問是約翰・范恩，霍金斯於是要求將范恩革職。

軍援越南指揮部後來決定，最好還是讓這位喜歡亂講話的軍官按照預定計畫做到三月期滿再行處置。范恩對越戰的影響力此後起伏消長，直到幾近十年後戰爭突然告終為止。但在一九六三年，主要依靠他的通風報信，席漢、哈伯斯坦等人才能發現南越軍的無能與笨拙，以及當局為圖掩飾而捏造的許多謊言。范恩曾經警告布魯斯・帕爾墨（Bruce Palmer）少將說，西貢那些南越軍官不斷對敵軍早已撤離的目標發動攻擊，而霍金斯甘心為他們欺騙。但無論如何，霍金斯的說法為泰勒與麥納瑪拉採信。法蘭西絲・費吉洛（Frances Fitzgerald）後來在她的歷史鉅作《湖中火》（*Fire in the Lake*）中指出：「美國已經……把西貢政府變成一個完全為了打擊共產黨而存在的軍事機器。唯一的難題是，這機器不能運作。」南越共和軍不是一支軍隊，「而是一群正好都拿了武器的人」。這說法雖然誇張，但也不無真理。

北庄事件引起媒體廣泛評論。亞瑟・克洛克（Arthur Krock）在元月九日的專欄中寫道：「對於不願意為之效死的人民，美國無論提供多少軍援都保不了他們的獨立。」駐在香港、為《倫敦星期泰晤士報》（*London Sunday Times*）寫稿的澳洲老兵理查・休斯（Richard Hughes）說，他在二次大戰結束後，也見到美國在中國幹下顯然類似的蠢事。休斯說，美國充其量，頂多也只能將一個「反動、孤立、不受歡迎」的政權維護十年。他認為，若想解套，唯一途徑就是讓西貢政府承認共產黨，組織聯合政府。

有關這場慘敗的消息在越南內部迅速傳開。一名越南軍官寫道，北庄「重創了越南共和軍士氣」。後來成為將領的黎崇柏之後譴責席漢，說席漢「只寫那些充滿惡意中傷與不實的報導」。黎崇柏還說，他在北庄戰役的顧問吉姆．史坎隆，由於「害怕范恩就像害怕越共一樣」，對事情的描述也不實。軍援越南指揮部軍官與其他痛恨「負面」報導的人乘機大作文章，說二次大戰期間，在嚴厲的新聞檢查下，每一個戰地記者都將作出偏袒我方的報導視為愛國者義務，但現在的媒體不來這一套，讓我們（指美國與南越）打起仗來束手縛腳。

直到今天，就像當年一樣，我們仍然不了解霍金斯究竟為什麼否認事實真相。所有位高權重之士，無論在戰時或在承平時期，都學得一項基本原則：必要時你可以向其他人撒謊，但永遠不要自己騙自己。霍金斯將軍可以基於一些考量而向哈伯斯坦與阿奈扯謊，但他在向華府提出的絕密電文中說的也是同一套神話故事。無論怎麼說，在整個越戰期間，始終有人強有力地批判媒體報導，說媒體一味發掘吳廷琰政權與其接班人的缺失，對共產黨犯下的錯誤與恐怖罪行卻不聞不問。哈伯斯坦、席漢這些盡忠職守的記者，用許多絕佳的報導將所見所聞告訴讀者；那些替西貢辯護的人卻因否認明擺在眼前的事實而名譽掃地。不過南越這些報導只說了半個故事。大體而言，媒體對北越專制獨裁的恐怖犯行或是不予理會，或是不知情。

一名在頭頓（Vung Tau）擔任義工的澳洲外科醫生後來寫道，「有些話一般沒有人會說，但我們可以公允地說，如果對南越的經濟援助沒有因越共活動而受阻，今天陷於戰亂、受苦受難的越南人民應該可以吃得更好、更健康、受更好的教育。」法蘭西絲．費吉洛在一九七二年那本越戰鉅作的結論中表示，或許讓北越勝利、讓革命紀律擊敗「個人主義」與隨之而來的貪腐，對越南還比較好些。她寫道，美國官員或許認為這得歸功於「死硬派共產黨人的洗腦」，但其實不然。她說，「這不過表示，時機已至，小小的革命之火將洗淨越南社會大湖而已。」情況似乎是，與霍金斯一夥人在政治立場上對立的人，對這場戰爭的觀點同樣不切實際。

◎佛教徒叛亂

北庄之戰取勝後，越共士氣在一九六三年春大振，吳廷琰政府的聲望每況愈下。越共戰史紀錄，二六一營「傳來許多歌聲」，南方局播出一句新口號：「效法北庄！」這場勝利助長了河內「前進」派威風，讓他們更加振振有詞，認為謹慎小心的日子已經過去，在南方奪取戰利品的時機以至。麥克・柏萊（Michael Burleigh）在描述美國決策時寫道，「大概沒有一個帝國，會把它的威望寄託在比吳廷琰一夥更加找死的傀儡上。」甚至就在安全情勢更加惡化之際，西貢當局在那年五月還採取了一項加速政權敗亡的行動。越南的佛教僧侶一直對吳廷琰偏坦天主教徒的事心懷不滿。一九六三年五月八日，佛教徒聚集順化，慶祝佛祖二五二七年壽誕，一名信天主教的軍官搬出一項舊令，禁止佛教徒展示佛教旗幟。幾千名佛教徒聚在地方電台外，想聽著名佛教大師釋智光的廣播，電台台長突然宣布廣播取消，因為未獲新聞審查當局批准。這名台長還打電話通知軍方，軍方於是派出一隊裝甲車趕到現場。之後，聚集在電台外的佛教徒拒絕聽命解散，士兵於是開火，一名婦女與八名兒童在隨後的混亂中遇害。

這種毫無必要的愚蠢暴行，在許多城市引發一連幾周的反政府示威，數以千計的學生也加入佛教徒行列。政府隨即宣稱，這些示威是共產黨策畫煽動的。當然，這些示威正合民族解放陣線與河內的心意：共產黨確實有可能在佛教徒背後搧風點火。但毫無疑問，吳廷琰政權既不肯為順化事件死難者致歉，也不肯懲罰肇事者——這些示威代表吳廷琰政權倒行逆施已經激起民怨眾怒。吳廷琰不理會華府的警告，對這一切置之不理，任由他的弟弟吳廷瑈進行鎮壓。

法蘭克・史考登說，「大多數僧侶都因為以為能有一個代議制政府，而淪為一廂情願的犧牲品。但佛教危機不僅涉及政治而已，吳廷琰若是擺出大和解姿態就會打擊到自己的弟弟，他不能這樣做。」記者瑪格麗特・希金斯（Marguerite Higgins），對最著名的反政府和尚釋智光（Thich Tri Quang）有一段描述：他有「巨大的額頭，炯炯有神的目光。透著一種無比智慧、寧靜自在、卻又憂國憂民的神氣」，他絕不是一個韜光養晦的角色。一名南越軍官寫道，佛教徒「危機像一場大火，無法控制，而且迅速燎原，它對官兵士氣有很大的負面影響……我知道吳廷琰政府不可能保得住，我只希望一個有能而忠誠的新領導層能掌權。」

那年秋天，楊文美在從華府返回西貢時，發現家人——特別是她的母親——由於政府攻擊絕大多數越南人信仰的佛教而對政府充滿敵意。大衛・哈伯斯坦在六月十日寫道，「南越政府與佛教僧侶之間的衝突讓這裡的美國官員傷透腦筋……越南人問道，『為什麼你們政府讓這樣的事一再發生？』面對這類持續不斷的質問，美國官員沮喪不已。」在越南人心目中，鎮壓佛教徒事件的幕後主謀是美國人。

第二天，西方媒體接到通知，要他們派記者採訪西貢的一項抗議活動。但由於活動性質不明，前往採訪的記者寥寥無幾。十一日上午，一輛汽車開到西貢鬧區一處十字路口停下，一位名叫釋廣德（Thich Quang Duc）的老禪師穿著橘色僧袍從車上下來，走到街頭，在大群圍觀群眾中盤腿坐下，一動也不動。隨即另一僧侶走來，將汽油澆在他身上。之後釋廣德本人燃起一根火柴燒著自己僧袍，讓火焰將自己吞噬。在整個過程中，另一僧侶還用一具擴音器在一旁不斷叫道，「禪師自焚而死！禪師當了烈士！」值得注意的是，在這次與之後幾次可怕的自焚事件中出現的標語、口號，用的都是英文：它們不是做給越南人看的。

美聯社的馬爾康．布朗尼是那天唯一一名在場的西方記者。他後來寫道，「我原本可以衝上前去，踢開汽油，阻止這場自焚……身為人類，我想這麼做。但身為一個記者我不能這麼做……這麼做會把我自己直接推進越南政治。我的記者角色會隨著我的信譽一起被毀。」不過，果真如同那些通知他前來採訪的佛教徒所期待的，布朗尼拍攝的現場照片大幅改變了南越政治的面貌。他用鏡頭捕捉到的那些令人髮指的形象先送到馬尼拉，然後電傳到全球各地。琛夫人在接受電視訪問時竟把自焚說成是「烤肉」，更進一步激起眾怒。她聳聳肩說：「讓他們燒，我們會在一旁鼓掌。」布朗尼說，香燭混雜著肉體焚燒發出的濃烈氣味讓他永生難忘。籌畫這次自焚的人對事件引發的關注躊躇滿志，還將釋廣德的心臟擺在一個玻璃盒裡展示。

這次事件令美國人瞠目結舌，渾然不解。當時隨一支游騎兵部隊正好駐在西貢的美軍顧問高登．蘇利文說，「整個事情改變了，這是新東西，我們不知道人還能幹出這種事。」《華盛頓郵報》（*Washington Post*）在一九六三年六月二十日刊出社論說，「共產黨當然利用佛教徒的苦難大作文章。為什麼不？用一些道德上讓人唾棄、政治上無異自殺的政策，免費為共產黨服務的是吳廷琰政權本身。」美國大使「福里茲」諾丁仍然認為美國必須忍受吳廷琰，因為換上其他人更糟，中情局的柯比也表示同意。不過，在華府，國家安全顧問麥喬治．邦迪與國務院的羅傑．希斯曼（Roger Hilsman）不以為然。那年八月中旬抵達西貢、取代諾丁的亨利．卡巴．洛奇（Henry Cabot Lodge），也認為諾丁對吳廷琰的「姑息」是一大失策。

洛奇當年六十一歲，是麻省共和黨人，擁有相當豐富的外交與參議院資歷，曾在一九六〇年大選中與尼克森搭檔。亞瑟．史勒辛格當時寫道，「我們總統有個習慣，喜歡用『自由派』的人擔任

『保守派』的工作。反之亦然。」洛奇的出使西貢就是一個典型範例：他是個大咖，絕不會以當個大使為已足。如果他出了什麼差錯，罪責當然都得歸咎於任命他的人。

在吳廷琰為了因應持續不斷的抗議風暴而實施宵禁之後，吳廷瑈的部隊在八月二十一日攻擊西貢最大佛寺舍利（Xa Loi）寺。他們逮捕四百名和尚與尼姑，包括八十九歲的舍利寺住持。亨利．魯斯的《時代》雜誌壓下自己的記者發回來的批判性報導；柯比與霍金斯也站在吳廷瑈一邊，對佛教徒表示輕蔑。但儘管西貢當局實施嚴厲新聞檢查，儘管政府發表一連串不實聲明，包括洛奇大使在內的大多數美國人發現，總統的弟弟狂妄殘暴，已經失控了。

全國性安全情勢持續惡化。民族解放陣線迫不及待想見到西貢政權末日，遂將恐怖攻擊行動不斷升高，南越軍的士氣一天比一天渙散。大衛．哈伯斯坦那些陰暗的報導讀者越來越多，軍援指揮部與華府也更加賣力地抹黑它們。國務卿魯斯克曾經親自點名批判一九六三年八月一篇報導，說這篇描寫共產黨在湄公河三角洲得勢的報導有誤。霍金斯還詳列細節，說哈伯斯坦的報導所言不實。那年九月，霍金斯致電華府的麥克斯．泰勒說，「我讀了許多報導與評論，有人說越南與我們的計畫正在崩潰，我完全不能同意。」

但紀錄顯示，以哈伯斯坦與席漢為首的這些年輕記者的評估，無論就軍事與政治而言，都比軍援指揮部正確得太多。那年九月，越共在大白天攻進湄公河三角洲一處政府軍據點。由於兩名越共事先的成功滲透，越共在這項攻擊行動中幾乎毫髮無損。他們殺了六名守軍，擄獲六名俘虜與三十五支步槍，炸毀碉堡與瞭望塔，然後撤退。之後這類事件開始層出不窮。那年秋天，根據法蘭克．史考登的說法，「許多有教養、持觀望態度的城裡人預期要更換政府了。」但造成吳廷琰下台的是共產黨、是佛教徒、還是他手下的將領，以及華府決定怎麼做，仍然有待觀察。

◎殺機

一九六三年八月二十三日，洛奇大使發了一通絕密電文到國務院，要求知道華府會不會支持政變，暗殺吳廷琰的倒數計時開始了。當時適逢周末，甘迺迪、魯斯克與麥納瑪拉都不在華府。由留守的艾維雷爾・哈里曼、羅傑・希爾斯曼與麥克・福雷斯特（Michael Forrestal）寫了一封正面的覆電發到西貢。他們以美國政府之名寫道，「我們準備接受不再能支持吳廷琰這項顯然的後果。你可以告訴適當的軍事指揮官，我們會在任何臨時性政府解體時間給他們直接支持……大使……應該緊急檢討任何可能取而代之的領導，訂定詳細計畫，說明一旦有必要，我們應該怎麼推出吳廷琰的替代人。」

甘迺迪在周一回到白宮時，對於中階官員竟能擅自作主、發出這樣重大的決策性電文十分惱怒。他與麥納瑪拉與泰勒商量，兩人支吾其詞地說，他們寧願讓吳廷琰留下來，但要把吳廷瑈弄走。但如果將領們另有決定，美國應該支持臨時軍政府。甘迺迪最後決定不撤回周末發出的這封電文：政策交由洛奇決定。洛奇日後說，這封電文當時讓他「像遭到雷擊一樣震驚」。他理所當然地認定，華府用這封電文授權他弄垮吳廷琰。

九月二日，甘迺迪在接受哥倫比亞廣播公司（CBS）記者沃爾特・克朗凱（Walter Cronkite）訪問時說，西貢政權需要更多支持：「如果能在政策、或許也在人事上做一些改變，我想南越政府可以取勝。如果不能做這些改變，我想勝算不會很大。」甘迺迪呼籲美國的盟友提供更多援助，實際的援助：「有人說，『乾脆讓我們都回自己家，把這世界讓給我們的敵人算了。』這樣的說法對我們一點幫助也沒有。」他又說，「唯一能打贏這場戰爭的人民，是越南人民。」根據一些歷史學者的詮釋，甘迺迪這番話表示，他當時已經知道越南人連自己都不願奮力以求的事，美國人也做不到；他們認為甘迺迪已經在為美國找下台階。但這樣的說法有些荒誕：當時甘迺迪面對連任的選舉壓力——就像杜魯門在一九五二年因韓戰失利而下台一樣，甘迺迪也很可能因東南亞的失利而連任失敗。

事情的進展現在加速了，北越想方設法離間吳廷琰與美國人的關係。為達到這個目標，北越透過波蘭與法國中間人與西貢展開一些彷彿很狗腿的交流，而且很快讓甘迺迪政府覺察到事情有變。華府由於越來越擔心吳廷琰、吳廷瑈兄弟可能與河內打交道，對發動政變的興趣也逐漸增加了。由於在兩邊都有良好人脈、擁有眾多決策級讀者的伯納．法奧報導說，一旦北越與南越展開有意義的對話，胡志明會接受延後統一期限，即所謂「體面的間隔」（decent interval）。法奧當時沒有用這個詞，但日後它成為許多印度支那謀和努力的焦點。事實上這些交流根本不會有成果：黎筍一心只想統一越南，而吳廷琰政權自以為握有一手好牌——他們認為軍事勝利在即，而且美國人不能沒有南越。但南、北越接觸的事實仍然在華府敲響警鐘。西貢政權似乎有意與河內談判，對支持它的金主越來越不屑。

甘迺迪總統的友人查爾斯．巴雷（Charles Bartlett）日後說，西貢政權與北越擠眉弄眼，是華府決定除去吳廷琰的主因。他引用甘迺迪的話說，「查理，我不能讓越南走向共產黨，然後要美國選民讓我連任，我們總得想辦法保住越南才行。」但無論如何，據說甘迺迪還加了一句，「但我們在那裡沒有前途，南越人恨我們，他們要我們走，他們有一天會把我們一腳踢出來。」這番話的真實性看來可信。甘迺迪曾經私下表示，對共產黨會不會遵守寮國中立協定一事全無信心，看來他也不相信河內會信守任何以聯合政府方式解決越南問題的方案。

當法國總統戴高樂插手時，美國的警報更加拉響。這個高傲、反安格魯—撒克森的民族主義分子一再呼籲美國，要美國放手，給越南中立。華府認為，法國因為被趕出一度是法國屬地的越南，而對美國又妒又恨，戴高樂這些表態無非反映這種妒恨心態罷了。斐德烈・羅吉法（Fredrik Logevall）曾寫道：「美國決策人會花許多時間討論這名法國領導人的行動與構想，但目的都是為了反制。無論在當時或在日後，美國官員並不仔細檢驗他的論點。部分由於這些論點讓美國官員不喜，部分也因為美國官員相信他有不可告人的動機。」

沃爾特・里普曼在九月三日的專欄中說，「如果不能達成戴高樂將軍建議的那種解決方案，就只有打一場曠日持久、沒有決定性的消耗戰了。」這位當年專注於印度支那問題的資深評論員認為，對美國而言，最好的結果就是一種狄托式的結果，也就是越南由共產黨統一，但保持中立，不是中國或蘇聯的工具。利普曼暗示，沒有人能在戰場上擊敗胡志明，因此最好的辦法就是用錢收買。這樣的理論令人難以置信：這就好像是說，像羅伯斯比[27]（Robespierre）那樣絕對清廉的黎筍，若在一九六三年取得統一越南的控制權，會因為接受賄賂而推動一個溫和而人道的政府一樣。但儘管如此，利普曼這項理論讓許多人相信，美國不能靠武力在越南取勝。

九月十三日，國家安全會議的齊斯特・庫波（Chester Cooper）從西貢寫信給他在中情局的老友約翰・麥康（John McCone）說，他猜想，吳廷琰政權與河內正在進行一項趕走美國人的外交和解方案。這些惱人的發展使美國政府更加決心放任洛奇，讓洛奇鼓動西貢將領插手干預。洛奇也毫不猶豫、利用白宮給他的授權在西貢嘗試變天，不過事實證明這件事並不簡單。洛奇找上幾名有影響力的將領，包括楊文明（Duong Van Minh）、陳文同（Tran Van Don）、黎文金（Le Van Kim）、陳善謙（Tran Thien Khiem）等等，但一直沒能說服他們採取行動。中情局的柯比對洛奇

27 譯註：羅伯斯比（一七五八—一七九四），法國大革命時期政治家，雅各賓專政時期的實際最高領導人。

滿懷敵意，堅決反對採取行動對付一名像他一樣、同為虔誠天主教徒的越南國家領導人。柯比在日後寫道，「當局除了泛泛的『軍方』以外，對於由誰來接替吳廷琰的事，幾乎完全欠缺考慮與評估。」南越將領們在確定自己有足夠能力以前不敢輕言罷黜吳廷琰，自然不無道理，因為這需要美國明確的支持。他們知道大使館不會出具書面背書，但也不願意單憑自此成為洛奇與南越軍頭們之間地下聯絡官的羅欣．柯年的口頭保證就拿自己的生命冒險。

這些事件過後幾年，發生所謂「法國關係」（the French Connection）的巨型跨大西洋毒品走私案，派在一家涉案酒吧負責監視的美國特勤人員訝然發現，柯年也出沒在這家酒吧，與他在戰略情報局任職時結識的那些科西嘉黑手黨套近乎。不過無論怎麼說，史考登還是堅持，就算柯年喜歡擺出一幅海盜或丑角嘴臉，這個大惡棍確實有完成任務的本領。一九六三年十月，柯年奉命為美國政府搭橋，聯繫越南將領，要這些將領除掉吳廷琰。

洛奇對策畫者的遲鈍感到惱火，他生氣地寫道，他們「既沒有意願也沒有組織……來完成任何事情。」沒有時間陪伴大使的霍金斯對麥克斯．泰勒聳了聳肩，「你不能急著去東方」。喬治．鮑爾（George Ball）後來說，讓南越將領們決心採取行動的，主要不是哈里曼與希爾斯曼在八月發的那封電文，而是甘迺迪在兩周以後的電視演說。甘迺迪在這篇電視演說中提出警告說，除非西貢改變作法，美國將撤回援助。許多南越文武官員也已察覺，美國對吳廷琰的支持正不斷削弱。南越軍尉官阮公倫是激烈的反共分子，同時也討厭政府：「同袍們與我都相信，南越必須有新的領導人才能有效對付共產黨，建立一個像美國一樣充滿自由與民主的國家。」南韓獨裁者李承晚在一九六〇年被趕下台的新聞，讓他們非常興奮。「我們相信，（越南境內）我們這邊的人如果能展現足夠的政變決心與實力，美國人會支持我們。」

甘迺迪總統派遣麥納瑪拉與泰勒於九月二十五日赴越，展開「真相調查」之行，結果把問題更加攬得含糊不清。兩人回到華府，一面編織在戰場上取得「偉大進展」之夢，一邊譴責吳廷琰冥頑不靈。他們在訪越期間也曾試探「即將發生的政變」的有關消息，但沒有任何成果。軍事政變主謀楊文明在西貢體育館一場網球比賽中，沒有對泰勒提起任何重要訊息，泰勒因此認定政變計畫一定已經泡湯。但他與麥納瑪拉還是認為，只要對西貢政府加以整頓，軍事勝利可以辦到。為取得軍事勝利，必須剷除吳廷琰兄弟。

白宮於十月二日電告洛奇，強調一切以撇清為主：「現在不應採取任何暗中鼓勵政變的主動，不過，應該緊急展開工作……一旦時機出現，找出可能的領導人選，並建立與這人選的接觸。」三天以後，洛奇致電甘迺迪說，政變看來還是會出現。柯年與楊文明在西貢衛戍司令部一棟殖民時代老屋中，用法語進行坦誠交談。楊文明說，他只有一個沒有商量餘地的要求，就是美國必須保證繼續援助南越。楊文明並且警告柯年，時機至關重要：還有幾夥人也在密謀幹掉吳廷琰，他只是其中一人。那天又有一名和尚自焚。

由於柯年的這份報告，洛奇向華府提出建議：只需向楊文明保證美國「不會設法阻止」政權改變就行了。甘迺迪表示同意，但提出警告說，美國絕不能積極捲入政變過程。吳廷琰大禍臨頭的傳言開始滿天飛，西貢的氣氛大有山雨欲來之勢。受到這些風聲影響，南越將領又一次臨陣退縮。洛奇認為必須讓中情局西貢站站長約翰．理查森（John Richardson）走路，因為理查森與霍金斯一樣，都不認為美國應該拋棄吳廷琰。

隨即，吳廷瑈加強政治整肅，還不斷公開漫罵、指責美國干預內政。一些資深共產黨人在越戰結束後說，當時是一個煽動暴亂的理想時機：南越已經動盪不安，幾乎每個人都痛恨吳廷琰家族。但南方局仍然只是照舊進行游擊戰，西貢將領們則忙著爭取關鍵性部隊的支持。柯年在一家牙醫診所與楊文明不斷會面，用好言好語進行安撫，這牙醫診所也因此成為他與楊文明的安全秘密會所。

十月二十六日國慶日，吳廷琰前往大叻山區賓館度假。在一片緊張肅殺氣氛中，他的座機在一架完全一樣但沒有乘客的C-47餌機前導下起飛，迎接他的儀隊的槍枝也都經過驗槍，以確定子彈沒有上膛。吳廷琰預定與美國大使在賓館舉行會議，史考登查詢一名參與政變計畫的越南內線，以了解洛奇能不能進入行館、會不會被槍彈傷及。越南人告訴史考登，洛奇可以進入賓館，因為將領們還沒有準備好。吳廷琰隨即抵達，與洛奇在賓館會面，沒有發生意外。

在華府，兩派意見分歧持續。副總統詹森雖說沒什麼影響力，但極力反對剷除吳廷琰，堅決反共的詹森認為，目前的挑戰只是想辦法在軍事上擊敗越共而已。十月二十九日，甘迺迪召開國家安全會議，討論霍金斯的一封電文。霍金斯在這封電文中說，「無論是對是錯，我們支持吳廷琰已歷經漫長而艱苦的八年。對我來說，現在把他拉下來，踹得他到處跑，然後把他幹掉，似乎有些不合適。」霍金斯這封電文讓羅伯·甘迺迪改變主意，認為發動政變風險太大。

國家安全顧問麥喬治·邦迪於是發了又一封密電給洛奇，反映總統的新疑慮。但洛奇這時已經下定決心推動政變：他沒有將華府這些模稜兩可的表述告訴越南將領或柯年。十一月一日，戰略情報局老將柯年依約來到陸軍總部，穿著軍裝，配了一把點三五七左輪手槍，還帶了四萬美元現金。他認為，要用一個下午的時間推翻一個政府，這一身行頭很合適。柯年把妻子兒女安置在綠扁帽守衛的別墅中，從自己的吉普車上發電給上司，示意行動即將展開：「九，九，九，九，九。」叛軍隨即攻擊總統府，吳廷琰與他的弟弟躲進地窖避難。叛軍首腦在西貢逮捕、槍斃了幾名忠於吳廷琰的軍官。下午四點三十分，吳廷琰打電話給洛奇求援，洛奇僅表示可以保吳廷琰安全離開越南。

叛軍首腦打電話給吳廷琰，勸他下台以保命。但吳廷琰遍尋心腹，爭取始終沒有到來的支持。到晚上八點，吳廷琰與吳廷瑈孤注一擲，溜出總統府，違反軍方實施的宵禁，開車穿過空蕩蕩的街道前往堤岸，躲入吳廷瑈早先為這類緊急狀況準備，自備通信系統的一處避難所。當兩人躲在堤岸時，叛軍砲擊、之後攻進總統府，總統府警衛戰死，不知道總統已經潛逃。經過幾小時激戰，叛軍攻陷化為一片廢墟的總統府，展開一場大洗劫，從琜夫人的睡衣到總統收藏的美國漫畫書無一倖免。

十一月三日上午六點，吳廷琰有氣無力地打電話給楊文明，表示願意談判下台條件。但將領們拒絕與他談判。吳廷琰表示希望以國家元首享有的禮遇離開越南，同樣也遭將領們拒絕。又隔幾分鐘，吳廷琰又打電話說，他與他弟弟已經決定無條件投降，將在堤岸的聖方濟（St Francis Xavier）天主教堂露面。將領們不知道應該怎麼處理這個成為累贅的總統，於是就請教柯年。柯年說，他需要二十四小時才能調度一架美國飛機送吳廷琰出境，而他們得利用這段時間找一個願意收容吳廷琰的國家。

將領們下令一名資深祕密警察，要他用一輛M-113裝甲車把吳廷琰兄弟載回來。同行的還有楊文明的私人保鑣阮文絨（Nguyen Van Nhung）上尉。據說，楊文明向阮上尉伸出兩根手指，比了一個秘密手勢，示意要他將俘虜殺了：阮上尉在前一晚已經處決了兩名忠於吳廷琰的人。在教堂門口，吳廷琰與叛軍派來接他的人握手，後者把吳廷琰兄弟讓進裝甲車，還保證裝甲車鋼板可以保護他們不受「極端分子」騷擾。小小車隊在折返西貢途中在一處鐵路平交道前停車，一名軍官提起輕機槍，對準裝甲車裡的兩兄弟打光一整匣子彈。然後這輛血汙的裝甲車繼續上路，來到衛戍司令部楊文明的辦公室前。阮上尉向楊文明報告：「任務完成。」楊文明隨即告訴柯年說吳廷琰已經自殺，還說，「你想看他嗎？」柯年說，一點也不想：「一百萬個人裡面只有一個」會相信叛軍主謀編織的這套說詞，他還是躲開真相比較好。

一名英籍講師因為娶了吳廷琰的侄女，奉命在聖保祿（St Paul）醫院為吳廷琰兄弟驗屍。吳廷琰似乎只在頸部中了一槍，吳廷瑈則在背部連中數彈。洛奇把將領們召到美國大使館，向他們說這場政變「從所有每個層面來說，表現都可圈可點」。之後他興高采烈地致電華府：「現在戰爭可以快一點結束了。」西貢與其他城市出現民眾慶祝場面，民眾洋洋得意地將吳廷琰的像從公共建築牆壁上扯下。成百政治犯獲釋，其中有人還出示自己身上因遭酷刑而烙下的疤痕。許多西貢人仍然記得當年那些荒誕的事：瑈夫人藉口維護公共道德而下達的禁止跳舞令解除了，數以千計的人歡樂起舞，像是在吳氏兄弟墳上起舞一樣。

尼爾・席漢與他那些記者同行發現南越似乎出現一線生機：「如果跟著吳廷琰，你會輸了這場戰爭。我們心想，如果能建一個像樣的軍事政權，他們還有機會。」以楊文明為首的軍事執政團接管了南越政府。《泰晤士報》在十一月五日報導：「西貢如釋重負，街頭擠滿人叢，盛況空前……數以千計佛教徒湧入舍利寺，幾乎興高采烈地祈禱著。」一名特派員補充了一句：「執政團幾名成員的親美傾向……應該會讓他們走上民主之路。」

當吳廷琰的死訊傳來時，約翰・甘迺迪正與泰勒會商。泰勒寫道，總統「從房間衝出來，一臉的驚訝與慌張」。這時再爭辯罪責問題已屬徒然，授權洛奇打開閘門，讓吳廷琰政權沉沒的是甘迺迪政府。華府是否應該為吳廷琰等人保命的問題也已不再重要，南越將領們若不是獲得美方保證、相信這是美國的意旨，誰也不敢剷除吳廷琰，沒有人明確警告他們不得殺害吳廷琰。

有人說，吳廷琰政權原本可以靠改革而存活，認為他是南越碩果僅存的民族主義分子與獨立的國家元首。南越空軍戰鬥機飛行員陳會（Tran Hoi，譯音）說，「我認為美國人罷黜他是一項大錯，他是真正的愛國者。」有人認為，吳廷琰僅管做了許多誤判，但他推動自己的政策、不肯唯美國之命是從，因此贏得南越人敬仰。另一名空軍軍官阮文耀（Nguyen Van Uc，譯音）說，「吳廷琰知道，如果美軍戰鬥部隊進駐，共產黨可以說他們是在打一場反帝國主義之戰。」一名海軍軍官也有同感：「吳廷琰死後，南越已經沒有真正政治可言。」

但紀錄顯示，吳廷琰政權已經爛到核心，幾乎完全失去民意支持。但他慘遭處決的方式，讓人想到羅馬皇帝遭自己的禁衛軍（Praetorian Guard）處決，對美國在東南亞的道德立場是一記或許無法扭轉的重擊。美國的參謀首長對這次事件震驚不已，稱它是「亞洲版豬灣事件」。史考登說，「殺吳廷琰是一項災難性大錯。」他對他那些認為南越有望重新開始的老闆說，「這些將領中有些人很好相處，但他們完全沒有任何行政管理或政治領導技巧。我們現在接受了第一場流血政變，今後任何人只要能指揮兩輛以上戰車，就會相信他們有權改變政府。」

大衛・艾利約在抵達越南時「認定我們做的是對的，但我很快就相信我們其實不該支持政變，應該面對我們與我們盟友間並無共同宗旨的事實，我們應該一走了之的。」一名後來在越南工作的澳洲人寫道，「美國人沒有學到一件事：不能硬把『民主』加在南越。美國這種作法，無論支持什麼政府都將以失敗收場。」愛德華・蘭戴的得意門生、中情局軍官魯夫・菲利浦（Rufus Phillips），在談到吳廷琰遇害事件時說，「我想坐下來大哭一場……那是一個愚蠢的決定，而且，上帝啊，我們付出代價、他們付出代價、每個人都付出代價。」前西貢大使福里茲・諾丁辭去國務院職務以示抗議。

一九六三年十一月二十二日，四十六歲的美國總統甘迺迪在德州達拉斯（Dallas）遇刺。甚至就在世人悼念甘迺迪之死期間，刺甘案與不到三周前發生的吳廷琰遇害事件的近似，仍令人不得不疑心美國人究竟在西貢幹了些什麼。繼任美國總統的詹森本是一位極有政治天賦的領導人，但直到臨終，越南始終是詹森揮之不去的可怕夢魘，他的這些天賦也大多逐漸為人淡忘。在詹森就任總統之初，出了美國國門，對這位新總統稍有認識的人寥寥無幾。倫敦《泰晤士報》以明顯批判的語氣說，「他在世界舞台上幾乎是名不見經傳。」亞瑟・史勒辛格也寫道，「他幾乎一無所知，但似乎不肯與外國訪客交談以增加見聞。」

若沒有在德州遭到暗殺，甘迺迪可能在越南採取什麼作法？有關這類猜測的報導如潮如湧。中情局的柯比認為，甘迺迪一定會認清，美國先得有一項可靠的政治策略才能投入戰鬥部隊。白宮助理坎尼・奧登諾（Kenny O'Donnell）日後宣稱，曾聽甘迺迪說，西貢政權主動要求美國人撤離是最理想的結果。這位卡美洛[28]（Camelot）的王可能繼續給予南越有限承諾，但不會派遣五十萬大軍赴越。羅伯・麥納瑪拉說，一旦贏了一九六四年選戰，甘迺迪會想辦法撤出越南。但為麥納瑪拉作傳的人指出，麥納瑪拉在一九六四年過後很久才表達了這看法。

證據似乎壓倒性地顯示，甘迺迪當時念念不忘的只是即將到來的連任選舉。他在上個春天曾經告訴參議員麥克・曼斯菲德（Mike Mansfi eld），說他贊成退出越南，但不能在投票日以前露出有意這樣作的痕跡。在十一月二十二日預定在達拉斯貿易中心（Dallas Trade Mart）發表的演說中，甘迺迪原本要說：「我們這一代美國人是民主之牆的守護者……我們……對那些國家的援助可能讓我們痛苦、為我們帶來風險、造成我們損失，就像目前在東南亞的情形一樣。但我們不會逃避我們的使命。」賈布萊斯（J.K. Galbraith）回憶說，「我聽甘迺迪多次說……『想在政治上存活，一個人一年之內只能向共產黨作這麼多讓步。』」

甘迺迪的逼人魅力往往讓人乎略一個事實：在一九六三年十一月，甘迺迪的全球聲望很低。倫敦《泰晤士報》在達拉斯事件發生前十天的十一月十二日刊出社論，談到一種充斥美國政府的「癱瘓感」，談到美國政府在幾個洲的政策都告失敗，造成「總體性的失望」。「基於一些理由，美國政府對國內、外事件的影響力越來越小」。在這種情況下，甘迺迪似乎不可能在一九六四年十一月大選以前在越南政策上示弱。大選過後，他可能展現林登・詹森欠缺的道德勇氣，撤出越南以停損——不過他也可能不會這麼作。

甘迺迪的越南政策有一個根本瑕疵：它的根本考量是美國國內政治需求，而不是越南人民的利益與希望。有鑒於他早年對美國印度支那政策的批判，以甘迺迪的智慧與敏感，他不會不知道美國不可能在越南取得軍事勝利。但在當年極度冷冽的冷戰氛圍中，對甘迺迪的白宮而言，與其退出越南、承認失敗而將越南讓給共產黨，繼續在越南撐下去的政治成本可能低一些。不過無論是甘迺迪或是麥納瑪拉，都沒有料到越南會為美國帶來如此嚴重的損害。

到一九六三年年底，西貢政府已經在實質上放棄了共產黨以一九五四年日內瓦協定簽約日期命名為「二十／七區」的湄公河三角洲若干地區。在吳廷琰死後，這類「解放區」迅速擴大。南越軍士氣蕩然，就連一些所謂精銳部隊也無心戀戰，戰略村計畫已經徹底失敗。幾乎就在一夜之間，民族解放陣線發現自己成了大片農鄉地區的主人。當時美國人之間風傳一個黑笑話：美國大使洛奇找上楊文明，要求楊文明像詹森在甘迺迪遇刺後一樣，也向國人發表電視演說，以振奮國人士氣。楊文明說，「沒問題，先給我們電視再說。」

由於吳廷琰政權垮台，河內共黨中央委員會於十一月二十二日起展開危機處理會議。胡志明主張溫和以對，但鷹派不接受。未經證實的報導說，胡志明怒氣沖沖地離開會場。這不像胡志明的一貫姿態，不過據說，他在一個月以後告訴蘇聯大使，說他將淡出政治。可以肯定的是，這次會議代表胡志明對北越政策影響力的結束——不過在世人眼中，他仍是北越的化身。黎筍在黎德壽輔助

---

28 譯註：卡美拉，亞瑟王傳說中的宮廷、城堡，是亞瑟王朝處於黃金時代的標誌。

下，正式成為河內最有權勢的人物。相對於他的對手，無論在自己國內或在美國，黎筍都享有一項巨大優勢：他一心一意統一越南，建立史達林式社會，是唯一目標明確、不搖不擺的重量級決策人。值得注意的是，直到蘇聯解體前不到三十年，他對蘇聯式經濟模式的慘敗仍然一無所知。

這時的北京，已經比史達林的那些蘇聯接班人更加史達林。北越與北京的關係也更加親密：雙方於八月二日在北京簽署一項協定，中國保證，一旦美國入侵，將為北越提供直接軍事援助。儘管毛澤東會不會遵守這項承諾很令人懷疑，但在一九六三年秋，這項協定大幅增強了黎筍與他的主戰派在政治局的聲勢。中國國家主席劉少奇訪問河內，以超越過去北京領導人的尺度大肆鼓吹南部解放鬥爭。中國的武器開始大量湧入，七千八百五十名北越軍進入代號「B戰場」的南越。十一月的河內共黨中央委員會會議在結束時明確宣示，將投入一場新的積極、主動的軍事行動。

黎筍一夥人認為，新西貢政權很快就會土崩瓦解，美國人不大可能出動地面部隊支援一場幾乎必敗無疑的戰爭。為迅速填補出現在南方的權力真空，黎筍領導班子在一九六三年十二月通過第九號決議案，決定緊急升高軍事行動。這項決議案包括兩份文件，其中一份至今仍屬機密，另一份於一九六四年一月二十日公布：「要努力奮鬥，迅速前進，在南方取得新勝利。」同時，強硬派在北越發動對付「右派偏差分子」的新整風，數以千計官員、記者與知識分子被送入再教育營，其中不乏越盟時代的英雄人物。

第九號決議案代表發動武裝鬥爭，一直打到底的一種歷史性承諾。莫斯科與北京雖說都擔心它可能帶來的後果，蘇聯的援助有幾個月幾乎降到零，並且沒有大使派駐河內，但兩國也都不得不認定，應該為北越提供更多武器，以示他們對革命與解放運動的支持。河內向它的支持者發出呼喚：「北越增援南方的時機已至……敵人……正用武裝部隊殺害人民……從今以後，我們要發動決定性的武裝鬥爭，這是打垮敵人的唯一途徑。」儘管湄公河三角洲的游擊戰活動立即加劇，這場武裝鬥爭的主軸開始朝中央高地與西貢西北地區不斷推進。共產黨訂定的新目標抱負不小：要與南越軍死纏爛鬥，打垮南越軍的士氣。

有些史學者認為，一九六二至六三年間原本很有議和的機會，可惜都錯失了。鑑於北越以及黎筍本人曾有一段時間考慮以談判方式讓美國撤出，然後在越南實施中立，或許事實果真如此。不過，要吳廷琰總統接受與民族解放陣線共治的交易可能性微乎其微。更何況，就算達成交易也只能帶來極短暫的停火，越南終究還是會成為一個統一的共黨國：為達到統一目標，無論河內或共產黨南方局都不會放棄暴力。

根據後見之明，我們或許可以說，與其讓越南在戰火摧殘下沉淪十年，不如透過談判投降還好得多。特別是佛教領導層，大多數南越人民會不惜代價選擇和平。問題是為南越撐腰的美國人不答應：美國人說，要南越人民像北越人民一樣承受可怕的經濟、社會與政治命運，是一種歷史性背叛。

對於甘迺迪死後落在越南的恐怖命運，共產黨與美國都要負責，因為雙方都不願向對方低頭讓步，都決定不分青紅皂白地訴諸暴力。美國野戰砲兵軍官杜・強森（Doug Johnson）說，「越戰的第一個重大轉捩點是吳廷琰遇害，我們自那一天起棄守了道德高地，大家都知道我們是共謀，誰還會信任我們？在越南服役，我心想：『我會盡我全力，我也希望越南人過得好，但對這一切並不看好。』」

第 8 章

迷陣

The Maze

◎「戰爭會讓每個人都打個夠」

在唐．史奈德（Don Snider）中尉前往越南途中，一位將軍眼見他那一臉迫不及待的神氣，對他說，「放心吧，小夥子，戰爭會讓每個人都打個夠。」史奈德生於一九四〇年，來自俄亥俄州一個開牧場的家族，他熱愛西點軍校，「因為它代表我由小到大一直尊奉的那種價值觀。」一九六四年，他在越南訓練越南特種部隊，擔任他們的顧問。在越戰早期進駐越南的美軍都出於自願，在越南找刺激，也在越南碰壁受挫。史奈德經常在越南、寮國與高棉邊界交會處附近出作戰空降任務，「在夜間跳出飛機時，我們根本不知道會落在哪一個國家。」他們落在叢林樹頂上，然後順著繩索滑到地面。史奈德喜歡他那些美國同袍，特別是一位名叫沙吉班長（Sgt. Zahky）的大塊頭。他說，「能跟像那樣的人一起上戰場，真是何其有幸！」在完成對敵境幾天幾夜的刺探之後，任務最艱險的部分是與後撤直升機會合。

史奈德一直無法與他大多是土著華裔的部屬有效結合：「我服了三輪役，卻一直沒辦法真正了解他們，也一直不知道能不能信任他們。他們是傭兵，說的是『給我錢，我就替你打』。不過，到最後，給的錢不夠了。」史奈德在完成七次深入敵後的空降偵測任務後，奉調到三角洲，在高棉邊界訓練、領導地方衛戍部隊。他們在搜尋被越共關了五年的尼克．羅伊（Nick Rowe）中尉時，遭遇幾次很兇險的伏擊。在一次這樣的伏擊中，史奈德背著一名負傷的譯員脫險，隨身攜帶的無線電還開了許多彈孔：「跟在我身邊的那些越南人沒有戰鬥意志，我心想：如果我們要以這種方式打下去，別想打贏這場戰爭。」在越南服役期滿以後，「我不想再與特種部隊或與越南人一起作戰，倒不是說我對戰爭的幻夢破滅——不過經驗告訴我，我這麼賣命不值。」

史奈德開始相信，唯有能與在地人建立關係的美軍顧問，做的工作才有價值，而他自己不是這樣的顧問。法蘭克・史考登在搭乘一名美軍士官駕駛的吉普車初抵越南鄉間時，發現這士官對路過的每一名平民又揮手、又笑，狀甚誇張。史考登問他何以如此。這士官答道，「如果我被抓，我要越南人都記住我這又大、又笨、又友好的美國人。」直升機機槍手艾利克・戴崔（Erik Dietrich）非常喜愛他那些南越共和軍同袍。其中許多人在受傷後經他搭救從戰場脫險——也有人未能脫險：「他們安靜地死去，有時甚至露出一種像是為他們造成的不便表示愧疚的表情。」不過戴崔也承認，有一名與他交好的小個子傘兵想握他的手，讓他感到很窘。「他給我的最後一封信在越南轉來轉去，最後才轉到我手上。信上寫道，『與你分別已經一個月，甚為想念。我每天腦子裡想的都是那段我們一起工作的日子，我永難忘懷……但願你在執行任務時一切順利。當我們再相見時，我一定要好好跟你說個故事。』」戴崔在日後哀傷憶道，「這『故事』始終沒有說。阮向蘇（Nguyen Chanh Su，譯音）、武文古（Vo Van Co，譯音）、馮吾友（Bong Ng-Huu，譯音）你們都還好嗎？還有親愛的范家秋（Pham Gia Cau，譯音），你是參加過奠邊府戰役，後來到南方的勇士，我會毫不猶豫將我的性命交在你手裡，我永遠為你祈禱……」

但也有美國人對越南失望到極點。外交官道格・蘭賽在一九六四年三月一日寫給父母的信中說，「這個政府已經從上到下爛到了核心。你拿起話筒，發現話筒根本沒有接線；而且就算有線，與對方也仍然接不上頭，什麼都聽不到……除非我們願意推動真正革命性的改變，恐怕我得同意這裡沒有我們的事的說法。如果我們除了打不完的仗以外，不能為越南人民提供更好的東西……如果我們只是繼續……支撐一個遲早總要垮台的封建政權……我們不能指望獲得真正的支持。」

蘭賽後來離開軍方，以三角洲地區綏靖計畫首腦的身分成為約翰・范恩的助理。他在形容范恩時，一開始就說范恩有一對「小小的、有神的倒斜瞇縫眼，像兩支藍灰色雷射光一樣懾人，讓人想到影星勞德・布里吉（Lloyd Bridges）。他的聲音有些粗啞，帶著佛吉尼亞州南部腔。他很精瘦，幾撮稀疏的金髮飄在額前；四十一歲的他，開始有一點啤酒肚了」。蘭賽很佩服范恩一天工作十六小時，「像獸一樣的活力」以及不服輸的拼鬥精神，說「他無論對什麼人，做什麼事都要弄得一清二楚。憑藉他驚人的記憶力與明察秋毫的眼力，他原本可以成為一位非常成功的行政主官……只不過他是個狂熱的行動派。他自稱骨子裡是個佛吉尼亞州鄉巴佬，或許他真的是；他嫉惡如仇，對朋友絕對講義氣；並且精於溝通，能讓每一個與他志同道合的人與他交好」。此外，蘭賽還是非常優秀的運動員，能站直了翻筋斗，排球也打得很好。

福瑞德·韋安中將在談到范恩時說，「他是我可以把命交在他手中的那種人。」蘭賽說，除了好色，范恩無論做任何事都非常自律：「約翰的所謂放鬆，就是找兩個妞一起上床玩一夜，不過我沒有不滿的權利，因為他讓我也參了一腳。」蘭賽認為，范恩儘管愛跟女人鬼混，內心深處對他的前妻瑪麗—珍（Mary-Jane）仍不能忘情。陸軍上尉、軍事顧問高登·蘇利文說，范恩能掌握越南實際狀況，不玩那些討好美國人的把戲，「他曾說，『我對那些溜狗跑馬的做戲沒興趣。』許多人因為嫉妒而反對他。」

美國政策的失敗與共產黨的兇殘，讓道格·蘭賽這類有識之士驚怒不已。共產黨的暴行日復一日，從未間斷：「為了找三個可能躲在裡面的南越軍士兵，他們開槍殺進擠了五十名學童的校園；為了找兩名美國人晦氣，他們會在餐館或上街頭殺害幾十名百姓；他們為了示威，用迫擊砲對城鎮肆意轟炸；他們暗殺手無寸鐵的教師與已經繳械的戰俘；他們除了殺害南越軍官以外，還殺他們的女友。」蘭賽呼籲，想讓綏靖計畫取得成功，就得比照共產黨細胞模式，在各地建立小型顧問團體以資推動。

他與法蘭克·史考登曾經突然造訪一座小村，做了一次不速之客。兩人在走進村長的院子時，發現裡面有一群穿黑色睡衣，顯然是民族解放陣線分子的男子。這群越共見到兩名美國人進來無不橫眉豎目，但由於兩人都有武裝，也不敢貿然動手。村長於是出來打圓場說，只要每個人都能只管自己的事，就不會發生不愉快。這群越共後來也覺得情勢尷尬得好笑，還擺姿態拍了一張照片。無論怎麼說，兩名美國人最後安然駕車離開，因免了一場血腥決鬥而寬慰不已。但兩人也親身見證一件事：敵人已經可以在光天化日下，在西貢西南方、距西貢不到一小時車程的地方肆意行動。

儘管面對種種艱險、困境，像史考登與范恩一樣，蘭賽也對這樣的生活甘之如飴。他不認為自己是「印度支那的勞倫斯」，但他喜歡自比斯巴達克斯[29]（Spartacus），「儘管那人下場悽慘」。他寫道，「在最惡劣的情況下，越南能讓你有機會一圓兒時之夢：做個英勇劍俠，一手拿槍，一手拿給兒童的糖。白天在危機四伏、步步驚魂的環境中，為上帝、為國家、為民主與自由企業辦事，故事傳得沸沸揚揚，官階不斷高升——到了夜裡，還可以陶醉在西貢說不完燈紅酒綠、紙醉金迷之中。套用湯姆．樂爾（Tom Lehrer）一九五三年作品『老毒販』（Old Dope Peddler）中的一句歌詞：『在越南，做好事也能讓你發大財。』」不過，蘭賽更迷戀的不是樂爾的反諷歌謠，而是班哲明．布里頓[30]（Benjamin Britten）的《戰爭安魂曲》（*War Requiem*）。

中情局的法蘭克．史奈（Frank Snepp）抵達越南的時間較晚，但心情與蘭賽如出一轍。史奈的父親是一名嚴厲的退役陸戰隊上校，之後當了法官，他與父親的關係搞得很僵。他的童年在北卡羅萊納州度過，與他最親密的人是他那位黑人奶媽。根據史奈自己的說法，在從哥倫比亞國際事務學

29 譯註：斯巴達克斯，西元前一世紀領導奴隸反叛羅馬的競技士，後來失敗被殺。
30 譯註：班哲明．布里頓（一九一三—一九七六），英國作曲家、指揮家、鋼琴家，是二十世紀古典音樂的重要人物，也被認為是英國最偉大的作曲家之一。知名作品有歌劇《彼得．葛萊姆》、《比利．畢特》、《仲夏夜之夢》……等，以及《戰爭安魂曲》、《法蘭克．布里奇主題變奏曲》，管弦樂曲《青少年管弦樂團指南》等等。

院（Columbia's School of International Aff airs）畢業以後所以會選擇中情局，是因為「亞利安人血統，一種鄉村俱樂部心態，還有一種龐大的、愛拆解東西的能量」。或許他還可以再多加上一個原因：長得帥。帥氣十足的史奈曾與數不清的女子上床，其中不乏中情局員工。批判他的人罵他「色情狂」，但他認為自己是「浪漫」。在史奈以情報官身分抵達越南服第一輪役的兩周以後，他搭乘的 Pilatus Porter 小型運輸機在飛越湄公河三角洲時，機翼中了幾發共產黨輕武器子彈。二十六歲的史奈當時欣喜若狂，禁不住叫道，「我喜歡，我的上帝，我喜歡！」他在事後說，「那真的太棒了。我愛上越南與越南人……我相信，如果中情局能找出適當的情報，交到適當的人手中，我們可以真正做一番改善。」

一九六四年四月，哈利．威廉斯（Harry Williams）以無線電偵聽員的身分欣然進駐越南：「這是一場正義之戰，一場了不起的戰爭。我們是牛仔，我愛這份工作，覺得我是在真正奉獻。我確信我們是正義的一方，一定能打贏這場戰爭。」他把他懷孕的妻子佩姬（Peggy）留在美國，自己在西貢租了一間公寓。由於他會說越南文，越南鄰居們都稱他「法國人」。那段時間，他在越南各地四處旅行，與地方人士閒聊，直到情勢惡化，旅途過於兇險為止。有一天他來到蜆港附近，一名村長不解地問他「他們為什麼要殺甘迺迪？」威廉斯發現，許多越南人認為甘迺迪有心幫助越南，或許他的死與這一點有關。威廉斯認為，大多數越南本地人對誰輸誰贏並不關心：「一般平民百姓除了生存以外，其實什麼都不在乎。」

敏感的美國人停留得越久，對西貢的變化也越感慨。自由街邊那些高大的樹砍了，交通量倍增。老越南豪沃德．辛普森說，「這座悠閒的殖民時代首都已經成為一座擁擠、骯髒的戰時大都會。」顧問席德．貝里（Sid Berry）上校寫道，「西貢變了很多……它更加擁擠、粗俗、虛偽、商業化、自私、貪婪、骯髒。美國人太多，太多太多。他們抬高了物價，招來許多廉價、俗麗、毫無品味的事物。」

戰爭的節奏持續升高。威廉斯經常在雷克斯（Rex）劇院後方一家名叫「布拉沙麗」（Brasserie）的小餐廳進餐，餐廳老闆是一名法裔越南婦女，名叫海倫（Helene）。在八月的一個晚上，當他走進餐廳時，海倫迎上前去，以嚴肅的口氣對他說，「你還是到別處用餐吧。」果不其然，這家餐廳一個小時後就被炸了。那年夏天，威廉斯奉派加入一個團隊，負責監聽北越對胡志明小徑的滲透。這個團隊在溪山建立基地，溪山位於非軍事區西端附近，距離寮國邊界不到三英里，已經駐有一支A隊（A Team）特種部隊。團隊主要成員都是來自海軍情報處（Office of Naval Intelligence）建的機構：雪城大學研究公司（Syracuse University Research Corporation）的平民。他們使用的科技叫做「POSSUM」，也就是「手提訊號解讀監聽系統」（Portable Signal Unscramble Monitoring System）。

他們的計畫是在附近一七〇一號高地裝置感應器。五月二十八日，一架H-34直升機載著陸戰隊上尉艾爾・葛雷（Al Gray）與三名越南人帶著落葉劑來到一七〇一號高地，準備在山頂清出一片空地。葛雷是個直性子鬥士，常說他手下的南越軍班長曾經指揮過越盟一個機槍連：「他可是個了不起的戰士。」他們來到山頂以後情勢惡化了：不到幾個小時，開始下雨、起霧，而且一連三十天濃霧不散，讓直升機無法進行撤離作業。他們倚靠緊急口糧撐了一段時間，然後決定必須徒步走出去。下山途中除了免不了碰上水蛭與大野獸以外，倒也沒發生意外。最後他們走出叢林，撞上一個正在洗澡的人：那是一名越共。他們槍殺了他，然後迅速奔回溪山。葛雷背著一名傷患走完這最後六英里旅程，因此獲得一枚銅星（Bronze Star）動章。電子偵聽作業終於展開了。

第一批進駐越南的美國人有許多是滿腔熱情、敬神、愛國之士。席德・貝里在寫給妻子安妮（Anne）的信中說，「好好休息了一個周末，這是我需要的。現在回復鍛鍊，一百零一個仰臥起坐、四十個伏地挺身，讀兩章聖經羅瑪書、刮鬍子、沖個澡，現在寫信給妳。」就算那些比較不喜歡讀聖經、愛與吧女鬼混的美國人，其實也沒有傳說中那樣好色。有一次史考登帶著一隊人結束在山區的幾天任務回到基地，一名剛抵達越南的特種部隊士官，在看到他們穿的那些又髒又臭的衣服後叫道，「我敢打賭，在經歷過這些事以後，你們今晚鐵定會進城找小姐狂歡了。」史考登當即告訴這名士官，他們在完成任務後，要做的第一件大事永遠不變：洗個澡，在乾淨的床鋪上好好睡一覺。

幾名越南人也欣然接受這場戰爭的洗禮，有六千小時飛行紀錄的直升機飛行員阮文耀就是其中一人。他說，「我愛飛行。每當任務順利完成時總能帶給我巨大滿足感。」不過大多數越南人對這場戰爭的看法悲觀得多。一九六四年八月的一個上午，西貢第七空降營的潘亞南（Phan Nhat Nam，譯音）中尉來到一座顯然棄置的村落的一處碉堡入口，他的一名手下大聲叫道，「裡面有人嗎？」然後轉身對潘亞南說，「中尉，我丟一枚手榴彈進去吧。」當時二十一歲、第一次出任務的潘亞南說，不要丟手榴彈，用湯普森衝鋒槍往裡面打幾發子彈就好了。

話聲剛落，一個老頭流著淚，帶著一個頭上有個驚人傷口的老婦人從碉堡裡面慢慢走出來。他把老婦人放在地上，然後向前後左右恭恭敬敬鞠了四個躬。這場面，再加上在旁邊一條壕溝裡第一次見到的敵人屍體——兩具青少年越共的屍體，讓潘亞南震驚不已。這村落是一個天主教社區，他後來在教堂裡又發現五具屍體——是一對夫妻抱著三個孩子，都被炸死。他還在附近找到一個同樣也是被炸死的少女的屍體，她的紫色罩衫衣角在風中舞動。潘亞南寫道：「我既憤怒又感到無盡哀傷，愣在那裡，連氣都喘不過來。」

第二天，當他的營在不時響起的敵火聲中掃過一個幾乎荒廢的村落時，潘亞南發現一個少婦一聲不響坐在一棟成為廢墟的房子的地磚上，抱著一個柳條籃：「她的兩眼直瞪、茫然望著前方」。

士兵們走進屋裡，當一個名叫「許」（Hieu，譯音）的士兵跨過她身邊，進廚房找東西吃的時候，她站起身來。潘亞南問她，為什麼一個女孩在戰場上徘徊。當他舉著手槍朝那少婦走近時，「她仍然不發一言，兩道呆滯的眼神流露出一絲恐懼。突然間，像表演體操動作一樣，她把柳條籃一下舉到我面前，那裡面裝著兩套衣物，有罩杉與長褲，還有一條頭巾，與一個用橡皮圈緊緊紮著的小紙包。我將紙包打開，見到兩條金項鍊與一對耳環。許站在我身後喃喃說道，『這母狗瘋了，一定是嚇瘋了。』隨即他看到那兩條項鍊。『金子！它至少超過一兩！拿了它，中尉！』『許』示意驅趕那少婦。她轉過身，像死屍一樣開始走。」

潘亞南把那少婦叫回來，將柳條籃還給她，少婦舉起顫抖的雙手，竟然因為過於驚嚇而無法接下那籃子。她隨即一邊低聲飲泣，一邊解開自己上衣鈕扣，把潘亞南弄得非常尷尬——她見他拒絕收下她最值錢的財產，以為他想要她的身體：「出於恐懼，她竟會流著淚解開胸衣，向一個可以當她弟弟的軍人獻上她自己，她究竟經歷了多可怕的人生？」潘亞南說服那少婦跟著他的排來到附近一條河，河邊停著許多擠滿難民的舢舨。難民們紛紛叫喚，想知道自己家裡的狀況。人叢中有人尖叫道，「萊！是妳，萊！」一個老婦認出跟在潘亞南後面的少婦。少婦停下腳步，「彷彿想招回上輩子一段失去的記憶也似」。少婦隨即哭喊「媽！媽！我們的房子被燒掉了！我們的房子完了！」潘亞南說，那少婦「像迷了魂一樣」向河邊她媽媽那裡走去。

這段紀錄值得我們幾點思考。首先，儘管南越軍一些部隊因燒殺擄掠而惡名昭彰，但也不乏像潘亞南一樣憂國憂民之士。許多美國人自我洗腦，認為「亞洲人對死亡的看法與我們不一樣」，其實不然。席德．貝里就為與他一起出生入死的南越軍展現的堅忍而嘆服：「越南人受傷不會哭喊、呻吟或抱怨，他們靜默、耐心地承受。我從未見過像這樣的事，看他們像這樣受苦，像這樣不聲不響地死去，讓人心酸。」

一名英國記者與一隊南越軍走在芹萓（Can Tho）附近一處河堤上。其中有個兵邊走邊談他在芽莊（Nha Trang）的家，並且邀英國人往訪。他羨艷地指著英國人絨面的靴說，「靴子，你，最好。」英國人告訴他，既然他喜歡，任務結束後就把靴子送他。那南越兵答，「喔，不要，你很大，我小。」在一場突如其來的暴雨中，一發迫擊砲砲彈落在他們中間，英國記者立即伏倒臥地。讓他詫異的是，敵人就只打了一發砲彈。「我的手在發抖，心在猛跳，我聽到一種古怪的人聲就在我近處；又像嗚咽，又像喘息。一頂頭盔像棄置的貝殼一樣倒在地上，我那位來自芽莊的新朋友就躺在旁邊。他用一隻手摀住肚子，另一隻手撐在地上……他兩眼翻白，雨水從他臉上汨汨而下，我突然聞到一股可怕的氣味。我掀開他已經濕透的襯衫，發現他的胸骨下方一片空，只有一團黑色、發亮的東西——撕爛的布上浸滿雨水、血跡、膽汁以及從迫擊砲彈片畫開的肚皮裡流出來的東西。他張開眼，皺起眉頭。『我痛』他輕聲哼了一句。」沒多久，他死了。

許多高階指揮官後來成為割據一方的軍閥：美國在一九六六年提出的一篇報告說，自一九五四年以來，只有一名高階軍官因作戰負傷。史考登說，越南人愛玩一種中國攻伐遊戲「象棋」。象棋有些類似歐洲的古老棋盤遊戲「攻擊術」（L'Attaque），有一些類似行軍打仗的遊戲規則，例如兵可以過河，但不能倒退。而主宰成敗的將軍不能離開他們的指揮帳——西貢那些將軍就是這樣。

地區首腦負責將米糧分配給手下軍人，他們會先將一大堆米糧收為己有，再將剩餘米糧分給他們要分的人。警察首長靠販賣執照發財——包括經營餐廳、捕魚、伐木等等一切商業活動形式。做了多年顧問的愛德華．布萊迪（Edward Brady）說，「在大家族文化環境下，不能利用機會幫助自己家族是一種罪惡。」南越將領可以鄭重宣誓，說他從未賣官受賄，事實上他確實也未曾這麼做——替他幹這些勾當的是他的妻子與情婦。「軍官們知道怎麼從現實中自我撇清，越南人很精於這一套，他們有這種撇清關係、自稱清白的心理能力。」阮高祺怒氣填膺寫道，「大多數越南高級軍官一心只想討好美軍顧問。」

另一方的變化也值得一提。鑒於中蘇分裂加深，毛澤東變了卦，突然發現應該加強在越南的鬥爭。他為黎筍提供大量新援助，還主張召開將蘇聯排斥在門外的亞洲共產黨大會。北越政治局委員開始將中國人稱為「同志」，而俄國人只是「友人」。由於意識形態鬥爭越演越烈，四十名在俄國工作或研讀的越南人──其中許多與武元甲關係密切，在俄國要求庇護。外國人注意到，河內唯一一家外文書店的俄文書籍都已下架停售。黎筍最後還是婉拒了毛澤東召開亞洲共產黨大會的建議：他不想與北極熊全面絕裂，因為北極熊比中國龍更能提供精密武器。他與黎德壽率領代表團往訪莫斯科，向俄國人保證他們不會違反蘇聯的和平共存全球政策。

在一九六四年三月在河內舉行的一次會議中，胡志明高調要求現代化，並強調領導層決定不再派遣正規部隊南下。儘管如此，越來越多的幹部、顧問與專業人員開始沿胡志明小徑南下，忍受著與美國干預扯不上關係的種種苦難：在高低起伏的地形艱苦跋涉，食物與醫藥補給短缺，天氣、昆蟲還有瘧疾的煎熬。越共每天經由海路與陸路從北方獲得十五噸彈藥，維持一支估計約十七萬人的兵力，其中三萬是主力部隊。眼見越共在為生存而戰，北越強硬派與南方局那些南方人對胡志明一派的怯懦痛恨有加。

但在黎筍與黎德壽主導下，北越決心不等二十年再談統一，作戰決策也隨即融入一種緊迫性。在第九號決議案於一九六四年春頒布後不到幾周，越共在南方製造的地方性事件增加了百分之四十，較大規模的攻擊事件增加了百分之七十五。游擊隊實施他們自己的徵兵系統，讓生活在越共控制區的農民日子更加艱苦。在三角洲一個農村，三百名青年被迫拿起武器參加革命，而村裡加入南越軍的只有八十人。一個老人在兒子被拉去當游擊隊以後怒罵越共幹部說，「你們一天到晚罵帝國主義分子，但你們更壞。把我兒子還回來。」

大衛．艾利約寫道，「主要靠蠻力與哄騙，越共把那些不情不願的農村青年拉去當兵。對農村青年而言，當兵等於被判死刑。」此外，民族解放陣線強迫農民必須至少將百分之二十的收入上繳，徵收的稅也比西貢徵的稅重。一名住在一個名義上政府控制的村落的村民說，他在一九六四年靠著賣芒果收入一萬七千比索，其中一百二十五比索繳給政府，九百比索交給民族解放陣線。接下來一年災情慘重：他的收入暴跌到三千比索，但共產黨毫不留情，取走他的一切收入，只為他留了兩百比索。

越共最精銳的主力部隊這時部署在中央高地，以及西貢北方十五英里、方圓一百二十五平方英里、所謂「鐵三角」（Iron Triangle）的叢林地區。他們大多以連級兵力進行作業，因為想集中更大的兵力很難。爆破排的士氣最為高昂——他們在戰場上執行最需要技術、同時也最危險的任務，但受到的紀律管束也最寬鬆。游擊隊如果想找軟目標下手，一般會攻擊民用車輛，特別是巴士，往往因此造成乘客死亡的後果。村子與地方越共單位奉命建立「反美滅絕周邊」，以保護革命控制區。

一些政府「區域軍」（Regional Forces, RF）與「民團」（Popular Forces, PF）民兵會把武器賣給越共，越共還為這類交易訂定一個價目：一支 M-1 卡賓槍兩千比索；一支白朗寧自動步槍八千比索；一發槍彈八比索；交出整個據點兩萬比索。一名據點指揮官比這賺得更多：他在暗夜舉著一盞燈走出據點，向當地游擊隊收了三萬比索，游擊隊隨即衝過他打開的一扇門湧入據點，據點守軍五死二傷，其餘倉皇逃離。

除非露宿在塔梅平原這類偏遠荒郊、不虞遭到攻擊的地區，越共部隊大多數每七十二小時就會拔營更換駐地，乾季時每天行軍十八英里，雨季每天十五英里。他們在移動時——特別是在穿越道路時，最為脆弱。文琪寫過一首越盟老歌謠，歌名就叫「穿過公路」（Crossing the Highway）。

濕腳印會暴露行藏，所以游擊隊會攜帶防水布，在通過敏感地點以前先將布鋪在地面。村長們得貯藏一些米糧，以備借宿村中的游擊隊食用，此外村子還得為游擊隊提供挑夫，挑夫們往往是婦女，她們以接力方式服役，每人得背三支步槍、一枚砲彈或兩百五十發輕武器子彈。有些女孩喜歡當挑夫，因為她們可以藉以接觸到年輕男子。相形之下，無論游擊隊或服勞役的男男女女都恨挖戰壕、掘碉堡。至少他們在這一點上，與他們的南越軍與美軍敵手有志一同。越共由於不斷有人叛逃而損失不菲，但政府處理叛逃者的作法笨拙之至。一名曾經領導游擊隊成功攻擊一處政府據點的越共變節投效政府軍，卻遭當局貶為政府軍一名小兵。

一九六四年，空中噴灑除葉劑的行動進行得更加密鑼緊鼓，這項行動毀了自然掩護，為越共帶來許多大難題。此外，政府軍雖說遭到許多敗績，但也取得一些勝利。在范恩曾經搞砸了的北庄，著名的越共五一四營在與南越共和軍的衝突中遭到慘敗。慘敗過後，共產黨也像霍金斯將軍一年前一樣幹下同樣蠢事——意圖瞞天過海。越共幹部到處宣傳，說他們殺了一百名政府軍，本身只損失十二人。但地方民眾不僅見到附近道路堆滿越共屍體，還在裡面發現許多本村子弟。悲傷的父母在路邊屍堆中拼命搜尋，希望找出愛子屍骨移往祖墳安葬。五一四營一名幹部在部隊日誌中寫道，「由於這場戰役，五一四營一蹶不振。」又有一次，三個越共營集中兵力對一座機場發動攻擊，結果慘遭逐退。越共在戰役結束後重施故技，謊報戰果，扭曲事實真相。

這種信用差距讓地方上的民族解放陣線暫時失去農民支持。不過基於一個一再發生的理由，農民很快恢復了支持：政府軍砲火炸跑了一切善意。與越共的攻擊相比，政府軍不分青紅皂白的空襲與砲轟造成的平民傷亡與損失嚴重得多——越共已經學得教訓：只要掘壕躲避，空襲與砲轟造成的傷亡低得出奇。一名農民在接受蘭德訪問時說，「美國人濫炸，毀滅了太多。他們只能殺害人民，殺不了多少越共。」一越共幹部告訴農民，「就算你們不反抗，政府軍還是會殺你們。既如此，你們還不如拚死一戰。」太多越南人同意這種看法。儘管共產黨在一九六四年也屢遭挫敗，但一般認為他們占了更多土地，贏得更多民眾支持，西貢政府軍則在節節敗退。

◎躲避決定

在越戰結束後很久，詹森總統在談到越南時說：「我從一開始就知道，我無論怎麼走都會被批判得體無完膚。若是離開我深愛的女人——「大社會」（Great Society）[31]，捲入世界另一邊那場戰爭，我會失去家裡的一切……但我若離開那場戰爭，讓共產黨接管南越，大家會把我看成懦夫，把我的國家看成姑息主義，我們再想在這地球上為任何人做任何事都不可能了。」

每一位總統免不了都得承繼前任衣缽——在一開始，都得騎在前任騎過的那些馬上。對詹森來說，這場戰爭是所有前任遺下的最桀驁不馴的一匹馬。就在子彈擊中約翰·甘迺迪那一剎那，卡美洛傳奇的又一章也開始了。繼任總統的詹森，向國會與美國人民提出的第一項保證是他會繼續維持這項傳承，而且看來他也別無其他選擇。儘管詹森頗以德州農場主的硬漢風格自豪，但他經常因品味粗俗遭人嘲弄：據說他愛吃黑眼豆加秋葵，還喜歡拎著小獵犬的耳朵拍照。甘迺迪兄弟一夥人很瞧他不順眼。許多年以後，詹森對當年遭甘迺迪手下冷淡的經歷猶不能忘懷。他自怨自艾地說，在一九六四年甘迺迪遇刺後，他「留任了十一名牛仔」——甘迺迪內閣原班人馬。

撇開越南不談，就政治層面而言，這位前副總統比那位二戰期間擔任魚雷快艇PT-109號艇長的故總統有效得多。但每個人都需要有一份自得，這樣的歸屬感在甘迺迪身上充分顯露，在詹森身上卻遍尋不著，這也是詹森悲據的源頭。美軍將領不喜歡他，有相當原因是因為他愛吹噓自己在第二次世界大戰的戰績。他曾經告訴一名記者，說他在二戰期間人稱「突擊者」。這說法誇張得離譜，因位他唯一的「戰鬥經驗」，就是在一九四二年以德州眾議員身分搭乘一架B-26轟炸機飛往新幾內亞，接受道格拉斯・麥克阿瑟（Douglas MacArthur）將軍頒了一枚政治酬庸性的銀星（Silver Star）勳章。

但無論如何，這位新總統沒有轟炸北越、也沒有派遣五十萬美軍進駐南越的傳承壓力。不過，詹森上任第一年適逢連任大選年，他也不可能下令已經進駐印度支那的美軍打包回國。後來發生的一切都並非事出必然，而且都只因為甘迺迪已經派了一萬六千美軍駐越的事實。就在大衛・尼斯（David Nes）啟程，飛往西貢擔任駐越美軍副司令前，詹森對他說，「林登・詹森不會是個因為丟了越南而下台的總統。」

一九六三年年底，軍援越南指揮部展開新計畫，以加強政府在湄公河三角洲的控制。新計畫內容包括在鄉間各地砲擊，並宣布「任意開火區」（Free Fire Zones）——區內一切動的東西都視為具有敵意、可以加以攻擊的目標。許多村落搬空，村民住在沿四號公路搭建的難民城裡。一些農民脫下傳統黑衣，改穿白衣，因為美軍飛行員認為黑衣是游擊隊的制服。這項新計畫有效打擊了越共士氣，腐蝕了民眾對越共的支持。但除了在推銷農民恐怖方面暫時比共產黨更狠以外，它完全不能提升人民對西貢政府的忠誠。

隨後將領們開始出現變化。楊文明上台不到三個月，但一些將領已經對他失去信心，美國人對他也越來越不看好。麥納瑪拉在十二月訪問西貢，對局勢的混亂驚駭不已。美國使領人員認為，楊

---

31 譯註：「大社會」（Great Society）：在一九六〇年代，由美國總統林登・詹森和其在國會的民主黨同盟提出的一系列國內政策，主要目標是經濟繁榮和消除族群不平等。

文明與之前的吳廷琰一樣，也過於熱衷與河內談判。楊文明對戰略村計畫與轟炸的效用也表示懷疑。一九六四年一月二十八日，三十七歲的阮慶（Nguyen Khanh）將軍穿便服，搭乘越南航空公司（Air Vietnam）班機從他的順化總部南下西貢，理由是看牙醫。三十日清晨，他穿上軍裝，帶著助理驅車來到共和軍總部。根據預定計畫，他的好友陳善謙將軍會率領傘兵在總部與他會合，發動政變推翻楊文明。但他發現總部大樓一片漆黑，於是打電話給陳善謙，問為什麼一點動靜也沒有。懶散的陳善謙答道，「我一定是忘了上鬧鐘了。不過不用擔心，情勢都在我們掌握中。」

這場政變果然進行得很順利。到了天亮，阮慶已經一槍不發地成為南越新領導人。他對全國廣播，說楊文明一夥人督戰不利，他現在取而代之。柯年事先已經向上級通風報信，上級因為接受阮慶的說法，相信楊文明急著謀求華府完全不能接受的概念——印度支那中立，而默許這項政變。麥納瑪拉與洛奇認為，新上台的阮慶是「所有將領中最能幹的。」阮慶上台最初幾天就幹了一件大事：幹掉殺害吳廷琰兄弟的阮文絨少校。職業劊子手阮文絨自己也死在職業殺手手下：他奉令跪在西貢一處別墅的庭園中，然後由腦後一彈畢命。

眼見領導國家的軍事「強人」這麼快就成為弱者，南越情勢益發混亂，南越軍士氣重挫。英國大使高登．艾斯林頓—史密斯（Gordon Etherington-Smith）認為，美國本應阻止這項政變：華府這麼輕易就對楊文明下手，說明只要能率領幾個團，任何高階軍官都能上台統治現在的南越。艾斯林頓—史密斯在向倫敦提出的報告中說，阮慶讓美軍喜歡他的那些特質——他的「愛說話與活躍」，「將使他遭到極多越南人憎恨，這一點似乎越來越有可能成真」。

阮慶很快以不能讓南方承受一切戰火帶來的死難與摧殘為由，開始主張入侵北越。他不是抱這種幻想的唯一一人：西貢的一些軍人與政客後來一直說，如果美國當年讓他們攻擊北越，他們可能已經打贏這場戰爭。西貢前駐美大使裴閣（Bui Diem，譯音）說，由於美國排除這個選項，南越註定以失敗收場：共產黨只需堅持到底，一定可以取得最後勝利。這類人士認為，河內享有一項重要優勢，因為它的軍隊可以在寮國、高棉、沒隔多久還可以在南越通行無阻，幾乎不需要多少準備就能發動大規模地面攻勢，這說法沒錯。但美國政府不讓南越像麥克阿瑟一九五〇年十一月進兵北韓、一直打到中國邊界一樣進兵北越，確實是明智之舉。西貢將領們自己騙自己，認為南越軍可以在沒有外援的情況下發動成功的入侵：果真如此，他們必敗無疑。

無論怎麼說，阮慶的冒險主義讓原本已經坐立不安的華府更加提心吊膽。決策人士開始發現，阮慶最大的長處就在會說話，他沒有楊文明智慧，對越南人民的認識也不深。就算那些認定南越必需由將領統治的美國人，現在也急著物色新的聰明、有效、誠實、還有聽話的新將領。其中「聽話」這一關最難克服，因為無論任何越南領導人想贏得民眾支持，唯一的辦法就是與美國疏遠。二十歲官校生段方海在就讀大叻官校期間，眼見校長隨西貢接連政變而四次換人，感到困惑、失望、而且越來越不滿：「我們這些年輕的官校生開始認識到，我們那些長官將軍隊袍澤的兄弟精神拋在一邊，只是忙著相互爭權奪利。」

在白宮易主之後最初幾個月，幾乎每一個軍事選項都在華府、洛奇的大使館、軍援越南指揮部浮上台面。關鍵問題是誰是我們的敵人？美國應該打擊的目標是在南越境內作戰的共產黨游擊隊？或是美國人眼中身為這場戰爭源頭的北越？——這看法對了一半，也錯了一半。這時由麥克斯·泰勒擔任主席的參謀首長聯席會議主張攻擊北越。幾名參謀首長中有兩人比較軟弱，或至少比較謹慎：陸軍參謀長艾爾·惠勒（Earle Wheeler）與海軍參謀長大衛·麥唐諾（David McDonald）。另有兩人比較強悍，看法也較明確：空軍參謀長柯提斯·李梅（Curtis LeMay）與陸戰隊參謀長華里斯·葛林（Wallace Greene）。李梅在一九四五年主導，對日本發動B-29燃燒彈大轟炸，造成的死難人數比原子彈攻擊還多。

兩派人馬一派主張出動壓倒性兵力，一派反對用兵。李梅是戰略空軍武力的狂熱信徒，同事說，他每愛用他那「聽了讓人耳朵起繭、時而像渦輪引擎轉動的粗啞嗓門」為他的說法辯護。有一次，陸軍要求自行操作武裝直升機，李梅堅決不肯。他把隨時叼在口中的雪茄菸取在手中，對著陸軍參謀長大吼，單挑陸軍參謀長決鬥：「你飛一架你們那狗屁休伊直升機，我飛一架F-105，我們看看誰能活下來。我不把你那些玩具槍打成碎片、散落一地才怪！」麥納瑪拉在這項爭議上裁決陸軍有理，李梅更加瞧不起麥納瑪拉了。

葛林安靜而專業的態度，為他贏得「學童」的綽號。他很看不慣政治人物那種本能性的謹慎，對所謂有限度戰爭的說法更加厭惡。他主張「迅速、主動、激烈而持續的行動……動用美國一切資源全力投入」。像李梅一樣，他也相信美國可以摧毀北越設施與基礎架構，迫使北越屈服。葛林在一九六四年三月四日告訴詹森總統，空襲北越很可能引發又一場韓戰式衝突，甚至可能升高為世界大戰：「但痛苦的事實是，我們總得找一個地方站穩腳步守下來。身為總統，你得決定這個不再退讓的地方是不是越南。」在那年七月由惠勒取而代之以前一直擔任主席的泰勒，經常改變主意——若根據品味與日期來分，他至少支持過五項不同的政策。他後來逐漸認定，想在南越擊敗越共太難，美國應該集中力量懲罰北越，從而加入主張轟炸北越的陣營。

參謀首長聯席會議對白宮決策的影響力有限，一方面由於一連幾任聯席會議主席向白宮提出的建議都不痛不癢，另一方面也因為總統絕大部分時間與他的文職顧問共度，在這些顧問中，最有分量的是麥納瑪拉。還有一個人，出乎意外的，也對美國的越戰決策有相當影響，這人是律師出身，後來成為最高法院法官的艾伯・福塔斯（Abe Fortas）。福塔斯對越南問題一竅不通，但他是詹森最親密的顧問，幾乎每天都與詹森商談。有人將美國在一九六四至六五年的決策選項歸咎於參謀首長聯席會議，這類指控似乎不確，因為在這段期間，一切有關和、戰的決定到頭來都是政治決定。

甚至在經歷韓戰洗禮過後，大多數美國高階將領仍然不很了解有限度衝突的意義。如果這些將領當年擁有主導權，越戰規模很可能更加升高，造成更慘重的災難。

但華府有關越戰決策的辯論最令人稱奇之處，在於它幾乎完全圍繞在應該運用多少兵力的問題，對於如何透過政治手段抽身的事卻鮮少考慮。國務卿魯斯克的弱點是，儘管身為美國外交政策負責人，他對外交卻從不抱多少信心。詹森總統很少與外國領導人交往，更不會接受外國領導人的建議。在他上台第一年，詹森政府要員對法國影響力非常恐懼，認為法國總統戴高樂所以如此熱衷越南中立化，為的就是羞辱美國。

大國喜歡打那種投其所好的戰爭，未必喜歡打他們得打的戰爭，這不奇怪。在第二次世界大戰期間，由於蘇聯紅軍扛下摧毀希特勒德軍的重擔，西方盟國得以免除兩個海權國對付一個陸權國的困境。在越南問題上，華府決策人知道他們欠缺可行的政治與社會結構，但他們認定美國的科技與火力可以補足這項缺失。安德魯．顧帕斯特（Andrew Goodpaster）中將一度警告麥納瑪拉：「先生，你是在設法將敵人程式化，我們永遠不能這麼做。」一名美國戰俘對盤問他的共產黨說，他認為，美國人所以出兵越南，十分之一為了對越南的關心，其餘原因都是為了壓制毛澤東。盤問他的共產黨聽得一頭霧水，問道，「那你們為什麼不去中國打毛澤東？我們也不喜歡中國人。」

一九六四年春，國務院政策規畫處處長華特．羅斯陶再次提出李梅的觀點，主張運用壓倒性空軍力量。這種作法的成本與後果，並沒有可供佐證的相關研究資料；主張這種作法的人只是認定，在遭到轟炸重創之後，北越會因為損失過重而屈服，改變方針。一些高級將領主張採取進一步行動：派遣地面部隊進入寮國以切斷胡志明小徑，或乾脆進兵北越。在一九六四年的政策辯論中，「北上」一詞不斷在會議與備忘錄中反覆出現，重點主張包括轟炸、秘密行動與大規模入侵。那年四月，李梅問太平洋地區美軍總司令哈利．菲特（Harry Felt），想打贏這場戰爭需要什麼？菲特答道，美國「先得北上才行」。從一九六四年春以降，麥納瑪拉對越南戰局非常悲觀，但他不但沒有因此主張撤軍，反而不情不願地緩緩主張升高戰事。那年四月，有記者報導說，參議員韋恩·摩斯（Wayne Morse）稱越南戰爭是「麥納瑪拉的戰爭」。麥納瑪拉毫不客氣地提出反擊，說「我不在乎有人稱它是麥納瑪拉的戰爭，事實上，能夠與這場戰爭聯名讓我感到驕傲。」羅伯·甘迺迪在談到這件事時說，麥納瑪拉這話不是很高明的政治。

威廉·伯克利（William F. Buckley）、瑪格麗特·希金斯、羅蘭·伊凡斯（Rowland Evans）與羅伯·諾法克（Robert Novak）等保守派記者不斷呼籲，認為美國應該不打勝仗誓不罷休。約瑟夫·奧索（Joseph Alsop）還嘲笑詹森，說詹森怯懦沒膽，只敢向敵人討好賣乖。但在這段期間，儘管詹森如果撤軍一定會遭到保守派圍剿，也有不少媒體人士了解美國已經陷入泥沼。沃爾特·里普曼以及《新共和雜誌》（*New Republic*）、《紐約時報》等媒體已經預測，美國如果投入戰鬥部隊會出大亂子。當時詹森的個人聲望在美國還很高，他應該相信，如果他告訴美國人民，說美國在越南支持的是必將失敗的一方，他能獲得這類媒體的支持。

在政府內部，從一九六四年五月起，國務次卿喬治·鮑爾頗有先見之明地對戰爭前景表示悲觀。他駁斥美國在越南有重大利益的說法，還說他看不出為什麼攻擊北越就能提振南越政府。他認為，無論投入多少軍隊，這是一場打不贏的戰爭。情報部門也抱持同樣看法，認為阮慶政權將難以為繼。二月十七日，在抵達西貢兩個月後，大衛·尼斯在美國大使館以白紙黑字的方式告訴洛奇說，他認為戴高樂說得沒錯：美國應該退出越南，否則準備應付大舉升高的戰局。中情局國家評估處（Board of National Estimates）分析師威拉德·馬蒂雅斯（Willard Mathias）說，越共「接受河內政府指示，但大體上靠的是自己的資源」。他也認為美國應該妥協。

國防部助理部長約翰·麥諾登（John McNaughton），儘管崇敬提拔他的老闆麥納瑪拉，但在一九六四年春也對這場戰爭失去信心。他告訴友人麥克・福雷斯特，「你一直認為我們可以扭轉這局面，但我不以為然。依我看，事情一天比一天更棘手，我們每一天都會失去一點控制，我們做錯的每一個決定，或沒有做成的決定，都讓下一個決定更難。因為如果我們不能在今天罷手，不能罷手的理由到明天仍然在那裡，我們會陷得更深。」麥諾登很相信美國介入印支事務主要為了自私，幾個月以後，他一一舉出美國的意圖：「百分之七十為了害怕因失敗而顏面掃地（因為我們是保證國）；百分之二十為了不讓南越（與附近地區）落入中國手中；百分之十為了讓南越人民享有較好、較自由的生活方式。」

幾乎所有華府人士私下都表示西貢政府已經腐爛，而且戰局每下愈況。但在十一月三日大選投票，詹森成為美國民選總統以前，壞消息不得走漏，美國必需在越南撐下去。三月間，麥納瑪拉與泰勒一起訪問越南，向新統治者阮慶開出支持保證。當時駐在西貢的威廉・德沛（William DePuy）准將在家書中寫道，「不用多久，華府的人都來到越南，越南人會沒有立足之地，或許這是一個打贏這場戰爭的辦法。」

中情局的魯夫・菲利浦在共和軍參謀總部走過一張堆滿書籍的辦公桌，桌邊一名越南少校正在伏案工作。菲利浦問他在幹什麼？那越南軍官說，「我在幫著起草憲法。」他桌上堆的都是美國與法國憲法，以及過去越南憲法的有關書籍。他說，這是阮慶交給他的任務。之後憲法草案寫成，送到美國大使館，徵得大使館批准同意。阮慶告訴他的將領，這是美國人要的——就這樣，儘管有幾名將領有異議，憲草還是通過實施，隨後新憲法遭到佛教徒與學生抗議。泰勒斥責阮慶，說阮慶把事情全搞砸了。阮慶當然憤怒：他完全按照主子的意見辦事，難道有錯嗎？

菲利浦對這場鬧劇反映的心態有一段描述：「我們小心翼翼、不辭辛苦，花了將近十年建立這個非常脆弱的新國家。然後我們將一切可能帶來安定的東西全部搗毀。在這段『旋轉門』期間，每當一名將領發動政變，所有原先的人馬完全被踢了出去，我們把一些完全不進入狀況的人拱上權位。為消弭這種混亂，我們更加介入，但我們介入越深，遭我們趕走的越南領導人越多。我們決定先打贏這場戰爭，再將這個國家還給越南人民。這是對越南民族主義的致命一擊……而這已經成為共產黨炒作的基本議題。」

國防部長麥納瑪拉向詹森總統提出一份他在訪問西貢以前已經擬好的報告，說明他對美國宗旨的解讀：「我們追求的是一個獨立、非共的南越，除非我們能達到這個目標……幾乎整個東南亞都可能陷入共產黨掌控。」這份報告之後成為國家安全署強調美國承諾的二八八號備忘錄（NSAM288）。從那以後，詹森政府開始認定只需運用軍事力量，無需顧及越南人民態度，就能完成美國目標。在華府看來，無論哪個越南人上台，只要能保證不與河內勾結，華府就支持他統治南越。

麥納瑪拉私下承認越南情勢「亂成一團糟」，西貢隨時可能出現又一次政變。但他與詹森總統都不肯使用激進手段——包括乾脆放棄南越，或是大舉增兵南越，來解決問題。詹森公開表示，他不知道轟炸北越能有多少效果。在一九六四大選年競選活動展開初期幾個月，詹森與麥納瑪拉都強調對西貢政權的承諾，但為避免招來選民不受歡迎的注意，在有關這場戰爭的管理議題上，除了小規模漸進式步驟以外，兩人都不願採取任何劇烈行動。蘇聯大使安納托里．杜布萊寧在四月十七日第一次會晤詹森總統時，訝然發現詹森竟絕口不提越南。

接下來一個月，寮國境內戰火復熾，法國、印度、高棉與蘇聯於是要求重開一九六二年日內瓦會議。美國因為擔心會議一旦召開，越南中立化將成為議題而拒絕這項要求。但如果美國想撤出越南，這樣的國際會議很可能帶來一扇方便之門。麥納瑪拉的部屬，後來因「五角大廈文件」（Pentagon Papers）洩密案而出名的丹尼爾．艾斯柏格（Daniel Ellsberg）說，一九六四年是「忠誠的官僚還能主張美國應該停損的最後機會」。時序進入一九六五年以後，美國在軍事與政治兩方面遭到的敗績與羞辱太多，撤出越南已經成為美國政府不可能欣然接受的選項，因為這等於讓美國在世人眼前吞敗露醜。但在一九六四年夏初，事情還沒有那麼糟。

這時所有有關各造都同意共產黨已經占盡上風，但麥納瑪拉仍然支吾其詞——參謀首長們認為如此——這讓特別是李梅與葛林憤憤不平。李梅與葛林認為，只是持續現有政策很難扭轉頹勢。兩人對參謀首長聯席會議主席泰勒也失去耐心，認為泰勒不願把令人不快的事實真相告知總統與麥納瑪拉。整個春天，美國高級將領間的不滿情緒不斷升高。詹森的軍事助理齊斯特・克里夫登（Chester Clifton）少將在三月二十七日寫道，「我感覺情勢似乎充滿困境，甚至危機四伏……參謀首長們嚴重分裂。」葛林在五月十八日以鄙夷的語氣寫道，「我們見到麥納瑪拉與泰勒兩人在刻意玩弄我們的行動。」大選似乎還太遙遠，美國禁不起這樣一直輸下去。這時贊成轟炸北越的《紐約時報》著名軍事編輯韓森・包文等評論員也有同感。葛林不僅瞧不起國防部長，還認為由於受到麥納瑪拉攔阻，參謀首長們無法履行為總統提供軍事建議的職責。不過無論是當時的葛林與李梅，以及日後的一些史學者，都沒能認清一件事：自古以來，全球各地職業軍人都有一種與生俱來的天性，就是與政治領導人不睦，而且他們其實都沒有自己認定的那麼有智慧。

五月十七日，二戰老兵、精瘦個頭的軍情准將威廉・德沛從西貢寫信給妻子瑪姬（Marj）：「我還搞不清我們究竟正在占上風，或正漸趨下風，情況確實很嚴重。我不知道『意志』是否存在。」他在一周以後又說，「想解釋事情怎麼演變成今天這樣一團混亂，真是難上加難。除非出現奇蹟，我們只會越陷越深。」那個月底，由於事態過於嚴重，麥納瑪拉與參謀首長討論派駐地面部隊的選項，還花錢做了一項轟炸北越的調查，調查結果擬出一份清單，列了九十四個目標。麥納瑪拉等人認定，除非河內退讓，美國將派軍或轟炸，或兩項行動雙管齊下。空中偵測發現胡志明小徑的活動更加頻繁。他們隨即發現，無論決定轟炸或派軍，都必須先完成一些法律手續——即代理司法部長尼古拉斯．卡岑巴克（Nicholas Katzenbach）所謂「等同宣戰的功能性措施」。五月底，國務院的威廉．邦迪（William Bundy）擬了一份決議案，授權總統向海外派軍。但這項決議案之後存檔了事：目前還沒有必要招惹麥克．曼斯斐德以及韋恩．摩斯那些惱人的參議員。

選戰這時已在全美各地開打，與越南議題相形之下，詹森花在「大社會」競選承諾的詞藻多得太多。總統選戰史學者西奧多．懷特（Theodore White）在一九六五年寫道，「甘迺迪要求人民犧牲奉獻、詹森保證會讓人民快樂。就算動盪紛擾的世局，似乎也在春、夏那段期間平息下來，讓詹森可以從一個或許比較輕鬆的立場推動他的對外事務。越南是唯一危機，情勢一周一周緩緩惡化——但總統想辦法暫時為它做了政治消毒。」

無論怎麼說，白宮決定西貢需要注入心血：大使與軍援越南指揮部司令都換了人。洛奇已經黔驢技窮，而且幾乎與霍金斯不講話。可能的繼任人選包括羅伯．甘迺迪、麥喬治．邦迪與麥納瑪拉，最後決定由總統最信任的軍人泰勒將軍繼任大使。泰勒於七月底達西貢，任務不是外交，而是打一場比較聰明的仗。如果不是因為迷戀權位，已經六十二歲的泰勒一定會婉拒這項幾乎是赴湯蹈火的任務。他會認為在這樣的時機到這樣的地方，擔任這樣一種地方總督的職務能增加他的名望，實在令人很難想像。無論怎麼說，泰勒接受了這項任命，也證實了他的一些二戰老戰友們對他的批判：泰勒對名利虛榮以及後門政治的偏好，遠遠勝過他的才幹與判斷力。泰勒的參謀首長聯席會議主席遺缺由陸軍參謀長艾爾．惠勒接任。惠勒是個官僚與軍方權力掮客，沒有實戰經驗，他的遺缺由哈洛．詹森（Harold Johnson）替補。由於有泰勒進駐西貢，惠勒不可能在越南戰略決策上有多少發言權，不過這位新任主席的軟弱很快暴露無遺。

在一九六四年六月二十日接掌軍援越南指揮部的威廉．魏摩蘭（William Westmoreland）說，

「我接管了這一團政治混亂……它幾乎就像嘗試理清義大利麵一樣。」霍金斯儘管犯下許多離譜的錯，誤判也很明顯，仍然獲准光榮退休。繼任他的魏摩蘭比泰勒低階，直接聽命於太平洋地區美軍指揮部總司令。在魏摩蘭獲得任命以前，有人質疑他是否夠精明、夠強悍。據說，當時參謀首長聯席會議屬意由哈洛．詹森、克萊登．亞伯拉姆斯或布魯斯．帕爾墨接替霍金斯；但泰勒在向總統與麥納瑪拉報告時謊稱參謀首長聯席會議選了「老魏」。

魏摩蘭在進駐越南以後，不斷遭人挖苦說他是「美國陸軍有史以來最了不起的團長」，他在越南的表現也讓人難以信服他是一位偉大的指揮官。他手下一名陸戰隊參謀官在家信中寫道，「他很能掌握事情全貌，很快就能察覺問題出在哪裡，但他會放任自己天馬行空，胡思亂想。他的一些方案簡直是瘋狂。」但無論怎麼說，就算派薛曼（Sherman）、巴頓（Patton）、甚至派李奇威進駐越南，大概情況也好不了多少。美軍冷眼旁觀，發現原來幹他們這一行的獨特賣點，就是他們會殺人。要他們超越他們的智慧、經驗與資源以因應政治與社會挑戰，是對他們要求太超過了。

魏摩蘭後來說，「在那段期間，我與所有其他美軍軍官時刻謹記於心的，是甘迺迪就職演說中那一段充滿感情、讓人非常感動的講詞：『我們願意背負任何重擔、面對任何艱苦、支持任何朋友、反對任何敵人，以確保自由的生存與勝利。』……對於前往越南為這樣的理想原則而戰，我們感覺很棒。」性好挑剔的二十一世紀聽眾，或許認為魏摩蘭這番話是陳腔濫調，但當魏摩蘭一九六四年上任，發表這篇感言時，他說的似乎是肺腑之言。像當年幾乎所有職業軍人一樣，他也滿腦子「辦得到」（can do）精神。

不過，這種態度的代價是，就像過去霍金斯時代一樣，魏摩蘭領軍下的軍援越南指揮部也將現實丟在一邊。印支問題專家豪沃德．辛普森這時奉調前往美國駐西貢大使館。在前往西貢途中，他在檀香山出席一項戰略高峰會，與會人士包括麥納瑪拉、魯斯克、泰勒、魏摩蘭以及中情局局長約翰．麥康等等。辛普森大失所望地發現，與會諸公沒有一個人真正了解越南。會中那些討論讓他越聽越喪氣：「我很快就知道，最近的歷史教訓沒有列入高峰會議程。法國人戰敗，我們會贏……我可以閉上眼，想像自己一九五三年坐在法軍指揮部聽簡報。」

辛普森當時沒敢直接說出來，但會中說明的那些計畫與方案在他看來簡直是天方夜譚，因為他知道沒有一個越南人能辦得到。而且更糟的是：西貢那些官兵會運用他們的一貫技倆，你說什麼他們都同意，但他們什麼都不做。「越南人扮的是根本不用上台的小角色。在這場為他們的國家而戰的鬥爭中，他們實際上已經成了局外人。」這一點非常真實，非常重要。一向以本國反殖民主義傳統與心態而極度自豪的美國人，現在決心以世世代代以來不折不扣的殖民政府風格打一場戰爭。法蘭克．史考登說，一般美國人對越南人的態度是「漠不關心。美國人都愛拿越南科技開玩笑，說越南人只會用兩根棍子夾起一個東西，或用一根棍子挑起兩個東西……我們是彼此幾乎一無所知的盟友。」

在南越，憑藉武力經常足以為共產黨帶來戰術性挫敗。但史考登、辛普森、范恩與蘭賽這類懂行的美國人都知道，戰場上的勝利效果小得出奇。或許這場戰爭最大的諷刺，特別是對那些因此戰死的人，最大的諷刺是相對於河內與西貢之間的社會與文化角逐，戰鬥是最不重要的部分。華府把美國在越南的核心任務交給泰勒，就好像派一個電工修理煤氣漏氣一樣。不過泰勒在描述自己的任務時，用了另一個比喻：「我的任務，就像那個荷蘭小男孩用大姆指堵住水壩裂縫，阻止潰壩一樣。」當魏摩蘭接掌軍援越南指揮部時，威廉．德沛在家信中寫道：「我們打不贏，但或許我們能保持不輸。」

那年夏天西貢相對平靜，就像在整個戰爭過程一樣，這樣的日子在華府引起陣陣樂觀的痙攣：或許不必做什麼大決定也行。在洛奇的支持下，魏摩蘭在檀香山戰略高峰會中說，「情勢已經探底，開始逐漸走平、好轉……除非發生政變或暗殺之類不尋常的暴力事件，南越不會崩潰。」麥納瑪拉與中情局的麥康認為情勢沒那麼樂觀，但魏摩蘭與即將卸任的洛奇堅持己見。

身為軍援越南指揮部司令需要管理才幹，就這一點而言，魏摩蘭頗為稱職。有人說他有一群

「一時之選」（the crème de la crème）的參謀。他的參謀長迪克．史提威（Dick Stilwell）與矮小精瘦的作戰官德沛，像他一樣都是工作狂。美國軍事介入迅速擴大帶來的相關行政管理，儘管造成巨大社會與天然環境成本，但進行得很有效率。不過在戰鬥方面情況沒那麼好。德沛在七月二十八日的家信中說：「這個地區可以說將星雲集，老實說，那些可憐的越南小矮人都被壓得喘不過氣，而且不知如何是好，或許他們還有些害怕，我不敢確定……這場戰爭顯然已經把他們弄得筋疲力盡，他們顯然不願意再像這樣打打停停，不斷流血流十年。我敢說，他們一定希望我們替他們攻擊北越。」德沛在八月的信中又寫道，「如果這個國家的領導人認為他們贏不了，我們又怎能贏得了。」

在華府，主戰的鷹派情緒在不聲不響中緩慢但不停地升溫。邦迪、魯斯克與麥康贊成在選舉過後投入地面部隊，不過魯斯克在檀香山會議中強調「美國民眾還沒有作好吸收更多軍事行動的準備」。麥納瑪拉仍然不願派遣大部隊進駐，但現在也贊成轟炸北越。情報部門提出一種新理論：正因為河內擁有的工業與基礎設施太少，一旦見到這些設施被炸毀，能讓河內特別緊張。國防部助理部長、瘦高個約翰．麥諾登，根據不斷提高痛苦面的想法，建議一種具有東方式巧思的轟炸戰略：「我們發動空襲的目的，應該是傷害他們，而不是摧毀他們。」當參謀首長七月三十一日在白宮開會時，華里斯．葛林重申主張，認為想在南越求得一種可以忍受的結果，美國就必須把戰火延燒到北越。這位強悍的陸戰隊將領說，美國現行政策「讓敵人決定在哪裡交戰，違反一項根本性軍事事原則」詹森說，就許多方式而言，南越與美國的問題類似得古怪：南越的吳廷琰遭暗殺不久，美國也

剛遭到甘迺迪遇害之痛。儘管他告訴與會將領，軍情緊急，不容任何政治猶豫，但沒有人信以為真：距離投票日不到一百天，現在一切的一切都以贏得總統選戰為主，其他任何事都得擺在一邊。

第 9 章

進入東京灣

Into the Gulf

◎謊言

林登・詹森是不是想在一九六四年十一月投票以前找機會展示他用兵的能力，還是說危機找上門來，一直沒有定論。那年八月，就在民主黨舉行黨代表大會以前兩周，東南亞戰局出現新轉向。早自一九六四年一月起，美國已在北越境內展開代號OPLAN34-A的秘密作業，以投擲化學藥劑與突擊作戰等方式擾亂河內。或許就全面性戰局而言，這項作業另有評價，但它毫無來由地奪走數以百計越南人的人命與自由。自一九六一年起，共產黨情報機構就一直從擄獲的特工中找出「回頭」人員，用他們與美國的半軍事行動首腦們大玩「無線電遊戲」。由於有了這類「回頭」人員，再加上滲透南越的雙面間諜，使北越在這類間諜戰上可以不斷有所斬獲。在一九六三年，美國以降落傘空降或以小艇運輸方式將八十組特工送進北越。中情局的吉伯・雷登（Gilbert Layton）說，「在我這裡……我們假定南越已經遭到滲透……當我開始召募這些人之初，有人說，『你不擔心你雇的那些人裡面可能有越共嗎？』我說，『我們估計大約有百分之十的人是越共，但果真如此，我們在人數上還是占有九比一的優勢。』」

中情局的柯比有即時發現事敗的本能：「根據我這裡得到的訊息，這麼做成不了事，所以不要再搞這種事了。」他在一九六三年冬向麥納瑪拉進了許多言，只是麥納瑪拉並無回應。麥納瑪拉說服自己，如果能置於軍援顧問團管控下，擁有軍力後盾，秘密作業有助於對河內持續施壓。他在那年十二月向詹森提出這個論點，沒隔多久，OPLAN34-A系列作業就展開了。幾近兩百名南越人受了跳傘、划艇或泳入北越的訓練，不過他們接受的訓練並不完備：潛入城市的特工奉命找出天主教神父，因為神父們一定反共，神父們果然反共，但他們的教堂也因此永遠在共產黨緊密監視下；有些特工在跳傘進入北越後，因為穿的是皮鞋而不是北越人大家都穿的涼鞋而形跡敗露；有一名特工因穿了美國牛仔褲而被抓，他的牛仔褲也立刻為抓他的那名士兵據為己有。許多特工在踏上北越後立即投降。

北越不時發表西貢特工審判秀，拒捕的特工則遭處決。OPLAN34-A特工大多數遭到無限期拘禁，最後一批倖存者直到一九九五年方才獲釋。中情局負責監督這些秘密任務的「研究與觀察組」（Observation Group, SOG）組長克萊德・羅素（Clyde Russell）上校，日後在面對參謀首長聯席會的調查時說，「我們對大多數送進北越工作的人員不抱多少指望……我們的行動沒有一次成功。」但由於以麥納瑪拉為首的一群高官與將領認為這麼做成本低、不招搖，還可以不斷對敵人施壓，OPLAN34-A突擊作戰行動持續進行。

負責兩棲突擊任務的高速巡邏艇上的南越官兵都是精銳部隊，領有美國人發給他們的現金酬庸。以峴港為發起點的突擊任務大多數在暗夜進行，持續不超過數小時。高速巡邏艇總是雙雙出動，平均每周執行一次任務，由美國人利用空拍圖向執行任務的南越軍官做簡報。這些「又快又兇」的巡邏艇將海豹突擊隊員、越南儂人（Nung）送到岸邊，對岸上設施發動攻擊。他們不時也與北越巡邏艇衝突，用他們的四十公厘砲發動攻擊。這些對北越的突擊沒有真正紀錄——都只出現在「美國聯絡處」名下的工作誌中。越南官兵非常喜歡駕駛這種五十五節[32]（knot），比共產黨所有的船都快的巡邏艇。一名軍官說，「能把戰事帶進北方，而不僅是被動保衛疆土，感覺真好。」

共產黨不斷擊退來犯的突擊隊，岸防也始終保持高度警戒。七月二十八日，在對干島（Hon

32 譯注：一節約為時速一點八五公里。

Gio）的一次攻擊過後，中國製的汕頭級巡邏艇追逐突擊隊，趕了四十五英里。兩天後，突擊隊對美島（Hon Me）發動攻擊，結果只對島上雷達設施用自動武器掃射一番就被逐退。就這樣，三天後，當美國驅逐艦馬杜克斯號（Maddox）駛入距這些島嶼不到數英里水域、執行「戴索托」（Desoto）電子監聽任務時，島上守軍已經全神戒備。馬杜克斯號當時已經駛入北越宣稱的領海，不過仍在美國認定的公海水域內。它的一項任務是為軍援顧問團蒐集情報，包括「判定北越海岸巡邏活動……刺激並紀錄北越反應，以支援美國的信號情報作業」。

八月一日，信號攔截人員向海上任務指揮官、馬杜克斯號艦長海軍上校約翰．海利克（John Herrick）示警，說北越的電信傳輸顯示，北越海軍指揮官已經「決定今晚與敵人打一場」。馬杜克斯號在獲得這向警訊後，退入比較沒有爭議的水域。第二天，八月二日，共產黨下令多艘P-4魚雷艇與汕頭級巡邏艇在美島外海集結，根據美方解讀，這意味北越打算對馬杜克斯號發動攻擊。早在八月二日，國家安全署（NSA）已向軍援顧問團與海軍各指揮部——不過未向馬杜克斯號本身——發出緊急警告：「根據北越展示的敏感度以及他們的反制準備，北越對戴索托巡邏的可能反應或許會較預期更為嚴重。」富排（Phu Bai）的信號情報單位在東京灣當地時間上午十一點四十四分時再發一份急電，說一艘汕頭級巡邏艇已接獲攻擊令。但儘管如此，馬杜克斯號仍獲許繼續它的戴索托電子監聽任務。八月二日中午，馬杜克斯號在美島外海見到五艘共產黨巡邏艇，但沒有因此改變航線。

在河內指揮部，當天下午的執勤官是副參謀長陳歸海（Tran Quy Hai，譯音）大校。指揮部的人後來說，當海軍總部來電報告發現馬杜克斯號，並要求指示時，陳歸海說，「什麼？他們在問我們應該怎麼反應？敵人艦艇侵犯我們水域，我們就必須攻擊！他們在等什麼？」作戰部副長通知海軍指揮部執勤官，執勤官於是下令出動魚雷艇一三五大隊的三艘魚雷艇，在兩艘巡邏艇支援下與馬杜克斯號交火。

在西貢新山一空軍基地，國家安全署攔截站執勤官哈利・威廉斯（Harry Williams）接獲菲律賓聖米蓋（San Miguel）海軍信號情報單位的警告，說美國軍艦即將遇襲。有證據顯示，北越指揮鏈出現混亂：河內曾下令召回P-4，但衝突已經發生。馬杜克斯號在下午兩點發現北越砲艇，於是掉頭往東，增加航速到二十五節。四十分鐘後，海利克向岸上指揮部報告，說他必要時會運用艦砲自衛。在航空母艦提康德洛加號（Ticonderoga）擔任護航的四架F-8「十字軍」（Crusader）戰鬥機奉命支援馬杜克斯號。三點五分，馬杜克斯號的五英寸艦砲發出三發警告彈，隨即火力全開、攻擊以四十節高速破浪而來的北越砲艇（美國政府事後指共產黨首先開火，這說法完全不確）。馬杜克斯號的艦砲與北越砲艇發射的魚雷都沒有命中對方，但F-8於三點二十分抵達戰場，用機砲對P-4發動俯衝攻擊：所有三艘P-4都遭到重創，北越水兵四死六傷。戰鬥結束後，馬杜克斯號只在上層建物上多了一個彈孔；一架F-8受損，但安全降落蜆港。

八月三日，北越總參謀長文進勇飛往海岸。魚雷艇都在外海一個島上修補，迄未返航。文進勇此行表面上為的是向海軍賀喜，但他在返回河內的直升機上告訴一名隨行軍官，他認為「在我們設法局限這場衝突之際」，發動這項攻擊是一次錯誤；他認為指揮部執勤官逾越了他們的權限。

華府對這場衝突的初步反應是不聲張，但在總統指示下，華府向河內發出嚴厲警告：對美國軍艦發動的任何進一步「無端」攻擊將有「嚴重後果」。八月二日，麥納瑪拉在陪伴賈姬・甘迺迪（Jackie Kennedy）望彌撒時被召回國防部。第二天，麥納瑪拉主持參謀首長聯席會議，討論來自西貢、令人喪氣的新軍情報告。他在會中說，「我們在輸……這一次不能再吞敗，也不會再吞敗。」有報導說，中國的一個空軍師正在進駐北越。中情局的麥康提出警告說，中國可能對西貢發動空襲；俄國也可能插手，像韓戰期間一樣，悶聲不響地派出戰鬥機。美國派遣第二艘航空母艦星座號（Constellation）前往北越外海，支援提康德洛加號。另一艘驅逐艦騰納・喬號（Turner Joy）也奉命出動，與馬杜克斯號會合。海利克上校確信情況嚴重，發電指出「北越已經下了戰書，現在自認已經與我們交戰」。他呼籲華府派遣更重型艦艇支援戴索托任務。馬杜克斯號奉命在八月三日再次逼近海岸。

八月三日到四日，南越突擊隊發動又一次OPLAN34-A突擊，出動四艘快艇攻擊榮子（Vinh Son）的岸上設施，其中一艘遭到共產黨追擊。在距離事發水域許多英里外，北越仍在忙著修理他們受損的三艘魚雷艇。但富貝的信號情報攔截人員誤解了敵人電訊，認為北越對美艦的又一次攻擊迫在眉睫；富貝於是在下午四點五十六分發出新「重大」警告。當天，八月三日，一艘汕頭級巡邏艇確曾用雷達跟蹤美艦，但保持在安全距離外。海上風雲儘管緊張，馬杜克斯號與騰納・喬號附近水域並未傳出槍聲。

華府方面沒有人主張撤回戴索托任務。第二天，八月四日上午，兩艘驅逐艦恢復岸上偵察任務。晚上六點四十分時，富貝發布新警告：「北越可能計畫對戴索托巡邏任務展開海軍行動。」不到兩小時後，馬杜克斯號在不斷惡化的天候中報告，雷達發現兩個「臭鼬」（skunk，海面雷達接觸）──與三個「妖怪」（bogies，空中接觸），距離一百英里。海利克日後推斷，那三個「妖怪」或許是中國海南島折回的錯誤「地形回歸」。海利克在晚上八點四十五分時報告，說海面上的「臭鼬」不見了，但在九點八分發現又一「臭鼬」。飛臨上空的海軍天鷹（Skyhawk）式戰鬥機報告，在暗夜中見到兩艘驅逐艦艦尾的白浪跡，但沒有見到敵艦。九點三十四分，馬杜克斯號上警鈴大作，雷達有了新接觸，距離九千八百碼，顯然以四十節高速逼近；騰納・喬號作業員也報告發現活動。隨後聲納小組發現水下有動靜，馬杜克斯號的戰情中心（Combat Information Center）──不是聲納作業員──認為是魚雷來襲。海利克在九點四十分時報告他的船艦向「攻擊者」開火，但又說驅逐艦很難在雷達上鎖住它們。這不足為奇，因為它們是美國人憑空虛構的東西。

驅逐艦發出的「正不斷遭到魚雷攻擊」的報告，在當天晚上傳到國防部，它們不僅反映了技術人員的眾多錯誤，也說明他們的長官反應過激。駐防夏威夷的海軍上將尤里斯・葛蘭・夏普（Ulysses Grant Sharp）一度將這些報告視為「重啟的敵對行動」。許多年以後發表、幾乎百分百可靠的北越戰鬥日誌顯示，他們當時沒有在美艦左近部署任何船艦。無論怎麼說，兩艘驅逐艦因這些雷達接觸而採取誇張的閃避行動。馬杜克斯號的艦砲無法鎖定目標，但騰納・喬號打了三百多發五英寸砲彈——不過也沒有見到敵人蹤影。晚上十一點三十五分時，「行動」終於停止，海利克報告擊沉兩艘敵艇，另一艘敵艇受創。但他的幾名部屬始終不敢確定究竟是否有衝突發生。情況很快明朗，聲納作業員發現的「魚雷來襲」效應，其實是驅逐艦劇烈運動、猛打方向舵造成的現象。不到一小時，海利克發電表示「整個行動有許多疑點」，他隨即在電文中說，「從未真正確認一艘敵艇」。

但在華府，在富貝發出「重大」警告後，麥納瑪拉向總統示警，說北越攻擊迫在眉睫。在「戰鬥」結束後三小時，詹森授權對北越基地發動報復攻擊。在執行這項報復攻擊任務的飛機起飛前五小時，夏普上將對國防部提出警告說，「對這項行動進行檢討後發現，報告中提到的許多接觸與魚雷攻擊似乎可疑」。但隨後信號情報處送來一份國家安全署攔截到的北越電文，說北越「在交戰地區擊落兩架飛機……我們犧牲了兩艘船，其他都安然……敵艦可能也受創」。這份電文談的其實是八月二日那場共產黨當時還弄不清楚狀況的戰事。但麥納瑪拉把這份電文視為八月四日新攻擊的證據。再加上來自兩艘驅逐艦的特別「目擊報告」，麥納瑪拉認為自己已經證據齊備，可以建議總統下令發動空襲了。

八月四日下午六點，國防部發言人向世界宣布北越對美國「第二度蓄意攻擊」。魯斯克告訴國務院助理，把邦迪五月間起草的一份國會決議案拿出來修整。詹森怒氣沖沖對麥納瑪拉說，「我不僅要毀了那些攻擊馬杜克斯號的魚雷艇，我還要毀了所有停在港內的東西……我要好好教訓他們一下。」麥納瑪拉儘管握有可以更正總統誤解的證據，卻沒有拿出它們讓總統消氣，他以非常選擇性的作法運用信號情報。在國會幾次聽證期間，儘管許多證據顯示北越當時忙著救援他們受創的砲艇，還曾特別下令部隊不得再招惹美艦，但麥納瑪拉先是對這些證據視而不見，繼而設法壓制這些證據。史上所謂「東京灣事件」（Tonkin Gulf Incident）的主要內容很簡單：馬杜克斯號在執行一項有關OPLAN34-A的任務時遭到挑釁。鑒於海岸不斷遭到突擊的事實，北越當時渴望還擊不足為奇。下令砲艇對美艦展開攻擊的，是北越一名渴望一戰的軍官，之後北越許多高官——不過黎筍與黎德壽除外——對這項接戰決定表示後悔，而且華府很快也知道北越後悔。所謂「第二度攻擊」根本不存在。

但麥納瑪拉急著採取行動；處於大選緊要關頭的詹森總統，為了不讓共和黨人抓到任何攻擊他軟弱的把柄也急著採取行動。美國軍艦遭到攻擊，詹森立即強硬以對，這為他贏來許多掌聲。就這樣，為了隱瞞自己犯下的各項錯誤與過失，為了找理由證明空襲北越的正當性，美國政府只能不斷撒下更多謊言。詹森將八月四日的全國電視演說延後，直到接到夏普的報告、說提康德洛加號與星座號上艦載機已經出動之後，才在美東時間夜晚十一點三十六分上了電視。詹森在這篇演說中告訴美國選民：「（共產黨不僅）對平和的南越村落發動恐怖攻擊，現在變本加厲，在國際水域上公然侵略……對於美國軍隊一再遭到的暴力行動，我們不僅要提高警覺防禦，還必須主動回應……儘管其他人似乎忘了，我們知道衝突擴大的危險。我們不想擴大戰事。」

聯合參謀首長向海軍發布命令：「在當地時間早上七點時展開一次性全力出擊……以盡可能保證目標高度摧毀為目標。」海軍戰機出動六十四架次，毀了幾艘北越船艦，本身損失兩架飛機。其中一架飛機的駕駛員艾佛瑞・奧法雷茲（Everett Alvarez）中尉說，歷經多年模擬訓練之後，突然發現自己投入實戰「恍若身在夢中」。不幸這是一場惡夢：奧法雷茲因座機遭擊落，在一所北越監獄中關了八年。

詹森總統對東京灣事件的反應說明一種憤怒：一個毫不起眼的亞洲共產黨蕞爾小國竟敢抗拒美國。對詹森而言，細節並不很重要：早在八月四日上午他已經表示，打算利用信號情報處判定的所謂「第二度攻擊」說服國會通過決議，支持他升高戰事。如果能讓那天發現的一些掃興的事實打破他那精心塑造的憤怒泡沫，詹森一定很失望。但他的顧問、特別是麥納瑪拉沒有盡責更正早先的錯誤情報，沒有設法讓他平心靜氣。他們讓總統將原本一件可以置之不理的芝麻小事無限上綱，演成一場大衝突。

唯一可能的解釋是，麥納瑪拉本人迫不及待想採取行動。美國領導人想利用因本身小動作挑起的衝突為藉口，展現美國的意志與能力。那年夏天早先，華府已經透過國際控制委員會的加拿大代表致函河內，向范文同提出警告說，北越如果持續在南越惹事將遭到「最大毀滅」。東京灣事件發生過後，加拿大代表應美國之請再次向河內示警：八月五日那場空襲的攻擊發起國還有很多炸彈。范文同在接到這項警告後「非常憤怒」，說「美國把戰爭搞得越大，最後遭到的失敗也越大」。

東京灣衝突發生過後，麥納瑪拉在參議院撒了一個大謊：「我們的海軍絕未與南越共謀，與南越絕對無關，如果南越（在馬杜克斯號作業的同樣水域）有任何行動，我們海軍也不知情。」幾乎完全依照邦迪那份草案起草的一份所謂「東京灣決議案」（Tonkin Gulf Resolution）於是提交國會。它授權政府「採取一切必要措施逐退任何對美國軍隊發動的武裝攻擊，並防範進一步的侵略」。參議員理查・羅素（Richard Russell）說，「這事攸關我國國家榮譽，我們不能、也不會退縮」。這也是大多數國會議員的心聲。後來扮演布魯圖[33]（Brutus）一角，與詹森角逐民主黨總統提名的參議員尤金．麥卡錫（Eugene McCarthy）說，「這案子說的是『美國船艦在遭到攻擊時能還手嗎？』要對這樣的議案投反對票很難。」東京灣決議案於八月七日獲得國會通過，為美國之後在東南亞用兵提供了授權，投反對票的只有兩人：民主黨國會議員厄尼斯特．葛倫寧（Ernest Gruening）與韋恩．摩爾斯（Wayne Morse）

◎鷹派勢力高漲

八月五日當地時間下午一點半時，北越共產黨軍事委員會在總參謀部開會。總參謀部人稱「龍庭」，因為入口處有九級梯階，兩側各有幾條石雕的龍。與會者剛開始檢討八月二日的事件時，就傳來海岸地區遭美軍空襲的消息。隨後傳來捷報，說擊落兩架美國飛機，俘虜一名飛行員。這消息讓與會者星高采烈，於是決定休會，東京灣衝突導致的相互指責也因此嘎然而止。套用一名當時在場目擊的英國外交官的話說，美軍這第一波空襲引發「河內民眾幾近於自發的街頭示威，就像這樣的事在共產國家必然造成的結果一樣」。這波空襲為北越團結帶來的加分效果尤勝於一切宣傳。一名在自己村子裡見到美機攻擊附近油輪的少年，在一開始只感到震驚與迷惑。之後「我開始見到我輩年輕人的人生，很快就要來到一個必須為我國人民獨立與自由而戰的轉捩點」。這波空襲不但沒有讓北越人膽怯，還讓他們相信美國無端挑釁，北越人民是恐怖攻擊的犧牲者。那名少年後來當了空防官。

麥克斯．泰勒將軍曾說，美國人對共產黨領導層幾乎一無所知，對它的意圖所知更少。在美軍第一波空襲過後，主要是英國秘密情報局（Secret Intelligence Service）工作站的英國駐河內領事館，以相當精準的預言提出報告說，北越領導人「不會示弱，也不會因此改變方針。道路會重修，橋樑會由較簡單的竹子結構取代，補給站會重新補給……（空襲）只會加強他們的決心」。事實上，與這次空襲相形之下，莫斯科與北京因馬杜克斯號遭到攻擊而在私底下對河內表示的憤怒，讓北越政治局更加沮喪得多。胡志明從半退休狀態中再次露面，主持會議，在會中嚴厲問道「（攻擊馬杜克斯號）是誰下的命令？」武元甲要求懲處以陳歸海大校為首的幾名負責人。陳歸海說，在下令魚雷艇發動攻擊以前，他曾與一名政治局委員磋商。陳歸海不肯透露這名委員的姓名，但大家都認為這人是黎筍。儘管陳歸海遭到正式懲處，北越參謀長認為這件事並無遺憾，也不值得追究，「就算我們不攻擊他們，他們也會攻擊我們，帝國主義者天性本就如此」。之後變節的一名北越軍高級軍官證實，八月二日的攻擊確實經過黎筍授權，還說黎筍瞧不起武元甲，說武元甲「像兔子一樣畏首畏尾」，不敢與美國人攤牌。

由於美國為了找理由轟炸北越而捏造八月四日這場衝突，河內也認為進一步克制自己這方面的軍事行動不再有必要。因為發動東京灣事件過後的空襲，華府付出最慘重的代價：為了兌現轟炸威脅，它打出一張只有握在手裡才最有力的牌。在九月二十五到二十九日的黨中央委員會會議結束後，阮志清（Nguyen Chi Thanh）奉命出任南方局第一書記，北越軍正規部隊首次奉令準備南下。部分由於裝備短缺，部分也因為需要打點莫斯科與北京，三二五師的南下行程有所延誤，直到十一月部分編隊才啟程。

中國在那年十月十六日試爆一枚核武器，使東西方情勢更加緊張，並且開始大幅提升對北越的

33 譯注：布魯圖（前八五年—前四二年），是羅馬共和國晚期的一名元老院議員，後來他組織並參與了對凱撒的刺殺。

武器供應。北越開始獲得AK-47衝鋒槍、七點六二公厘機槍、八十二公厘迫擊砲、火箭榴彈發射器與無後座力砲。為加強北越本土防衛，北京將三十四架米格-17（MiG-17）戰鬥機交給北越：北越飛行員已經在中國境內受了兩年訓練，在一開始的幾次戰鬥任務中，他們的中國顧問還留在部隊與他們一起。在河內，高射砲開始部署在屋頂上；半數居民開始挖防空壕。

十月五日晚，毛澤東與周恩來在北京與一個河內代表團討論這場戰爭。毛澤東說，他很相信詹森無意入侵北越，但他反對北越任意挑釁美國人。范文同表示同意，並告訴毛與周，「我們會將這場衝突限制在『特戰』範疇上，在這個背景下擊敗敵人。」但他補充說，「如果美國敢（投入軍隊），我們會打，而且會打勝。」他們討論了依照聯合國秘書長宇譚（U Thant）的建議、透過聯合國進行談判的可能性。儘管毛澤東幾個月後變了卦，但他在那天晚上說，「談判不是一件壞事，你們已經建了一個（好）討價還價立場，至於談判成不成功又是另一個問題。」在東京灣事件發生過後，黎筍立即走訪北京，告訴毛澤東說他打算派一個正規師南下：現在，毛澤東要黎筍仔細考慮出兵南下的時機。

至於詹森，在八月鬧劇過後那三兩個月間，在投票日以前壓下東南亞的溫度仍是他最屬意的選項。美國不會進一步轟炸北越：詹森透過熱線這樣安撫莫斯科。東京灣衝突事件與之後通過的決議，直到很久以後、當詹森政府的謊言揭露時，才成為史上大事。事件過後不久，記者－史學者西奧多・懷特在《一九六四年總統出爐》（*The Making of the President 1964*）一書中，仍能振振寫道，「美國戰機……在大膽與精準之間作了最佳取捨，以熟練巧妙的行動，反擊了北越魚雷艇的挑釁。」當時美國民眾最關切的不是東京灣，而是七月二日通過的民權法（Civil Rights Act）；四天以後通過的大眾運輸法（Mass Transit Act）；公務員薪酬法（Civilian Pay Act）與反貧窮法（AntiPoverty Act）——詹森政府「大社會」立法行動的第一波法案。詹森讓八十八屆國會第二會期通過他的四十五項重大法案，比甘迺迪通過的法案高出甚多，自然很有理由引以為傲。

事實證明越南不過是次要選舉議題罷了，美國人對西貢的動盪與混亂不以為意，因為西貢原本就是這樣。但隨著阮慶將軍越來越獨裁，佛教徒與學生走上街頭抗議的事件也越來越多。阮慶還向佛教徒與學生保證，會與泰勒將軍討論他們的要求，等於承認自己是美國的傀儡，而把事態弄得益發嚴重。八月二十五日，阮慶據說同意與陳善謙與楊文明兩位將軍共享權力。隨即軍隊在一次示威活動中開火，打死六個人。西貢淪入新動亂，越共繼續在鄉間製造衝突。整個秋天，有關恐怖暴行與政治抗議的壞消息源源不絕。

美國人自我說服，認定佛教示威者是共產黨的工具。英國資深記者賈文．楊格（Gavin Young）有更深入的看法。他認為，越南佛教徒「深信共產主義野蠻而且邪惡，就像他們認為將他們的國家美國化是一種玷汙一樣。奇怪的是……他們要的，只是讓他們更能戰勝共產黨的工具。因為他們相信，那些美國支持、統治他們國家的將軍，都貪腐無能得無可救藥……他們（他們自己）是純正越南民族主義者，以他們的歷史與文化為榮。他們害怕、不信任一切外國勢力」。這些佛教徒誠然無知，但西貢那些將領比他們好不到哪裡去。

南越共和軍中尉南（Nam，譯音）排長，將他的部隊在一次西貢街頭示威的經驗描述如下：「一名穿黃袍的和尚高舉一面小旗，兩臂張開成V字，像拳擊選手高舉雙手進場、向觀眾致意一樣。大多數年輕的男性示威者穿著日本涼鞋與緊身褲，襯衫尾巴垂在後面。還有幾個少女拎著書包，就像正要上學一樣。但其中最積極、動作最誇張的，是兩個年齡較長、穿著黑長褲與花上衣的女人，她們手拿棍棒，其中一個人叫囂了一陣；跑到一處噴泉，好好喝了一大口水，然後跑回來繼續叫罵。」

當鎮暴警察衝向示威群眾時，軍隊退在一邊。鎮暴警察發射催淚瓦斯，直到街頭除了零星散落的木屐、書包、草帽與涼鞋以外空無人跡為止。在炙熱艷陽下，軍隊在對街建了一道有鐵刺網的柵欄。隨即，南中尉寫道，「一個板著一張老鼠臉的傢伙指著我大罵，『你這狗娘養的！美國人給了你多少錢？你死了以後，由於罪惡太重，想找一處夠熱的地獄懲罰你都找不到。』……人叢中飛來一塊石頭，擊中梁（Long，譯音）班長胸口。他痛得大叫，用槍托對正身前一名正在嘻笑怒罵的年輕人的臉狠狠一擊。我丟出一枚催淚瓦斯彈，藏了一肚子的怨氣也爆發了。我猛揮手中槍托，造成一聲慘叫，還聽到槍托打碎骨頭的撞擊聲。我的排向前挺進，怒火沖天、滿懷仇恨地衝入群眾。」當他的一牌人撤離時，南中尉有一種錐心的感傷：他從軍為的是保家衛國，現在幹的卻是這類骯髒的街頭勾當。這也正是許多南越人的感覺：他們困在相互競爭的惡勢力間，既迷惑又無助。一名美國顧問曾經問一名省長，「如果你年僅二十歲，沒有家累，也沒有支持西貢政府的紀錄，你會站在哪一邊？」省長坐在那裡一言不發，他的答案不言可喻。

麥克斯．泰勒在九月九日的一次白宮會議中說，「我們總有一天必須向北越進軍，因為這場戰爭我們輸不起。」詹森答道，在大舉展開任何行動以前，首先必須建立穩定的西貢政府——也就是說，戰略性決定還得繼續拖下去，而這讓參謀首長們深惡痛絕。陸戰隊的葛林將軍憤憤不已，說總統不肯在選舉以前做任何重大承諾是「一場巨型豪賭」。他呼籲政府給予阮慶百分百的支持，在南越宣布戒嚴，鎮壓一切暴亂與示威，授權南越軍進入寮國與高棉，在美軍空中支援下攻擊胡志明小徑，並攻擊北越，「一則迫使北越停止支援越共，一則也可以建立一個用來討價還價與美軍撤出的基地。」九月，軍援越南指揮部評估，之前三年的戰鬥殲滅約六萬六千名越共，但同時也向那些對這項統計數字信以為真的人承認，半數南越人民現在向共產黨納稅。

美國新聞處處長艾夫．布賈納（Ev Bumgardner）告訴法蘭克．史考登，阮慶身為政權領導人的日子已經無多：「美國人像蒼蠅一樣都在盯他，他就要日落西山了。」布賈納建議史考登拜訪即將上台的第五師師長阮文紹（Nguyen Van Thieu）將軍。史考登很是詫異，因為阮文紹不過是個輕量級角色。布賈納笑道，「他或許是個輕量級角色，但正因為這樣他才可能浮出台面。其他人都沒把他放在眼裡，等他們發現情況有異時已經太遲了。」果不其然，當南越軍事統治者再次洗牌時，三十四歲的空軍副司令阮高祺與阮文紹脫穎而出，成為所謂「武裝部隊理事會」（Armed Forces Council）重要成員。由陳文香（Tran Van Huong）領導的文人政府在十月二十日宣布成立，不過沒有人相信這個政府能長治久安，事實上也是如此。

同時，越共對一切與美國人、南越政府有關的事物展開無情猛攻。與之後發生的狀況相比，南越共和軍的損失相對較輕——陣亡人數在一九六三年不到六千，接下來一年也所差不多。但十月三十一日邊和的B-57轟炸機停泊區遇襲，八名美國人遇害，而華府不肯因此對北越發動另一次空襲，令華府鷹派恨得咬牙切齒。十一月一日，艾爾．惠勒正式向麥納瑪拉提出參謀首長聯席會議的觀點，認為美國應該要不大舉用兵，要不撤出越南。

翌日，麥納瑪拉形容情勢「極其嚴重……緊急」。但他仍然認為，就算依照參謀首長們的建議、攻擊北越，「也不會讓南越境內那些『越共』的態度出現任何重大改變。」麥納瑪拉重申他擔心中國可能介入，還說總統想採取行動，「但要在這樣做以前先對自己的事十拿九穩。」第二天上投票所投票的美國人大多數相信，把票投給詹森而不投給貝里．高華德（Barry Goldwater）可以避免越戰升高：當代表民主黨角逐的詹森告訴選民，不會派遣「美國子弟去打一場應該由亞洲人自己去打的戰爭」時，他獲得選民如雷掌聲。

十一月三日，大選終於落幕，詹森贏得美國史上最懸殊的壓倒性勝利。這項巨型民意後盾，或許是他下令撤出越南的最後、也是最好的一次機會。但一連數周，政府內部呼聲一直就是選戰既已打勝，現在要升高越戰了。除非北越真的投降，否則投入美軍的事勢在必行。邦迪、麥納瑪拉等人理所當然地認定，面對不肯屈服的敵人，就必須適度增加武力。

在八月空襲過後，詹森的「哈里斯民調」攀高，他所以決心協助南越人民（儘管南越人民本身不要他的協助），這是一個原因。美國人支持他發動空襲，認為這是一種展示領導人實力、宗旨與決心的方式。詹森憑藉高超的政治技巧，把國會關係搞得很好。國會中的外交政策重量級人士，包括威廉·傅爾布萊特、麥克·曼斯斐德與理查·羅素等參議員，私下都對詹森政府的越南政策表示懷疑，但詹森說服他們，讓他們暫不吭聲，等到重大決策已經啟動，再想發聲為時已晚。其他所有國家，包括英國、法國、日本、加拿大——除了澳洲以外幾乎每一個已開發民主國——都認為美國政策極端蠻幹。但儘管事實如此，美國人民與國會幾乎不發一言，坐視美國在一個遙遠的國度大舉用兵。這是這場戰爭的一件怪事。

在一九六四至六五年間，魯斯克的國務次卿喬治·鮑爾成為政府內部反對升高越戰最力的人士。一九六四年十月五日，鮑爾提出一份長達六十七頁的備忘錄，表示他的看法。詹森直到五個月後才看了這份備忘錄。這是因為第一個閱讀這份備忘錄的麥納瑪拉對它厭惡——套用鮑爾的話，麥納瑪拉「視它為毒蛇……幾乎形同叛國」。鮑爾在這份備忘錄中指出，撤出越南不但無損國威，還會使美國聲譽更隆，因為所有美國盟國都反對這場戰爭。鮑爾說，與其不斷辯論軍事選項，政府不如投入同樣精力找出一條政治抽身之道。他說，「當我們美其名曰政府的西貢政權四分五裂時，我們卻用轟炸北越作為一種政治療傷形式」，實在很奇怪。他引用國防部在一九六二年進行的SIGMA II兵棋推演，強調北越不會因遭到空襲而屈服，還說轟炸只是「一種止痛作業，目的不過是讓我那些同事不必面對撤出的艱難決定而已」。鮑爾隨即成為詹森政府領了執照的反對派，就連總統對他的發言也總是洗耳恭聽，只不過他的話不起任何作用罷了。

為什麼這麼沒有爭論？外國人或東海岸知識分子對美國事務的觀點，從來不能引起美國人的關注。在一九六四至六五年間，中產階級美國人的保守主義仍是美國社會主流，美國人願意相信國家領導層，甚至能跨越黨派界線、相信總統說的話。當美國子弟陷身戰陣、垂死邊緣時，愛國心高漲，窒息了辯論。儘管《紐約時報》與《華盛頓郵報》不斷批判對越南用兵的作法，這些自由派報紙的讀者相對較少。同時，毫無疑問，民眾所以漠不關心，最大原因是他們聽不見槍聲，砲彈或炸彈也沒有落在北美。越南人對自身困境自然心急如焚，因為他們每天都得付出血腥代價，但美國人不必如此。最讓人震撼的，莫過於死亡與毀滅來到自家門口，來到自家街頭——這類震憾未必理性，但絕對強大。相形之下，詹森政府可以放心地做決定，因為無論這些決定為東南亞帶來什麼後果，對美國本土都不能造成任何實質損害。在一九六四至六五年間，對美國決策人而言，最讓他們關心的除了一些小錢以外，大概就是總統與總統身邊那群人用國旗巧為包裹的自我形象了。在那個年頭，他們的個人聲譽似乎與美國的全球威望密不可分。如果西貢街頭的殘垣斷瓦，如果湄公河三角洲稻農的淚水，竟然落在賓州大道（Pennsylvania Avenue）或落在北卡羅萊納州菸草田，美國人可能早就像越南佛教徒那樣拚死抗議了。但在詹森選戰勝利以後，事情發展與過去大不相同了。

總統選了一條放棄選擇的路：他決定，軍事勝利是唯一可以接受的結果，而南越人對這樣的結果根本不敢妄想。十一月二十一日，邦迪提出一份備忘錄，列出幾項戰事升高程度各有不同的方案。十天以後，詹森授權發動「滾筒行動」（Operation Barrel Roll）——對中立寮國境內的胡志明小徑進行秘密轟炸。這項行動一般認為不具政治風險，因為作業現場人煙罕至，有關消息果然直到聖誕節才走漏。詹森特別找上駐西貢大使泰勒，問泰勒是否需要美軍地面部隊。但或許讓他失望的是，泰勒繼續反對部署地面部隊。

到一九六四年十二月一日，雖說世人都以為有關越南的重大決策還有待完成，詹森政府內部唯一真正的爭論是，要對北越發動大規模空襲，還是派遣地面部隊，還是雙管齊下。詹森總統相信，只有幾乎不計代價打到底才是勇敢、光榮之路，才是不負《時代》雜誌「年度風雲人物」榮耀的唯一途徑。大衛．哈伯斯坦說，詹森是「超人，懷抱無窮無盡野心，是我們在這個國家再也見不到的那種政治人物……有驚人的衝勁、力量與智慧，與同樣驚人的不安全感」。

從十二月起，越共在西貢附近發動一連串毀滅性攻擊，在不到兩星期間製造了幾近一千件較小型的恐怖事件。在軍援越南指揮部司令魏摩蘭出席的一次美國參謀首長會議中，陸軍副參謀長怒道，「為什麼北越人看起來那麼秩序井然，南越人卻像是一群烏合之眾？」魏摩蘭答稱，北越軍有非常強有力的領導。南越軍將領相互不斷爭權奪利的問題怎麼解決？魏摩蘭認為，「越南人——至少在西貢的越南人——越來越覺得他們可以仰仗美軍替他們對付共產黨，讓他們空出手來角逐政治權力」。會議結束後，這位陸軍副參謀長輕蔑地說，「如果我們將老魏目前為止的說法整理一下，可以得出幾個要點。首先，軍援越南指揮部做得很好；其次，他不樂觀，但從另一方面來說也不悲觀；第三，他提不出什麼建議；第四，他是個自鳴得意的年輕政客，不過沒有他自以為的那麼聰明。」

十二月初，總統下令國務院，要國務院拉攏美國盟邦出兵，共襄盛舉，而他所謂出兵，可不是派「一名牧師與一名護士」應個景而已。當威廉．邦迪會晤澳洲與紐西蘭大使時，紐西蘭大使表示他的政府對這件事還得多考慮。十二月七日，在會晤英國新上台的工黨首相哈洛．威爾森（Harold Wilson）、爭取威爾森的支持時，詹森告訴威爾森，「派些穿英軍制服的軍人過來……就算不多，也能帶來巨大心理效應與政治影響力。」這是英美關係上一個耳熟能詳的主題：美軍完全有能力獨力完成他們選定的目標，不需英軍協助，但倫敦可以提供珍貴的政治掩護。麥納瑪拉曾經說，他願意付十億美元換一旅英軍，而麥納瑪拉這人是從不開玩笑的。在華府訪問的威爾森給詹森碰了一個軟釘子，說由於印尼侵略婆羅洲與馬來西亞，女王陛下的軍隊恐怕無暇顧及越南問題。詹森沒有把美國打算擴大戰事的計畫告訴威爾森，因為情況很明顯，英國政府不願捲入這場戰爭。魯斯克因此對一名英國記者說，「當俄國人侵入蘇塞克斯（Sussex）時，別指望我們會來幫你們」，憤恨之情溢於言表。

十二月二十日，在佛教徒不斷示威聲中，西貢又發生政變——武裝部隊理事會出現改組，現在由阮慶、阮文紹與阮高祺領導。這次事件讓泰勒氣得將西貢那些將領召進大使館，長篇大論教訓他們，要他們知道他們這樣胡搞瞎搞對戰局造成的損害。泰勒在一開始就對他們說，「你們都聽得懂英語嗎？」接著說，「現在你們搞了這樣一個爛攤子，如果你們再這麼幹下去，我們不能永遠保你們。」泰勒這些侮辱的話讓那些越南將領痛恨不已。阮高祺後來寫道：「我們少壯派非常清楚，軍隊是唯一有能力領導這個國家的建制。但美國人不斷施壓，要建立文人領導，我們必須在這種壓力下領導國家，這是我們的挑戰。」

一連幾次政變過後，有關中情局主導政變的各種傳言成為西貢茶餘飯後標準話題，這些傳言有真有假。一名低階軍官寫道，「在南越共和軍服役的那許多年，一九六四年底的那幾次事件讓我最感失望。」西貢電台每在政變發生時播出的進行曲，也淪為取笑的對象。話說有個小兵向排長請假，想回家探一下親。排長問他，萬一發生事故，需要他立刻歸營，聯絡不上怎麼辦。這小兵開心地說，「沒問題，排長，只要聽到電台播進行曲，我就知道發生事情，要立刻歸營了。」就算一些堅決反共的南越人，也認為南越社會骯髒、偽善，而西貢正是這一切罪惡的淵藪。一名傘兵軍官寫道，西貢是「用士兵的血與淚建構的背叛之城」，在這裡生活一個月「就能毀了一個人的靈魂……它讓我們祖國蒙羞，我夢見大洪水沖走這一切骯髒」。

越共在十二月發動了幾次協同攻擊，其中尤以聖誕夜對西貢布林克酒店（Brink Hotel）的攻擊最為血腥，造成兩名美國人死亡、五十八人受傷。布林克爆炸事件發生時，美國大使泰勒正陪伴剛抵達越南、主持一年一度聖誕勞軍秀的鮑勃・霍伯（Bob Hope）前往幾條街以外的另一家酒店。霍伯打趣說，「這是我得到的最熱烈的一次接待。」但事件激怒了美國高官。泰勒要求對北越發動報復性空襲，邦迪也表示附和，總統沒有同意。但幾天以後又出一件大事，越共攻擊了西貢東南方，一千名北越天主教徒十年前移入的一個村子。十二月二十八日，兩團越共攻擊南越軍，之後擊落四架美軍直升機。越共在三十一日發動伏擊，造成南越軍陸戰隊一個營百分之六十死傷，大多數軍官戰死。不過幾天時間，南越損失三百條人命。

在一九六五年新年，詹森對於今後應該怎麼做仍然舉棋不定。政治混亂已經成為西貢的常態，越南境內有大約兩萬六千名美國人，大多是顧問。如果需要增調援軍入越，詹森主張派遣特種部隊、突擊隊這類人員。鷹派這時已經清楚見到一些鴿派未能見到的真相：無論採取任何政治選項，包括中立化、召開新日內瓦會議與河內進行雙邊談判等等，最後只會以一個統一的共產黨越南為結局。對抗統治北越的鐵人，南越政界人物與軍方將領迫切需要鐵的意志——手段尚屬次要——但他們沒有。這讓麥納瑪拉、邦迪，特別是讓詹森總統苦惱萬分，美國也因此走上大舉擴大越南戰事的不歸路。

第 10 章

「我們不知道該怎麼做」

'We Are Puzzled About How to Proceed'

◎沿小徑而下

越南共產黨領導層眼見勝利在望，滿懷興奮地迎接一九六五年。黎筍認為，南越各地城鎮即將爆發全面暴亂，他寫信給南方局第一書記阮志清：「我們要抓住的機會來了。」北越軍上校阮安興高采烈寫道，「群眾暴亂大潮正襲捲偏遠農村與山區。」阮安曾在一九五四年奠邊府戰役中指揮越盟一個團攻擊伊莉安娜二號陣地。十年以後，白髮蒼蒼的他出任三二五師師長，而三二五師是北越軍第一支奉命整軍南下進擊的部隊。當時阮安染上痔瘡便血，許多軍人患有這種既痛苦又讓人臉面無光的病。阮安告訴龍庭，「給我一周時間治病。」這次他休養了不止一周。「由於我們外交陣線上的鬥爭需求」，南下進擊的計畫延後到十一月。

阮安接獲的簡報，三二五師官兵需用的米糧已經在胡志明小徑沿線各站貯藏妥當。一名軍需官又補充了一句，「那些米糧貯存已久，都長了蛆，不過仍然可以吃。」之後兩個月，阮安一直留在洞海（Dong Hoi）三二五師用茅草與竹子築成的總部，在暑熱下整頓裝備。每一名官兵都領到一個小背包、一具吊床、兩套卡其制服還有一點西貢的鈔票，但沒有毛衣。「在我們長途遠征的過程中，保暖衣物的欠缺對官兵的健康與士氣都有負面影響。」他們得在寒夜哆嗦著、幾乎空著肚子走上戰場。

十一月初，阮安領著一支一百人的先頭部隊動身南行。在一開始，他們發現沿途貯糧站那些腐爛的米有惡臭，「但吃起來還不算太糟」。最讓人難以忍受的是胡志明小徑的跋涉之苦——直到戰爭打了很長一段時間以後，北越軍才有卡車代步。一天，這支百人隊涉水穿過一條大河，隨後沿著河岸小徑走向「一千零一座大山」山麓，這是他們從東往西穿越的第一道山嶺。先民在山道上闢了階梯，還置備了攀援之物。但阮安說，「供我們攙扶的那些繩索與枝條經過無數前人攀爬，早已滑溜……每一隻蒼蠅飛落我的背包，我都可以感覺到那蒼蠅的重量。」大學講師之子保寧（Bao Ninh）之後通過胡志明小徑時，對他那些農家子弟隊友的耐力非常佩服，有時他們還會幫他背一些背包裡的東西，讓他更加感動。

阮安領著他的先頭部隊不斷前行，口糧也越短缺。他們每人一開始每天可以領到兩個牛奶罐的腐爛米糧，之後減為一罐，加上一些發霉的木薯，再佐一點鹽巴。他們開始夢到肉、煮菠菜、魚露、檸檬汁等美味。伙伕試著用溪水沖洗陳年老米，卻發現米被水沖成粉末，只有蛆剩了下來，也只有搖頭嘆氣的分。最後他們只能從叢林裡挖掘野菜、煮成粥供官兵裹腹。河內讓他的部下在戰鬥前夕還得忍受這種匱乏，讓阮安非常惱火：「眼見部下官兵那些蒼白枯槁的臉孔，我氣得坐下來寫信……讓指揮部從我們的經驗中學到教訓。」最後，阮安一行來到緊鄰南越中央高地的一個中繼站，中繼站指揮官是一名曾與阮安在俄語班同窗的上校。那天晚上上校做了一碗酸魚湯款待阮安。阮安後來說，「我之後參加過許多宴會，但都沒有那天那頓晚餐那樣美味！」

他們在十二月抵達崑嵩（Kontum）省。阮安率隊來到當地的戰線總部，總部裡有讓他們飽餐的食物，他們就在那裏休息，等待師的主力。他們每天可以領到三罐米，有從叢林挖來的竹筍與馬鈴薯，偶爾還能享用士兵從河裡捕來的魚。河內傳來命令：三二五師的兩個團要繼續南進，阮安奉命擔任戰線副司令，與第三個團留在中央高地。在一連幾次在地性攻擊、讓部下先「染一下血」之後，阮安對地區首府發動第一次大規模攻勢。他的作戰計畫用的是共產黨慣用的戰術：包圍、砲轟崑嵩首府，並設下埋伏，等待可能從新更（Tan Canh）馳援的南越共和軍部隊。在兩軍長達數小時激烈夜戰過後，新更方面的南越共和軍仍沒有進兵跡象。阮安於是拿起野戰電話，下令擔任先頭部隊的爆破兵前進。電話中傳來爆破冰指揮官緊張而急促的聲音：「長官！隆連長、毛執行官與第九連所有其他軍官已經全數陣亡！」阮安答道：「閉嘴，給我打就是了！」當時整個團遭到重砲猛

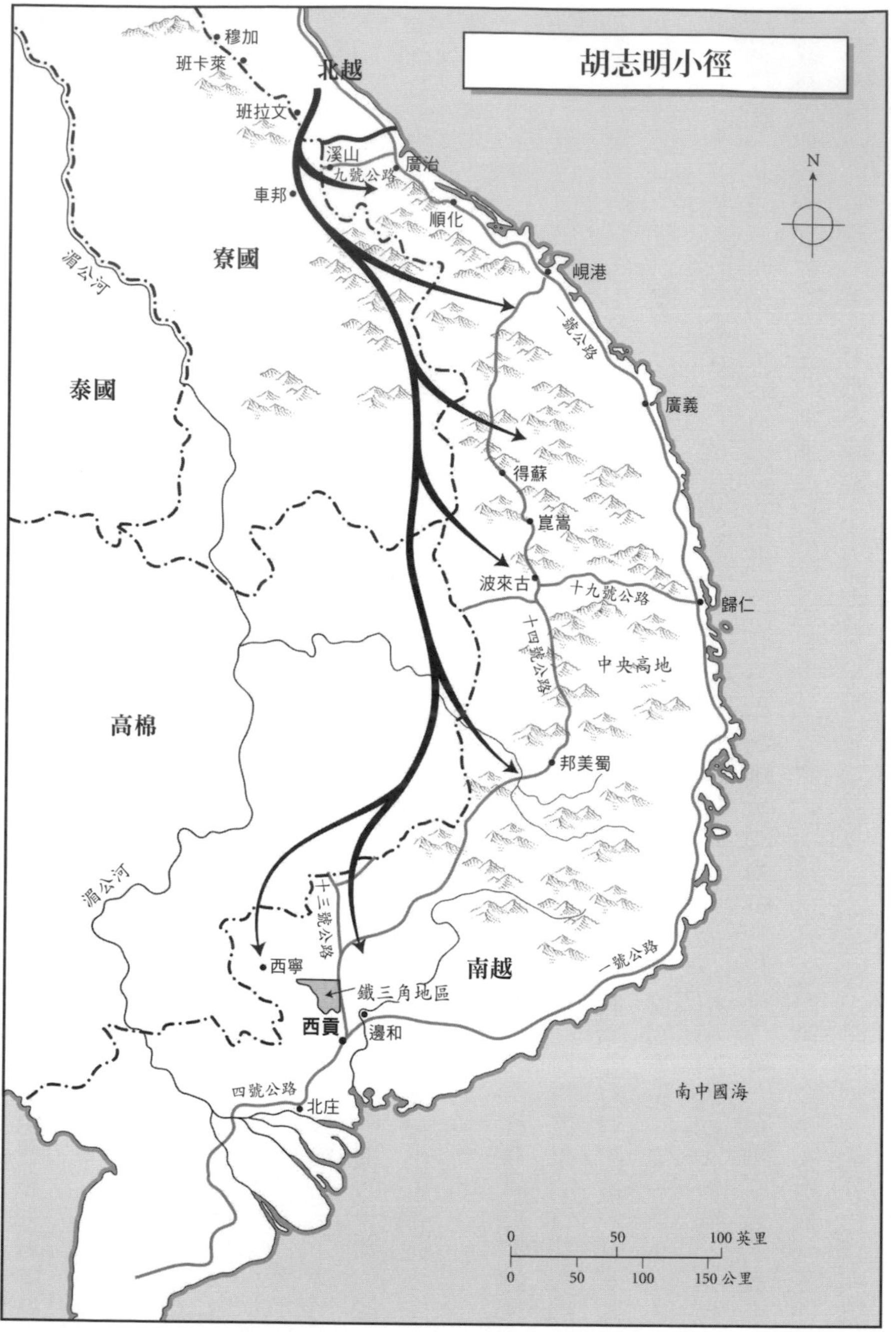
胡志明小徑
穆加
班卡萊
北越
班拉文
溪山
九號公路
廣治
車邦
順化
寮國
湄公河
峴港
一號公路
泰國
廣義
得蘇
崑嵩
波來古
十九號公路
歸仁
十四號公路
中央高地
高棉
邦美蜀
湄公河
十三號公路
西寧
南越
鐵三角地區
西貢
邊和
一號公路
四號公路
北庄
南中國海
0
50
100 英里
0
50
100
150 公里
N

轟，先頭部隊必須前進，以解除團的壓力。打到天光破曉，阮安的部隊終於取勝，南越的第一個地區總部就這樣淪入共產黨手中。

接下來三天三夜，阮安的部隊餓著肚子，迫不及待等著前來救援的南越共和軍。這支南越軍最後終於如阮安所願，沿著大路直闖阮安設下的伏擊陣地，遭到一陣痛打。隨後，三二五師不發一彈攻下一連幾個戰略村，還短暫占領得蘇（Dak To）。阮安舉行慶功宴，宴上擺出的主菜竟是兩名年輕小兵射殺的一頭虎。阮安在備忘錄中念念不忘，大讚虎肉「真是鮮美！」不久西貢大舉出兵反擊，阮安率部撤入叢林。三二五師將之前幾場戰鬥中最重要的戰利品——兩門一〇五公厘榴彈砲——拆解，扛越邊界，遁入高棉境內安全地帶。

在一九六五年頭幾個星期，越共在南越全境各地加強攻擊。黎筍一度還指望共產黨「臥底」的間諜、南越軍上校范玉草（Pham Ngoc Thao，譯音）能發動政變。一名北越高幹通過胡志明小徑來到南方局總部時，總部人員敦促他要趕緊行動，因為西貢政權崩潰在即，「若不能迅速調人下來，就太遲了。」北越甚至印妥共產黨統治區新鈔，貼上「六五年新品」標籤，一箱箱運往南越。

范玉草後來發動政變失敗，逃亡，在神秘情況下遭到暗殺。但恐怖事件在南越越演越烈，以中央高地為例，兩名抗瘧疾工作人員在噴灑DDT化學藥劑時被抓，送上「人民法庭」受審。兩人最後被判「為美國與傀儡政權做間諜」，遭砍刀砍死。一男一女兩名在霍亂疫苗計畫工作的護士被越共抓走，被控「為美國帝國主義者工作以及當宣傳工具」的罪名。其中那名女護士因為是孕婦得免一死，但她得親眼看著她那名男同事被砍死。南越軍人與民兵的家屬也連帶獲罪：越共綁架一名著名地區民防軍（Regional Forces）班長的妻兒，要他投效越共，這名班長不肯，越共於是割了他的孩子的喉管。在這場慘無人道的戰爭中，酷刑與濫殺已經成為常態。一名南越軍官寫道，「情勢複雜得就連越南人也看不懂，更別說外國人了。」農家女馮氏樂莉（Phung Thi Le Ly，譯音）在遭到兩邊的人強暴、毆打、壓榨之後，被村子趕了出來。為撫養襁褓中的幼兒，她只得靠賣東西給美國人——包括賣她自己——維生。許多年以後，她在寫給外國讀者的作品中哀嘆：「你們不會知道生存有多難。」

傳統家庭紀律緊繃到極點，往往甚至破表。民族解放陣線有一名女成員是家裡獨生女，父親年邁多病，母親已經去世。她發現自己身為共產黨幹部很難克盡孝道：當個幹部「對我的生命以及貞操而言都非常危險」。一天晚上，當父女兩人終於在他們的小屋獨處時，父親對她說，「妳是我女兒。由於妳離開這個家，丟下家務，我們那塊田大多荒蕪，野草叢生。要我們從哪裡找吃的？許多人能不支薪酬為革命效力，但我找不到像妳這樣的人……妳至少應該可憐我，替我做飯……如果你被炸彈或砲彈殺了，我還得埋葬妳。但根據祖先傳下的規矩，子女葬父母是天經地義的事。」

戰事越演越血腥，民族解放陣線發現，「保證土地再分配」這個宣傳武器威力不如以前，因為農民現在每天得為生存而掙扎，根本無暇顧及土地問題。在越南鄉間大多數地區，百分之九十五的時間既看不到政府軍、也不見游擊隊蹤影。但套用大衛・艾利約的說法，「問題就出在那百分之五的時間。」農村生活的單調、貧乏與淒苦已經到了令人難以忍受的極點，許多年輕人或選擇投效游擊隊，或選擇移居城市，原因就在這裡。馮氏樂莉的一名在西貢做了一陣吧女的友人，在回到村子後與她大談化妝、蜂窩髮型、抽水馬桶的種種趣事。樂莉說，「西貢……聽起來像天堂一樣。」一名十六歲、來自美萩貧農家庭的女孩來到西貢，投靠她擔任警察的哥哥。她非常興奮，因為她可以靠洗盤子每個月賺到兩萬五千南越比索。當然，她每天晚上必須工作到九點鐘，但「我認為很有趣」。每個人都有皮鞋或涼鞋，而不是赤腳。一般妓女賺的比兩萬五千比索多得多，只不過她們如果日後回到村子，會遭村民排斥罷了。

蘭德公司在一九六四年展開後來成為它最重要一項計畫的「越共動機與士氣」（Vietcong Motivation and Morale）研究。美軍對這項研究興趣缺缺，只派了一名叫做大衛．摩雷爾（David Morrell）的尉官做代表。摩雷爾全力投入這項研究。他日後說，「我們研究的一個重大現象是，為什麼敵人能這樣不斷發動驚人的猛攻？……他們的信念是什麼，為什麼他們放棄我們想給的好處……不計一切藏身（胡志明小徑的）古芝（Cu Chi）地道、靠蘆葦呼吸維生？」

美國進行這麼重要的調查，卻不知會南越總參部門、不與南越總參磋商，這令摩雷爾十分驚訝。摩雷爾的越南研究人員在一九六四年十二月對在地人民進行調查後，將初步調查結果向魏摩蘭將軍提出簡報，認為魏摩蘭的參謀人員對越共的投入與奉獻熱誠過於低估。魏摩蘭當即問道，越共「信不信上帝？」研究人員不敢確定越共信不信上帝，但他們確定越共很精酷刑逼供這套技倆。他們強調這一點，讓當時在場的泰勒很難堪。

蘭德報告指出，越共的戰略地位比南越那些統治者高得多，但美國軍方沒把這事放在心上。美軍只是不解：南越農民為什麼不願承認他們絕對得與美國合作才能取得物質利益。動機與士氣報告在一九六五年一月向華府提出。蘭德的哈利．羅文（Harry Rowen）告訴助理國防部長約翰．麥諾登，「約翰，我想我們選錯了邊——我們選的這一邊會打輸這場戰爭。」這時的越共已經控制半個越南鄉間與南越四分之一的人口。蘭德報告中的越共「是無私、團結、奉獻的軍人，自許為愛國者，特別是在貪腐的南越與四分五裂的南越軍襯托下尤其顯著」。這樣的評價令麥諾登的助理丹尼爾・艾斯伯格印象深刻。在聽完羅文對越共的描述之後，麥諾登說，「他們簡直就像和尚一樣。」但麥諾登沒有將這段對話上報他的老闆麥納瑪拉，因為他知道事情早已定案，詹森政府已經下定決心要在越南取得軍事勝利。

民族解放陣線高幹張如堂，對他自己與他的同事們的困惑也有以下一段表白：「西貢將領表現出的那種完全不負責任與無能，讓每一階層的民眾離心、厭惡。南越是一個沒有領導層也沒有方向的社會——美國人無法提供這些基本要件。他們不能下令治亂。既然沒有一個可以至少主張若干法統、發揮若干效益的政府，美國又怎敢貿然用兵、用它的國家威望做賭注？」

◎徹底失敗

一九六五年一月，威廉・德沛少將從魏摩蘭總部寫信給兒子：「你問我誰在西貢掌權？事實是，沒有人掌權。這也正是我們在這裡碰上的主要問題。」泰勒大使發回華府的評估報告同樣不樂觀。他在報告中說，美國必須轟炸北越，否則就得出兵——他本人強烈主張轟炸，反對出兵。一月二十一日，詹森在華府舉行會議，邀請國會關鍵人物出席，聽國防部長麥納瑪拉的報告。麥納瑪拉這篇報告對戰局的樂觀幾乎完全與現實脫節。他說，對付北越的秘密作戰進展良好，對共產黨的寮國滲透路線的轟炸也很有成效，南越軍的效能正不斷提高。麥納瑪拉說，目前為止，只有兩百五十四名美國人在越南捐軀，但他沒有提到去年喪生的美國人占了其中半數。詹森沒有告訴國會議員自己私下打算恢復轟炸，只強調他認為沒有必要出動美軍。他又一次打出愛國牌，要求兩黨支持：「在越南問題上，沒有民主黨或共和黨之分。」

但不到一星期以後的一月二十七日那天，在西貢街頭又一波佛教徒示威，以及順化美國圖書館被洗劫之後，武裝部隊理事會罷黜陳文香政府，讓阮慶再次上台。泰勒在向華府提出的報告中說，阮慶似乎已經與佛教組織聯手，而佛教在南越「擁有主宰權力與影響力……最不祥的層面是……佛教徒這項勝利可能為新政府組成鋪路，這個新政府一旦組成，最後將導致與河內以及與民族解放陣線的談判」。換言之，南越可能準備放棄這場美國人決心要他們繼續打下去的戰爭。

國家安全顧問麥喬治．邦迪那天向詹森提出一份備忘錄，強調共產黨「相信美國不會出動它龐大的力量，對美國政策的堅定與積極幾乎完全不解，他們認為我們不願冒大險」。麥納瑪拉贊同這份備忘錄，開始轉而成為不折不扣支持升高越戰的人士。這兩名重量級人士對謹慎有餘、但不夠周全的戰略決策表示擔心，詹森也有同感。他說：「我們要強有力的行動，要支持阮慶。」他下令邦迪前往西貢，協助訂定決策。鑒於邦迪是個大鷹派，訂定出來的決策性質不言可喻。

邦迪來到西貢，發現全城已經陷於狂熱的街頭示威，有關民族主義分子將發動政變、趕走美國人的傳言甚囂塵上。阮慶起先不肯會見這位詹森的特使，顯然因為害怕這麼做會惹惱佛教徒。邦迪在西貢受到冷落的消息傳到華府，讓幾天前才表示支持阮慶的詹森勃然大怒。美國人開始忙著尋找替代人選，準備再發動一次政變換掉阮慶。

蘇聯總理亞歷克西．柯錫金（Alexei Kosygin）就在這時訪問河內，這讓美國人更加疑神疑鬼。但柯錫金藉由此行在私下裡要求黎筍不要升高戰事，對此華府並不知情。莫斯科認為，身為世界社會主義陣營公認領導人的蘇聯，有義務為北越提供防空火砲與飛彈。但就像中國無意派遣地面部隊進入南越作戰一樣，蘇聯也不願進一步捲入爭端。所以，儘管莫斯科與北京都在大吹解放法螺，北越並不是他們手中的一枚導彈。但白宮、國務院與中情局沒能了解這一點。

另一方面，邦迪這趟南越之行撞上一場幾乎可以肯定並非河內指使的血腥事件。二月七日晚，越共用一個突擊爆破兵連對美國陸軍航空隊設於中央高地百里居的郝樂威營（Camp Holloway）發動攻擊。八名美國人被殺，一百零八人受傷，五架直升機被毀，另外十幾架受損。三天以後，越共發動又一次毀滅性攻擊。邦迪雖身在西貢，卻幾乎將這場對百里居的攻擊視為對他個人的冒犯。他電告白宮，美國必須有大動作反應：「想增加我們取勝的機會，最佳可行之道，就是訂定、執行一項不斷對北越發動報復攻擊的政策。」華府召開國家安全會議，批准恢復對北越轟炸。奇的是，喬治・鮑爾也對此表示支持；唯一表示反對的是參議員曼斯斐德。幾個小時以後，一百三十二架美國與二十二架南越戰機攻擊北越。

麥納瑪拉要求國防部研究新行動——包括是否有攻擊中國境內目標系統的必要。他說，「現在的問題是，面對中國與北越在地面的大規模運作，我們該怎麼反應？」麥納瑪拉主張用燃燒彈壓制地面的高射砲火；魯斯克基於政治立場，反對這麼做。艾爾・惠勒以一種詼諧的口吻說，「國防部長的神氣像極了李梅將軍，只差口裡沒叼著雪茄罷了。」美國在採取這項行動之先沒有與南越政府商量。河內很快陷入一片恐慌，擔心美軍可能入侵北越。

詹森政府宣稱，這波新轟炸是對百里居事件的自發性報復攻擊，但專欄作家亞瑟・克洛克與詹姆斯・芮斯登不以為然。兩人指出，美軍在一般情況下只會在東京灣部署一艘航空母艦，但這次部署了三艘航母，顯然美軍早已等在那裡，只等有機可乘，立即發動攻勢。芮斯登在《紐約時報》寫道：「不要再拐彎抹角了，我們已經在打一場不清不楚的不宣之戰了……我們那些大師為它創造了一長串漂亮名目，例如什麼升高、報復等等，但說白了就是戰爭。」

邦迪在西貢見到反美浪潮洶湧，地方政府無力招架的窘境。他告訴白宮，「越南情勢持續惡化，若不採取新行動，失敗看來難以避免……越共的狠勁與毅力驚人……我們仍然可以扭轉局勢，但時間已經無多。賭注……極高……今天美國再想以談判方式抽身，無論怎麼做都等於分期付款式的投降。」在一九六五年上半年，南越共和軍因死傷與逃兵總計損失相當十五個營的兵力。

麥納瑪拉這時不斷向詹森施壓，表明他個人主張大舉增兵越南，還談到十七萬五千人這個數字。為他立傳的作者寫他有「採取行動的深度個人直覺」。幾個月以後，他向英國外相派翠克・高登・華克（Patrick Gordon Walker）承認，除了升高戰事以外已經別無選擇，因為政府不可能向美國人民承認打不贏這場戰爭。但基於國內政治考量，為了不讓選民驚怪，一點一點逐步增兵似乎比較明智。參謀首長們後來說，他們一直想勸告總統，零零星星增兵註定失敗，因為美國需要全力一擊，但始終沒有適當機會。不過就算立即大舉增兵，再加上徵召後備部隊，美軍也未必就能確保勝利——要美國接受這一點很難。

邦迪至少做對一件事：他呼籲詹森總統，要詹森向美國人民提出準備打持久戰的警告。但詹森不同意，還派魯斯克勸傅爾布萊特阻止參議院的一項有關辯論。麥瑪斯特（H.R. McMaster）曾寫道：「越戰不是一股冷戰意識形態浪潮強加在美國身上的。它像貓爪一樣悄悄來到⋯⋯詹森與麥納瑪拉成功造出一種幻象，讓美國人民以為攻擊北越可以避開這場戰爭。」詹森政府以這種悄悄無聲息的方式升高戰事，不僅反諷意味十足，就道德與政治層面而言也很惡劣。因為詹森當時正一頭栽進泥沼，而避開這團泥沼最好的機會就是聽從國會山莊發出的強大呼喚。詹森政府當時若能將各種選項誠實攤在國會面前，國會一定會樂於告訴美國人民，不值得為越南打一場大仗。

邦迪認為，詹森沒有把越戰問題提交國會，犯了一項基本性大錯。邦迪寫道，「國會辯論當然會產生不同意見，但如果鴿派勝出，政治解決之門會開啟得早得多。」他發現，與富蘭克林・羅斯福在一九四一年決定美國是否加入第二次世界大戰時的作為相比之下，詹森在一九六四至六五年間對美國人的矇騙並沒有更多。但「問題是這一次結局惡劣，從歷史上看起來就糟透了」。

一九六五年二月十一日，英國首相威爾森打電話給詹森，抗議升高戰事，並表示希望來華府討論這件事。詹森立即回絕了他，說：「我不會告訴你怎麼經營馬來西亞，你也別告訴我怎麼經營越南。」威爾森解釋說，他面對英國國內要求與美國分道揚鑣的龐大壓力。詹森仍然不為所動，甚至還教訓了威爾森一頓：英、法兩國對美國打這場戰爭抱持的負面態度令詹森十分不快。與前總統艾森豪的一次會晤，也讓詹森更加鐵了心，準備大舉投入越戰。艾森豪在這次會議中呼籲詹森，要詹森採取一切必要軍事措施以扭轉戰局。

不過在華府，認定大難將至、力主謹慎的人仍然很多。國家安全會議的詹姆斯・湯姆森（James Thomson）寫道，越南的「政治、軍事與地緣環境早就該讓我們避開，但我們在這裡大舉浪擲國家威望與資源，已經深陷泥沼」。由於中情局對南越以及對空襲戰果的評估幾乎無一樂觀，詹森大為光火，終於在一九六五年四月迫使麥康辭去局長職。中情局的分析紀錄絕對談不上完美，但事實證明它比其他機構——特別是軍援顧問團——的評估更精確。二月十七日，副總統韓福瑞將一份分析精闢的備忘錄交給詹森，要求詹森不要升高越戰，因為大多數美國人不懂為什麼要這樣做。韓福瑞說，剛在大選中取勝的詹森政府，大可利用目前享有的高人氣，在一九六五年為美國在東南亞好好療傷止血。詹森的反應是把韓福瑞趕出越南問題決策圈。

二月十八日，西貢發生新政變，政變過後，遭罷黜的阮慶出國流亡。潘輝括（Phan Huy Quat）成為名義領導人，但實權掌握在軍頭手中，其中尤以阮高祺與阮文紹權力最大——到六月間，兩人的主控地位已經完全確立。四天後，魏摩蘭要求陸戰隊保護美國在峴港不斷擴大的基地設施。他這項要求早在華府計畫中，詹森政府自然立即應允。泰勒日後寫道，「要華府授權對北越發動空襲難上加難，奇的是，要華府派陸戰隊過來卻相對簡單得多。」

華府原本打算派遣一個一千兩百人的陸戰隊旅執行這項保護峴港的任務，但詹森基於一個古怪的理由，決定改由一七三空降旅前往峴港。詹森認為，派遣傘兵為美國人帶來的震撼，比派遣兩棲登陸部隊小。早在二月間，派遣更多部隊保護各地美軍基地的計畫已經箭在弦上，根據估計，四十四營、約十萬美軍即將進駐越南。華里斯・葛林將軍認為，要「保證百分百的保護」，就必須有這樣的兵力進駐。

在整個一九六五年二月，派往峴港的部隊就在南中國海不斷兜著圈子，等待總統的決定。與陸戰隊第九團第三營同在韓里柯號（USS Henrico）兩棲攻擊艦上的吉姆・考提斯（Jim Koltes）海軍少尉，對艦上這批美國最精銳勁旅的品質印象深刻：「這些人可不是那些徵兵，或那些因為找不到工作而投靠的人。我遇到幾名曾經在巴黎聖母院與我一起的軍官，他們的紀律太棒了，那種同袍感情令人稱羨。每一名官兵都對他們的使命充滿信心。」他們在海上苦苦守候三十二個晝夜。他們依著艦舷柵欄，在黑暗中遠眺峴港山丘上方不斷閃爍的照明彈與砲火火光。「沒有人知道他們在登陸時會碰上什麼，因為他們之中幾乎沒有一個人有過類似經驗。我們胡思亂想著：會像D日諾曼地登陸那樣嗎？」當然，情況不像那樣。一九六五年三月八日，考提斯少尉領著幾艘登陸艇跨越幾英里海面，未發一槍一彈地登上灘頭。

在全連官兵離開攻擊艦以前，陸戰隊中尉費爾・卡普托（Phil Caputo）的連長舉行軍情簡報說，「大家聽好，在向部屬簡報時，要明白指出，我們的任務純屬防禦。我不要有任何人到那裡以後自以為是約翰・韋恩[34]（John Wayne），我們的任務是提供安全，如此而已。我們的任務不是打仗，是接下保安工作，讓南越軍空出手來打仗，這是南越軍的戰爭。」像魏摩蘭將軍一樣，卡普托也認為自己是在實踐約翰・甘迺迪的遺志：「如果他是卡美洛的王，那我們就是他的騎士，而越南

34　譯注：約翰・韋恩（一九〇七―一九七九），美國著名電影演員，曾獲奧斯卡最佳男主角獎。他演繹的角色極具男子氣概，個人風格鮮明。

就是我們的聖戰。這世上沒有我們做不到的事，因為我們是美國人，基於同樣理由，我們無論做什麼，做的都是對的。」共產黨敵人是「威脅新羅馬邊陲利益的新野蠻人」。

美軍陸戰隊就這樣在一大群攝影記者、興奮的兒童與分送花圈的美女前浩蕩登陸，但無論在華府、美國大使館或在軍援指揮部，沒有人認為應該把這事通報南越政府。不僅如此，套用泰勒的話說，儘管總統還沒有訂出完整計畫，一但駱駝的鼻子進了帳篷——第一批美軍已經上岸——再想趕他們出去就難了。沃爾特．里普曼寫道，「這原本是一場由美國支援的、屬於南越人的戰爭，現在成了一場由南越人非常低效支援的、屬於美國人的戰爭。」

席德．貝里在親歷南越軍在三角洲地區的一次行動後，有以下一段描述：「空中攻擊做得很好，大砲支援做得很好，直升機登錄與裝甲運兵車行動做得很好，部隊在地面的運動也做得很好。」但結果仍然一樣，讓人喪氣：「我們沒有發現任何越共大部隊，殺了六個、抓了四個、擄獲一些文件。但我們指望的大批越共不在那裡，或許下一次吧。」另一顧問很快就發現，只要與南越軍一起出擊，「我們似乎永遠也不會撞上任何敵人……他們有一項差不多等於君子協議一樣的東西，只要他們不找越共麻煩，越共也不找他們麻煩」。

後來出任國防部助理部長的保羅．華恩克（Paul Warnke）認為，如果華府乾脆的實施真正的占領，而不是只想扶植一個極度無能的地方政府，整個情況會好得多：「我們想做的，是在一個抗拒的國家實施一種特定類型的統治。那需要占領，就像我們在一九四五年占領日本一樣。」華恩克這話遺漏了一個要點：要實施這樣的政策，就必須將南越人民視為被征服的人民，而不是主權國公民。不過他這話道出二十一世紀美國在伊拉克與阿富汗再次碰上的難題。

西貢許多中產家庭對整個社會困境已經絕望，他們所以仍然留在西貢只因為逃不出去。有些中產階級在聽到美軍進駐的消息時，一開始甚為欣喜，楊文美的家庭就是例子。楊文美曾擔任海防市市長的父親說，「我們太幸運了，我們的國家這麼小、這麼弱，但美國人決定用他們的錢與他們自己的生命救我們。」這樣的觀點或許只限於一些較具特權的階級，值得注意的是，至少有一段時間，美軍進駐為一些南越人重燃了希望。

無論如何，事實證明，一九六五年三月八日展開的用兵過程，代表的主要不是一種承諾，而是美國戰略的徹底失敗——幾十萬美軍捐軀，最後斷送了詹森的總統寶座。幾乎每一位現代英、美領導人，在走向一場外交政策大災難時，都喜歡自比邱吉爾或希特勒。詹森在四月十三日告訴來訪的外交官，邱吉爾在一九四〇年面對的挑戰，與當前越南帶來的挑戰一樣。法國總統戴高樂當時完全不給他面子，預測越戰要打十年，而且「徹底羞辱」美國。華府許多人指控戴高樂瞧不起美國文化，憎恨美國權勢——這些人說得沒錯，但戴高樂的警告仍然有理。法蘭克．史考登寫道，當美國開始採取並行制，將南越軍與美軍行動分開時，「一切的一切都離不開政治影響與宗旨，唯一似乎還能了解這場戰爭概念的，大概也只有越南共產黨了。」

從一九六五年三月起，美軍開始走在戰場最前線支援南越軍，這項過程發展得異常迅速。不斷政變對南越軍軍心的打擊，比對美國大使館的打擊更加嚴重。逃兵案例激增，單在那年四月就有一萬一千起。部隊越來越不願出戰，一名低階南越軍軍官說，「我在一九六二年投效軍中時，為的是愛國，我愛我的新國家，痛恨共產黨。但隨著時間不斷過去……西貢領導層發生這麼多變化，對美國人的依賴也讓我再也不可能談什麼『國家』。」

泰勒一直認為，由美軍挑起戰鬥任務重擔會造成一場大禍。但現在，在政府決策壓力下，他也只能低頭、撤回抗議，至少暫時撤回。為評估美軍日後需求，詹森總統派遣陸軍參謀長哈洛．詹森前往西貢。詹森將軍是一九四二年巴丹（Bataan）死亡行軍的倖存者。面對這位以口無遮攔著稱的總統，詹森將軍想必不斷皺眉，因為他痛恨褻瀆，曾厲聲指斥一名部屬說，「請你以後不要再在我面前冒犯主[35]。」現在，身為全軍統帥的詹森向身為陸軍參謀長的詹森下達命令。兩人同乘一部白宮電梯下來，總統伸出一根食指，戳著哈洛的胸口說，「將軍，你給我把事情辦好。」還在國防部的時候，哈洛．詹森已經明確表示，想在越南取勝，得出動五十萬大軍、耗費五年工夫。在從西貢視察歸來以後，他建議派遣一個師，參謀首長們將建議兵力加到三個師。總統在三月十日一項大衛營會議中說，「不管水裡火裡，我們這場仗打定了。」他在筆記上寫道：「放棄＝慕尼黑。」

他暫時沒有答覆國防部這項增兵建議，但在四月一日批准增調兩營陸戰隊與兩萬名輔助人員赴越。三周以後，詹森授權在六月將駐越美軍兵力增至四萬人。泰勒呼籲，應該將這些美軍的任務局限於海岸地區防衛，但魏摩蘭抗議，說這樣做太丟人，讓人無法忍受，總統表示同意。一旦美軍開始從美國西海岸調往亞洲，白宮面對各式各樣升高戰事的建議。魏摩蘭要求增兵，而且胃口越來越大。太平洋美軍總司令夏普上將認為陸戰隊是反制叛軍的最佳利器。總統在四月六日批准轟雷二號（Rolling Thunder II）計畫。轟雷二號是空軍的一項計畫，針對北越境內選定目標進行持續轟炸。之後幾天，白宮外開始出現反戰示威。

但軍事情勢仍持續惡化。五月九日，道格．蘭賽在厚義省（Hau Nghia）寫日記說，「根據報告，約於凌晨兩點四十五分時，三十三游騎兵營的至少一個排在露天陣地中幾遭全殲。越共還炸毀橋樑……友軍總計四十一人KIA（戰死），三十六人WIA（作戰負傷），五十人失蹤。據報告，越共在發動攻擊時，還有一群村民拿著刀與長矛、火炬在一旁助威。據說，參與行動的平民與越共戰士人數都接近五百人。據省長說，三十三游騎兵營這一次又在睡夢中遇襲。」

西貢的軍隊就在美國人眼前迅速土崩瓦解。蘭賽在五月十八日寫給父母的家信中說，因為打牌發生口角，一名游騎兵遭衝鋒槍射殺，引發地區保安軍與游騎兵兩支友軍交火半個小時。信中說，「南越軍原來就不太好的軍紀，過去兩個月來更加蕩然無存。每隔幾天總有人拿著槍在街頭亂掃，也沒有人採取任何行動。南越軍的惡形惡狀，以及他們對那些手無寸鐵的平民百姓的粗暴，幾乎已經惹得全民痛恨……由於西貢政府軍無力提供安全，一切安撫作業已經毫無意義……此外，在掩飾真相、說謊、粉飾太平這方面，美國政府的表現幾乎與越南一樣糟。」河內同樣欺騙自己的人民，但因為能嚴控資訊，它的欺騙比較成功。

由於西貢報紙總是鉅細靡遺地報導軍隊動態，共產黨根本不需出動間諜刺探軍情。六月九日，空降部隊士兵在乘卡車前往機場途中，從當天早報頭版看見報導，說他們的部隊將乘直升機攻擊一個指名道姓的目標。一名軍官寫道：「我們都在罵，『這些混蛋！我們還沒接到命令，還不知道作戰計畫，報紙卻已經將登陸區的草圖都發表了！』這顯然是有高級將領想在記者面前逞能。」

段方海中尉率領空降部隊尖兵排，進入西貢北方約四十英里的戰場，他們在見慣了的屍體與殘垣敗瓦之間坐下來。一輛牛車上裝著幾名越共的屍體，拖車的牛已死，背上卻仍然架著拖車的轅；幾條無主的狗一旁亂吠，還有幾部棄置的腳踏車與一輛破卡車。更讓人觸目驚心的是，他們還走過早先在共產黨集結區降落時被擊落的幾架直升機的殘骸。空降部隊的首要任務就是蒐集敵我兩軍已經腐爛發臭的遺屍，段方海不斷拿出隨身攜帶的「二天堂」（Nhi Thien Duong）香精油猛嗅，但蟻群在死人耳朵、口、鼻、眼眶爬進爬出的恐怖景象仍然讓他禁不住做嘔。到傍晚，當他打開口糧罐，「上面蓋了一層油的豬肉，看起來就與我下午見到的那些腐爛死屍一樣，讓我大吐了一場。」

第二天，六月十二日下午，他的排在接近一座橡膠養殖場時與敵軍接觸，爆發激戰。在敵軍迫擊砲狂風暴雨般轟炸下，段方海要求空中與地面火力支援，但遭到拒絕，他被告知橡膠養殖場內擠

35　譯注：許多美國人愛說「Oh my God」的口頭禪，讓死忠基督徒感到不滿。

滿民眾，不能炸。「我對著無線電大叫，『哪有X他娘的平民？它們都是越共！』我看到的都是穿著黃綠色卡其軍服與太陽帽，在橡膠處理廠區各地跑來跑去的男子。」他的排奉命穿過廠區中間簡易機場的平地發動正面攻擊，讓他稱奇的是，他們竟然大多數都能活著抵達房屋群。但隨即天降大雨，他得等在那裡，迎接一場必將來到的反擊。

敵軍蜂擁而上。空降兵再次請求空中與地面支援，但再遭拒絕。過了很久，直到戰火逐漸平息，段方海才獲悉他的連長與一名上了年紀的少尉已經戰死。那名少尉打了二十年仗，屢經大難不死，直到這一次終於氣數已盡。「我禱告，希望他來生過得平安些。」那一天戰死的人，還有一名曾在奠邊府碧翠絲陣地打過保衛戰的上尉。在這場似乎永遠打不完的戰爭中，誰又能指望一直不死？

段方海喪氣地寫道，「我們的營實質上已經解體，所有四個連的連長都已戰死。突然間我見到眼前金星亂冒，我揮起手臂，AR-15自動步槍從我手中掉落，我在一挺仍在向敵軍噴火的機槍旁倒下。」當他恢復知覺時，夜幕已經低垂，雨水從橡樹上灑落，一名敵軍死屍橫壓在他的肚子上。他的臉孔與右臂傳來陣陣劇痛。一枚AK-47子彈打穿他的顴骨與鼻樑，還有兩枚打穿他的右臂。那名越共屍體的血流了他一身，段方海使勁推開那具屍體，他爬到一棵橡樹下，躺在那裡聽著，越共正在戰場搜索，見到越共屍體就大罵一通。一名越共踢了踢段方海，然後剝下他的手錶、彈帶與電晶體無線電，那名越共眼見段方海身上血漬深厚，認定他是具死屍。這名越共隨即走開，一路還與同伴爭論著如何處置段方海的遺物。等到一切重歸平靜，雨勢轉劇，段方海勉強爬到無線電士譚（Tam）班長的屍體邊，拿了譚班長的雨衣——譚班長現在已經不用這雨衣了。

「我們一死一活兩個人就這樣捲縮在一起。我哀傷地望著譚班長，想著我們共度的那些好時光與苦日子。我想到我的父母，他們現在應該在用晚餐了，一定還在為我擔心，母親會跑到祭祖牌位前，替我點一枝香。」就在段方海忍著痛，躺在一大堆死屍中間時，曳光彈照亮整個地區，若能提早幾個小時發動，原本可以救他們一命的砲擊展開了。他最終蹣跚起身，加入一小股多數像他一樣已經負傷的散兵。這群散兵辛苦跋涉兩天，穿過廢墟，最後來到一處友軍基地。醫生發現段方海的傷口已經發炎，當然這一點也不奇怪。他的營在這場戰役中戰死兩百人，約六百人負傷，他幾乎是唯一存活的軍官。

空降師是西貢最有效的戰鬥隊伍，但它的一個營就這樣被越共打得全軍覆沒。這次事件在一九六五年經過反覆報導，魏摩蘭於是向白宮提出報告說，「若沒有美軍大規模戰鬥支援，南越軍無法承受這種壓力。」軍援越南指揮部研擬了一項戰略方案：先用美軍保衛美軍本身的設施；再用美軍增援中央高地；之後展開追擊敵軍的「搜索與摧毀」行動，同時一面進行安撫，一面不斷轟炸北越。魏摩蘭的作戰官德沛深信，壓倒性的火力能讓越共無法招架。大衛・哈伯斯坦在描述德沛時，說德沛「個頭雖小，但傲氣十足，專橫無比」。尼爾・席漢也對德沛有反感，說德沛相信只要用「更多炸彈、更多砲彈、更多燃燒彈……就能打垮對方，讓對方放棄」。

魏摩蘭要求華府，讓南越軍只負責衛戍城鎮的地方性安保任務，由他麾下的美軍負責進剿敵軍。他主張，應將第一騎兵師部署在泰國，從西方展開對寮國境內胡志明小徑的打擊。德沛說，敵人既不尊重寮國中立，只有瘋子才會指望美國會尊重中立。詹森的答覆是：你需要多少兵力？魏摩蘭說，立即需要十八萬人——美軍三十四個營，加上十個從南韓抽掉的營，搭配適當輔助人員——隨後在一九六六年再增調十萬人。在考慮這項增兵要求的同時，美國海軍展開「市場時代行動」（Operation Market Time）：一場長期近岸水域行動，目的在攔截北越透過海路將武器運入南越的作業。

在空襲與軍隊部署的同時，詹森還不時舉起橄欖枝、擺出謀和姿態。在四月間約翰・霍普金斯大學（Johns Hopkins University）的一次演說中，他說，如果北越放棄戰爭，他會寄一張十億美元的支票給北越，幫他們在湄公河上建壩——這是一筆天價的賄賂。在說完以後，詹森俯下身，洋洋得意拍拍坐在他身邊的助理比爾．摩耶斯（Bill Moyers）的膝，說「老胡拒絕不了的」，接著又重複一次，「老胡拒絕不了的」。河內當然一口拒絕了，讓詹森大惑不解。

五月十三日，為配合透過莫斯科向北越提出這項新和平動議，詹森下令轟炸暫停五天。但和平動議的文件送到河內以後，范文同連看都懶得看。如果詹森這根十億美元的胡蘿蔔，能以較巧妙的外交手法提出，北越或許真會接受也未可知。胡志明那些處於半飢餓狀態的人民如果知道，只要能將統一期限延後，這十億美元就是他們的，誰敢說他們一定會怎麼反應？民族驕傲不能當飯吃。但這是資本主義者的錢，是帝國主義者的錢，是髒錢，是給豬吃的剩菜剩飯。實在很難想像不給人民任何選擇權的北越會接受這項建議。

華府方面仍然以為，無論任何時候，只要蘇聯新領導人雷奧尼．布里茲涅夫（Leonid Brezhnev）與柯錫金一通電話打到河內，就能停止這場戰爭。魯斯克告訴蘇聯大使杜布萊寧，「我們認為我們雙方都真正有意謀和，但不知應該怎麼做。」蘇聯也擔心戰事升高，認為美國甚至可能在越南部署戰術核子武器。但杜布萊寧的答覆不能讓魯斯克寬心，在交戰雙方都決心先取得軍事勝利再談判的情況下，莫斯科無意承擔斡旋的角色。

詹森滿腔怒火，告訴參議員傅爾布萊特，河內拒絕了他的和平建議——北越撤出南越，交換美國停止轟炸——美國不得不升高戰事。但世人發現，詹森政府始終搖擺不定。一九六五年，五月十七日，倫敦《泰晤士報》報導，「轟炸不能當成一種外交工具……美國目前已經登上升高戰事的階梯，但還站在低階上，它不想再往上爬，但河內似乎也沒多大理由幫美國下台階。」或許《泰晤士報》這項評估並不精確，但它正確指出白宮已經陷入進退兩難的泥淖。六月七日，魏摩蘭毫不掩飾地告訴華府，除非增派美軍四十四個營進駐，南越將戰敗：「我看除了增兵，我們已經沒有其他可行途徑。」

喬治・鮑爾從國務院發了一份新備忘錄，警告不要再增兵：「在源源不絕派軍進入南越以前，我們必須有更多證據……證明在我們緩緩把這個國家搞得四分五裂的同時，我們的軍隊不會困在叢林與稻田中。」但聯合參謀首長支持魏摩蘭的評估，也支持他的增兵要求。詹森對一個國會團體說，「老魏需要幫助，我會給他幫助。」司法部長尼古拉斯・卡岑巴克向白宮提出報告說，在增兵越南的問題上，「就法律層面而言，國會的進一步批准在這一刻並無必要。」麥納瑪拉在六月十六日宣布增兵，將駐越美軍兵力增到七萬人。

兩天以後，美國空軍巨型B-52轟炸機開始攻擊南越境內據說是共產黨集中兵力的據點。在之後八年中，B-52實施十二萬六千六百一十五架次所謂「弧光」（Arc Light）攻擊，投彈四百萬噸。機組人員認為這不過是例行作業。駕駛員道格・庫波（Doug Cooper）聳肩說道，「這項任務就像跑長程的卡車司機一樣，只不過不能停下來喝杯咖啡罷了。」一名領航員說，他與他的機組剛剛炸了地圖上一長串座標，但他的感覺是，「除了在叢林地面上炸了許多洞以外，似乎什麼也沒做」。從一九六八年年中以後，決定投彈的人不是B-52轟炸機上的投彈手，而是地面上的Skyspot雷達作業員。飛越南越以及之後飛越高棉與寮國的B-52轟炸機，除了小小意外風險，不再必須面對敵軍地面砲火的威脅。這些老舊的巨無霸，主要遭遇的是機件損耗、腐蝕的問題。一架B-52在起飛時，由於雨水與海鹽造成電路腐蝕，炸彈從機翼掛架上掉落在跑道上。在整個八年作業過程中，僅有十二架出「弧光」任務的B-52因這類事件而折損：B-52機組人員傷亡極少，造成的毀滅極大。

第 11 章

戰事升高

The Escalator

◎「黔驢技窮」

西貢又出現新的軍事執政團，以阮高祺為總理、阮文紹為國家元首。威廉・邦迪在絕望之餘，形容這個兩人組「絕對是黔驢技窮之作」。日後阮高祺在一篇文章中，描述當時西貢將領們聚在一起，討論總理人選。文中說，他當時問與會其他將領，「有人想當總理嗎？」會場上一片寂靜。阮高祺於是決定自己出馬一試，阮高祺聳聳肩說道：「我不是個好政治人物，不是個好外交官，我只會開飛機。」只不過，這句謙詞，是他在南越戰敗、流亡海外之後多年才說的。

對於西貢這場最新的政治變局，詹森不為所動地說，「無論南越政局穩定與否，我們會強勢行動。」新出爐的總理阮高祺只有三十四歲，一九五四年逃離北越，在法國接受飛行員訓練，之後駕駛運輸機與戰鬥機，有數千小時飛行經驗，曾在北越上空執行化學劑投擲任務。阮高祺是個花花公子，留一撇細髭，愛穿一套特製的黑色飛行衣，身邊跟著一長串妻子與女友。他和藹可親，除了可口可樂的味道以外，熱愛美國的一切——對越南人民來說，他就像火星人一樣遙不可及。一九六五年六月，他深信自己已經牢牢掌握西貢實權，遂將虛位元首角色讓給名氣沒他那樣響亮的阮文紹，只不過後來情勢有變。

七月間，美國大使館舉行款待麥納瑪拉的晚宴，新總理與新國家元首聯袂出席。齊斯特・庫波描述當時情景如下：「阮高祺到場頗引起一陣轟動。他步履矯健，穿一件緊身白色晚宴上衣，搭配正式禮服長褲、尖頭漆皮鞋、大紅襪子。好萊塢那些星探看到他，一定會力邀他扮演一個在馬尼拉的二流夜總會吹薩克斯風的角色。」麥納瑪拉之後語帶輕蔑地說，阮高祺有些像是「將軍團的『執行經紀人』」，對他的印象似乎不是很好。在場還有一名美國人，在仔細打量阮高祺以後，對庫波悄聲說，「至少沒有人會把他與胡叔叔弄混了！」穿著西裝、比較保守的阮文紹，似乎甘願擔任配角，讓飛行員出身的阮高祺搶盡風采。

就在這次西貢之行中，麥納瑪拉於七月十六日接獲電文，說總統已經私下決定依據魏摩蘭之請派遣四十四營美軍赴越。伴隨這項大舉增兵行動而來的，當然少不了各軍種之間的權鬥與爭風吃醋。夏普立即警告葛林說，「魏摩蘭將軍與泰勒大使……會竭盡他們一切可能阻止陸戰隊在南越建功」。

葛林儘管因這場戰爭而職權大幅擴張，但當麥納瑪拉通知聯合參謀首長決定增兵時，他仍然大吃一驚，因為當時還沒有達成有關各方都同意的戰略計畫。陸軍參謀長哈洛．詹森知道，在民眾不了解大舉增兵重要性的情況下大舉增兵，證明事情不尋常，因此決定「閉嘴」。許多年以後，他說，「我應該扮演什麼角色？我只是文人控制之下的一名沒有發言權的軍人……我可以辭職，但又怎麼樣？不過是個發四十八小時牢騷，然後消聲匿跡的將領，對嗎？」當然，這不過是哈洛．詹森事後為自己辯解的說詞而已。艾爾．惠勒在七月十四日告訴麥納瑪拉，「如果我們有取勝意志，而且在戰略與戰術行動上展現這種意志，我們似乎沒有無法取勝的理由。」當然，惠勒的意思是，美國必須撇開一切束縛，放手一搏——問題是詹森不肯：他擔心打北越若是打得過猛，會像韓戰一樣引發中國干預。

顯然已經對戰爭前景心灰意冷的泰勒奉召返美，由亨利．卡巴．洛奇回鍋擔任駐西貢大使。麥納瑪拉告訴洛奇，美國在南越問題上有三條路好走：放棄南越，接受屈辱；維持既有作法，任由局勢不斷惡化；升高戰事，「很有可能在合理時間內達成一種可以接受的成果」。洛奇主張採取第三條路，因為他知道這是政府已經決定的選項。麥納瑪拉現在主張布雷封鎖海防港，大舉轟炸北越基礎設施，並動員後備部隊，以便美軍大規模抽調赴越。詹森堅決反對動員後備部隊，因為他一直向美國人民保證不會讓美國捲入大戰，動員後備部隊等於自摑耳光。

喬治・鮑爾又提出新備忘錄：「就政治角度來說，南越是一場必敗無疑的戰爭。打了二十年的戰事已經讓這個國家筋疲力盡，人民也早已厭戰。根據蘭德公司動機與士氣研究報告的說法，越共深深投入這場戰爭，河內有政府，有宗旨與紀律……西貢的「政府」是一個笑談……南越是一個有軍隊、沒有政府的國家。」鮑爾說，李奇威在一九五四年發言反對美國干預越戰的立論，在十年後的現在仍然有效。但邦迪極力駁斥鮑爾的說法，認為美國今天扮演的，絕非當年法國殖民政權扮演的那種不值一提的角色。邦迪說，「一九六五年的美國是響應共產黨攻擊下的人民的呼喚而出兵。」問題是，這個呼喚來自南越哪一門？哪一派？

七月二十一日，鮑爾出席理當討論一切選項的白宮高峰會；但與會人士都知道，他們之所以出席，為的只是確認總統已經打定了的一項主意。詹森在就任最初幾周顯現的那種缺乏自信與謙卑早已無影無蹤。特別顧問哈利・麥佛森（Harry McPherson）曾私下告誡詹森，說詹森個性太強，民眾會認為，他的那些顧問「像是簇擁在一頭公牛邊，聽從使喚的一群溫馴小牛一樣」。不過，值此總統生涯最重要的一刻，詹森也知道他在採取行動以前，必須首先取得身邊顧問們的支持。七月二十一日，這群溫馴小牛中的一隻、美國新聞處處長卡爾・羅文（Carl Rowan）對西貢政權的孱弱表示擔憂：「除非我們能整頓阮高祺政府，十七萬五千人進駐對我們沒什麼好處。」洛奇當即反駁說，「我不覺得我們需要真把這個政府當回事，他們根本沒有人，做不了任何事。我們必須不管他們，做我們認為應該做的事……無論西貢政府同不同意，一旦進入新階段，我們有權利、有責任做某些事。」

這些極端傲慢的話，反映了當時華府決策人士心態。據阮高祺說，他曾告訴美國人：「越南需要的，是一個像北越胡志明那樣的人，是一個真正為南越而活的領導人，不是美國人。但美國人永遠也不明白這個道理。」以研究二戰期間西方盟國在亞洲經驗而著名的史學者克里斯多佛・索恩

「妳知道，妹子，我有一種不祥預感。我們很快就得學會分清越南與越共兩者之間的差異了。」

「美國人似乎永遠搞不清楚一件事：無論你爬得多高，到頭來還是得買票進場。」

世界輿論幾乎千篇一律，對美國這項投入越戰的承諾抱持疑慮。奧斯伯 · 蘭卡斯特（**Osbert Lancaster**）分別於一九六五年春與夏，在《倫敦每日快報》（**London Daily Express**）頭版刊出的那幾幅漫畫最能反映這一切。

（Christopher Thorne）指出，經過一代人之後，美國在印度支那重蹈早先在中國犯下的錯誤，「是因為依賴於相當程度上以美國價值觀、經驗與自我形象為投射而成的假象，再加上不重視……太平洋彼端不同文明與政治文化的特性。」

在七月二十一日那次白宮會議中，鮑爾重申他的信念，認為美國應該退出越南，因為美國軍人不能在一場亞洲叢林戰取勝。艾爾．惠勒或許覺得自己有必要為美軍打氣，於是向總統拍胸脯保證，說魏摩蘭的「搜索與摧毀」戰略一定可以打垮越共。鮑爾隨即表示，如果能合情合理在一年內指望勝利，他會大放寬心，但如果戰事延宕下去，他擔心國內與國際輿情會有問題。當時洛奇舉了一個耳熟能詳但非常低劣的例子挖苦鮑爾：他把鮑爾與一九三八年在慕尼黑爭相向希特勒示好的英、法領導人相提並論。

詹森總統本人也向鮑爾提出質問：「但是喬治，如果我們按照你的建議退出越南，這一大堆國家難道不會說山姆叔是個紙老虎？難道我們不會因為不守三位總統許下的承諾而失信？那似乎會是一次慘重打擊。」

鮑爾：「不是這樣的，長官。最慘重的打擊是，世上最強大的國家竟不能擊敗一小股游擊隊。」

總統：「但我相信越南人想打仗。」

鮑爾：「阮文紹……那天……說共產黨會在大選中獲勝。」

總統：「我不相信這說法，有人相信嗎？」所有在場的人都表示不相信。

鮑爾於是一手扶著會議桌說，「總統先生…我已經表明我的看法，但如果決定增兵，我會義無反顧。」鮑爾雖說膽敢不畏權勢，道出事實真相，展現了智慧與勇氣，但終於還是因為戀棧職位而沒有辭職。他最喜歡說的一句話就是「想紅，就得找最紅的人」（Nothing pinks like propinquity），換言之，想取得權力，最直接的辦法就是在總統身邊工作。憑天賦直覺，對人性弱點瞭若指掌的詹森願意容忍鮑爾，因為他相信鮑爾不會背叛他。詹森後來在談到他的副總統韓福瑞時說，「我已經把休伯特的兩個蛋都裝進我兜裡了。」鮑爾的情形也一樣。

第二天，詹森會晤聯合參謀首長，首長們都主張大舉擴充轟炸規模與兵員人數。陸戰隊的華里斯・葛林說：「五年，外加五十萬軍隊，我想美國人民會支持你。」詹森重複麥納瑪拉幾周以前的話說，「最不理想的選項是撤出；其次不理想的選項是繼續像過去一樣做下去；最好的選項是大舉投入，把事情做好。」沒有人擔心這會是一場曠日持久、成本巨大的戰爭。與二〇〇二年入侵伊拉克的決定大不相同的是，在一九六五年，每一種可能的風險都事先想到了。在與聯合參謀首長們討論中途，詹森突然打斷討論，若有所思地說，「但不要忘了，他們會像對待豬灣事件一樣，為今天我們做的、為我與我的顧問們寫故事。」

總統問了所有理當提出質疑的問題，他只是不願聽取答案而已。有人認為，不肯召集後備役與躲避巨型國內辯論，是他犯下的大錯。有圈內人認為，當詹森拒絕麥納瑪拉召集後備役的建議時，麥納瑪拉應該辭職，但麥納瑪拉嚥下了這口氣。但不肯動員後備役，雖說對越戰後期美軍戰力重挫，特別是對美軍士官團的瓦解確實影響重大，但這似乎不是導致美軍戰敗的主要原因。主要原因是，整個戰略假定，包括骨牌理論與亞洲共產主義的性質，都是錯的。「失去」中國仍是許多決策人心中揮之不去的陰影。史學者麥克・豪沃德說，他們與一九一四年那些懷抱幻想的歐洲領導人有許多相似之處：

「混合著顧慮、民族傲慢、誤解與誤導的軍事專長……像早先那個時代的德國與奧地利政治家一樣，美國的政治家發現即使只是權力平衡上的一個地方性小型變動，也有可能造成整個世界秩序重大、凶險的轉型。他們相信，就像貝爾格萊德[36]（Belgrade）在一九一二至一四年（或埃及在一九五六年[37]）造成的威脅一樣，河內也能造成重大威脅，所以必須在事態發展惡化、全面失控以前加以控制。更何況，美國人……就像一九一四年以前的德國人一樣，有著強大的自信與驕傲；美國要為它的大國意識尋找一個宣洩口，要為它的國力尋找一個適當的挑戰，美國人不信世上有任何他們解決不了的問題。政治家或許本身也有疑慮，但在高漲民意簇擁下，早將這些疑慮拋在九霄雲外。」

兩次世界大戰的經驗，讓大多數歐洲政治家覺悟，衝突其實不能做為一種政策工具。但對華府一九六五年的決策人士而言，戰場上既沒有核子威脅，交戰並不恐怖。詹森總統沒有明訂作戰目標，只是授權他的將領「殺更多越共」。一九六三至六五年間擔任海軍參謀長的大衛．麥唐諾在十年後寫道：「或許我們軍人都很軟弱，或許我們應該站起身來敲桌子……這事我有分，我也為自己感到慚愧。我經常想，『我為什麼會忍受這樣的事？』」

在七月間大衛營一次私下聚會中，總統資深政治顧問克拉克．克里夫（Clark Clifford）對詹森提出警告說，「這可能是一個沼澤……放眼我們國家前途，我只見到災難。」在這以前一直是個死忠鷹派的邦迪，對麥納瑪拉大舉進駐地面部隊的建議也不再全力支持。邦迪在七月二十三日提出警告說，「我們的軍隊完全沒有這類戰事的經驗……這項計畫的草率已經到了愚蠢的地步」；麥納瑪拉「忘了檢驗美國的風險上限」。參議員曼斯斐德與羅素也呼籲總統不要再增兵；即將卸任的大使泰勒又一次改變主意，現在也反對增兵。但這一切都被拋在一邊，決策當局認為，撤出的成本比進一步增兵的成本更高。

在七月二十八日的記者會中，詹森宣布增兵，將駐越美軍人數增至十七萬五千人。奇的是，詹森在這項宣布中表示，增兵不是因為要準備打仗。魯斯克後來說，「我們從未設法營造一種戰爭心理……我們覺得，在一個核子世界，讓舉國人民過於憤怒，危險性太高。所以我們刻意淡化這件事，我們想冷靜處理一件或許只能在熱血沸騰狀況下才能做到的事。」詹森這樣低調處理增兵議題，意在謀求美國人民心態的平和，這與北越在之後十年，不斷向人民強調愛國、社會主義、犧牲與全民團結的作法有天壤之別。

七月二十九日，保守派專欄作家約瑟夫・奧索（Joseph Alsop）在《華盛頓郵報》寫道：「白宮這位為越南問題傷神的大人物，正陷於真正的天人交戰（上帝保佑，不要讓這份掙扎演成悲劇）。他痛恨越南問題，而且一直顯然渴望回到過去，讓他在他最喜歡的內政問題上製造奇蹟。」

---

36 編注：貝爾格萊德（Belgrade）為塞爾維亞首都，位於巴爾幹半島。一九一二年，塞爾維亞、保加利亞、希臘與蒙特內哥羅成立巴爾幹同盟對抗鄂圖曼帝國，雙方於當年十月爆發第一次巴爾幹戰爭，結果鄂圖曼帝國戰敗，幾乎丟失所有歐陸的領土。但是塞爾維亞和保加利亞就馬其頓地區的統治權產生分歧，因而導致巴爾幹同盟的破裂，雙方於一九一三年六月爆發第二次巴爾幹戰爭。塞爾維亞獲勝後變得更加強大，導致奧匈帝國在巴爾幹的擴張受到阻礙，兩國的爭執為第一次世界大戰埋下了伏筆。一九一四年六月二十八日，塞爾維亞的民族主義者在塞拉耶佛刺殺奧匈帝國皇儲夫婦，是第一次世界大戰爆發的直接原因。進入戰爭之後，巴爾幹半島的戰事大多發生在貝爾格萊德附近。巴爾幹半島複雜的情勢也被稱為歐洲的火藥庫。

37 編注：蘇伊士運河戰爭，也稱第二次以阿戰爭或西奈戰役，是一九五六年發生在埃及的國際衝突。由於埃及政府決定將蘇伊士運河收歸國有，讓英、法兩國的利益受到損害；而埃及總統以消滅以色列為宗旨的泛阿拉伯主義，導致以色列決定加入英法的同盟。三國於一九五六年十月出兵埃及，戰場上雖然獲勝，但卻遭到以美、蘇為首的國際社會的普遍指責，在強大的國際壓力下英法以三國被迫接受停火決議。蘇伊士運河危機讓英國的帝國殖民體系遭到毀滅性打擊，經濟也步入近乎毀滅狀態。英國從全球性超級大國衰落為地區性中等大國，同時終結了西方的殖民體系。美國則從英國手上取得霸主的地位，世界正式從三強鼎立變美蘇兩強對抗。

一旦第一批地面部隊進駐，美國人賭上生命與威望的大注，政治人物、戰士與百姓都得面對「跟上團隊」的龐大壓力；都得壓制反對聲；都得支持這項儘管未經美國人民諒解與同意，卻以美國人民之名做成的承諾。就連喬治．鮑爾也以反戰會鼓勵河內為由，要求沃爾特．里普曼等人士不再批判。哥倫比亞廣播公司（CBS）新聞部負責人威廉．史莫（William Small），在華府一次雞尾酒會中碰到魯斯克，魯斯克當時用手指抵著史莫的胸，厲聲說道：「美國所有的新聞人都想贏得普立茲獎（Pulitzer Prize），但有一天他們會問，你站在哪一邊？我不知道到時候你們會怎麼回答。」

詹森對批判他的聲音更痛恨了。上任第一年，他與新聞界度過了一段蜜月期，但之後情勢急轉直下。詹森說服自己，認定那些批判他的人都是羅伯．甘迺迪偏來與他做對的人。當參議員法蘭克．喬奇（Frank Church）直言斥責越南政策時，詹森恨恨地說，「下一次法蘭克想在愛達荷州建壩，讓他去找李普曼要吧！」

軍事行動有一種自我炒作之勢。一九六五年四月，為阻止共產黨接管多明尼加共和國，詹森動用了陸戰隊與八十二空降師。危機當頭造成的那種「支持我們子弟」的情緒，使總統只用很短時間就讓國會撥款七億美元，讓美軍在加勒比海——還有越南——採取行動。

一九六三年十一月二十二日以後，在升高越南戰局的問題上，詹森是真的態度搖擺不定？還是說，這只是他在與參議員羅素等人電話交談中的裝腔作勢而已？有一個很可信的論點是，詹森與他的軍事與文職顧問做了那麼冗長的辯論，卻從沒有人認為他會採取任何讓美國人說他軟弱、說他認輸的路線。此外，韓戰也設下一個重要先例，讓人認為，軍事行動即使不能取勝，有時也能帶來可以接受的妥協和平。

越戰悲劇是誰的錯？麥瑪斯特寫道：「參謀首長……沒有義正詞嚴告訴總統，說他們反對麥納瑪拉的戰略。他們只是想辦法在那套戰略下運作，希望經過一段時間以後，能不受限制、放手一搏。他們知道，想在越南取勝總共得需要多少兵力，但他們沒有向總統提出這項兵力建議。」布魯斯·帕爾墨中將也表示，參謀首長聯席會議沒有告訴總統，逐步升高戰事的作法幾乎必敗無疑：「他們不敢向總統提出這樣負面的說法，不敢表現得不忠。」不過軍方將領面對一種經常反覆的困境：他們的職責就是實現政治老闆們的意旨，而且他們還得設法，證明花這麼多錢養軍隊花得值。如果美軍連一支雜牌游擊隊都打不贏，要美軍何用？魏摩蘭儘管才幹不足，但只因為他要求增兵，就把美軍大舉投入的罪責推給他，並不公允。套一句英國桂冠詩人丁尼生（Tennyson）的詩：「他的責任不是問原因，他的責任只是派人上戰場送死。」（his not to reason why, his but to send men to do and die）詹森與麥納瑪拉作了這些重要決定。太平洋地區美軍總司令夏普曾經埋怨說，麥納瑪拉無論參加什麼會議，這些會議最後達成的一定是他要的結論。麥納瑪拉對待部屬的態度，不像政治領導人，而像戰場指揮官。

對詹森來說，美國總統身為全軍統帥的職銜不是用來裝飾的。一九六四至六五年間，他有些什麼選擇？將勝利拱手讓給共產黨，等於把越南人民打進黎筍集體統治下、冰河期的冷酷未來——這也正是一九七五年後越南人民的命運——但今天一些批判升高越戰決定的人不承認這一點。法蘭西絲·費吉洛寫道，「這場戰爭沒有『另一邊』……我們不僅站錯邊，我們還建了整個錯誤的一邊……展開這場暴力的不是越南人，是我們自己，因為我們介入越南……在越南，我們每天做的就是不讓在地政府掌權。」這種說法忽視了北越政權極端不民主、不人道的特性。參議員尤金·麥卡錫的觀點似乎明智得多，他在戰爭結束許多年以後說，「根據我的見解，道德議題歸根究底就是一個問題：毀滅與毀滅之後可能出現的好，兩者之間成比例嗎？……你在一開始認定……南越人民要一個自由社會。但建立自由社會的代價是將幾乎整個社群完全毀滅，你得做一個實事求是的判斷……不能為達成目標而造成全面性毀滅。」

所有嘗試過集體主義的每一個社會最後都以失敗收場，這在今天是眾所周知的事實。但在二十世紀，特別是中國與越南這類貧窮農鄉社會，得自行實驗、嘗試馬列理論，才能發現它們的不可行。或許這就是歷史的無可避免姓。他們付出的人道成本至為驚人——但美國為了以武力阻止這項實驗而付出的代價也同樣可怕。道格．蘭賽認為，對非常重視個人與家庭關係的越南人來說，相對於西方式自由個人主義，共產主義帶來的遠景更加可行。在一九六五年，許多人認為，與其繼續不斷殺戮，不如不計一切代價謀求和平——這樣的判斷並沒有錯。對美國來說，最致命的錯誤是，當北越決定孤注一擲，而且無須徵求民意時，美國將幾乎無限的資源投入真正戰略利益其實很小的南越。此外，美國在一九六四至六五年間實際上接管南越，也讓越南共產主義的統治更加振振有詞。

詹森大舉升高越戰的決定，主要遭到幾點歷史控罪：他以他自己與美國的利益、而不以越南人民的利益為出發點，做出他的選擇；他對麥卡錫所謂的比例視若無睹；他的許多顧問一再向他明智進言，說這場戰爭幾乎肯定必敗無疑，但他沒有聽勸；最後，他欺騙了美國人民。一九六五至六六年間在國防部擔任約翰．麥諾登助理的丹尼爾．艾斯柏格後來說，「我們做的一切，包括那些非法行動，那些對北越的侵略行動，都得瞞著民眾，都是謊言。」一九六五年七月二十七日，參議員曼斯斐德向總統簡報他在當天下午與傅爾布萊特、羅素等外交委員會資深議員的會談：「大家普遍認為，你的目標不在深入，認為你只想在軍事這條線上採取非做不可的措施，拖到明年一月，一方面由聯合國大使亞瑟．高伯格（Arthur Goldberg）與魯斯克集中全力想辦法幫我們脫困。」

魯斯克承認，軍隊運輸幾乎是偷偷摸摸進行的，不想讓莫斯科與河內警覺情勢與過去大不相同。為了不招人耳目，調往越南軍隊的數量「一周與上一周都差不多」。詹森政府並且小心翼翼，盡量避免遊行、部隊整隊通過市街、走上碼頭或停機坪等盛大場面。國防部長麥納瑪拉已經做好增兵準備。像許多專橫的人一樣，面對林登．詹森這樣更強勢的人，麥納瑪拉也只有俯首聽命的分。

麥納瑪拉在周日為家人做漢堡、準備午餐時，如果總統打電話來邀約，就算總統只是閒來無事、一時興起，麥納瑪拉也會立即關了烤肉爐火，上車赴會。

因緣巧合將麥納瑪拉與詹森在這場戰事中綁在一起，但兩人實在沒有什麼共同之處：麥納瑪拉謹言慎行，對口無遮攔、舉止粗俗的詹森十分厭惡，但詹森的權勢與意志力讓麥納瑪拉震懾。另一方面，詹森也重視麥納瑪拉的智慧、狠勁，還有最重要的，他的忠誠。幾個月以前，當戰局惡化情勢已經明顯時，友人呼籲麥納瑪拉辭職。麥納瑪拉當時答道，他必須留下來「眼見越南這事落幕」。事實上，他涉入過深，已經沒有退路。麥納瑪拉或許是當時最了解南越政權已經無可救藥的人，但面對喬治·鮑爾這類批判之士，他的態度卻越來越窮凶極惡，這樣的矛盾一定讓他痛苦不堪。向以理性自豪的他，在一九六五年中期以後行事越來越跋扈，做出一些幾近瘋狂的決定。為這場戰爭賭上名譽而且輸得最慘的人，首推麥納瑪拉。

一九六五年七月二十七日，參議員曼斯斐德在寫給總統的簡報中，很有先見之明地說，「主要的困惑在於……就算完全打贏了，你還是得不到什麼，這仗還打什麼？」他說，參議院外交委員會的同事「大家都認為……我們已經深深陷入一個我們不該到的地方，都認為情勢正在迅速失控，都認為我們應該想盡辦法脫身」。詹森再怎麼也不能說，沒有人向他提出他這麼做後果嚴重的警告。

至於敵人方面，民族解放陣線一名高幹寫道，美軍即將全面參戰的遠景，「讓我們想到這將是一場曠日持久、更加野蠻的戰爭而不寒而慄。倒不是說我們對最後勝利缺乏決心或信心……但如果美國人大舉干預，暴力規模會成等比級數增加。」

◎新人，新戰爭

一批批美軍就這樣開始湧入越南。醫護兵大衛．羅傑斯（David Rogers）得先自掏腰包買飛往奧克蘭（Oakland）的單程機票，才能抵達出發集結區：「他們簡直就像要把你偷偷弄出去一樣。」航空公司櫃台那女孩還問他，「不買回程票嗎？」對生長在芝加哥（Chicago）城南貧民區的黑人青年羅伯．丹尼爾斯（Robert Daniels）來說，搭機旅行是非常新奇的經驗。他說，當飛機飛越太平洋上空時，「我怕得要命，心想我們這些人絕對到不了那裡。」在經過十七小時飛行，終於抵達越南後，這群還在發楞的青年聽到一陣喊叫聲說，「大家聽好，在停機坪上整隊。」隨後他們排隊登上一輛輛巴士，來到一棟白色隔板建築。他們身上的錢換成「軍餉證」（military payment certificates, MPC），住進臨時營區，並分配了床位。

當吉米．史班瑟（Jimmie Spencer）士官在一九六五年十二月抵達越南時，「在我看來，美國已經接管這個國家了」。史班瑟於一九四四年生在阿拉巴馬州摩比爾（Mobile），母親是位未婚媽媽，「當時民風未開，未婚媽媽還很少見」。他原本自願在越南服役三年，但在三年退役後，因放不下軍旅生活又簽約回到越南。他在初到越南時編入一支特種部隊，身邊都是曾經親歷韓戰與二次大戰砲火洗禮的資深士官，並且努力達到他們的標準。每個新兵都會得到一句如何對待越南人的忠告：「你抓緊他們的蛋蛋，他們就會死心塌地跟著你。」史班瑟說：「我有如魚得水的感覺，部隊裡每個人都是志願軍。我對我的工作非常引以為傲，我們做的是二次大戰美軍做的事——幫助那些需要幫助的人民。」

高登．蘇利文上尉說：「在一九六五年，我們認定我們既然來了，就一定能打贏這場戰爭。而且我們要越南人閃到一邊，看我們作戰……美國人非常瞧不起越南人。」亨利．高爾（Henry

Gole）上尉曾對他的南越友軍說：「幫你們收爛攤子的人現在來了，你們全部閃開。」而這話正是當年高爾與他的特種部隊同袍的心聲。一些來到越南的美國青年，對自己本國偏遠地區都一無所知，對這個初次踏入的亞洲國家當然更談不上什麼了解了。來自東岸的一名准下士對一名來自俄勒岡州的醫護兵說：「你住的地方現在還有印地安野人嗎？」約瑟夫．費吉洛（Joseph Fitzgerald）上尉發現，「有些士兵喜歡打扮成懷特．厄普[38]（Wyatt Earp）警長那樣，把插著手槍的槍套露在外面，在西貢街頭亂逛，認為這樣很帥。」對一等兵雷格．愛德華（Reg Edwards）來說，來到越南後，第一件讓他感到震撼的事跟死亡和毀滅無關，他駭然發現就連稚齡兒童也抽菸，他學會的第一句越南話就是「抽菸有害你的健康」。在荒郊野外，許多美國人見到蛇就緊張，而樹林裡長臂猿的尖叫聲讓他們提心吊膽，無所不在的水蛭也讓他們痛恨不已。

步兵報到後，會領到挖戰壕用的彎刀、克雷莫人員殺傷雷（Claymore mine）與「地獄箱子」（hellbox）導火裝置、雨衣與雨衣內襯、頭盔與頭盔罩、驅蟲劑、橄欖色毛巾、帆布腰帶、彈帶、無線電電池與M-14半自動步槍。士官們常如此這般告誡部下小兵：「距離一百碼的時候，你瞄準敵人褲襠，就能打到他的胸腔；距離三百碼時，你得瞄準頭部，才能打到他的胸腔。」他們還告訴那些小兵，法國橡膠養殖場主都是向越共繳稅的共產黨同路人。在三角洲地區，麥克．蘇登（Mike Sutton）士官用擄獲的武器在所謂「綠市」換取顧問團隊的一切需求，包括四十匹馬力的詹森（Johnson）舷尾引擎。在美萩建的新美軍設施訂名為「威士忌基地」（Base Whiskey），直到一名看它不順眼的美國新聞處官員，想到一個更響亮的名字，才將它改名為「同心」（Dong Tam）。

38 譯注：懷特．厄普（一八四八—一九二九），美國西部傳奇人物，以西部執法人員、槍手等形象著稱。

越南人民接到一些傳單，說見到美國人，可以說幾句英文表示友好，例如「我要和平」、「你想念你的老婆與孩子嗎」、「我們是平民」、「這條路很危險」等等。不過，孩子們見到美國人最愛說的不外是，「哈囉……沒越共……越南第一」。

美國大兵開的那些玩笑——例如他們喜歡把民族解放陣線的旗幟綁在自己腦袋上，還向村民高嚷著「越共第一」——讓農民感到大惑不解。沒隔多久，這些大兵就有了「愛打呼嚕的人」（grunt）的新稱號。一輛陸戰隊吉普車載著一名剛從美國飛抵越南的軍官走在路上，軍官望著遠方地平線上裊裊升起的幾股黑煙，不解地問道：「那是敵人砲轟造成的嗎？」駕駛兵說：「沒那事，少校，他們只是在燒糞。」隨著這些美軍來到越南的，還有巨量裝備、車輛與機械：除了直升機與固定翼飛機以外，還有吉普車、兩噸半卡車、鋼鐵貨櫃——就是集裝箱；有數以百萬計的沙包、好幾百萬英里長的電線、成百上千萬噸的水泥、各式各樣武器、第一批數量就達幾百萬顆的避孕藥、數以億計的香菸。在那個年代，幾乎每個士兵至少都吸食菸草——就算他們不吸毒。一九六六年，美國人在越南蓋了五十九座機場，每個月將六十萬噸物料運入越南，開出的支票金額接近二十億美元。四十二家軍用建築公司每天工作十二小時，而RMK-BRJ[39]與DMJM[40]這些民間包商也將三十英寸鑽孔機、三十噸重翻斗車、每小時碎石四百噸的碎石機、巨型絞車、推土機以及每天消耗六百加侖柴油的裝甲推土機運入越南。

他們挖戰壕、築防爆牆、建三十二×十六英尺夾板屋，並架上鍍鋅屋頂，雨水打在屋頂上時發出震耳欲聾的聲響。太平洋建築工程公司（Pacific Architects & Engineers）、奈爾公司（Vinnell Corp）、電腦科學公司（Computer Sciences Corporation）、動力電子公司（Dynalectron）與其他許多業者，都因這些成本加利系統——也就是花得越多，賺得越多——而賺進不少油水。法蘭克・史考登說，「越南人很清楚這些業者的剝削技倆，美國人是可信賴夥伴的形象也因此遭到玷汙。」

對那些出入西貢Mimi's酒吧的典型包商，一名中情局軍官有以下一段描繪：「臉孔紅潤、脖子又肥又短、格子襯衫在啤酒肚上搖擺……他們在美國不過是個自耕農、卡車司機或工廠領班；但來到越南後，年復一年，他們在越南修路工或建築工人前耀武揚威、發號施令，他們或許還有畏畏縮縮的老婆或情婦。」但面對這樣的譏諷，他們大可以說自己是硬漢，因為只有硬漢才能在這塊謀生不易的土地上做生意。

這場戰爭的一切都很硬，包括車輛、槍支、砲彈、飛機、防彈背心、子彈、C口糧罐、集裝箱、敵軍的作戰意志等等，除了人身肉體與大部分踏在腳下的地面之外。軍人與百姓在南越各地建立基地網、跑道、全天候道路與美軍福利站（PX）。每一名進駐越南的美軍，每天得運補重達一百磅的補給與裝備，如此龐大的需求幾乎擠爆了南越相對原始的港口與機場設施，大規模偷竊成為無所不在的問題。卡車在坑坑窪窪的道路上疾馳亂竄，迫使農民與他們那些步履蹣跚的水牛紛紛走避；低空飛掠的休伊直升機，將曬好的衣物都弄上塵土。根據一名共幹的說法，在遠離城市的蠻荒地區，美國宣傳單「把森林都變白了」。到一九六八年，軍援越南指揮部每個月要印發四億張傳單，據說其中一張以胡志明小徑上過往敵軍為對象的傳單特別有效——這張傳單的標題是：「一名北越軍人寫給母親的詩。」在寮國與南越境內大片地區，空中噴灑的落葉劑造成森林與一切植被枯

39 編注：RMK-BRJ，在越南戰爭期間，由美國海軍將美國四家最大的公司組成的美國建築財團，其目的是在南越建設急需的基礎設施，以便美國能夠逐步將作戰部隊和物資投入越南。財團的名稱來源於其四家組成公司：Raymond International、Morrison-Knudsen、Brown & Root以及J.A. Jones的首字字母組合。

40 編注：DMJM，創立於一九四六年，最初專門從事美國的軍事項目，其標誌性優勢在於工程和結構設計。名稱來源於其四位創辦人：Phillip Daniel、Arthur Mann、S. Johnson以及Irvan Mendenhall姓氏的D、M、J、M組合。

死。

陸軍護士夏倫・拜斯川（Sharon Bystran）在七月登上一艘載有三千士兵的船，從奧克蘭前往越南。她注意到早在那個時候，已有一小群人群站在岸上搖旗進行反戰示威。當年二十三歲，來自奧勒岡的她，對這次充滿新奇的越南之旅十分振奮：「探索未知，讓我有一種激情。」但當船在歸仁靠岸時，她的第一個感覺卻是陣陣惡臭令人反胃。她加入第八十五後撤醫院（Evacuation Hospital），在之後一年中取得相當十年的護士經驗。但是身為女性，在幾乎清一色是男性的環境中大為不易，因為許多高級軍官認為護士是在軍中造成事端的根源。管理餐廳的上尉一直趕她們走：「他向我解釋說，在身邊沒有女人的情況下打仗會比較好……我想他這麼說，是因為他想對妻子保持忠誠，見到我們會不斷提醒他女人存在的事實。」這些軍中護士學會集體沐浴，沖水時間每隔三十秒換一次人，「我們常說：『一個人沐浴，一個人站在盆子邊，一個人站在水槽邊。』規矩是除非月事來潮，浴室門不准上鎖。月事來潮時，妳可以多享有一點隱私。」

同時，初抵越南的美軍展開「搜索與摧毀」的戰鬥。陸戰隊中尉費爾・卡普托寫道：「這類型巡邏作戰並無準則，沒有正面、沒有側翼、沒有後方。我們打的是一場無形戰爭，對付的是無形敵人，他們像叢林朝霧一樣消逝無蹤，只在一些我們料想不到的地方現身。大多數時間一切平靜無事，但一旦出了事，事情總在剎那之間，沒有警告。」魏摩蘭從美國調來大軍，認為越共也會因此升高本身作業，發動大型攻擊，讓美軍有用武之地。但鮑爾表示懷疑：「我們不能證明越共會根據我們設下的條件與我們作戰……無論我們派遣多少部隊，我們不能指望武元甲就會因此採取我們喜歡的戰法。」

事實證明鮑爾說得對，美軍早期遇上的許多衝突都只涉及小股越共，越共游擊隊平均每三十天只有一天會行動。共產黨為支援在南越的行動，每天投入三百八十噸補給與彈藥，其中十分之九由在地供應。每天只有三十四噸——相當於七輛兩噸半卡車運補量——仰仗北越運補，不過擔任這類作業的主要是自行車與挑夫。聯合參謀首長在一九六五年八月提出報告說，河內運往南方的補給數量「基本上是一種他們自行選擇的事」。初抵越南的美軍發現，他們只是在人跡罕至的蠻荒不斷前進，一名士官說：「即使我們遭遇敵情，敵人也不會立定腳跟與我們決戰——大多數情況下，他們只會把一名狙擊兵綁在樹上與我們周旋，其他人撤走……在中央高地叢林，你能看到二十英尺外就算走運了，有時林木實在太密，幾乎無法再補給。」在那些早期戰鬥中，美軍得穿著二十磅重的防彈背心登山，許多人因此中暑失去戰力。

美國陸軍與陸戰隊的作戰效率雖說比大多數南越軍都強，他們在華府的政治老闆們卻誤判情勢，認為只憑美軍露面的事實就能開啟通往勝利之門。美軍在一九六五年八月發動「星光作戰」（Operation Starlite），對蜆港附近的巴丹干（Batangan）半島展開兩棲攻擊。安德魯・卡莫（Andrew Comer）當時是參加此役的陸戰隊第三團第三營的作戰官，儘管他的長官說他們打了勝仗，但卡莫認為這是一場大混仗。卡莫說，一輛戰車的戰車長「用機槍掃射約七十五碼外一名年約十歲的男孩」，卡莫跑到男孩藏身的壕溝，「發現他沒有武裝，沒有受傷，於是放他走了」。卡莫對戰車長一陣指斥，但戰車引擎聲掩蓋了他的聲音。

一輛兩棲登陸戰車駕駛在敵軍迫擊砲火攻擊下歇斯底里，不斷駕車倒退，將他的履帶車輾過躺在地上的傷患，壓死五名美軍。卡莫想制止這名「瘋狂駕駛員」，但對方「完全不理會，連我自己也險些成為輪下亡魂」。卡莫凝視著腳下一個帶著頭盔的頭顱，他認識這人：這人的身體已經輾在履帶下。卡莫還說，一名士兵獲頒銀星勳章的事也讓他憤憤不平：「事實真相是，他假裝受傷自己爬上一架直升機，退出戰場、後撤到朱萊（Chu Lai）……根據我的記憶，他根本沒有任何英勇事蹟。」卡莫在一九九一年寫道：「發生在三十號高地那次戰車行動的事讓我憤怒，二十六年來我一直壓抑著這滿腔怒火。但現在我覺得，我不能隱藏著這些事實進入墳墓……我要將它們公諸於世。」

北越總參謀部在一九六五年六月十日下令，要所有與美軍接過戰的部隊提出詳細接戰報告，以便從中記取戰術教訓。命令中強調：「要使敵人經常處於一種防禦與被動態勢，迫使敵人根據我們的條件作戰……處於經常性心理緊張狀態……埋伏、殲滅小股敵人……進行獨立、孤立的爆破攻擊。」並指示部隊找機會攻擊美軍的救援、換防部隊，想辦法製造「長鼻子」與西貢政權官兵之間的緊張。河內的總參謀部說，剛到越南的這些美軍有一個關鍵性弱點，就是怕死：「如果我們能在早期行動中重創美軍，能讓美軍在政治與軍事兩方面都感到困惑。」

儘管當時大多數美軍營級部隊都有損傷，但與一、兩年後的慘重傷亡仍然不能相比。以陸戰隊第三團第一營的情況為例，在一九六五年三月至八月有超過一百人死傷，兵力折損十分之一。但在翌年春天的一場戰鬥中，單是一個連在一個小時的戰鬥中就達到相同人數的死傷。一名美軍軍官說，初抵越南的美軍自以為是專業軍人，「自信而且自豪」，他們取得一切軍事優勢，但「付出同情心不足的代價」。華特．布莫（Walt Boomer）上尉說：「我願意不計一切前往越南，因為我擔心這場戰爭很快就要結束，我會來不及參戰。我當時百分百相信共產黨想主宰全世界的說法，認為我們得在越南阻止共產黨擴張。其實早在那時就有中學生說，『這場戰爭對我們來說根本沒有道理』，但我認為他們很蠢。」

越南農村社會那種與世隔絕的狀況，讓吉米．史班瑟大惑不解：「有些農民就連他們住的山的另一邊像什麼樣子都不知道。」在美軍遇伏事件發生過後，美軍官兵會因為同袍遇害而仇視事發地點附近小村的居民，因為這些居民一定認識那些藏身在暗處，等到狙殺美軍最佳時機的破曉時分才出擊的越共。道格．蘭賽在一九六五年八月寫道：「美軍陸戰隊只因遭狙擊手打了幾發子彈，就恣意、片面焚燒整個村子。」蘭賽與約翰・范恩還就厚義省的綏靖作業寫了一份報告，大罵西貢政權：「現有領導人，包括官僚、省與地區官員，沒有人來自偏遠農鄉，他們既不了解、也不同情農民，對農民的需求也置若罔聞。」共產黨的殺人計畫已經改變了社會結構，幾乎所有地主與稍有資產的人非死即逃，只有窮苦農民仍然留在村落，淪為交戰雙方恣意欺壓的犧牲品。

根據美軍顧問的說法，西貢派駐榮市的地方首長是一位「誠實、公正、有活力而且顯然有軍事幹才的人……他讓農民逐漸感覺到榮市是個可以不受越共騷擾的安身之處」。一九六五年八月，對戰局高度樂觀的記者格麗特・希金斯，以這位榮市地方長官為主軸，寫了一篇題為「越南城市重建繁榮」（Vietnam Town Regains Prosperity）的報導。但榮市本地人對這位人稱「D先生」的地方長官深惡痛絕，因為他們認為，榮市所以遭到越共砲轟、彈洗，都是他惹的禍。D先生之後遭撤換，新上任的長官很受民眾歡迎，因為自他上台以後，越共停了對榮市的轟炸。

許多美國人在進入越南農民用茅草和竹子編成的屋子後，發現陰暗的室內除了幾個鍋子與草蓆外一無所有，因而對屋主心生鄙夷。當美國陸軍與陸戰隊士兵用刺刀探查他們的牆壁與稻草堆時，農民們只是面無表情、冷眼旁觀。費爾・卡普托寫道：「我不斷傻笑，極盡誇張地幫著清理善後。女士，妳看，我們與法國人不同，我們可是善良親和的美國大兵，妳應該學著喜歡我們才是。」但讓卡普托悲傷的是，他雖說頗以身為陸戰隊為榮，但他的許多同袍戰技儘管了得，人道精神卻十分欠缺：「他們有些不是正直、善良之輩，許多人好嫉妒、記仇又有偏見。此外，骨子裡的美國理想主義也讓他們流於傲慢。」他手下一名班長告訴他，在韓戰期間，他曾經見到美軍為調整步槍準星，而拿農民當活靶。這名班長說：「長官，在你離開這裡以前，你會發現這世上最野蠻的，是那些平均年齡只有十九歲的美軍。」

這讓卡普托想到准下士馬利安・麥基（Marion McGhee）。麥基是陸戰隊第三團第三營的火力小組領隊。在一九六五年八月十二日那天，他走出火力小組防禦周邊，說要「去追一名越共」。小組派出的兩個人聽到一聲槍聲與一聲尖叫，隨後見到麥基若無其事地朝他們走來。麥基對他們說，他剛殺了一名越共，還要回去再殺幾個。直到後來才發現，麥基踢垮一座茅草屋的牆，闖入正在睡覺的一家農民。他抓起一個十四歲的女孩，女孩的父親上前干預，但遭他槍殺。麥基在後來遭到軍法審判時辯稱自己精神失常──在之後幾年發生的幾十件類似案例中，被告都以精神失常為由申辯──法庭最後判他非預謀殺人有罪，處以六年徒刑。大多數美軍不像麥基那樣。但早從一九六五年美軍進駐最初幾天起，情況已經明顯：要讓南越人民相信升高越戰對他們有利很難。

邪魔歪道、幹壞事的美軍當然很多，但必須強調的是，仗義行善的美國人也不在少數。艾利約夫婦紀錄了幾名這樣的美國人在湄公河三角洲的事蹟。威廉·威爾考克斯（William Willcox）少校來自美國中西部，「特別有一種與越南人交往的親和力，而且具有一切美國人的美德，他是十全十美的顧問個案研究教材」。當威爾考克斯役期屆滿必須返美時，大衛·艾利約曾向當局請求，希望讓威爾考克斯留在越南，但美國陸軍的例行規定沒有通融餘地，威爾考克斯還是如期返美。艾利約嘆道，「他才剛摸清一些門路，才剛知道該怎麼做。」美國海軍中尉亨利·克萊恩（Henry Klein）是艾利約眼中另一位英雄。克萊恩一天來到美萩，組織一項河案調查行動。他對在地人民與在地生活方式展現的熱誠，令艾利約夫婦十分欣喜：「對他來說，這不僅是一項完成一些數字就能交差的任務而已。」幾個月以後，克萊恩遇害消息傳來，讓艾利約哀痛不已：「他是道地美國子弟，這麼年輕就客死異鄉。」此外，一度跟隨席德·貝里上校，同樣也是西點出身的彼得·陶金斯（Peter Dawkins）上尉，曾是一九六六年四月八日的《生活》雜誌封面人物。

應華府之請，來自盟國的軍隊也陸續抵達越南。南韓派遣軍後來兵力增到兩個陸軍師與一個陸戰隊旅──他們是能征慣戰的勁旅，最後在越南折損五千多人，但也是幾場平民屠殺慘劇的兇手。菲律賓派了一個旅。而保羅・哈斯勒（Paul Hasluck）在一九六四年當上了澳洲外長，美國因此得到一位強大的澳洲友人，哈斯勒對骨牌理論情有獨鍾，當時澳洲軍隊已經在婆羅洲對抗印尼人。像他的總理羅伯・曼吉斯（Robert Menzies）一樣，哈斯勒也深信澳洲應該效法韓戰先例，在東南亞與美國並肩作戰。當時一些有影響力的記者，如丹尼斯・華納（Denis Warner）等，也曾在一九六四年十二月撰文警告說南越已經是一個「非國家」，但曼吉斯與哈斯勒沒有理會。經過兩人力邀，紐西蘭政府雖說無意捲入這場戰爭，但仍然跟隨了比它大那麼多的鄰居，一同出兵了。

一九六五年四月二十八日，澳洲與西貢政府達成出兵協議，一支營級澳軍加一個紐西蘭分遣隊不久後束裝啟程。這支澳紐聯軍最後擴大到旅級兵力，還搭配了輔助單位與特種部隊。十九歲的尼爾・史密斯（Neil Smith）少尉是其中一員。眼前一切，特別是那些黑人與拉丁美洲人，讓初抵越南的史密斯看得目瞪口呆：「那個年頭，在澳洲看不到什麼黑人與拉美人，而且我們這輩子也沒見過這麼多軍事裝備——我們不知道這世上竟有這麼多飛機與直升機。」曼吉斯總理極力駁斥那些對政府用兵的批判，但事實證明，他的接班人因此付出極高代價：在七十年代結束時，曼吉斯大力支持美國的作法，已經成為澳洲政壇的主要議題。

此外，儘管美國從這時起以首要參戰國自居，越南人仍然繼續在戰爭中不斷大批送命；只不過與魏摩蘭手下美軍相比，在華府，或許也在世人眼中，越南人的命重要性小得多罷了。蘭賽對西貢兵力的擴張有以下描述：「我們打造的不是一支軍隊，而是一個不斷擴大的虛假表象，這個由 M-113 裝甲運兵車、巴頓（Patton）戰車與噴射機所組成的鋼鐵上層結構，其社會基礎甚至連加強黏土都不如。」越南人因自相殘殺而承受的苦難，令外國人難以想像。有一名直升機駕駛員飛進順化，收取一具共和軍屍袋，結果從標籤上發現躺在屍袋裡的是他的親弟弟。「空襲者」攻擊機飛行員陳化（Tran Hoi，譯音）說，在第一次出任務攻擊北越以前，「我在熱機時祈禱，如果祖先有知，別讓我兄弟與敵人一起，成為那一天我的炸彈下的冤魂。」

南越空降師上校李文廣（Ly Van Quang，譯音）的妻子，在整場戰事中一直經由巴黎與她的哥哥，當時北越的著名將領保持書信往來。一天，李文廣對妻子怒罵道：「妳留著這些通敵書信，是想害我被槍斃嗎？」但她不為所動。對她來說，就像對太多越南人來說一樣，對家庭的忠誠勝於一切。後來她的九個兒子中的一人死在戰場上，她終於透過在河內的哥哥取得兒子喪生過程的細節。

中情局有一項極有創意的計畫，就是在西貢建了一個叫做「七號房」（House 7）的電台，由女性播音員唸著在胡志明小徑擄獲的北越軍人寫的信件與日記。電台自稱「越南母親」，希望以各種鐵證疲勞轟炸，讓那些滲透南越的越共無心戀戰。但像許多類似作業一樣，「七號房」也造成一些始料未及的後果：一名婦女在聽到這些信件與日記的內容後，深深感動，決定投身共產黨陣營。此外，一連幾任中情局老闆幾乎無一倖免，都與「七號房」美麗的播音員陷入愛河，難解難分。

直升機螺旋槳槳葉的拍打聲已經成為戰鬥的管絃樂，每個經歷戰鬥的人都不會陌生，拉動步槍發出的卡嗒聲、無線電的靜電雜音也一樣。南越軍在乘坐休伊直升機進入戰場時，總不忘相互講一句半迷信的道別詞：「可別讓你那『第三條腿』被打掉啊！」共產黨用自動武器對付低飛飛機的戰術越來越有效，一名越南飛行員說：「除非親身經歷，你無法體會任務結束後在沒有翼機伴隨下，單機返航的那種孤獨感。」直升機很堅固，但能否在戰鬥中存活，主要還是憑藉運氣。一天，阮文裕（Nguyen Van Uc，譯音）駕一架CH-34直升機進入戰場，機身中彈無數，機上人員卻毫髮無損。在返回基地後，他的機組長指著機頂上方對他說，「我們真是死裡逃生啊！」原來一枚重機槍子彈嵌在螺旋槳控制桿上，險些將桿打穿。如果當時打穿，這架CH-34非墜落地面不可。

許多在一九六五年新年預期勝利近在眼前的越共幹部，因美國干預而懊惱不已。越共控制地區隨即出現又一波簡樸與意識形態整風，為了不讓人民收聽西貢宣傳，私人收音機成為違禁品。共產黨還展開一項抵制美國商品的運動，結果一敗塗地收場；他們總是低估消費品的魅力，尼龍長褲和襯衫尤其熱門。一名游擊隊在三角洲被殺，屍身上的尼龍衣褲立即被剝下，到了他的排長的身上。一名百姓在目睹這整個過程後說，「我得說，這些越共的狠勁與冷血讓人佩服。」

大體而言，越共在戰場上展現的堅忍比政府軍更勝一籌，這也使南越共和軍視死如歸的事蹟更加動人。一名游騎兵排長在陣地被包圍的情況下，放出紅色煙霧彈，要友軍對他自己的陣地發動空中攻擊，結果他本人與他的半數手下戰死，但救了他的連——這件事沒有人知道。一架美國空軍F-101戰鬥機在越共控制區墜毀，一名十二歲男童領著機上飛行員躲躲藏藏，尋小徑抵達安全地帶，美軍隨即出動幾架直升機，趕在越共展開報復以前將男童一家人接出村子——這故事也沒有登上報紙頭條。彰善省（Chuong Thien）德諒縣（Duc Lang）一名叫做阮文木（Nguyen Van Moi，譯音）的民團民兵獲頒兩枚英勇勳章，他絕對當之無愧，因為他已經七十歲了。

鍾定（Giong Dinh）位於西貢南方三十五英里，一九六五年十月三日凌晨兩點二十五分時，這座小小哨站遭到大股越共攻擊。在一開始的戰鬥中，五名值勤警衛有兩人遇害，越共用無後座力砲擊毀兩座碉堡，迫擊砲也隨即開火。三十五歲的哨站指揮官阮文施（Nguyen Van Thi，譯音）帶著十五人撤退到碩果僅存的最後一座碉堡與瞭望塔。他下令無線電作業員閔（Man）要求砲兵支援，但無線電壞了。之後雙方劍拔弩張地僵持一個小時，曳光彈不時劃破暗夜，在陣地上方閃爍。幾名越共闖進小村，抓了兩男四女與四個孩子為質，然後迫使四女喊叫，要她們守在碉堡的先生投降，不投降就將人質殺害。阮文施拒絕投降，還率部向越共投手榴彈。

一名守軍匍匐到軍火庫，在一陣交火過後抱了一堆手榴彈回到陣地。地區首長這時已經從他位於五英里外的總部觀察情勢，並召請砲兵支援。閔這時將無線電修好，他十九歲的妻子蹲在他身邊充當砲兵觀測任務，讓砲彈落在距他們的碉堡不到二十五碼處。等到天光漸亮，碉堡前方已經落彈五百五十發。越共撤退，留下三名越共屍體與兩名傷兵，還有十二件武器。上午九點半時，區域軍一支援軍趕到鍾定，發現衛戍隊與他們的家眷共有十二人死亡，其中十人死於共產黨冷血殘殺。換成是美國人，阮文施與他的戰友會獲頒銀星勳章，甚至榮譽殊勳章（Medal of Honor）。但身為越南人，阮文施等人得到唯一的獎勵就是暫緩一口氣，因為他們知道今後還得再三面對同樣命運。

南越軍離不開美軍顧問的假設引來一個大問題：越共怎麼就能在沒有這類援助的情況下打自己的戰爭？明顯的答案是，越共的戰意與戰技都比南越軍更勝一籌。河內有一項最有力的宣傳利器：共軍雖說也依賴外國武器，但大多數北越地區與整個南方仍然見不到中國與俄國顧問人員身影；相形之下，美國人不了解為每一名南越當權者派遣美軍顧問造成的傷害。南越總理阮高祺曾寫道：「不在乎表面形象，是美國人行事作法的典型……中國在北越境內駐了好幾十萬人，還有大量蘇聯顧問，但無論是中國人或蘇聯人都不會開記者會、發表聲明，他們把這些事交給北越來做。」在赫魯雪夫於一九六四年十月垮台後不久，俄國人開始派遣技術人員訓練北越空防人員，還開始訓練他們發射飛彈——不過對這類慷慨援助，北越並不完全領情。

一九六五年，雙方損失都很慘重，蘭賽紀錄了發生在平定（Binh Dinh）省的一宗慘劇。在這次事件中，對「可疑軍事編隊」進行的大規模轟炸與砲擊造成一千一百越南人傷亡，但檢驗屍體之後才發現，其中只有十五人是武裝共產黨。蘭賽怒不可遏地說，美軍飛機只要見到地面上一隊穿黑衣的人，就當他們是越共，但在大多數情況下，他們只是正在耕田的農民。「如果這隊黑衣人奔逃——而這是人類正常反應——事情往往變得更糟，因為一些飛行員會認為這證明他們的疑心沒錯。」休伊直升機飛行員丹・海克曼（Dan Hickman）也承認，美軍往往把逃跑的人視為越共：「我曾經射殺一個沒有武裝的人，他從我們旁邊逃跑，而且似乎還帶著一包東西，由於敵人就在我們左近，所以我說『開槍打他』。後來發現那人帶的只是幾條魚，不過我仍然認為他是在為當地越共備辦食物。」共產黨後來了解飛行員的本能反應，於是指示幹部們在敵機飛過頭頂時要站在原地，讓飛行員相信他們大概是平民百姓。

但貧窮匱乏與敵軍砲火，為派往南方的北越軍與在地的越共帶來重創。到一九六五年五月，黎筍對戰局的展望比過去保守得多，在一封剛寫給南方局的信中，他承認短期內不會達成政治交易，「討價還價與談判的時機還沒到」，他承認低估了美國人的意志力。根據派駐南方的北越部隊戰報，在十月十九日開始的一個月之間，北越軍第三十二團有一百六十六死，一百九十九傷；第三十三團有一百七十死，二百三十二傷；第六十六團有二百零八死，一百四十六傷——而且實際傷亡很可能比這些數字高出許多。此外，慢性瘧疾與腳氣病也讓派駐南方的北越軍半數失去戰力。一名北越軍軍官日後寫道，士氣低落，許多士兵會不由自主、突然的落淚。想在軍中維持清潔軍紀很難，要那些自認為死期將至的士兵注意衛生根本辦不到。檢查軍中通訊的政工發現，許多士兵認為自己在劫難逃——就算沒有死於炸彈與槍彈，也會餓死。士兵們圍著營火，唱著悲歌：

「進軍中央高地簡單，尋路歸鄉難；
無米無鹽，讓人心冷；
我們病了，卻沒有藥。
既如此，彼此相愛所為何來？
就像刀板上一動不動躺著的螃蟹，
不知刀將落何方。」

越共對城市發動的攻擊，雖有助於削弱民眾對西貢政府的信心，但總是被擊退。越共第二六一營對三角洲地區中心蓋比（Cai Be）發動一次夜襲，攻擊當地郵局、警察總局與民防部隊營區，但遭到砲火與空襲者戰機反擊，傷亡兩百人。一名平民目擊者說，他在黎明時見到越共撤軍，「他們看起來很悲傷，很疲倦，而且顯然損失了不少人，大多數人都在身上背了兩三枝戰死同袍留下的步槍。」對富美（Phu My）一處政府軍大型據點發動的攻擊也以失敗收場，越共五一四營一個連有四十二人戰死。

一九六五年五月十七日，南方局下達名為「對付傀儡警察的保安行動」的指令，指令中要求地方幹部「把握每一個機會剿殺敵人領導人與惡棍，加強我方政治攻擊，以便在敵人中間散布恐懼與混亂，並且……在較低層警員中爭取支持」。河內一名政治局委員曾向英國秘密情報局（ＳＩＳ）駐河內站長達夫尼・帕克（Daphne Park）誇口說，河內在南越每一個部會、村落都派有工作人員。帕克當即反問道：「既如此，你們何必還要勞師動眾，把村長抓來問吊？」那政治局委員答道：「因為我們是列寧主義者，而列寧相信革命暴力。」

共產黨派駐在西貢的情報組織列了一張約有兩百名西貢政要姓名的暗殺清單，其中最著名的犧牲者是國家憲政會（National Constituent Assembly）主席，共產黨對他進行了三次暗殺都沒有成功。但之後，一天上午，四名騎機車的共諜追上他的座車，對車內開了四槍，其中一槍命中他要害。讓河內好笑的是，英國廣播公司（ＢＢＣ）在報導中說，憲政會主席因涉嫌奪權而遭西貢政權暗殺，迫使阮文紹總統發表公開聲明予以否認。這個情報組織還在一輛車後車廂裝了炸彈，開進全國警察總部園區引爆，十七名員警死傷。

身為蘭德田野調查員的楊文美，在訪問一名淪為戰俘的越共高幹時，對他的堅強意志留下深刻印象：「見到證據並不能改變你的主意，但它能增加你的恐懼，因為你發現他們有可能贏。」楊文美發現她自己逐漸抱持一種前後矛盾，但許多人都認同的觀點：「我恨這場戰爭，我要和平，但要的是不讓共產黨取勝的和平。」法蘭克・史考登也同樣感到困惑：「我突然有一種感覺，我們會在傾入巨大資源、投入幾十萬大軍後打贏這場戰爭，但我們會用物資窒息越南、將鄉間化為焦土……以錯誤的方式打贏這場戰爭。」在美國，特別是在華府街頭，反戰示威開始吸引成千上萬民眾，而且不只是可能被徵召的年輕人參加示威而已。一九六五年十一月二日，三十一歲的巴爾的摩（Baltimore）貴格會（Quaker）成員諾曼・摩里森（Norman Morrison）效法西貢和尚自焚，在麥納瑪拉辦公室窗外點火自焚而死。

戰局升溫以後第一場大戰發生在中央高地的德浪（Ia Drang）河谷，調往南方的北越軍往往以這座河谷做為南進行動發起區。德浪河谷有特種部隊的營區，這類營區最終在南越各地約有一百個，而德浪河谷的特種部隊營區是北越軍最喜歡攻擊的目標，因為幾乎所有營地都在美軍火力支援範圍之外。美國陸軍參謀長哈洛・詹森認為，特種部隊作戰耗費資源過鉅，令他「恐怖」。他瞧不起特種部隊，認為「特種部隊成員是一些逃避責任的逃犯……因為沒有人嚴格檢驗特種部隊的活動。」特種部隊軍官，曾經率領高棉裔越南人特戰小組進入寮國與高棉的麥克・艾蘭也有同感。艾蘭後來說：「真正的問題是，『我們建了什麼功嗎？』我想，答案是『沒多少。』特戰小組帶回的情報，水準都相當低。」

共產黨每在攻擊民團營區時，總能或多或少造成損害。在波萊美（Plei Me）基地於一九六五年十月十九日遇襲後，魏摩蘭下令美軍第一騎兵師「搜索、摧毀」在德浪河谷發動攻擊的敵軍。北越指揮官對此欣然面對，因為他們想試探美軍實力。阮福安（Nguyen Huu An，譯音）上校說，軍援越南指揮部的「銀刺刀作戰」（Operation Silver Bayonet），「給我們開始殺美國人的機會」。在十一月十三日他所謂「歷史性」的一次兩小時的指揮所會議中，他闡述了作戰目標：用連級與營級兵力與這些新來的敵人接戰，學習怎麼與他們作戰，「就像我們打敗傀儡軍一樣，我們也能打敗美國人。」

十一月十四日，在B-52轟炸機支援下，哈爾．穆爾（Hal Moore）中校率領的第一騎兵師第七團第一營，對「X光登陸區」的共軍集結區展開攻擊，一場血腥惡戰隨即展開。那天上午，阮福安在一支三十人指揮小組伴隨下，順著一條泥濘小徑前往朱邦山（Chu Pong）。快到中午時，X光登陸區已經漫天砲火，爆炸聲此起彼落。阮福安倚著手杖正在研究地形，部下一名參謀突然一把抓起他並摔向地面，緊接著一連串撼山動地的爆炸聲，一架B-52投下的炸彈就在他們左近爆炸。阮福安站起身，撣去身上塵土，說道，在這樣槍林彈雨中，一個人能不能活命全靠天意。他要指揮小組在炸彈造成的這些大彈坑上設立指揮所，並下令一個營在翌日十五日黎明前攻擊美軍。阮福安談到隨後發生的狀況：「前後約有十五分鐘時間，敵人陷於混亂，但隨即展開猛烈反擊。」戰鬥持續了一整天，入夜以後，C-130在上空不斷盤旋，投擲照明彈；一〇五公厘榴彈砲射擊三萬三千發。第二天一早，當共產黨重新發動攻勢時，北越軍一個營在進入攻擊發起線途中走失，其餘共軍因此陷於死戰。一名美軍將領後來寫道：「美軍戰史上最慘烈的戰鬥就此展開，而且在幾乎整個過程中，戰場不出一個足球場大小。」

對美軍騎兵師來說，最慘烈的戰鬥發生在十七日。那天中午，阮福安的幾個營正在吃口糧，偵測兵來報說敵軍逼近。北越軍倉忙部署伏擊。來襲美軍是欠缺戰陣經驗的第七團第二營，他們列成一字長蛇陣，撥開象草、迤邐而來，遭到北越軍伏擊。之後兩個小時，美軍分成許多小股展開近戰，但由於敵我兵力交織，美軍無法請求大砲或空中支援；阮福安也認為情勢「緊張、複雜而且困難」。從他的角度來說，從十七日下午兩點到十八日晚上八點之間的戰鬥最為凶險，美軍最後終於能召來空中攻擊與砲轟，造成北越軍重大傷亡，特別是必須在戰場上不斷來回奔馳的傳令兵與聯絡官傷亡尤其慘重，他們經常被炸得屍骨全無。北越軍六十六團團長在戰鬥開始時神祕失蹤，而且一連三天不見蹤影，團政治官羅玉洲（La Ngoc Chau，譯音）於是接掌指揮權。

狂風暴雨般襲來的砲彈、炸彈與子彈，終於迫使北越撤軍。他們後來說，與他們接戰的美國步兵並不特別可怕，但套用阮福安上校的話說：「這不表示與美國人作戰，像我們裡面一些人說得那麼容易。美軍火力強得可怕，他們有那麼多飛機、炸彈和大砲。他們實事求是，能從經驗中迅速學習，而且擁有能讓情勢改觀的科技……他們聰明而且多智，不時能完全扭轉一個不利的戰術情勢。」

在德浪河谷戰役結束後，雙方都宣稱獲勝。美軍騎兵師評估戰果，說美軍每折損一人就殺了超過十名共產黨。美國高級官員認為，北越無法以如此懸殊的傷亡比例繼續打下去。魏摩蘭認為，打到十一月二十六日才真正結束的德浪河谷戰役顯示，火力與空中支援可以讓「搜索與摧毀」如虎添翼。軍援越南指揮部估算，敵軍死亡人數為三千五百六十一人。美軍方面，第七團第二營有一百五十一人戰死，整個騎兵師有三百零五人陣亡，受傷人數也差不多。不過，美軍不僅誇大了北越軍損傷，北越指揮官不計傷亡的狠勁也遠非美軍始料所及。德浪河谷戰役結束後，在中央高地司令朱輝孟（Chu Huy Man，譯音）准將主持下，北越指揮官在B3方面軍總部舉行慶功會。阮福安上校寫道，「我很少參加過這麼開心、活潑的戰地會議。不管是友人還是陌生人，大家都握手、互賀勝利。」像美國人一樣，共產黨也過度高估了他們的成就，說他們「殲滅了」幾營美軍——這是北越軍愛用的字眼。

鮑伯・霍伯每年聖誕節的越南勞軍秀，或其他好萊塢明星的戰地訪問，可能很容易給人一種沽名釣譽之感，但駐越美軍確實非常喜愛這些節目。有一次，詹姆斯・賈納（James Garner）、羅伯・米契（Robert Mitchum）與亨利・方達（Henry Fonda）來到三角洲勞軍，當地美軍顧問團隊自然欣喜萬分。特別是當安－瑪格莉特（Ann-Margret）發現兩名士官躲在地板下偷看她換衣，卻一笑置之時，他們對她的大度更加感念。席德・貝里上校與他在美萩的顧問團隊，在總部外一所老修道院為三百名顧問團越南雇員家屬辦了一場聖誕晚會，「我看到這輩子見到過最可愛、最逗趣的孩子。幾乎所有我們美國人都在那群孩子中徘徊，陶醉在愛、幸福、溫情、喜悅與憐惜中」。美軍在晚會上為孩子分送冰淇淋、蛋糕與禮品，還放映了一部卡通片。他們還發揮創意，為孩子們帶來另一驚喜，一架前進空中管制機飛臨晚會會場上空，灑下千千萬萬白色紙花，紙花上印了一行字：「下雪啦！美國空軍與參三部門敬賀。」

一九六六年一月七日，越南美軍電台「鄉村音樂時間」（Country Music Hour）播出羅傑・米勒（Roger Miller）的〈好女孩，妳讓我哀泣〉（Attaboy, girl, that's a way to make me cry），之後是艾迪・阿諾（Eddie Arnold）、卡爾・史密斯（Carl Smith）與田納西厄尼・福特（Tennessee Ernie Ford）等人的歌。席德・貝里特別喜歡「我愛上公路告示牌上那個除了掛著笑，身上一絲不掛的女郎[41]」還有「我離開時，窗簾揮手向我道別[42]」。

美軍現在已經在越南駐了四個師，總兵力幾近二十萬人，但麥納瑪拉向總統報告說，這樣的兵力仍然不夠。他建議，如果北越不肯收手，應將魏摩蘭麾下兵力增加一倍，或許還得在一九六七年進一步增到六十萬人：「到一九六七年，美軍戰死人數可能達到每個月一千人。」

問題是，麥納瑪拉對戰局的困惑比楊文美更嚴重，他已經私下提出警告，說中國人可能插手，說美國充其量只能指望「光榮撤軍」。一九六六年一月二十一日，麥納瑪拉告訴亞瑟・史勒辛格與賈布萊斯等人，「他認為軍事解決不可能辦到……他似乎很沮喪，擔心戰事會無限期升高」。史勒辛格在那次會談後寫道，「軍方一口咬定，相信他們可以『打贏』這場戰爭。」但讓人感到反諷的是，甚至在連麥納瑪拉都失去信心的情況下——這是一項驚人轉折，國務卿魯斯克卻信心大增。魯斯克就這樣從麥納瑪拉手中接過主戰火炬，在整個一九六八年一直高舉。麥納瑪拉身邊親信都很明白，在離職的幾近兩年前，當眼見數不清美軍捐軀，麥納瑪拉被不確定性、悲觀情緒所困擾。但他明明如此悲觀，卻仍然不肯求去，說來也實在令人費解。

在前線，吉米・史班瑟士官喪氣地說，「結果這不是一次短跑，而是一場馬拉松。」席德・貝里在家信中寫道：「我反正哪裡也去不了……我相信我們來這裡很重要，相信這是一場正義之戰。我對越南人非常尊重，在我們無法想像的艱難環境下，他們做得出奇地好。但前途路遙遠，我希望我們國家與我們國人能有奮戰到底必須具備的那種成熟、堅忍、耐性、勇氣與信心。」這是一場引頸盼望不見盡頭、艱苦漫長的戰爭。

41 編注：來自德爾・里夫斯（Del Reeves）的歌：〈告示牌上的女郎〉（Girl on the billboard），收錄於一九六五年的專輯：《*Sings Girl on the Billboard*》。

42 編注：來自雷・普萊斯（Ray Price）一九五八年的單曲：〈窗簾〉（Curtains in the window）。

第 12 章

「抓煙」

'Trying to Grab Smoke'

◎戰士與滑水人

越戰從來不是只有一種，而是有五十個各式各樣不同的面貌，視戰鬥地點不同而不同——若你不是步兵，就得看你幹些什麼其他的事。連長安迪．芬雷森（Andy Finlayson）有一次斥責一名帶著一班工兵在陣地工作的班長，因為這班工兵不肯挖散兵坑，也不肯下散兵坑執勤。那班長頑抗說道，「那是步兵幹的，我們工兵不幹這種鳥事。」砲兵除了「FO[43]」以外，遭受的威脅一般比步兵小得多。來自維吉尼亞州三十歲的砲兵連長洽克．胡德（Chuck Hood）上尉發現，讓連上官兵在灰土、泥濘、雨天、酷暑中操作一七五公厘巨砲固然辛苦——這種砲的砲管每發射三百枚砲彈就得更換砲管。但他最大的問題是如何為官兵解悶，「我得不時想個新招，吸引他們注意，免得他們成天跑進當地村子鬼混，或不斷喝酒。」

美軍在越南的役期只有一年，而且大多數步兵軍官只會在一個連服役六個月就會轉調擔任參謀工作。魏摩蘭力主加長役期，但遭白宮拒絕。將役期限制在一年或許在政治意義上有其必要，但對作戰成效影響很大，因為除了少數「終生老兵」以外，在越南戰場上有真正實戰經驗的美軍很少。或許在越南服役期滿返回美國的人，有三分之二自稱老兵——有權配戴勳章，大談他們的PTSD（創傷後壓力症候群）問題。但一般而言，他們在駐越期間冒的風險，充其量不過是不小心「中標」得了性病或吸食了「惡屎」毒品而已。

支援、技術與後勤人員很可能整個役期都待在巨型基地園區內，除了洗衣婦與吧女以外，一個越南人也沒見過。對他們來說，最惱人的事大概就是得忍受JP4（航空煤油）與尿管發出的惡臭了。傘兵金．伍利（Gene Woodley）說，金蘭灣（Camranh Bay）是「我這輩子最大的驚奇，有人玩著衝浪，大汽車在街頭跑來跑去，有打扮入時的女人與穿著西裝的男人。讓我不禁叫道：『這怎麼回事？這裡比美國老家還好！』」海軍雷達兵杜維・布朗（Dwyte Brown）也有同感：「金蘭灣真是個天堂，不是蓋的。我如果有錢，一定會在這裡住下去，享受國王一樣的生活。」布朗由於在越南「服作戰役」期間每天享用龍蝦與牛排，肥了四十磅。他每天大部分時間都在作戰協調中心替一名上校整理音樂帶，而上校則把他的吉普車借給布朗使用，做為回報。在安溪（An Khe）郊外，第一騎兵師建了一個屬於自己的官兵休閒中心，叫做「罪惡城」（Sin City）。官兵可以上「Class 6」（美國陸軍酒品專賣店）用每瓶一塊六五美元的超低價買兩瓶半加侖裝吉比（Gilbey's）琴酒，還可以花五到十美元找一個經過軍醫檢驗沒有性病的女郎。

黑人步兵理查・福特（Richard Ford）談到另一營區：「我不敢相信芽莊竟是越南一部分，因為他們有軍營、熱水、一天供應三餐熱食的餐廳，還有空調。它像一處海灘，一處休閒勝地……他們打籃球、玩足球。他們都是白人，想到背後有這麼多白人，我就心驚膽戰。」富國（Phu Quoc）島上的綠扁帽部隊在湄公河三角洲外一處海灣玩著滑水與衝浪。一名西方訪客在談到越南人觀感時寫道：「孩子們喜歡在海灘玩水，看著巨型金髮男子吊在繩尾、風馳而過，但年長的人會在一旁瞪著眼，嘴裡唸唸有詞。甚至在南越，我也會因自己的體型與膚色而感到極端不自在。」

誰得去什麼地方報到，幾乎是沒有商量餘地的事。軍醫查理・施亞（Charlie Shyab）在來到越南時，以為他會留在受訓的單位，與舊友一起出任務，建立一種關係。但就像每一個補充兵一樣，他也奉調來到新環境，與完全陌生的人一起工作。約翰・萊特（John Wright）中尉從蜆港任務分配室面如死灰般走出來，對友人說，「我死定了」，他奉命前往陸戰隊第九師第一營報到，這支部隊

43 譯注：FO，Forward Observer的簡稱，前進觀測員之意。

由於傷亡率過高，人稱「行屍走肉」部隊。醫護兵大衛・羅傑斯在服完野戰步兵役期後，奉調來到古芝的一所醫院：「那些醫生與護士都是軍官，都在一起吃，一起打情罵俏。才從叢林出來的我，現在來到這瘋狂世界，就像電視劇『外科醫生[44]』（MASH）裡面的情節一樣。」

朱德・金恩（Judd Kinne）中尉與連士官長來到師部停屍間認屍，發現工作人員正笑鬧著，在這座有冷藏設備的活動屋裡聽美軍電台廣播，這使他很不自在。士官長從一大堆屍袋中找出屬於本營的屍袋，檢驗登錄。金恩邊打寒顫邊說，「停屍間堆得滿倉滿谷。我可不要像這樣裝在袋子裡回美國。」費爾・卡普托也曾在停屍間工作一段時間：「如果身為排長，我就是死神代言人，身為參謀，我就是死神的簿記。」他回憶說道，無論生前是白人、黑人或黃人，所有死者看起來都差不多。他們的皮膚出油，所以看起來都像蠟做的假人，「瞳孔退色轉灰，大張著嘴，彷彿在尖叫時死亡一樣」。有些屍體因臉孔已經無法辨認，只能用他們的牙齒紀錄做比對。

不少前來越南的人生活在不斷的恐懼中。席德・貝里的單位中那位隨軍牧師永遠攜帶武器，而且不論白天夜晚，隨時身穿防彈背心，這讓貝里很是感慨：「他一直與官兵討論戰爭的可怕，他曾眼見我們被越共團團包圍。他不斷問我們，這場戰爭能不能在聖誕節前結束……我們不能讓一位屬神的人在這裡散播恐懼，他應該為我們帶來信心與平靜才是。」那位隨軍牧師不久被解職。

也有人甘之如飴過著險中取樂、充滿異國情趣的生活。駐在高棉邊界附近班登（Ban Don）的特種部隊A隊，利用大象運送補給，還在象背塗上星條，以避開美機轟炸。在一個溫馨怡人的傍晚，滿懷浪漫的喬治・邦維爾（George Bonville）凝視著營房邊的三角洲水道，心想，「為什麼有人會為了控制這個地方而爭戰？這是一處農業天堂，任何人只要有腦子都能在這裡生活、工作、享樂。只有惡人才會在這個地方發動戰爭——唉，或許我正是這樣的惡人。但我並沒有發動這場災難，我只是希望能結束它而已。」即將輪調返美的一名少校告誡邦維爾不要強出頭，因為這麼做不值。這位灰髮少校說，美國早在一九六四年就應該收手：「孩子，要小心。我們在這裡葬送的青年軍官已經太多了。我在韓戰中授了官銜——但韓戰不一樣。韓國人很強悍，決心阻止共產黨，而且當地地形也容易防守。而越南就像擋在寮國與高棉的一個網一樣。不要強出頭，這地方已經完了。」

就總體而言，在龍庭召開的一次北越軍總參會議同意，美國人投入的兵力越多，碰上的難題也越大。河內的既定戰略獲得確認，西貢的正規軍與民兵仍是首要目標，因為一旦它們崩潰，華府也沒了出兵干預的理由。河內為一九六六年訂下恢弘的目標：造成南越軍二十五萬到三十萬人死傷、美軍兩萬五千到三萬人死傷；擊毀一千架飛機與直升機；占領百分之八十到九十農村地區。他們計畫在所謂「B戰場」將共產黨勢力擴大到四十萬游擊隊、九萬地方部隊與二十萬北越正規軍。

根據越戰戰史紀錄，這樣的目標太超過：「總參批准的這項計畫既失之簡化又不切實際……不能反映我方真正的實力，對敵軍空襲我軍補給線造成的巨大問題也刻意輕描淡寫，避重就輕。後勤組織『困惑而且雜亂無章……派往戰場的若干部隊品質低下。』」河內的史學者也承認，他們低估了美軍、甚至南越軍戰力。

北越軍與越共領導層追求一些平行、時而相互衝突的目標。南方人與他們那些北方弟兄之間關

44 譯注：外科醫生，一九七〇年首映的美國諷刺式黑色幽默電影，英文原名「MASH」是「陸軍機動外科醫院」（Mobile Army Surgical Hospital）的縮寫。此片改編自理察・胡克一九六八年出版的同名小說，兩者均以一九五〇年代的韓戰為背景，描述一群在戰地醫院工作的醫生之經歷，藉此挖苦當時仍在進行的越南戰爭。因為電影相當賣座，所以製片商二十世紀福斯決定將電影改編成同名的電視劇，於一九七二年在CBS台首播。而電視劇亦大受歡迎，總共製作了十一季。

係並不和諧。由於北方貧窮，許多北越人靠眼子菜（一種池邊野草）佐餐，有些越共嘲笑北方人是「吃菠菜長大的」。黎筍與他在政治局裡的支持者渴望進行大部隊對決。武元甲反對這項戰略，因為他認為這會讓魏摩蘭盡情發揮美軍的火力優勢。一九六六年增調十五個團進入南方的事實，說明河內鷹派逐漸搶占上風，奠邊府勝利者的影響力已經式微。

隆安省越共政治官對一九六六年一月美軍第一七三空降旅活動的分析，與兩個月以前北越軍阮福安上校對第一騎兵師的分析很近似。越共說，空降攻擊的經驗恐怖之至：「直升機像蒼蠅一樣在空中四處亂轉，沒一會工夫……戰場已經擠滿美軍。就算只開了一槍，他們也會招來空中與砲兵支援，抹平一切東西。他們丟起炸彈、開起砲來就像沒有明天一樣。我們的戰士達成結論說，美軍行動緩慢，但能夠動用無窮的資源。戰車與裝甲運兵車像螃蟹一樣在稻田橫衝直撞……農民的穀物全部泡湯。」

隆安省越共原本計畫於一九六六年作戰季對美軍一個營發動一次大規模正面攻擊。但在研判敵情後，他們認為自己沒有這個能力。他們決定等待時機，養精蓄銳，用相對小型的游擊戰不斷發動攻擊。越共認為美軍欠缺觀察力：美軍連已靠近他們身邊、距他們不過幾碼的游擊隊都無法發現。一定要充分利用美軍很怕地雷與誘殺陷阱的這個弱點。此外，美軍在例行休息時間也疏於警戒。

另一方面，在華府，約翰．麥諾登與比爾．邦迪為麥納瑪拉起草了一份一九六六年目標清單，內容與河內訂下的那些目標如出一轍。首先，用敵人來不及增補的速度「消耗」敵人。他們訂定目標，要將共產黨勢力控制的基地面積減少百分之十到五十，要將牢牢掌控的鐵路與道路進出地區增加百分之三十到五十，還要將政府控制下的人口數量擴大百分之五十到六十。這項計畫後來遭到「一味以統計數字詮釋進度」的批判，這是麥納瑪拉一夥人的行事風格，卻也是河內龍庭的招牌作法。

二月間，兩個新的北越師進駐第一軍轄下的廣治（Quang Tri）省，讓盟軍指揮官坐立難安，擔心敵軍可能因此切斷南越的尖端，囊括峴港北方山脊以上的一切土地。為防止這場夢魘成真，美軍陸戰隊在一九六六年整年征戰不休，事實上一直到戰爭結束都在為此打個不停。魏摩蘭是否將過大比重兵力投入「搜索與摧毀」，結果犧牲了「堅壁清野」（clear-and-hold）戰略目標，一直是激烈爭議的主題。在西貢東部春祿（Xuan Loc）服役的美軍顧問恰克・蘭登洛（Chuck Reindenlaugh），在一九六六年一月三十日的家信中，對敵軍僅憑小型武器、迫擊砲與勇氣就能寫下的戰績表示嘆服：「我們的弱點，根本原因就在於無力保衛每一座村落或屯墾區……他們對沒有兵力駐防的地區發動攻擊……想像你在打一場足球賽，其中一個隊穿著傳統制服，遵照美國國家足球聯盟（NFL）比賽規則。但對手球隊卻不穿制服，事實上還刻意裝扮成觀眾模樣。這支球隊不守規則，不管界線畫分，不聽裁判哨音，當自己的球門遭對手猛攻時，它的四分衛會把球藏在球衣底下，若無其事地跑進觀眾區，讓你找不到他。它讓我們恨得咬牙，大喊『開槍打他們，放把火燒他們出來，把窩藏越共的村子剷平。』我們這樣做正中越共下懷，但想不這樣做又非常困難。」

曾在中情局與國家安全會議供職、得了一個「總統綏靖事務特別助理」（President's Special Assistant for Pacification）怪頭銜，之後又在一九六七年五月成為西貢「民間作業與革命發展支援計畫」（Civil Operations and Revolutionary Development Support programme, CORDS）負責人的羅伯「噴槍」柯莫（Robert 'Blowtorch' Komer），從頭至尾就對「搜索與摧毀」表示不滿，認為這項戰術讓美軍失去民心。可以確定的是，南越人民看不出魏摩蘭這項戰術有何精妙。繼魏摩蘭之後出任駐越美軍司令的克萊登・亞伯拉姆斯，後來發動的所謂「比較好的戰爭」，同樣也讓南越人民看得一頭霧水。

許多美國人同樣困惑不已：一名陸戰隊尉官垂頭喪氣地告訴記者，他們的戰鬥「就像抓煙一樣，拳頭一張開，就發現裡面什麼也沒有」。怎麼用兵部署是一個沒有好答案的問題：美軍兵力從來就不足以一方面追逐敵人，同時還能保護南越人生活區，而且永遠也無法做到這一點。

一月十七日傍晚，越共逮到一名重要人質。省綏靖處長道格．蘭賽坐著一輛運送民間救援物資的卡車，經過省長女兒一再叮嚀、要他避開的古芝附近的一條道路。他的羅姓司機突然大叫，前方一百碼外有兩個穿著藍衫黑褲的武裝分子；還有一名男子從一處掩體後探著腦袋張望著。蘭賽舉起他的AR-15卡賓槍，但由於不知對方是敵是友，他沒有立即開火。前後有幾秒鐘時間，他發現對方是越共，但心想或許可以僥倖逃過這一劫。只是共產黨的槍彈開始打爛卡車後車廂裝載的米袋，卡車停了下來：羅司機腿部遭子彈打穿。蘭賽轉過身，回敬了十幾發子彈。羅司機說，引擎已經打壞。蘭賽氣得大罵——如果知道引擎其實沒有壞，只是暫時熄火而已，他一定罵得更加暢快。羅司機從車上爬下來，雙手高舉，雙膝跪倒，擺出乞憐的姿態。越共又是一輪亂槍，打爛蘭賽腳邊的一桶五加侖油箱，讓箱中汽油像水柱一樣噴到蘭賽的額頭，流進他的兩眼。

蘭賽掙扎著想睜開眼睛，卻立即聽到卡車後方傳來腳步聲。他大叫「Toi dau hang!」（我投降！）他放下武器，走下卡車。蘭賽以為這一次在劫難逃，在極度恐懼中仍不免罵了一句「狗屎！」但那幾名年輕的越共太過興奮，失了殺人念頭。特別是在奪了蘭賽的卡賓槍、手銬與皮夾後，他們更加雀躍。他們用一條繩子綁了蘭賽，放了羅司機，領著蘭賽進了叢林。蘭賽就這樣展開一連七年可怕的俘虜生涯，還在竹籠子裡度過一些歲月。像范恩、史考登與之後的法蘭克．史奈一樣，這位印度支那的勞倫斯日後也對這段奇幻的經歷緬懷不已。

◎不很友好的友軍砲火

一九六六年二月，在聽到第一騎兵師已經展開一項代號「搗碎機行動」（Operation Masher）的「搜摧」任務時，詹森總統親自干預，要求改用一個更好聽一些的代號。這項因此改名為「白翼」（Whitewing）的行動號稱打死一千三百四十二名敵人，在這一年期間，根據第一騎兵師評估，它平均每天殺十名共產黨；而在這一年間，根據軍援越南指揮部的數據，南越境內每一支部隊每天殺一名越共。不過，這數字還差得太遠，敵人兵力繼續擴張。二月五日，陸戰隊參謀官約翰・柴森（John Chaisson）上校在寫給緬因州妻子瑪格麗特（Marguerite）的信中說：「對這場戰爭與那些要塞化據點看得越多，越讓我想到當年與印第安人的邊界戰爭。」柴森在信中談到：「艱苦地從越共恐怖的魔爪中一點一滴拿回這個國家……我們可以永遠保衛我們的陣地，但這又能怎樣？」在叢林覆蓋的山區，一支巡邏隊往往得花一周時間才能走三十英里。

三月九日，一處特種部隊營區遭到又一次令人汗顏的挫敗。北越軍攻擊順化西南三十英里的阿紹（A Shau），營區內三百六十名南越非正規軍發生恐慌，成群湧向飛抵營區要撤離營區內十七名美軍顧問的直升機，這些美軍顧問被迫向他們開火。五名美軍在這場混亂中死亡，南越非正規軍只有半數事後回到崗位。領導這項救援行動的陸戰隊中校查爾斯・郝斯（Charles House）因此役獲頒海軍十字章（Navy Cross），但也因為向記者坦然揭露這件醜事而遭上級正式申誡。

四月，魏摩蘭的作戰官威廉・德沛少將接掌第一師，責任區包括從高棉由西北方通往西貢的進路。他成為全南越最兇悍的部隊指揮官，不僅越共聞名喪膽，他自己的手下也畏他如畏蛇蠍。他在鄉間各地發動阿比蘭（Abilene）、萊辛頓（Lexington）、伯明罕（Birmingham）、艾帕索（El Paso）與阿瑪利洛（Amarillo）作戰，輔以毫無節制的夜間「騷擾砲火」——針對可能可以達到騷擾效果的地區，以及可能為敵人使用的山徑小道發動間歇性砲擊。另一方面，這位小個子將軍不斷淘汰手下那些他認為軟弱的部屬。部隊間開始流傳有關「半夜契努克[45]」（Chinook）的耳語，說不夠勇猛的營長們如何被「德沛」，在半夜三更被解職，送上契努克帶走。

他的冷血引來哈洛．詹森將軍的不滿。詹森毫不客氣地告訴他，「依我看，真正優秀領導人的標誌，是將你擁有的資源發揮到盡善盡美。」德沛也不耐煩地在回信中說，一名被他革職的參二處軍官是個「亂七八糟、毫無軍人氣質的髒胖子」。另一名參五處軍官「完全不適任。沒有主動性、想像力也毫無雄心。一點價值都沒有」。德沛在信中寫到一名遭他去職的營長：「我第一次見到C就發現他很軟弱……他對他的營完全失控，讓部下遭到一些不必要的傷亡，對越共卻毫髮無損。」德沛的幹勁不容懷疑，但他在師長任內的作為沒能爭取到任何美軍或越南人軍心。哈洛．詹森寫信告誡他說，「許多人都說，『寧可送槍彈、也不要送子弟上前線』……但我看我們過於強調火力了。」德沛仍然我行我素。

顧問喬治．邦維（George Bonville）談到與南越軍共事的日常作業如何讓他筋疲力盡：「凌晨三點半起床，匆匆吃完早餐，登上開往美萩的卡車，黎明時分沿湄公河某處上登陸艇發動兩棲攻擊；或上休伊直升機，深入水草平原（Plain Of Reeds），殺／俘虜幾名越共，然後撤出行動區。在一般情況下，所謂撤出就是在熾熱的驕陽下，在稻田、在竹林／水椰樹叢林跋涉六到九英里。如果運氣好，最後可以在入夜時回到米市（Cho Gao）……千篇一律的米，配上地方產的皮包骨雞肉，再加上沒有味道的蔬菜罐頭，倒盡我們的胃口。我們的牙齦開始萎縮……我們也開始在夜間出無線電勤務，每人兩小時。我們太累，就連敵人來襲，我們自己的砲聲轟隆作響，我們都聽不見。」

越共的狠毒令人髮指。邦維描述一個典型事件，說在附近地區總部當打字員的安小姐，如何在夜宿父母家時被抓。由於她不肯協助越共攻擊美軍顧問營區，越共用槍托打爛了她的頭，刺死她的弟弟。邦維寫道，「她大約二十歲，是虔誠基督徒，非常漂亮，非常淑女。我的那夥美軍經常在早上坐在總部門廊守候她上班，望著她穿著長而飄逸的奧黛、撐著同色陽傘以保護她雪白的肌膚姍姍而來。她對他們的凝望視若無睹，或許她不喜歡這群將她驚為天人的外國鬼子。」顧問麥克．蘇登搭一架休伊直升機在三角洲的一個小村著陸時，發現樹上用繩子吊著一個東西——那是小村村長，在之前一天夜裡遭越共開膛剖肚；他的妻子也被殺害，不過死得沒那麼慘；他們的兒子則被閹割。「我心想，『真是一群野蠻人。』但後來我發現美國人的行徑同樣可怕。」

麥克．艾蘭（Mike Eiland）來自加州，出身背景普通，不過獲得了西點軍校的提名。「儘管美國應該訂一條聯邦法，禁止軍校生在畢業不到一年內結婚。」但是在畢業三天之後，艾蘭還是娶了將軍的女兒，部分原因是在那個年代，對大多數想找長期性伴侶的年輕人而言，結婚戒指是最保險的辦法。他在德國當了三年乏味的槍砲官，然後從這個傳統職涯晉身之路抽身，成了一名戰士。在接受「綠扁帽」（Green Beret）——「那帽子很酷」——特戰訓練期間，他最擔心的事就是他還沒來得及參戰，戰事已經結束。在布雷格堡（Fort Bragg），他們閱讀伯納．法奧（Bernard Fall）的《無歡的街頭》（*Street Without Joy*）；還集體以「Poussez![46]」為非官方的隊訓，因為他們看了一部有關美軍「戰略服務處」（OSS）團隊在一九四四年法國德軍占領區活動的訓練電影，在這部電影中，每個人都把「Poussez」這個字掛在嘴邊一整天。

一九六六年五月，在聽取少得不能再少的簡報之後，艾蘭奉派前往位於西北最邊荒、距高棉邊

45 譯注：Chinook，即CH-47直升機。是由美國波音公司製造的一款多功能、雙引擎、雙旋翼的中型運輸直升機，得名於美洲原住民契努克族。該機種的主要任務是部隊運輸、火砲調遣與戰場補給。

46 譯注：Poussez，婦女生小孩時拼命使勁用力，將嬰兒推出的動作。

界只有幾英里的的一處河濱基地，指揮一支十二人的特戰小隊：「他們把我們丟在一處人跡罕至的所在，就揚長而去。」位於水草平原越共大本營邊緣的第五特種部隊營區，自三年前遭越共攻破以來，一直荒廢迄今。艾蘭率領手下在一處舊法國糖廠附近的別墅建立隊部，築起鐵刺網防禦工事，開始招兵買馬。他們發現，想在當地招兵買馬，就得花水磨工夫與當地頭目談判。他們終於召集和好教分子建了一個連；又找到一些逃兵之類的人建了另一個連；並透過一名駐在西貢廟的下高棉領導人建了第三個連：「你要多少受過訓的人，他都可以給你——只要價碼談得攏，而談價碼可不是一時半刻可以談就的事。」

艾蘭覺得自己好像沉溺在無邊無際的新奇之河中一樣，一切都是初體驗，不一樣的文化、暑熱與惡臭。他建了一支約四百人的部隊，開始四人一組展開巡邏任務，不時還與越共進行持續一整夜的槍戰。由於當地是「無限制開火區」（Free Fire Zone），他下令部下將碰到的一切平民全部以難民身分用卡車送回南越監管。這道命令讓他的部下頗感茫然：「他們本來都不是難民，是我們抓了他們才讓他們成為難民的。我們根本就是在綁架他們，為的不過是不讓敵人利用這個地區、從這個地區取得食物而已。」

五月十二日晚，艾蘭的特戰隊成軍不到兩周，在地越共突然大舉來襲。在伸手不見五指的暗夜中，綠扁帽採取被動防衛，用M-14與M-79據守在深溝高壘的別墅中，越共沒有穿越壕溝。「我們可以聽見他們相互大喊大叫：『美國人在哪裡？』他們四處亂竄。情況逐漸明顯，我們的陣地要垮了。」雙方徹夜交火，但都沒有照明彈，而艾蘭也無法請求砲兵支援。越南人奮勇作戰的不多，而奮勇作戰的人也很快淪為槍下怨魂。不說話、不開槍、趴在地上什麼也不做的人最能保命。天剛破曉，美國人發現敵人已經撤退一空，營區內車輛全毀，泊在河邊的登陸艇也遭鑿沉。俯倒在地的身軀散落營區各處，多半是守軍遺屍，讓艾蘭觸目驚心：「我從未見過屍體，特別是被殘殺的屍體。」由於無法聯繫直升機醫療後送，特戰隊醫護兵只得盡所能為傷兵進行醫護。

艾蘭對於理論上應該與他合作的南越特種部隊一直缺乏信心，當殘餘的越南兵因飢餓而頻臨兵變邊緣時，他的信心更加一無所存，因為那些越南兵的上尉連長偷了他們的米糧。美軍決定接管軍糧分配作業，這名南越上尉惱怒之餘，狀告上級，說美軍干預地方規矩，還剋扣他的官餉。艾蘭與他的班長就這樣遭暫時解職，原因是「欠缺文化敏感度」。

步兵的生活沒有綠扁帽這麼富於異國風情、多姿多彩。對身為黑人的鮑伯・尼爾森（Bob Nelson）來說，當兵最好的事就是，他有生以來頭一遭可以不必面對種族議題：「我們彼此互相照顧。」一名三K黨正式成員告訴尼爾森，有一次他在一場激戰中全身僵住、倒在稻田裡等死，多虧一位「（黑人）兄弟」把他拖回陣地，救了他一命，自此以後他對黑人的想法徹底改觀。尼爾森的母親是女傭，他六歲時當勞工的父親就去世了。之後，他在種族隔離情況嚴重的南加州，隨著祖父母在他們的小小煙草農場度過童年。他在中學畢業後因為需要一份工作而加入陸戰隊，就像其他新兵一樣，他發現巴里斯島[47]（Parris Island）的日子非常難熬，或許與其他新兵相形之下，他的日子更加難捱，因為中心那些教官用「黑鬼」稱呼所有黑人新兵。他永遠忘不了設在加州中心教練場那面大牌子上寫的字：「學習面對死亡，因為你要去的是人們送死的地方。」他們的班長告訴他們，陸戰隊員的死亡是「好死」。

尼爾森不知道陸戰隊員之死究竟是不是「好死」，但自一九六六年三月在富排加入陸戰隊營以後，他欣然發現與來自明尼蘇達的「農民福瑞德」結為兄弟多麼輕而易舉。他與來自威明頓

47 譯注：巴里斯島，位於南加州，美軍陸戰隊新兵訓練中心所在地。

（Wilmington）、匹茲堡（Pittsburgh）與芝加哥（Chicago）各地的青年也處得很好。在那些似乎永無止境的叢林行軍過程中，他們相互攙扶，不斷跨越他們不勝體力的門檻：「來吧，兄弟，我們走！我們走！」身為籃球健將、半英里與一英里跑者的尼爾森，不斷勤練體能，有生以來他第一次感到真正的自我價值。「不斷前進，永不退縮已經成為一種榮譽標誌。」但尼爾森也碰上一些讓他難以釋懷的事：他生長在一個非常虔誠的基督教家庭，沒有人會大聲大氣地說「殺」這個字。但相形之下，在新環境中，每個人的話題似乎都離不開「廢了查理（越共）」。

他們為自己的火力之強而震攝不已。尼爾森曾經眼見空襲、砲轟、小型武器火力將一座山麓夷為平地，二十公厘機砲「啃掉整片大地。我們心想——老天，我們可真是這裡的老大啊！沒有人能在這樣的砲火下生存！」將領們也有同感，但許多東西仍然毫髮無傷，甚至在砲彈的密集轟擊下，敵軍士兵生存的比例仍然高得驚人。向上級證明殺了一名敵軍，往往得大費周章。雷格．愛德華射殺了一名經證明帶了一枚手榴彈的越南人，讓他那個排的士官開心非凡，不住重覆著說，「他媽的，這他媽的美極了！」之後，愛德華奉命把屍體拖回營區。愛德華說，「他的手臂脫落。所以我得回去找他失落的手臂。我得把那條斷臂插進他的褲子裡。回程還有很長一段路要走。我開始想……想到這迷霧，以及雨水帶來的氣味。突然間我想到，這傢伙也是人，有一個家。突然間，我覺得自己背著的不是一名越共。」

法蘭克．史考登寫道，「經由一種特定三段論（我們這樣的人不會活得像動物一樣，而越南人活得像動物一樣，所以他們不是人），我們常將越南人視為次人類。只有極少數美國戰士能領悟越南文化的精密與它與環境的關係，而達成結論說，『我們才是蠻子。』」喬治．邦維對一些美軍不分青紅皂白亂開火很是深惡痛絕。他自己的顧問隊伍上就發生一次這類事件：「老先生只因暗夜起床，走到草房外撒尿，就被埋伏在附近或執行巡邏勤務的美軍射殺。有個孩子在夜間病重，母親非常擔心，於是點燃一支火炬，背起孩子穿越稻田到診所看診……火炬被風吹熄，但母親不知道，由於他們從一個不對盤的小村走出來，美軍埋伏哨於是向他們開火。母親受傷，孩子當場死亡。我捲入的這場戰爭真是恍如人間地獄啊！」

友軍誤傷的犧牲者絕非只有越南人而已。鮑伯・尼爾森的班上有一名奇洛基（Cherokee）印地安人機槍手：「老天，他真是愛死他的機槍了。只要逮到機會就開槍。」一天夜裡，在出埋伏哨勤務時，一個黑影出現在他眼前，他喊口令，但對方沒有立即答覆。這位M-60機槍手於是開火，直到前方黑影大叫「陸戰隊！陸戰隊！」他才停火。原來對方是一支返回基地的巡邏隊，那個黑影——巡邏隊尖兵——大腿中了一彈。喬治・邦維配屬的南越部隊在根本沒有目標的情況下亂放「預備槍」，也令邦維沮喪。一天早上，在一次攻擊任務中，「我們向我們前方的樹林密集發射迫擊砲火，炸得樹木殘枝斷片漫天飛舞。然後點五〇機槍開火，射穿那座不很濃密的林子，槍彈飛過我們頭頂上方，打在堅硬的椰子樹上。彈殼在我們身邊亂跳，一枚嘶嘶作響的曳光彈打進我們正前方的泥沼中，濺出一堆泥花。」隨隊採訪的德國攝影記者郝斯特・法斯（Horst Faas）痛斥這種亂開火的作法，因為這樣做會導致誤傷，還要求邦維要那些南越軍停火。他大叫道，「你們美國人捲入這場狗屎戰爭真是有夠蠢！」在那個喧囂吵雜、充滿暴力的早晨，南越軍沒有碰上任何敵人，但與法斯的衝突使邦維與其他許多軍人更加憎惡媒體。

雷格・愛德華說，「他們告訴我們唯一有關越共的事，就是越共是蠻子，見到越共就要殺。沒有人會有耐心坐下來告訴你有關越共的歷史與文化背景，越共是敵人。殺！殺！殺！」一九六六年九月二十三日晚上七點，一支九人編組的陸戰隊伏擊巡邏隊從朱萊西北的二十二號高地出發。這支巡邏隊本由隆納・佛吉爾（Ronald Vogel）班長領軍，但年方二十歲、很有表現欲、久經戰陣的上兵約翰・波特（John Potter）宣布，這次任務由他代領，任務性質是「突擊」。每個人都得移除部隊徽章，並且不可以呼叫彼此姓名。他們在附近小村抓了一名農夫，說他是越共，將他毒打一頓。同時其他四名士兵把他的妻子從他們的草屋中拖出來，搶下她抱在手中的三歲孩子，然後強暴她。這支巡邏隊隨後槍殺了她的丈夫、三歲孩子、弟媳與弟媳的孩子。波特隨即往這些屍體丟了一枚手榴彈，「讓它們好看一些」。最後，這些陸戰隊員朝那名被強暴的女子開槍，把她留在那裡等死。

更惡劣的還在後面。當這些陸戰隊員回到基地時，連長下令調查這起所謂的「與敵接觸」事件，前往現場調查的一名軍官竟指導相關人員隱瞞事實真相。他們在幹這勾當期間發現一個受了重傷的孩子，波特於是用步槍槍托將他打死。最後只因為那名被強暴、留在那裡等死的女子竟然沒死，經同村村民發現、背到陸戰隊基地急救，整件事真相才暴光。她說出事實經過，陸戰隊一名醫官立即上報。波特以預謀殺人與強暴罪罪名被判刑十二年。那名負責調查、卻隱瞞事實的軍官遭到革職，但這項判決經他上訴而推翻。僅有另兩名巡邏隊隊員被判重刑。

雷格．愛德華日後對他當年捲入村莊濫殺與燒村事件表示悔恨。說也奇怪，最讓他念念不忘的是當年開槍射殺一隻小豬的事：「你以為豬中了槍就會倒地死亡，牠不會。牠拖著流出來的小小肚腸四處亂竄，把你嚇個半死。你這下學到乖了，要殺動物得射牠們的頭部，牠們不知道應該倒地等死。」鮑伯．尼爾森有一次奉命將一枚M-79榴彈射進一處碉堡入口。等到煙霧散盡後，另一名美軍探入碉堡，大聲回報說，「只有一個婊子與兩個孩子」，都死了。尼爾森後來極哀傷地說：「那個印象一直留在我腦海中，揮之不去。」來自巴爾的摩（Baltimore）的艾曼紐．郝洛曼是一名譯員，在他的第一個越南服役期中，負責向平民發放補償金：房屋被毀賠十美元，即一千南越比索；死一個人賠償四十美元，如果碰上主事官員心情好，還能賠六十美元。郝洛曼認為，像他這樣的美國黑人比那些白人更能與在地越南人交往，因為黑人與越南人都有被犧牲的意識。

鮑伯·尼爾森說，「有時情況嚴重，有時情況不怎麼嚴重，但有時情況又變得很嚴重」，而且幾乎總是在沒有預警的狀況下出現。一天早上，麥克·蘇登隨一支顧問隊伍通過三角洲地區的一座小村。突然間，一名穿黑睡衣的越共從一棵樹後現身，從背後開槍射殺了蘇登的戰友、來自德州的戴夫·哈格雷（Dave Hargraves）。蘇登還沒來得及舉起自己的步槍，同行越南士兵已經亂槍殺了這名越共。但由於在這次事件發生前許多天，以及事發過後許多天，他們與越共沒有任何接觸，這次事件令蘇登特別震驚，也特別難過。

◎陷阱與小徑沙塵

到處都是美軍深惡痛絕的「誘殺陷阱」（booby trap），就是二十一世紀的所謂「土造爆炸裝置」（improvised explosive devices, IEDs）。大多數誘殺陷阱取材自截獲的美軍軍火：一枚六十公厘迫擊砲砲彈可以斷人腳掌；一枚八十一公厘炸彈可以取走一條腿，或幾根手指與一個手肘；一枚一〇五公厘砲彈可以炸斷兩條腿，往往還能外加一條手臂；一枚一五五公厘砲彈可以把靠近它的人腰斬，二十碼內取人性命如探囊取物。地雷也往往成群掩埋，一旦第一枚炸傷一個人，第二枚可以解決前往照看那名傷者的醫護兵。有關方面就一旦踩雷受傷應該如何緊急截肢的問題，做了駭人聽聞的辯論：大多數人主張應該設法保住膝蓋以及以上的部分。一個陸戰隊連在短短兩個月期間，遭地雷與誘殺陷阱奪走五十七條腿，一名軍官發現，這幾乎等於一天一條腿。

發現前方有絆腳索時，士兵可以丟一枚手榴彈到可能埋有詭雷的地方，希望能引爆它牽附的爆炸裝置。但處理埋在地下的地雷時，問題棘手得多，就算是工兵在挖掘雷管與引火線時，也得小心翼翼，必須在雷管下方一英寸處將雷管與引火線一起夾壓，稍有不慎就是殺身之禍。處理有三條引火線的「跳躍貝蒂」[48]（Bouncing Betties）是每一個人的夢魘。有一次，第一騎兵師第九營的一名美軍踩到一枚「跳躍貝蒂」——但還沒引爆——戰鬥工兵哈洛·布萊恩（Harold Bryan）前往救援。三條引火線纏在那人的叢林靴防滑釘上，取不下來，只要稍有動靜，就能牽動雷管引爆。布萊恩在那人腰上綁了一條繩子，要他的隊友在二十碼安全距離外拉住這條繩子，然後一起用力拉繩，在詭雷引爆前把那人如飛一般拉開十五英尺。

在與死神搏鬥一小時以後，布萊恩終於讓那人脫險，除了叢林靴後跟被炸飛以外，那人毫髮無傷，不過像他這樣幸運的人少之又少。此外，一旦發生這類爆炸事件，美軍自然滿肚子火，急著找越共復仇。鮑伯·尼爾森的班上就有人踩到地雷受傷，巡邏隊在傷員後送後出動，於是套用陸戰隊的話來說，「無辜的人送命了」。一名南越軍將領說，「我們急著報復。敵人並不正面與你交鋒，但他每天晚上騷擾你，給你一種四面八方都是敵人的印象。事實上，每天晚上前來攻擊的就只是同樣那五、六個越共。他們還會埋設尖竹陷坑、詭雷、地雷……越共讓你神經緊張，讓你失去耐心，氣得咬牙切齒說：『我得把這事做個了斷才行。』於是你落入他們的陷阱，你會殺錯人。」

哈洛·杭特（Harold Hunt）是一名黑人汽車工人五個兒子中的一個，他在一九六一年離開高中時加入陸軍，而且之後從不後悔：「我認識的那些孩子絕大多數一輩子就呆在底特律，而我卻足跡遍及全球。」他在第一次服役越南期間擔任直升機機槍手，後來於一九六五年重返越南，領導第二十七步兵團第二連的一個班。他說，「從第一天起，事情就很醜陋。我們得打進古芝，保住第二十五師責任區內的幾乎每一塊土地。」一九六六年四月一個早晨，杭特在領導一支巡邏隊通過高草叢前往安—瑪格麗特（Ann-Margret）據點時遭敵火擊中，受了輕傷。當美軍立即臥倒展開反擊時，杭特發現自己壓到一條線，那是一條詭雷引爆絆索。杭特當時背著一具無線電，他與M-60機槍手威利·蘇莫（Willie Somers）匆匆交談：「這東西要不是冒牌貨，就是釋壓地雷，你能看見嗎？」蘇莫看見了，但夠不著：那是一個敵人埋下的克雷莫人員殺傷雷。槍戰平息下來，越共已經撤離。杭特小心翼翼轉過身，用背對著他認定的引爆索盡頭。說時遲，那時快，當他轉身時殺傷雷也隨即引爆，撕裂了他的半邊臉孔、身體、與腿。若不是那具無線電機替他擋下大多數彈片，他已經送命。他之後在軍醫院住院半年，醫生為他修補了臉孔與雙腿，在接受冗長的物理治療之後他終於出院，可以承擔有限任務了。

對鮑伯·尼爾森來說，自一個六月大早晨的一項巡邏任務起，越南也成為一處險象環生的肅殺之地。在那次任務中，一個詭雷在他身邊爆炸，彈片在他身上造成多處創傷，他因此被送到野戰醫院，還回基地休養了一星期。事件過後，他經歷一連串大小戰鬥。他的越南之旅終於在一個十月天抵達終點。那天，他的斥候班聽到一處矮叢後傳來動靜，班長叫道，「越共！」尼爾森立即用手中的湯普森衝鋒槍朝矮叢打光一個彈匣，矮叢後的越共不干示弱，也丟來一大堆手榴彈。其中一枚手榴彈在尼爾森身邊爆炸，引燃了裝在他胸前彈帶中的一個煙幕筒。在讓人盲目的強光與嗆人的濃煙中，他奮力抓起火熱的金屬煙幕筒將它拋開，燙壞了手。他無視身邊槍彈飛舞，痛得在稻田中打滾，還不斷嘶喊，叫罵。戰鬥終於結束，尼爾森隨即醫療後送返美。

放置這些詭雷的人是誰？當美軍指揮官滿腦子只想「打死越共」時，一名共產黨幹部寫道他如何造訪三角洲：「親自督導組建一個獵殺老美區……日復一日，區內作業越來越豐富、越來越有創意、越來越充滿熱情。」這名共幹堅持說，埋設這些詭雷的人是地方農民，不是游擊隊：「人民沒有一開始就決定要攻擊美國人，也沒有人迫使他們這麼做，美軍的所作所為決定了人民的態度。在

48 譯注：跳躍貝蒂，一種人員殺傷雷，能在啟動時躍起地面約三英尺高，然後引爆。

一開始，美軍發放糖果與餅乾、分送T恤給兒童、整修學校、提供體檢與免費藥物。但隔沒多久以後，同樣的美軍砲轟村落，搗毀農民作物……槍殺無辜百姓。美軍卡車霸占道路，將滿載乘客的公車逼進運河與溪流。美軍士兵不斷威脅、毒打老弱婦孺。農民自動自發埋設地雷與詭雷，原因就在這裡。人民戰爭……有自己的發展之路。」共幹的這篇說詞雖有部分事實，不過越共組織農民蒐集未爆砲彈與炸彈，送進村裡小工廠改裝成地雷，以鼓勵地方ＩＥＤ工業也是不爭之實：沙丁魚空罐頭是熱門容器，裝進炸藥與引線就是爆炸裝置了。

美軍步兵上尉泰德．費契（Ted Fichtl）說，在累積一定戰鬥經驗後，他學會聽從手下那些懂得在地生存伎倆的士官：「與沒有經驗的菜鳥尉官相比，菜鳥士官為我們帶來的危險更加大得多。」他發現，無論何時何地，只要部隊一停下來就必須強迫官兵挖壕，還有必須嚴格執行睡眠紀律，這一點非常重要：「我們自以為什麼都難不倒我們，結果因過度亢奮而累得筋疲力盡，不斷打瞌睡。但實情與我們想像的不一樣——陷於疲累的人邏輯會錯亂，判斷現實環境的能力也迅速瓦解。」

比這更重要、但往往遭到忽略的是，美軍必須投入必要人力物力，不讓夜晚淪為敵人活動的天下。費契說，「依我之見，美軍對於夜間作戰有一種基本的恐懼……我自己也害怕夜戰。但若不能透過巡邏與放哨延伸你的耳目，你非常、非常容易受害。」西點出身、擔任空降連連長的丹．康貝爾（Dan Campbell）上尉同意費契的看法。他認為，他的連執行的夜巡任務過少，部分原因是，當夜幕低垂時，大家都已經太累了。反之，他的一些部下願意冒險深入敵軍隧道打探，甚至樂此不疲，頗令康貝爾吃驚。

也有一些美軍對越南經驗甘之如飴。約翰．哈里森（John Harrison）中尉的空降連有一名強悍的士官，名叫曼夫瑞．費爾曼（Manfred Fellman），他在一九四五年還是一名小男孩時，由於以德意志國防軍[49]（Wehrmacht）身分參加布雷斯勞[50]（Breslau）保衛戰[51]而獲頒一座鐵十字（Iron

Cross）章[52]。費爾曼曾要求在越南配戴這枚勳章，但遭一名軍官駁回：「想想看，如果一名奧斯維茲（Auschwitz）集中營大屠殺[53]事件生還者見到這枚勳章，會怎麼想。」哈里森佩服費爾曼的戰士天賦，他說：「費爾曼絕非等閒，但他總是因酗酒而出亂子。」直升機機長法蘭克．希基（Frank

---

49 編注：德意志國防軍，是一九三五年至一九四五年間納粹德國的軍事力量，軍種包括陸軍、海軍和空軍，納粹黨的武裝黨衛隊單位有時也從屬於國防軍。

50 編注：布雷斯勞，波蘭城市，位於波蘭西南部的奧得河畔。是以多民族、多元文化為特色的城市，德意志、波蘭、捷克、猶太等民族均扮演過重要角色；而德語是長期占有優勢地位的語言，德語名稱布雷斯勞（Breslau）的知名度一直很高。但是希特勒上台後，推行種族清洗政策，布雷斯勞的波蘭人、猶太人遭到納粹有計畫的屠殺，成為一個純粹的德國城市。布雷斯勞在一九四五年以前是德國重要的工商業與文化名城之一，但是因德國戰敗而割給波蘭，是二戰後德國失去的最大城市。

51 編注：布雷斯勞保衛戰，一九四五年二月，蘇聯紅軍逼近布雷斯勞，納粹黨地方長官宣布將布雷斯勞建成一個軍事要塞，當局動員市民、集中營的囚犯建造要塞，威脅將射殺拒絕指定工作的逃亡者，不計其數的德國平民和奴隸勞工死於建造過程中。三月初，地方長官終於允許婦女與兒童撤離，但在撤離過程中，有一萬八千人因低溫和暴風雪而凍死。布雷斯勞戰前六十萬人口中只剩下二十萬人。一九四五年五月六日，在將近三個月的圍城之後，布雷斯勞要塞終於投降，它是德國東部最後一個陷落的大城市。布雷斯勞戰役結束時，有四萬布雷斯勞人死在住宅和工廠的廢墟之中，城市有百分之六十五至八十被摧毀。作為報復行動，進城的蘇聯紅軍野蠻地攻擊倖存的平民。

52 編注：鐵十字勳章（德語：Eisernes Kreuz），由普魯士國王腓特烈．威廉三世設置的德國軍事勳章，於一八一三年三月十日首次頒發。鐵十字勳章曾經在拿破崙戰爭、普法戰爭、第一次世界大戰，以及第二次世界大戰等多次德國參與的會戰中頒發。

53 編注：奧斯維茲大屠殺，納粹德國時期建立最主要的集中營和滅絕營，位於波蘭南部的小鎮奧斯維茲，據估計約有一百一十萬人在奧斯維茲集中營被殺。一九四七年，波蘭國會立法將此改為紀念納粹大屠殺的博物館，以做為納粹德國統治期間，犯下惡名昭彰罪行的歷史見證。一九七九年，聯合國教科文組織將奧斯維茲列入世界文化遺產。

Hickey）上尉說，「我們很享受我們做的這些事……我們總是贏……對我來說，我們是常勝軍。我們經常彼此互道：『走，殺越共去！』」

來自阿肯薩的農家子弟卡洛斯・諾曼・哈斯考克（Carlos Norman Hathcock）是個神槍手，自稱殺了九十三名共產黨。他通常安靜、害羞，但偶爾脾氣爆發會變得極端暴力，有一次他一怒之下與一名軍官打架，並且逾假不歸，險些被送上軍法。他在一九六五年贏得全美千碼射擊賽最高榮譽的溫布頓盃（Wimbledon Cup），隨即於翌年三月參戰，先當憲兵，之後當陸戰隊狙擊手。他日後說，「越南正對了我的胃口。」每次碰到放假或休閒假（R&R），他都心不甘情不願地離營。退伍後的他不知自己該幹些什麼，於是再次請纓入伍，重回戰場。一天上午，他乘坐的兩棲登陸艇撞上地雷，他百分之四十三的皮膚被燒傷，在離開醫院回到關蒂柯（Quantico）的美軍訓練中心所在地之後，他發現自己再也無法射得準了。他繼續以教官身分訓練其他槍手，但開始酗酒，而且動輒暴怒，無法控制自己的脾氣。

徵兵強納森・波蘭斯基（Jonathan Polansky）在初抵一〇一空降師火力基地時，體重只有一百一十二磅：「我被帶到連長面前，這連長身材魁梧壯碩，大概有八天沒刮鬍子，一頭金髮直垂腦後。我的排士官是個大塊頭黑人——這些制服又髒又亂的人讓我心驚膽戰。我當時穿著簇新的綠色迷彩服，腳上軍靴仍然閃閃發光，我的光頭再加上那頂過大的鋼盔，讓我看起來好像只有十二歲。他們看著我只是笑個不停，我的心沉到谷底，我從未覺得自己這麼膽怯、這麼軟弱、這麼沒用。沒有人會歡迎一個『櫻桃』（即『菜鳥』）。」開訓第一天就是整天的爬山訓練，當天晚上回到基地後，波蘭斯基找上連長，說「我辦不到」。連長笑著告訴他不必擔心，他可以辦到的。第二天，全連出發，爬一座更高的山：「那天爬完山以後，我覺得舒坦極了。我覺得我可以存活。到第三天打野外，我已經對自己充滿信心。我不知道自己怎麼能辦到，但我知道能辦到。」

令人髮指的罪行雖說俯拾皆是，讓人感佩的善行義舉也並非絕無僅有。莎莉．普賽（Shirley Purcell）是一九六六年奉召進入越南服役的資深護士。她的哥哥是個德州鄉巴佬，要她不要去，但莎莉認為自己職責所在，不能推辭，於是努力減肥，將體重成功降低到服役標準。在邊和，她利用公餘大多時間與值班空檔，在一家孤兒醫院工作，向產房的越南修女講授手術手套的重要性。她與一個她叫她「小淘氣」（Scamp）的五歲女孩極為投緣，為了「小淘氣」，莎莉後來在越南二度服役。莎莉．普賽對她的工作非常自豪：「我其實沒有政治立場……但這裡有美軍，他們需要幫助。」

她想到一名踩到「跳躍貝蒂」的美軍步兵：「這名青年從膝部以上到肋骨下方，真真正正地被撕成兩截。那就像一塊漢堡肉餅。所有內臟器官全部斷裂外掀，但兩腿、兩手、手臂與上胸腔仍然完好，他的腦筋仍然非常清楚。他抬頭望著我們。他就這樣躺在急救室等死，我們知道我們根本無能為力，整個急救中心充滿一種我從未經歷過的氣氛，那是一種全然的無助感。醫生的眼神流露著恐怖與沮喪，因為儘管受過那麼多訓練，擁有那麼多知識，我們仍然完全救不了這名青年。」還有一名士兵在送進來時半個頭顱被炸飛：「他大約十九歲，那是一種無法動手術的傷……我記得設法包紮他的頭，免得他腦子流到一地。他看著我說，『我的傷勢怎麼樣？』我只得告訴他，『情況不好，不過你不會孤單的。』我們能告訴他的，事實上也只有他不會孤單這句話了。」莎莉原本滴酒不沾，但在朱萊的軍官俱樂部她開始愛上一種伏特加雞尾酒：螺絲起子（Screwdrivers），誰又能怪她呢？後來她一直沒辦法讓自己看「外科醫生」，因為她的記憶讓她笑不出來。

駐在頭頓以北、越南東南角的兩個澳洲營，必須以捉襟見肘的兵力巡邏、掃蕩廣袤的叢林蠻荒。他們在進駐最初幾周沒有與敵軍遭遇，但在一九六六年八月中旬，他們的營區遭迫擊砲夜襲，二十四人受傷，營長於是決定派軍出擊，肅清附近地區。八月十八日下午，一百名澳軍在惡劣天候中在龍潭（Long Tan）廢村附近與一支越共大部隊遭遇，澳軍為保命展開殊死戰鬥。大砲對共產黨猛轟，但小型武器彈藥即將告罄。兩架澳洲皇家空軍直升機冒著大雨與低懸的雲飛入戰場，進行緊急運補。就在步兵陣地頻臨失陷的緊要關頭，幾輛裝甲運兵車載著一連援軍，架著點五〇機槍殺進戰場。越共隨即撤軍，留下兩百四十五具屍體；澳軍十八人戰死，澳軍獲勝。但他們也險些吞下敗仗，部分原因是兵力單薄、無法在共產黨視為自家後院的地區與敵軍大部隊周旋。在之後的歲月，澳洲與紐西蘭步兵在越南建立勇敢善戰的名聲。

越共用來避難的叢林蠻荒，除了必須面對「搜索與摧毀」任務以外，還遭到越來越狠的空中攻擊。美軍自一九六二年起展開用落葉劑對付滲透路線的「小徑沙塵作戰」（Operation Trail Dust）；一九六五年七月，美軍在南越腹地施放第一批植被殺手藥劑，化學毒雲飄到邊和與萊紹（Lai Thieu）附近果園，對芒果、釋迦果、波羅蜜與鳳梨的收成造成慘重後果。水果幾乎在一夜之間墜落，數以千計的橡樹枝葉變黃。地方人士一開始大惑不解，想不通這場顯然是天災的成因。真相披露以後，儘管當局保證「橙劑」（Agent Orange）的後果不出一年就會消逝，但農民沒有因此寬心。一名南越上校觀察指出，美軍在人民生活區附近使用落葉劑造成的民怨與苦惱，「遠遠抵銷任何軍事成果」。不過他也承認，落葉劑有效切斷了敵人的叢林通信路線，特別是在西貢河沿岸的紅樹林沼澤尤然。

小徑沙塵作戰於一九六八到六九年達到高峰，總計美軍在印度支那全境撒下幾近兩千萬加侖落葉劑，其中半數以上是戴奧辛（dioxin）汙染的毒物。直到今天，在後人對這場戰爭的觀點中，這仍是最惱人的議題，這種為達成戰術目的，而有系統毀滅自然環境的作法，不可能不讓人憎惡。幾乎可以確定的是，一些越南人，或許還包括美國人受到橙劑毒害。河內與一些美國組織在二十一世紀提出的極端主張雖說不可盡信，但在那戰亂的年代，橙劑流毒有可能造成幾十、上百萬畸形兒、癌症與其他隱疾。根據河內官方戰史的數字，共有兩百萬平民受到橙劑毒害。但除非不斷暴露在戴奧辛底下，落葉劑不會造成人類重傷，而不斷暴露在戴奧辛之下的人很少。一名南越老兵最近發現，他與他的同袍當年不斷處理落葉劑，還用手控噴霧裝置噴灑它們，但沒有發現什麼不良惡果。他認為，越南農民愛用的殺蟲劑對人體健康造成的惡果，不輸於橙劑。

澳洲法官菲利普．伊華（Philip Evatt）曾在八十年代主持一項皇家委員會，用兩年時間檢驗證據，以了解橙劑對曾在越南服役的澳洲軍人造成的影響。這份總計九冊、兩千七百六十頁的報告，認定橙劑「無罪」。這項皇家委員會的一名科學顧問以一種澳洲式率直語氣說，「越戰結束後讓老兵們擔心的大多數問題，始作俑者不是橙劑，而是因為這是一場地獄般可怕的戰爭。」伊華認為，越戰老兵所以有那些問題，最可信、最普遍的原因是煙草、酒，還有創傷後壓力。面對各式各樣相互衝突的證據，寫歷史的人不能武斷的認定橙劑的功過。這種落葉劑毫無疑問令人憎惡，但我們不能因此認定它能傷人。

一九六六年一個九月天早晨發生在西貢北方六十英里的那場戰鬥，幾乎算得上那年每周都會上演的樣板。那天上午九點時，步兵第十八團第二營沿十三號公路北上，通過祿寧（Loc Ninh）與越共盤據的米奇林（Michelin）橡樹園之間。美軍乘坐裝甲運兵車，並且有戰車支援。C連連長、二十七歲的泰德．費契說，「我們知道我們這次出擊扮演的是誘餌角……但我們充滿信心，相信我們有能力引敵人上鉤，有能力完成任務……我們也知道營、團與我們整個師的其他部隊也都守在那裡，待命出擊。而我的上帝，事情果真發生了。」C連在十三號公路遭到埋伏於兩邊的敵軍猛襲，

小型武器、迫擊砲、無後座力砲彈如雨下：「那真是一場惡戰，非常暴力血腥，非常非常精準而有效……我們很快就損失許多履帶車，有許多傷亡。」費契的C連在火焰噴射器與重機槍支援下棄車步戰，但情勢的嚴峻遠非指揮官們所能預料。戰鬥一小時又一小時不斷持續，沒有受損的美軍車輛於是退出殺戮戰場。

營長徒步找上費契，令他後撤，調頭支援已經頻臨崩潰邊緣的A連。費契忍不住情緒，抗議說自己手下的官兵已經半數折損，應該調派其他單位完成這項任務。費契說：「營長告訴我，『現在的問題不是該派誰支援，而是A連需要增援。出動！』營長以斬釘截鐵的領導權威讓我們再出擊。」戰鬥在八百碼寬的正面又持續了五小時，越共與美軍不時隔著不到二十碼的距離交火：費契的執行官與一名排長都已陣亡。不久C連見到同營其他連隊在敵軍後方三英里處空降登陸，軍心隨即大振：「見到直升機進場真是好極了……你立即就能發現越共已經陷於腹背受敵的困境。」

由於「飛塵」[54]（dust-offs）無法在激烈砲火中著陸，美軍不得不用卡車後撤傷員。當敵軍撤退，戰鬥終於在下午兩點左右結束時，費契的連仍然可用的兵力只剩下六十六人。幾經延誤，直到許多星期以後，C連兵力才獲得全額補充。他永遠無法忘記在聽到一名師參謀透過無線電上報敵軍傷亡數字時，自己多麼震驚：因為那師參謀報出的傷亡數字，竟是實際參戰官兵向自己報出的數字的三倍。一九六六年見證了一百場類似第十八團第二營打的這場戰役。在絕大多數戰役中，越共的損失儘管超越美軍，但越共從未承認敗仗。魏摩蘭在這一年發現，「查理」（Charlies，即越共）幾乎是打不走的。僅憑這種死纏爛打、永不退縮的精神，他們已經讓這個全球最強的國家戰意大挫。

54 譯注：美軍為醫護後撤直升機取的外號。

第 13 章

貪腐與薄荷油

Graft and Peppermint Oil

◎偷竊

貪汙腐敗是整個南越的通病。由於南越領導人與他們的手下全面捲入毒品走私，美國緝毒官署眼見這個國家的海洛因、古柯鹼與大麻走私猖獗，卻也束手無策。無論在軍職與文職領域，想憑實力晉升幾乎是天方夜譚。一些軍官苦幹幾十年，但由於欠缺影響力與鈔票，始終只是個尉官。將領們的晉升憑的不是能力，而是他們的政治忠誠度。美軍大舉進駐更助長了貪腐與詐欺之風，所謂「商業進口計畫」（Commercial Import Program）的美援金額在一九六六年達到四億美元高峰。其中有些錢確實花得值得——例如提供好幾千部縫紉機，協助南越建立服裝製造產業。但許多錢也流入商人、特別是支持西貢政權的商人的口袋，讓這些商人進口奢侈商品，送上西貢街頭黑市。楊文美寫到：「許多厚顏無恥偷美國財富的人，成為新富階級。」老輩的人叨叨唸唸，說在過去的越南，學者地位最高、農民次之、工藝匠人第三、商人最後。今天，在當女傭、三輪與四輪計程車司機比當誠實勞工更熱門的南越社會，當吧女似乎才是王道。農家女馮氏樂莉回憶說，「對我們來說，所謂『西方文化』指的就是酒吧、妓院、黑市與新奇的機器，它們大多具有毀滅性。」

美國國際開發署（USAID）的一份戰後報告達成結論說，「全國鬥志淪喪最後導致南越戰敗，而貪腐……是造成這種淪喪的關鍵要素。」南越一名將領在談到阮文紹總統的一次內閣改組與高級將領人事異動時說，「這些異動既不能改善領導品質，對國家利益也毫無加分效果。它們不過是權力陰謀老把戲的重演罷了，根據的不是才賦、經驗或能力，而是個人忠誠與派系關係。」這名元姓南越將領說，有一名團長原本表現良好，但在獲選成為平定省省長後，開始賣官斂財，讓他的妻子經營賭場，而這正是當年南越官場寫照。

南越比索官方匯率以人為方式訂得很高，使進口執照成為保證厚利的聚寶盆。黑市外匯交易讓數以千計的人發財，其中許多是擁有美元或美軍軍餉券（US Army scrip）管道的華裔越人。只要有錢，從水泥與冰箱到車輛、武器與彈藥，一切的一切都可以在黑市買到，偽造網路大行其道。這類人禍本是所有戰亂的副產品，但越戰的曠日持久使它們制式化。以反貪十字軍自詡的南越總理阮高祺曾說，負責堤岸緝毒走私等執法的警察總監花了十三萬美元謀得這個肥缺，在位兩年就連本帶利都賺了回來。同時，西貢軍事總督派兵保護堤岸的大賭場，以交換賭場分紅。

根據美軍軍法處的報告，黑市與非法外匯買賣「超越執法官署的能力」。三名陸戰隊逃兵的案子堪稱典型：這三名逃兵在藏身峴港期間，偽造自己調往西貢的命令，到西貢以後，他們加入一個四十七人逃兵集團，投入巨型匯票詐欺作業。他們用非法得利在西貢租公寓，匯錢回家，向憲警行賄。這類罪行最讓人難解之處，不是越南人無力制止，而是美國政府各部門的姑息縱容、視若無睹。民間包商柯尼流・郝利吉（Cornelius Hawkridge）對他在西貢的所見所聞深惡痛絕，於是追蹤這些非法活動，並向美國當局正式舉報，但當局不予理會。郝利吉這場小小的孤軍奮鬥，成為一九七一年出版的《一場非常隱私的戰爭》（*A Very Private War*）的主題。但這本書也沒有引起理應引起的注意。包括美國最大型公司在內的民間包商已經深深涉入這類犯行。調查人員說，南越貨幣黑市由馬德拉斯（Madras）的一個財團操縱：根據美國參議院小組委員會的估計，這個貨幣黑市每年產值高達兩億五千萬美元。

南達科他州參議員卡爾・蒙德（Karl Mundt）所言不差：只有歐文信託（Irving Trust）與漢諾威實業銀行（Manufacturers Hanover）等美國銀行與洗錢集團同流合汙，才可能出現如此猖獗的黑市。佛羅里達州黑幫分子之子法蘭克・佛西（Frank Furci）曾在越南短期服役，退役後帶一名友人重返越南，與軍中現役士官合夥經營洗錢，將收益匯入日內瓦國際信貸銀行（International Credit Bank of Geneva）。匈牙利移民尼古拉斯・迪克（Nicholas Deak）於一九三九年創辦的迪克公司

（Deak & Co.）香港分公司，是又一重要的非法洗錢管道。越戰期間，迪克在美軍戰略服務處服務，《時代》雜誌於一九六四年稱他是「金錢世界的詹姆斯．龐德」。透過迪克洗錢的不法分子知道執法官署不會找他們麻煩，因為迪克這家香港公司是美國公司對外國政府行賄的管道。《華盛頓郵報》在一九七六年揭露，迪克還曾為中央情報局西貢站經手巨額黑市交易，讓西貢站的經費增加了一倍。

這些有權有勢的越南人行逕儘管惡劣，若不是得到數以千計美國人——其中不乏高階人士——或主動、或被動的共謀，他們也無力像這樣搜刮本國人民。一九七二年，美軍最資深士官、總軍士長威廉．伍利吉（William Woolridge），因捲入大規模軍方俱樂部與美軍福利站詐欺案而被判罪，同案涉案者還有幾十名補給士官。CORDS青年軍官哈爾．梅艾（Hal Meinheit）在簽報過程中，發現一些只要稍加查核就能證明不實的購物單據。他在發現這些錢都中飽了同事私囊之後，十分惱火：「我原以為只有越南人貪汙，但沒想到薪酬優厚的美軍顧問也幹這種勾當。」

◎判決

如果認為貪汙不過是戰爭副產品就錯了，它是一種全面感染整個美國戰力的瘟疫，就算敵人不開火，一個惡人當道、好人得不到獎勵的社會已經病得不輕。越共省長身穿農民穿的黑色印花布，腳踏用舊輪胎剪下的涼鞋；西貢當局任命的那些省長出門乘坐賓士，他們的老婆也全身珠光寶氣：兩相對照，戰爭勝負結果又何嘗令人意外？為南越辯護的美國人認為貪汙是小事一樁，因為每一個亞洲政府都是這麼運作的。問題是，並非每一個亞洲政府都與共產黨叛軍進行著殊死之爭。

一九六五到六六年擔任南越總理的阮高祺發現，「我碰到的一切事物都可以有價碼！一名少校謀求一份距離自家近一些或遠離情敵的差使、進口若干商品、建造或關閉一家工廠、辦一家企業的執照、一紙建築合約、為親戚謀一個好缺、讓某人免服兵役或不在戰鬥部隊服役、對一名罪犯從輕量刑。」阮高祺由於一再推崇第三帝國的元首希特勒，讓自己在西貢新聞界與全球觀眾面前名譽掃地。以一九六六年為例，他在接受德國記者訪問時說：「我崇拜希特勒，因為他在三十年代初期把當時四分五裂的德國統一在一起。現在我們越南的情勢也極度危險，我們需要四、五個希特勒。」──河內政治局對二十世紀另兩個殺人魔王史達林與毛澤東也同樣崇拜，但在二十世紀六十年代，西方自由派分子對希特勒的憎惡，遠甚於對史達林與毛澤東。

阮高祺處理三十五歲華裔商人謝永（Ta Vinh）案的過程，讓他的名聲更加惡劣。他為了反貪而拿謝永祭旗，將謝永以挪用公款、聚斂、投機與行賄等罪名處死。謝永在一九六六年三月十四日被帶進西貢中央市場，在大群民眾圍觀下，當著謝永泣不成聲的妻子與七名子女面前，由十名傘兵組成的行刑隊負責行刑。傘兵們一陣亂槍，謝永沒死，最後由一名軍官上前用手槍補了一槍，終於完成行刑。謝永有罪無庸置疑，但其他數以千計越南有錢人犯了同樣罪行都能毫髮無傷，單拿謝永開刀，顯然非常不公。共產黨殺人的手段更加野蠻，但共產黨不會笨到邀請全球記者帶著攝影機前來採訪行刑。阮高祺卻大張旗鼓，把處死謝永搞得天下皆知，干預手法之拙劣，讓他原本已經不佳的海外形象更加慘不忍睹。

那年二月，詹森總統在檀香山會見阮高祺與阮文紹，並向兩人嚴厲警告，要兩人謹慎處理可能引起民怨的問題。舉例說，據估計，流離失所的南越人已經多達兩百萬。詹森對兩人說，南越難民議題「就像我國境內的槍枝一樣炒得火熱，你們總不會讓我豎白旗投降，所以我們得想個辦法解決。」詹森又說，他們如果看了《紐約時報》與參議院外交委員會最新的聽證會報告，就會了解白宮面對的壓力，想辦法提供一些證據，說明西貢情勢正在好轉。麥克斯．泰勒在那次聽證會中，告訴傅爾布萊特主持的參議院外交委員會說，美國要以充分的戰場勝利，迫使敵人接受一個獨立、非共的越南。迪恩．魯斯克說，「強悍是謀得和平的絕對要件。」但「長電報」作者喬治．坎南說，「勇敢果決地放棄不良立場，更能爭取全球輿論」，與泰勒以及魯斯克的證詞相形之下，坎南此說贏得更多參院外委會議員的掌聲。

了解美國運作方式的越南人很少，阮高祺當然不在這少數之列。幾乎不看美國新聞報導的阮高祺，日後寫道，「如果湧入我們國家的百萬美國人根本不了解越南，那麼我們越南人……也不了解美國……我一直沒能看清美國媒體在塑造民意方面的威力……我以為美國就是詹森總統與他的大使們，我們與國會議員、內閣部長以及高級將領對話，就是與美國對話。我們百分百錯了。」阮高祺後悔當初沒有花更多工夫爭取美國民意。不過鑒於他本身的人格，以及他的政府的特質，就算他當初想爭取美國民意，恐怕也力不從心。

西貢將領的狹隘與無知，現在帶來一場新危機。儘管美國為贏得戰爭而將前所未見的龐大資源投入越南，他們的越南代理人卻開始全面玩起自己的賽車遊戲。在檀香山會議桌上與美國總統平起平坐的經驗，使阮高祺認定時機已至，應該施展自己的權威了。他的第一步就是將第一軍軍長阮政施（Nguyen Chanh Thi）將軍革職，阮政施將第一軍轄區的北方諸省視為自己的封地，而以順化為權力中心。

這座位於香江江濱的古都寧靜平和，還沒染上美國那套喧囂吵雜，是最後一個仍然保有越南特色的南越重鎮。據說順化女子是越南最佳廚子。學生坐在午門（Ngo Mon）蓮花池邊讀書，古堡城牆上有「Liberté, qu'est-ce que c'est?」與「Amour?」（什麼是自由？是愛嗎？）的神祕塗鴉。在殖民時代留下的老俱樂部，游泳池已經半枯，鋼琴與《世界報》以及《法蘭西晚報》（*France Soir*）舊報紙上也積滿塵埃。順化還有極為龐大、堪稱壓倒性的佛教人口。阮政施說服佛教僧侶們，他的利益與他們的利益一致。三月十二日，順化爆發抗議阮政施去職的佛教徒示威，學生很快加入示威行列，不久浪潮延及峴港與西貢，隨即升高為工人罷工。「佛教徒奮鬥團」（Buddhist Struggle Group）散發的傳單說，「我們受到兩股勢力壓迫——共產黨與美國人，我們必須奪回我們的自決權。」

阮高祺儘管自詡為統治者，他其實不過是一個軍頭委員會中最顯眼的頭子而已。面對北方諸省這波動蕩騷亂，他慌了手腳。美國大使洛奇在絕望之餘寫信給詹森說：「阮高祺說的大多數事情總是遲了一星期。此外，就算一名越南人說了一些有智慧的真話，他能不能做到又是另一回事。」但阮高祺仍然說服美國人，讓美國人相信佛教徒在鼓吹共產黨利益，相信北方諸省已經瀕臨分裂。第二軍參謀長早先告訴軍援越南指揮部，說：「佛教僧侶一直在有系統地顛覆軍隊，他們要部隊準備放下武器，因為打這場戰爭為的是美國利益。」洛奇於是借飛機給阮高祺，讓阮高祺空運兩營越南陸戰隊到峴港，這項表態使當地反美情緒更加高漲。阮高祺隨即軟下來，保證在三到五個月內選舉，還保證自己會在選舉過後辭職。

這些保證暫時安撫了佛教徒，也讓阮高祺恢復信心，在既未告知阮文紹總統、美國人也不知情的情況下，再調一千名部隊增援峴港，還收回先前辭職的保證。他召集十三名首要僧侶開會，告訴他們說，自己不會像吳廷琰那樣輕易被人扳倒：「在我讓你們殺了我以前，我會很高興地親自將你們一一射殺。」南越人民於是再次走上街頭，幾乎完全搗亂了美國的剿共作戰，讓共產黨像好奇的觀眾一樣看著這場鬧劇。

美國政府認為治理南越是美國人理所當然的權利。艾維雷爾・哈里曼在五月十四日錄下與麥納瑪拉的一段對話：「我問他，我們為什麼不讓西貢軍事委員會挺另一個人出來當總理。」麥納瑪拉答道，最好等越南人九月間國會選舉過後再採取這項行動。就在那一天，阮高祺的部隊登陸峴港，經過整天戰鬥，十四名反對派死亡。阮高祺隨即派遣他那心狠手辣的警察總監阮玉鑾上校，重建政府在北方幾個城市的控制權，殺了好幾百名阮政施的黨羽，其中有些人藏身佛寺避難，遭阮玉鑾的手下拖出處死。又有八名和尚與尼姑當眾自焚，還添了一道工法：隨行人士將薄荷油灑入火中，以遮蓋人肉烤焦的異味。

阮玉鑾全力鎮壓殘餘亂黨，將幾百名不肯就範的人下獄。他敉平佛教徒暴亂，但也讓南越原已單薄的國際聲望付出高價。詹姆斯・芮斯登在《紐約時報》撰文指出，南越已經淪為「個人、地區、宗教與派系糾纏錯結、相互競逐的角力場，由代表不同地區的一群軍閥掌控。由沒有國家的南越軍隊控制的人民，世世代代……遭戰亂迫害、剝削，流離失所」。阮高祺將第二師師長黃春林（Hoang Xuan Lam）晉升為第一軍軍長。黃春林在師長任內以無能著稱，儘管是戰場上的常敗將軍，但他穩居軍長寶座多年，因為他擁有唯一真正重要的長處：他對政權忠心耿耿。艾爾・惠勒將軍從華府向魏摩蘭示警，說西貢的動盪正在助長反戰氣焰：「沒有人能指望美國人民面對這樣病態的情勢，能無限期忍受下去……我可以感覺得到，一場風暴即將來襲。」美國政府已經「失去一些本國人民的支持，而且再也喚不回來……許多人再也不相信付出這些努力與犧牲是值得的」。聯合參謀首長現在計畫派遣五十萬美軍進駐越南，而魏摩蘭開出的要求是七十萬人。

越共宣布一九六六年六月為「仇恨美國月」。西貢大使館高階官員不干示弱，也舉行一場民俗音樂之夜，邀請著名作曲人與歌手范維（Pham Duy）等人與會。范維本是越盟成員，後因痛恨越盟的文化鎮壓而叛離。以亨利・卡巴・洛奇與艾德・蘭賽為首的美國人高唱〈威芬普之歌〉（Whiffenpoof Song）與〈傷兵〉（Wounded Soldier），范維隨即登台演唱一九六五年暢銷歌〈葉上的雨〉（The Rain on the Leaves）。范維一如既往，穿著黑色農民裝，唸了音詩〈越南母親〉（Mother Vietnam），然後唱了三首越盟老歌〈游擊隊進行曲〉（Guerrilla March）、〈戰士之冬〉（Winter for the Fighting Man）與〈為士兵搬米〉（Carrying Rice for the Soldiers）。最後，他談到民權運動主題歌〈我們會克服〉（We Shall Overcome）多麼讓他感動。沒隔多久，這首范維最喜愛的美國民謠為反戰運動挾持，令范維神傷不已。他的歌直到二〇〇〇年才獲共產黨解禁。

南越國會選舉於九月舉行，這次選舉有一項重要限制：唯有經總理阮高祺認可的人才能參選。讓人跌破眼鏡的是，阮文紹的權力在選舉過後不斷增加。有人說，就像其他許多野心勃勃的越南妻子鼓動她們的先生一樣，阮文紹的妻子也不斷催著這位沉默寡言的軍人進取。翌年，當總統選舉舉行時，為實施一部大部分在華府草擬的新憲，阮高祺同意只選副總統，認為他已經與華府達成一項由他掌握實權的私下交易。阮高祺事後才發現自己遭到邊緣化，他的競爭對手阮文紹就這樣成為南越統治者，直到南越滅亡。反對軍方的少數派推出一名律師代表參選，結果這名律師被捕下獄。

對於美國何以支持由獨裁軍人組成的西貢政府，美國政界的質疑聲浪越來越強。但中情局的答覆是，美國捨此而外別無選擇：這些獨裁軍人「是南越精英中教育程度最高、最有紀律、最有才幹的人」。這原也不足為奇，因為自一九四五年以來，戰爭一直就是越南社會最主要的活動。但阮高祺與阮文紹的先後統治，讓人就算想將南越視為民主國也辦不到。事隔多年以後，在談到美國與西貢政權之間的不搭調時，一名南越將領寫道，「美國人積極，沒有耐性，而且重理性；越南人安靜，有耐性，而且情緒。」這名南越將領指出，民主是一件新奇的事，西貢政權為示妥協而賦予人民許多自由，特別是言論自由，也因此讓自己陷於全球最尷尬的局面。一方面它的高壓統治為它迎來國際罵名，另一方面它又過於自由，無法有效控制它的人民。

一九六六年十月，詹森成為第一位訪問越南的美國現職總統，他在金蘭灣呼籲美軍「把那些浣熊皮釘在牆上」。羅伯・柯莫說，「我們要開始『打贏』這場戰爭了。」走勢看來很好。麥納瑪拉在公開場合仍然表現得非常樂觀，不過現在他在私下也承認自己的惶惑與恐懼。西貢、順化、峴港與其他城市在一九六六至六七年的政治動盪，讓阮文紹－阮高祺政權穩住陣腳，一直統治到一九七五年，但也使西貢政權淪為越南人無分政治派系色彩盡皆厭惡的「外國政權的貓爪子」。在明顯貪腐的一九六七年地方選舉中，有權投票的村民寥寥無幾。

這個成千上萬的人為了保住它而繼續送命的政權，既欠缺有意義的政治作為，當然也拿不出任何可以自豪的政績。事實證明，南越領導人最不能為自己的同胞謀求的一項福祉就是自尊。一九六七年底，阮文紹搬進西貢總統府。沒隔幾天，阮高祺駕著直升機在半夜三更降落在總統府屋頂、阮文紹臥室正上方，阮文紹儘管惱怒，為了與阮高祺維持表面關係卻並不發作，只是把這事交給太座處理。尼爾・席漢說，「阮文紹知道怎麼玩這場遊戲。雖說他是個可惡的無賴，但他從不讓自己成為對美國的威脅。只要不對美國的目標構成威脅，美國人也願意容忍無能的越南領導。」

堅決反共的楊文美在成為蘭德研究員以後，曾訪問一名越共戰俘。這次經驗讓她忍不住想到，為什麼西貢政權不能像共產黨那樣激勵人民、讓人民對它的「正義之戰」深信不疑？楊文美寫道，「我逐漸感到……由於自己不成器，不能建立一種系統，一種意識形態，一種能激發人民、鼓勵人民、讓人民共同奮鬥的領導層，我們會輸掉這場戰爭。」為了它的西貢盟友，美國確實也慷慨解囊，只不過沒能提出什麼贏得南越人心的東西。

◎專家的意見

隨著戰局激化，如何打贏這場戰爭的建議也越來越多，但其中多一半不過是突發奇想罷了。在心理作戰方面，一九六六年五月的「獵槍作戰」（Operation Shotgun）是當局納入考慮的一個選項。根據這項計畫，美軍要對北越海灘發動一連串兩棲佯攻，要河內以為美軍入侵迫在眉睫。這項計畫因艾爾．惠勒反對而告終，惠勒說，如果人們信了這項威脅，世界輿論將譁然，為敵人提供「絕佳的宣傳材料」。反之，如果大家認為這項所謂「入侵」不過是唬人而已，美國的臉面也不好看。魏摩蘭將軍也提出一些怪招，其中包括強制都市化方案，主張將農民遷入都市地區，迫使他們與越共分割，羅伯．柯莫也贊成這項概念。

同時，國防部長麥納瑪拉附和哈佛大學教授羅傑．費雪（Roger Fisher）提出的一項建議，主張建一道電子與炸藥壁壘，切斷非軍事區和胡志明小徑與南越之間的通路。這項建議之後獲得國防分析研究所（Institute for Defense Analyses）顧問部門的支持。要建立這道人稱「麥納瑪拉防線」（McNamara Line）的壁壘，需要空投兩億四千萬枚碎石地雷（Gravel mine）、三億枚皮卡丁尼兵工廠（Piccatinny Arsenal）研發的「鈕扣小炸彈」（button bomblet）、十二萬枚沙德艾（Sadeye）集束炸彈、一萬九千兩百具聲音感測裝置，再加上部署一百多架飛機，年度預算高達八億美元。美軍實施了這項計畫的部分內容：大量聲音感測裝置空投在胡志明小徑上，一旦偵測到動靜就出動飛機進行轟炸。但由於遭到太多反對——就連軍援顧問團的人也認為計畫太荒唐，因此較廣的「壁壘」計畫放棄了，這項計畫充分暴露美國當局為了打越戰而抓狂的窘態。

在南越、在寮國以及後來在高棉，美軍也實施了密集度空前的空襲，而之所以展開這些行動的推理也誇張得不切實際。北越軍上校阮安憂心忡忡寫道，「如果樹葉突然枯萎，如果溪水突然變得渾濁，如果一天前空拍的照片上出現一條原本沒有的小道，敵機就會飛來投彈，炸了這個地方。」這種肆意濫炸對平民百姓造成的衝擊，讓許多行動參與者與旁觀者失望、憎惡。舉例說，一九六六年七月一日，美國空軍誤炸了一座標籤上註明友好的村落，炸死七人、炸傷五十一人。八月九日，F-100 出擊，將三角洲一處社區夷為平地，造成平民六十三死八十三傷的慘劇。類似事件每天上演，只不過這兩次事件比較顯眼罷了。美軍顧問麥克．蘇登哀傷地說，「我們殺了太多與這場戰爭毫無關係的人。」美萩的大衛．艾利約也有同感：「越共的殘酷是個人行為，但美軍造成毀滅是政策問題。」記者尼爾．席漢問魏摩蘭，美軍造成這許多平民傷亡，會不會讓他難過。魏摩蘭答道：「沒錯，尼爾，這是一個問題，不過我們確實從敵人手中奪走了人口資源，不是嗎？」

空軍高管們找到一名專家，為這些濫炸背書。這名專家說，美軍轟炸確有成效，而且，由於與百姓的睡眠型態配合得天衣無縫，受害百姓並不因此責備美國。在轟炸政策的發展變化中，蘭德研究員里昂．顧海（Leon Gouré）扮演一個影響深遠、極度不祥的角色。在結束為期一個月的越南現地考察，於一九六四年八月返美以後，他告訴美國空軍，他的蘭德同事們做的那些有關越共動機與士氣的研究，都是失敗主義的產品。他向空軍保證轟炸好處多多，能幫美國打贏這場戰爭。

顧海於一九二二年生於莫斯科，父親是孟什維克（Menshevik）革命分子，在他出生不久後被迫逃往柏林。顧海在少年時代遷往巴黎，身為猶太人的他運氣不錯，在一九四〇年最後關頭逃進美國。在服完兵役後，他成為學者，成為一名對共產黨恨之入骨的冷戰鬥士，之後當了蘭德分析師。與他的大多數同僚不同的是，他樂意接受美國空軍十萬美元補助，前往西貢工作。他從一九六四年十二月起，主持一項新的、規模更大的越共動機與士氣研究。他之後的作為，成為扭曲學術研究以遂一己私慾的範例，成千上萬越南人也因此淪為炸彈下的怨魂。

顧海將俘獲的敵軍武器做成清單——包括捷克製輕機槍、俄製砲彈、羅馬尼亞火箭發射筒、東德製火焰噴射器，問道：「越共怎可能不是一波全球性共產黨攻勢的一部分？」在西貢巴士德街（Pasteur Street）一七六號蘭德大院住定以後，顧海費盡心思巴結每一名到訪西貢的權貴，並且讓意見不同的同事噤聲。在隨後兩年多的歲月裡，他不遺餘力倡導空中力量，主張撤除一切對使用空中力量施加的限制。他指出，美軍最讓敵人聞風喪膽的武器系統首推飛機，因此美軍應該盡量使用飛機。炸彈可以讓不肯合作的村落就範，迫使村民離開越共控制區，遷入「可以對他們進行更有效篩選與管理」的新所在。顧海的邏輯毫無人性可言，或許堪稱瘋狂，讓他在蘭德的屬下厭惡，不敢置信。但顧海結交有術，在華府人脈亨通，蘭德高層認為他對公司地位的提升有利。

有一次在顧海返回西貢時，在新山一機場接機的是蘇珊・摩瑞爾（Susan Morrell），蘇珊的先生大衛曾親身參與蘭德最初的士氣研究。蘇珊問顧海，他希望達成什麼。顧海拍了拍手上的公事包答道，「答案就在這裡，只要空軍買單，答案永遠是轟炸。」對顧海而言，越南不過是冷戰的一處戰場而已。就像他不顧越南人民死活一樣，他的虛榮與野心也到了恬不知恥的地步。他在一九六五年三月提出第一份中期報告，說美國的龐大武力已經產生奇效，投入更多武力可以產生更大奇效。他在報告結論中指出，不過幾個月以前，百分之六十五的叛徒相信共產黨終將取勝，但在遭到美軍空襲與砲火洗禮一年以後，敵人樂觀分子所占比率已經跌到只有百分之二十。

顧海認為空襲對民意不會有負面效果，還說敵軍素質每下愈況，逃兵案件不斷增加。他呼籲美方加緊毀滅農作收成，把敵人餓死。尼爾・席漢等記者瞧不起顧海，認為他是冷戰歌手，只知道不斷唱些愛唱的鷹派老調。但無論如何，仰慕他的人不乏決策人士，國防部與白宮都敞開手臂歡迎他，華特・羅斯陶認為他簡直太棒了。在聽完顧海的一次無懈可擊的簡報過後，麥納瑪拉問顧海，要完成他的項目需要多少經費，顧海說需要十萬美元，麥納瑪拉又問，「如果給你一百萬呢？」顧海答道效果會大得多。麥納瑪拉於是說，「給你一百萬。」

在那以後，顧海以新貴名流之姿四處發表演說。有次一名同事對他的估算方法與結論提出異議，顧海揮手要那人閉嘴，還說：「喔！我昨天才跟麥納瑪拉通過話……我告訴他這些B-52的轟炸十分有效……如果我們能做得更加精確一些，就可以不必炸那麼多村子，也能毀了他們的後勤補給，讓他們得不到人民的支持。」整個一九六六年，顧海始終是很有影響力的人物。他的團隊最後提出一份三萬五千頁戰俘與叛逃者問詢報告抄錄譯本，並在結論中對戰局表示樂觀；不過事實上，就連魏摩蘭也對這份樂觀表示不解。為蘭德工作的另一猶太移民康拉・凱蘭（Konrad Kellen）在檢閱顧海的結論之後說，顧海的說法有根本性瑕疵，它根植於一種冷戰心態，而且肆意誤解了資料。

美國濫用空中力量的罪責不能由顧海一肩承擔，但他為詹森政府與許多將領喜歡的政策提供了虛假的知識背書。顧海的作法，同時也充分印證了英國學者麥克・豪沃德的以下疑慮：「想了解一場戰爭就必須了解戰爭的『矛盾、偶發性與不可測性』。」而蘭德的研究完全不談這些真正重要的元素。一名權威的美國空軍軍史學者寫道，空軍第七軍軍長威廉・摩耶（William Momyer）中將最後「對於B-52在除了造成敵人心理不安以外，沒有任何具體實效的情況下，竟將如此鉅額炸彈投如南越叢林，感到深惡痛絕」。哈利・羅文（Harry Rowen）於一九六七年成為蘭德負責人時，堅持必須撤換顧海，說顧海的行事不僅有損公司信譽，還「對國家有害」。就這樣，顧海先被放逐到蜆港研究敵人滲透，之後遭解雇。

但讓人震驚的是，大多數美國軍方高層對顧海的研究成果深信不疑。當來自加州聖塔莫尼卡（Santa Monica）的蘭德研究人員對軍方的戰略或戰術表示疑慮時，總是遭到軍方冷漠以對。舉例說，蘭德提出一份報告說，使用化學藥劑毀滅農作造成農民無盡苦痛，對敵人卻毫髮無傷，但這份報告被軍方撇在一邊。報告作者之後造訪軍援指揮部，希望能向高級軍官當面簡報，結果他的計畫落空，遭軍方送回美國。魏摩蘭的科學顧問布魯斯・葛里格斯（Bruce Griggs）輕蔑地說，這份報告是「胡扯」，而華府的聯合參謀首長也表示同意。

到了一九六六年十二月三十一日，駐越美軍人數已經高達三十八萬五千，麥納瑪拉宣布，還有更多美軍即將進駐。退役美軍將領約翰・華特斯（John Waters）在《美國新聞與世界報導》（*US News and World Report*）周刊撰文，反映許多美軍現役將領的觀點與沮喪。這篇文章以「美國怎麼贏」為題，呼籲美軍地面部隊大舉進軍寮國與高棉。「我們應該簡單、明確、鄭重地說，我們不會容忍來自中國、寮國與高棉的任何干預……美國必須選擇艱難的正道，不能貪圖輕鬆而選擇妥協。我們必須……毫不退縮地面向未來……唯能如此才能挽救人命，節省金錢與物資。唯能如此才能以榮譽與果決完成美國使命，贏得自由世界的仰慕與尊敬。」

或許華特斯說得對。但儘管一九六六年的戰爭預算有二十億美元，最後的帳單竟超過一百五十億，而且在翌年升高到一百七十億——約為美國國民生產總值（GNP）的百分之三。詹森總統在一九六七年一月的國情咨文（State of the Union）演說中宣布，將加徵百分之六所得稅與公司稅特別捐，充作越南戰費。在私底下，詹森越來越擔心中國可能派遣「志願軍」與北越軍並肩作戰，就如同中國曾派遣一百萬「志願軍」參加韓戰。不久，極具魅力的參議員羅伯・甘迺迪宣布，他不再相信美國可以打贏越戰，令詹森震驚不已。在那以後，詹森病態般地相信，與麥納瑪拉交好的甘迺迪唆使、收買了他的國防部長。

在擔任駐越美軍司令二十八個月之後，魏摩蘭在接受《生活》雜誌訪問時說，「我們要用游擊戰勝過擅長打游擊戰的敵人，要用伏擊戰勝過擅長打伏擊戰的敵人。我們要學得比敵人更好，因為我們比較聰明，擁有更大機動力與火力，我們更能持久，有更多值得我們一戰的理由……而且我們更夠種。」他說，美國現在在打一場消耗戰。一九六六年一年，六千多名美軍在越南陣亡。魏摩蘭越來越相信，必須採取一切必要行動切斷胡志明小徑。

但在河內，北越總理范文同彬彬有禮地向《紐約時報》記者哈里森・沙里斯布利問道，「你們美國人還想打多久？沙里斯布利先生？……一年？兩年？三年？五年？十年？二十年？我們樂意奉陪到底。」

第 14 章

轟雷

Rolling Thunder

◎石器時代，飛彈時代

空軍參謀長李梅在一九六五年的一個備忘錄中寫道：「我的解決辦法是……明白告訴北越，要他們小心謹慎，停止侵略，否則我們要用轟炸把他們炸回石器時代。」為了這句話，他一直耿耿於懷。在南越叢林深處，道格．蘭賽在看到這句話後渴望能面見李梅，告訴他「想用轟炸，把一個一直未曾脫離石器時代的東西炸回石器時代，難啦！」由於急著打破華府似乎永遠隨著敵人節奏起舞的魔咒，詹森總統決定出動飛機轟炸北越。麥喬治．邦迪在一九六五年六月三十日寫信給詹森，「我們有能力向河內提出更加嚴厲得多的警告……艾森豪將軍認為，韓戰所以能達成休戰，就是因為敵人擔心美國可能發動核子攻擊。如果艾森豪的判斷正確，我們應該至少考慮一下我們有些什麼可以用來威脅敵人的東西。」美國最聰明的軍官之一，之後當上軍援顧問團團長的福瑞德．韋安，支持詹森的「轟雷二號」（Rolling Thunder II）計畫，主張對北越發動轟炸攻勢：「如果想挫敗他們的意志，這是我們唯一可用的利器。」

一個世紀以來，對意圖憑藉武力達到目標的政府而言，空中力量一直有一種強大但往往不切實際的誘惑。相較之下，與派遣軍隊穿越沼澤苦戰——無論是象徵意義或是貨真價實的泥濘沼澤，派飛機從藍天投彈顯得沒那麼骯髒、醜陋，政治成本也小得多。大多數機組人員也理所當然地認為，只要看不見他們殺的人，他們就不必背負道德上的罪惡感。

對歷史稍有涉獵的論者，都知道轟炸有其極限，而且它難免傷及無辜。用轟炸對付移動的軍隊、車輛與未經強化的設施可能很有效，甚至有決定性效果；但在對付據險固守的軍隊、複雜的工業與通信目標時，它往往難竟其功。在一九五〇到一九五三年間，美國空軍費盡功夫試圖切斷中國與北韓之間的補給線，但「勒殺行動」（Operation Strangle）充其量只能算是有限度成功而已。主張以轟炸取勝的美國空軍將領在一九六五年說，「空中力量已經進入新境界，我們可以憑藉科技，用一枚炸彈命中一枚硬幣。」詹森要美國海軍與美國空軍用經過慎重考慮的行動懲罰北越。「轟雷行動」絕沒有迫使北越政權更迭的動機，它的目的只是用有限度、因此合乎人道的方式，讓美國空軍展示威力而已。

詹森這項政策，讓包括李梅在內的一些美國空軍將領非常惱火，李梅等人主張全面毀滅北越，特別主張將海防港封鎖。在他們眼中，不痛不癢的空襲不僅令人可厭，甚至不合美國精神，他們相信，盟軍在一九四四至四五年間對德國與日本實施的大轟炸做得很對。但在一九六五至六八年間，儘管美國空軍與海軍將領強烈反對當局對轟炸施加的政治限制，沒有人公開指出這些限制束手縛腳，讓他們無力達成預期成果。他們認為北越社會不過是用竹子與棉花織成的東西，不堪一擊，只需略投幾枚炸彈，就能摧毀敵人的意志與手段。直到相當時間過後，當共產黨似乎愈戰愈勇時，這些美軍將領才拼命叫囂，將失敗推給他們那些政界主子。直到今天，他們始終看不清一個事實：在一場可以選擇的戰爭中，姑不論俄國與中國對手反應如何，美國想保有本國人民與盟友的默許，就得在動用的武力、造成的平民傷亡與目標分量的輕重之間維持一定比率。

一九六五年二月，白宮為顯示美國決心，不為達成明確軍事目標而下令轟炸北越。威廉·邦迪日後多少有些促狹地說，「原來如此，政策經由我們的行動自我顯現，總統要的原來是這個。」三月八日，麥克斯·泰勒從西貢致電詹森，要求加重出擊：「我今天擔心的是，在北越眼中，轟雷不過是幾聲不痛不癢的雷鳴罷了。」一名飛行員尖酸地寫道，「情況彷彿是，我們想知道可以投多炸彈而不擾及這個國家的生活方式一樣。」中情局的約翰·麥康提出警告說，河內會將美國人的畏首畏尾視為軟弱。之後，轟炸目標範圍越來越廣，到一九六八年，六十四萬三千噸炸彈已經落在北越土地上。

但在同一期間，兩百二十萬噸炸彈落在南越境內：美國領導人比較擔心炸彈落在敵境會傷及無辜百姓，至於會不會傷及友邦南越境內的百姓，反倒不很擔心。美軍在南越境內大量投擲人稱「地獄果凍」的燃燒彈，但從未對北越用過這種武器。攻擊特定設施與活動的合法性爭論，越來越令人難解，而且充滿火藥味。一九六五年五月，美國空軍一名聯隊長大惑不解問道，「什麼是軍事車隊？多少特定數目的車輛占了多長路面，才算車隊？只有一輛車走在路上，沒有隨行車輛，是不是合法攻擊目標？」

轟雷的早期目標，都在詹森每周二與國防部長麥納瑪拉、國務卿魯斯克的午餐會中決定。三人一邊進餐，一邊由麥納瑪拉提出一份已與魯斯克喬好的轟炸目標清單。總統隨即以目標的政治敏感度以及目標是否接近河內為主要考量，批准其中一些目標，否決其他目標。在一九六五至六六年間，詹森還不想過於惹惱河內。他下令沿中國邊界與各大城市四周建立一道三十英里寬的緩衝區，美軍除非獲得明確授權，不得對緩衝區內目標發動攻擊。布魯斯・帕爾墨中將說，詹森「在他的大部分總統任內，一直扮演目標指定官的角色」。這類白宮會談的私密性，讓這三巨頭能彼此暢所欲言——直到一九六七年沒有軍方代表出席——但由於會談決定並無紀錄，會中究竟達成什麼決定常在會後引起爭議。在轟炸北越初期，橋樑占了授權攻擊目標五分之四，但河內的保羅・杜梅[55]（Paul Doumer）橋在最初兩年一直未遭攻擊。想擊中狹窄的橋墩，最好的辦法就是朝橋墩以對角線方式投下一堆炸彈，但這種作法一定造成大量民眾傷亡。美軍因此選擇以直線對準方式投彈，結果造成高度投彈偏差。

以五百節速度飛行的飛行員，得在三千英尺高度分辨哪是民用、哪是軍用車輛。直到戰爭末期，河內自行車工廠一直沒有納入授權攻擊目標清單，因為自行車是北越交通運輸系統中的重要一環。為安撫神經質的決策當局，國務院在一九六七至六八年間有時還得下令規定特定彈載。國務院一名幕僚在眼見老闆魯斯克匆匆趕往白宮開會時，憂心忡忡地說，「如果你告訴他，你找到一個可以擊敗越共，撤出越南的萬全之策，他會喃喃自語說，現在他太忙，得討論下星期要轟炸的目標，沒時間考慮這檔事。」

執行轟雷行動的主要是戰鬥轟炸機，B-52同溫層堡壘戰略轟炸機只在非軍事區以北上空出過一百四十一次任務。但就像大多數美國海軍飛機一樣，美國空軍的六百架F-4「幽靈」（Phantom）與六百架F-105「雷公」（Thunderchief）也缺乏全天候戰力。在晚春梅雨季節，北越上空經常雲層深鎖，無法迄及的指定轟炸目標往往高達半數。此外，北越空防力量大幅強化也讓美軍損失慘重。在一九六五年，美國因轟炸北越損失了一百七十一架飛機，接下來一年損失兩百八十架，在一九六七年損失三百二十六架。共產黨部署了大量高射砲，以及一連好幾型米格戰鬥機，俄國還為北越提供了地面控制雷達攔截系統。在俄國總理赫魯雪夫於一九六四年十一月垮台後不到幾個月，他的接班人雷奧尼·布里茲涅夫（Leonid Brezhnev）開始將SAM-2型地對空飛彈運往北越；兩年以後，北越境內已經建了兩百座飛彈發射站。美軍三三五戰術戰鬥機聯隊副聯隊長傑克·布洛登（Jack Broughton）上校稱敵境為「以河內為主軸的地獄核心」。最後，雖說以當時的標準來說，美軍飛機的目標瞄準已經堪稱精確，但與日後出現真正精準的導向炸彈相比，當年那些「鐵炸彈」還是很粗糙的武器。

在一九六五年三月至一九六六年七月間，華府擴大交戰規則，允許美機攻擊幅員不斷擴大的北

55 譯注：保羅·杜梅橋，即龍編大橋，位於河內市區的一座橫跨紅河的懸臂橋。是河內第一座鋼鐵橋，建於法國殖民時期，時任總督為保羅·杜梅（Paul Doumer），因此也被稱為保羅·杜梅橋。

越，不過城市中心仍在禁止攻擊名單內。施工中的SAM飛彈發射站也在禁止攻擊名單內，一名F-4幽靈戰鬥轟炸機中隊長多次飛越一座尚未完工的發射站，但因未經授權，不能發動攻擊。最後這座發射站終於完成並展開作業，於一九六五年七月二十四日將他打了下來。直到這次事件讓美軍丟了第一架幽靈機以後，詹森才勉強授權攻擊幾座飛彈發射站，三天以後，五十四架F-105出發攻擊兩處所謂「發射站」。根據行動前戰術命令，構成主要威脅的是飛彈，而不是防空砲或戰鬥機，於是F-105以低於飛彈「殺傷罩」的五百英尺低空飛近目標所在山丘，遭到防空火砲猛擊。事實證明，目標區其實是防護嚴密的誘餌，北越地面防砲部隊早已守候多時，最後擊落四架F-105「雷公」。由於丟了這麼多「雷公」，美軍飛行員後來稱這處山丘「雷公嶺」（Thud Ridge）。另兩架F-105在回程時相撞墜毀，使這次任務成為美國空軍自開戰以來損失最慘重的一次攻擊。自此以後，美國空軍改採較精密的戰術，派遣配備海軍「伯勞鳥」（Shrike）雷達殺手飛彈的「野鼬鼠」（Wild Weasel）機領頭出擊。「野鼬鼠」發射的雷達殺手飛彈彈頭上塗磷，讓隨即展開的攻擊波可以瞄準磷煙發動攻擊。

但由於設在人口集中地區附近，北越飛彈發射站仍有三分之一到半數不在美機攻擊之列。北越將SAM飛彈部署在河內足球場，知道這樣做萬無一失。這些發射站造成的彈片殘骸經常落在民眾聚集區，造成生命與財物損失，當然這些損失都算在美國人頭上。停留在海防港內的船隻不乏中國與俄國船，它們可以肆無忌憚對飛經上空的美機開火，知道美機不能還擊。儘管海防港燈塔是禁止攻擊的目標，但美軍飛行員不時也會對它開火解氣。

整個越戰期間，聯合參謀首長、太平洋戰區總司令部、海軍與空軍第七軍之間，一直為目標選定問題激烈爭執。權威轟炸戰史學者馬克・克洛德費爾特（Mark Clodfelter）曾寫道，「沒有一名掌控全局的空戰指揮官造成混亂。」駐在西貢的第七軍軍長威廉・摩耶提出的攻擊清單列出四千個目標，國防情報局（Defense Intelligence Agency）提出的清單有五千個目標。太平洋戰區總司令部從檀香山控制B-52。摩耶急著想炸毀紅河水壩，破壞三角洲的稻產，但遭白宮駁回，因為白宮擔心這麼做會造成大饑荒。

對美國而言，空戰第一階段的損失最為嚴重：在一九六五年三月，海軍每出擊一千架次，就會折損十五到三十架飛機；到秋天與整個一九六六年間，這個數字降到七架，之後減少到四架。海軍的戰鬥損失有百分之五十八來自地面砲火，相形之下，空軍的戰損率為百分之七十三，陸戰隊的戰損率為百分之六十四。總計在兩千三百架被擊落的美軍飛機中，有一千六百架為高射砲火擊落。戰術理論家在戰前認為，地面防砲打不到低空來襲的敵機，他們的判斷雖然沒錯，但他們低估了以飽和地面砲火在空中織成「殺戮箱子」的威力。

美國在一九六五年後半年加強空戰攻勢，將出擊架次從八月的二千八百七十九增加到九月的三千五百五十三架次。到一九六五年年底，聯合參謀首長承認敵人戰力並未受損。美軍於是將石油列為主要攻擊目標，不過國防情報局認為，北越有十七萬九千公噸石油儲備，而北越每年只需三萬兩千公噸石油就能維持基本活動。熱衷以石油為攻擊目標的人或許也已發現，河內火車燒的是煤或木頭。

一九六六年四月，華特．羅斯陶取代心灰意冷的麥喬治．邦迪，成為新國家安全顧問，軍方也隨即獲得攻擊石油的授權。羅斯陶對同事們大聲頌讚詹森的膽氣，將詹森與林肯相提並論，還說「詹森只要能維持軍事氣勢，再隔幾個月就能否極泰來」。六月二十九日，海軍戰機炸了海防油廠（POL）。一名偵察機飛行員在攻擊過後飛越這座油廠，提出報告說，「看來我們好像將全世界的石油供應都毀了。」不過從那天起，北越將他們的石油儲備都藏進油桶與地下油槽裡。那年夏天，華府授權B-52轟炸非軍事區內，以及深入北越境內十英里的軍事目標。B-52的彈載為戰鬥機的十倍，同溫層堡壘的出擊將目標區化為一片坑坑窪窪的月球表面。但敵人的運補作業似乎照常進行，還從寮國沿胡志明小徑進入越南。一九六六年年底，天候狀況使美國轟炸受限，只能用B-52轟炸紅河三角洲附近目標，但由於這麼做很可能造成更多平民傷亡，白宮拒絕了這個選項。不過在十二月二日到五日間，戰鬥轟炸機攻擊了河內附近的鐵路調車場、卡車運輸樞紐與油站。

到那年年底，根據國防情報局的估計，北越有四千六百輛卡車被毀、同樣數輛卡車受損，補給艇四千七百艘被炸沉、八千七百艘受損，八百節鐵路車廂與十六個火車頭被毀。空軍第七軍拍了太多目標區空拍圖，卻找不到足夠分析人員將拍到的圖片一一詮釋。一九六七年四月，美軍展開對北越電廠的空襲，情報當局推算有多少電廠被毀，但對於真正重要的問題——北越還有多少電廠繼續運作——並無具體評估。

由於河內的大多數軍需經由海防進口，幾乎所有軍方決策人士都贊成轟炸海防、用水雷封鎖海防。但由於蘇聯貨輪也在海防卸貨，詹森不願為了與莫斯科對抗而不肯授權攻擊海防。此外，由於河內將主要電信中心搬進蘇聯大使館附近，北越政府電信設施一直毫髮無損。一九六六年十二月，詹森透過國際控制委員會波蘭代表提出一項荒謬的建議：如果共產黨不在距離西貢不到十英里的地方發動攻擊，美國也同意不轟炸距離河內不到十英里的地方。河內沒有回應，但美國隨即片面決定，不對距離河內不到十英里的目標發動攻擊。

在這場戰爭的許多矛盾與反諷中，轟雷行動對詹森政府造成的傷害，遠比對黎筍政府成的傷害大得多。轟炸北越造成國際與一些美國國內輿論的反彈，詹森政府儘管也對轟炸施加種種限制，但輿論並不領情；反之，國會鷹派議員還因此嚴厲批判詹森，要求詹森對北越實施致命一擊。當詹森為示人道，而宣布在一九六五年十二月二十四日到一九六六年一月三十一日間實施聖誕節停炸時，河內照例毫無反應；美軍飛行員嗤之以鼻，全球輿論也仍然一片冷漠。美國空軍與海軍雖主張對北越發動狂風暴雨般的空襲，但詹森政府授權的卻是逐漸升溫、毛毛細雨般的攻勢，它為共產黨提供了一個溫和的學習曲線，讓他們一步步加強空防，發展反制措施。

到一九六七年，北越部署了二十五個SAM地對空飛彈營，每個營裝備六個發射架，此外還擁有約一千門防空砲與一百二十五架米格戰鬥機。北越雖不具備大規模工業製造能力，但戰爭造就了一個越南人早先無法想像的、更具科技精密性的地方活動：空防。隨著更多位於海防與河內附近的目標遭到美軍攻擊，美軍飛行員死傷人數也不斷增高。直到一九六六年年底，美軍在東南亞各地的空中作戰平均每出動一千架次折損不到一架飛機。但在北越上空的折損率接近這個平均值的二十五倍。美軍飛機開始將投彈高度從原本四千增加到七千英尺。這種做法可以降低地面砲火造成的損失，但投彈命中精確度比過去更低了。美軍飛機開始使用對付人員的集束炸彈，其中有些還裝有延遲引爆迷你彈，迫使防空砲砲手與飛彈發射組員躲進掩體。

儘管相對來說，共產黨米格機擊落的美機很少，但他們有時能迫使來襲美機而丟棄炸彈、甚至是電子反制（ECM）吊艙，以閃避他們。在菲律賓舉行的一次有關米格機問題的會議中，摩耶將軍與大嗓門、大塊頭的F-4幽靈機聯隊長羅賓．奧茲（Robin Olds）上校，像二次大戰期間那些王牌戰鬥機飛行員一樣，設計出一項極盡巧思的計畫，就是一九六七年一月執行的「大刀作戰」（Operation Bolo）。共產黨戰鬥機總是躲開F-4幽靈機，只找滿載炸彈的F-105雷公纏鬥。於是，幾架F-4幽靈機加掛雷達裝扮成F-105，對富安（Phuc Yen）的米格機基地虛張聲勢地大舉出擊。那天午後不久，奧茲率領四十幾架戰鬥機守在一塊濃密雲底上方。米格機遲遲沒有反應，但在終於出動應戰後，不到十五分鐘就被F-4的「麻雀」（Sparrow）與「響尾蛇」（Sidewinder）飛彈擊落至少五架，美機毫髮無傷：奧茲本人也在這次行動中擊落一架米格機，這是他在越南上空四「殺」戰績的第一「殺」。幾天以後，美方重施故計：兩架F-4幽靈機緊貼著闖進北越領空，由於兩機貼得太近，北越地面雷達認為只有一架敵機來襲：幾架米格-21於是起飛迎戰，結果兩架被美機擊落。

那年三月，美軍對太原（Thai Nguyen）鋼鐵廠發動近三百架次空襲，終於讓這個廠癱瘓。北越的春天，濃雲深鎖，徘徊不去。美機躲在雲層上方，用雷達發動夜間轟炸，效果不佳，炸彈一般落在距目標一千碼左右，比二次大戰期間的投彈精確度好不了多少。同時海軍也對海防的幾座電廠發動近一百架次空襲，要在五月底癱瘓電廠發電作業。

在天候狀況許可的情況下，美國空軍每天發動兩百架次攻擊：上午兩波，下午兩波。北越沒有再上類似奧茲上校設下的那種當，但根據美軍在一九六七年五月的戰報，美機在空戰中擊落二十三架米格機，本身只損失三架——北越戰鬥機飛行員的實力半數被毀。五月十九日，在說服總統使用「碧古魚」（Walleye）電視導向炸彈可以減少平民損傷之後，海軍開始用這種炸彈攻擊河內發電設施。「碧古魚」炸彈果然精準，但北越擁有維持重要電力供應的足夠發電設施。到那年七月，美機每個月對北緯二十度線以南的北越狹長地帶發動八千架次空襲，癱瘓了整個鐵路交通。但在更北地區，中國與河內間的運輸命脈仍然暢通無阻。

在一九六七年年初，羅斯陶與魯斯克等詹森總統決策核心，加上詹森的好友克拉克．克里夫與艾伯．福塔斯，仍然決心一戰。那年五月，艾維雷爾．哈里曼告訴蘇聯大使，羅斯陶是白宮最危險的鷹派。但詹森政府其他成員，甚至包括那些主戰意志仍然堅決的成員，現在也對轟炸北越帶來的軍事效益是否值得它付出的高昂政治代價存疑。這時的麥納瑪拉，對越戰的信心已經動搖。每周四下午在國務次卿尼古拉斯．卡岑巴克辦公室聚會的一個有影響力的小組，大多數成員也對這場戰爭信心缺缺。這個小組成員包括希魯斯．范斯（Cyrus Vance）與威廉．邦迪，有時魯斯克與中情局的理查．荷姆斯（Richard Helms），偶爾麥納瑪拉本人也會與會。他們自稱「非委員會」（No

Committee），因為他們不承認自己存在。他們主張集中空中武力，打擊共產黨進入南越的直接運補線路。

美國或透過聯合國，或經由在一九六七年二月與俄國人擠眉弄眼的英國首相哈洛．威爾森，或運用崇拜胡志明的法國知識分子以及哈佛大學教授季辛吉的斡旋，也曾提過幾次謀和建議。但每當建議提出時，白宮的行為總令一些人士深感沮喪。詹森多次公開放話，表示支持與河內談判，還不時誇張鋪陳地提出自己的建議。但他在提出建議的同時不忘加強轟炸，一九六七年的幾個「和平方案」都註定無望成功。

一些政界人士，特別是麥納瑪拉，私下已對取勝感到無望，但軍方始終抗拒這種失敗主義。讓軍方擔心的是美國打這場戰爭的小心翼翼、不敢放手一搏的方式：現在既然已經打了，就得打出一個結果。特別是飛行員，對於攻擊共產黨空防單位時遭到的種種限制尤其深惡痛絕。來自紐約、西點出身的傑克．布洛登（Jack Broughton）上校自一九四五年服役以來，飛過幾乎每一型戰機。他兩度在韓戰服役，擔任戰鬥機飛行員，獲頒空軍十字章（Air Force Cross）等一堆勳獎，在北越上空飛過一百零二次F-105任務。到一九六七年夏，將領們推動空戰的作法已經讓他忍無可忍。布洛登在日後一份備忘錄中寫道，「我只想好好打一場。」

六月二日，布洛登在擔任代理聯隊長時果然與敵人好好打了一場。聯隊的兩名飛行員在結束任務返回基地後，其中一人提出報告，說他可能在海防港向一艘俄國船開了火。這名飛行員說得沒錯。第二天，莫斯科提出正式照會，抗議蘇聯商船「圖基斯坦號」（Turkestan）遭美機攻擊，一名船員死難。美軍太平洋戰區總司令夏普上將一開始向華府保證，說蘇聯這項指控查無實據。但之後在美國空軍展開調查時，布洛登採取干預行動：為了讓部屬脫罪，他親手毀了那兩名飛行員的實戰過程影片，布洛登因此被判軍法審判與四十美元罰款。僅管空軍部長後來推翻軍法審判的判決，但本案為這位紐約硬漢的職涯畫下句點。終其一生，布洛登一直對這一切忿忿難平。在與敵人纏鬥時，他是國家的無價之寶，但束手縛腳的戰爭讓他受不了，而這正是許多職業軍人常見的寫照。一九六七年六月二十九日，海軍戰鬥機掃射又一艘蘇聯船隻，詹森政府隨即祭出更嚴厲的交戰規則，限制美軍在海防附近的活動。

但軍方仍有一派人馬，包括夏普上將與惠勒將軍，仍然力主加強空戰。幾十年來一直是詹森忠實支持者的參議員理查．羅素認為，美國要不為取勝而戰，要不乾脆退出越南。參議院史坦尼斯（Stennis）小組委員會於一九六七年八月底發表報告，要求美國升高空戰，「冒必須冒的險，運用做好這件事必須運用的武力」。史坦尼斯聽證會暴露麥納瑪拉、總統與參謀首長聯席會議之間的分歧之深。早在十八個月以前，麥納瑪拉已經在私下告訴記者「無論用多少轟炸也結束不了這場戰爭」。麥納瑪拉始終沒有基於原則而辭職，令他的親友們大惑不解。直等到十一月接到逐客令，他才發現詹森總統已經在未與他商量的情況下，將他調任世界銀行總裁。

另一方面，以羅斯陶為首的空戰鷹派繼續保有上風，詹森授權攻擊的北越境內目標越來越多。一九六七年八月十一日，轟炸機第一次炸斷了河內的龍編大橋。美軍對晏元（Yen Vien）鐵路調車場發動密集新攻擊，但也付出了高昂代價：五架F-4遭防空砲與米格機擊落。米格機在這次空戰中突然大舉出現，首次發動從後方攻擊的戰術。美軍飛行員雖說也一再經上級耳提面命，要注意從背後六點鐘方向來襲的敵機，但美軍飛行員早已習慣見到敵機在前，米格機突然改採新戰術果然奏功。羅賓．奧茲也參加了這次行動，見到手下兩架F-4被擊毀。他在事後痛苦寫道，「我聽到他們喊叫，我調頭望去，只見兩團燃燒的火球。」

一九六七年秋，哈佛大學教授季辛吉運用私人魅力與美國政府影響力說動法國人，促成河內與華府間一次和談，即所謂「季辛吉和平方案」。在和平方案失敗後，詹森於十月中批准對富安米格機基地發動第一次直接攻擊，但美軍折損情況仍然持續。在十一月十七日對河內郊外一座空防設施發動的空襲中，查爾斯．卡培利（Charles Cappelli）少校的F-105遭一枚飛彈擊毀。事後，一名戰友悲傷地說，卡培利在起飛以前說，等回來以後他要處理一些文件，犯了飛行員大忌。這名戰友說，「他沒有回來，出發以前不能談回來的事。」

在一九六七年十一月展開的轟雷行動最後階段期間，美軍飛行員碰上前所未見最惡劣的天候。在十二月，敵軍戰鬥機以更熟練的戰技，迫使超過一成美機在飛抵目標以前先拋棄彈載。十二月十七日，美軍飛行員在報告中說，見到空中同時出現二十架米格機；兩天以後，他們見到十四架。十二月二日那天，五架空軍、三架海軍戰機被擊落，其中有五架都是被地對空飛彈擊中的。雷達導向轟炸的精確度在當年仍然甚差。美軍在一九六八年對北越發動了十萬架次空襲，之後由於共產黨在一個有限地區部署了兩千六百門防空砲，詹森於一九六八年三月下令停止對北緯十九度以北的一切空襲。

美軍空戰作業時而顯得流年不利：為阻撓河運，美機會空投磁性水雷，但這些水雷往往在距離往來船隻過遠處引爆。一九六八年三月，「可變後掠翼」式F-111在高度期盼下加入戰局，但技術失誤造成一連幾次墜機事件，在早期幾次出擊中，F-111的表現並不理想。三月十一日，共產黨發動一次極成功的突擊作戰：北越軍第四十一營的爆破兵，突襲美國空軍設在寮國法席（Pha Thi）山山頂，負責許多轟雷行動監控任務的八十五號控制站。駐守控制站的十八名美軍人員有十二人被殺，美國空軍不得不轟炸這座被占領的控制站，以摧毀敏感裝備。在餘下的詹森總統任期期間，美軍飛行員的主要任務就是阻撓共產黨的南下卡車運補。

如果對付的是意志力薄弱的敵人，或是擁有其他選項的人民，白宮在一九六五年二月實施的這項轟炸政策原也有望成功，但河內政治局不是意志力薄弱的敵人，北越人民也別無其他選項。這項一九六五到六八年的轟炸行動終於未能奏功，它反映一個事實：原始社會藉助不穩定的天候型態，使用不完善的瞄準技術，也能將領土守得固若金湯，讓空中攻擊不能得逞。百年來，許多國家領導人已經發現空中轟炸威力有其極限，詹森不過是其中一人罷了。

◎「北上」

當轟炸行動展開時，美國空軍、海軍與陸戰隊飛行員的士氣都很高昂。只有當老婆提出最後通牒，說「要我，還是要戰爭？你只能選一個」時，才有少數人退縮。大多數青年飛官，以及一些年過四十的老兵，在歷經艱苦的戰鬥訓練之後，都迫不及待地想駕著他們的飛機，在戰場一顯身手，就算他們的國家不給他們每天二點一六美元的戰鬥加給也沒關係。在出過幾次任務後，美國空軍飛官可以前往曼谷，由境外包商送往菲律賓度假。到了蘇比克灣的庫比岬（Cubi Point）軍官俱樂部後，有各種瘋狂的聚會：卡拉OK、食物大戰、拳鬥等等。海軍中校約翰・尼古拉斯（John Nichols）寫道，「他們在度假的最初三兩天，可能整天喝得爛醉，喧囂狂歡，然後開始打高爾夫、游泳、做深呼吸。」不久假期結束，他們飛過南中國海，又一次面對敵人。

為了攻擊目標選定之便，美國將北越畫為分別由空軍、海軍與軍援顧問團負責的幾個責任區。從航空母艦起飛的飛機攻擊「二、三、四與六B線」，責任區從北緯十八度往北，一路延伸到中國；空軍負責攻擊「五與六A線」，責任區包括河內與北—西鐵路；軍援顧問團的責任區借自空軍的「一」線。美國空軍大多數是戰術戰機，加上一些B-52，部署在泰國境內基地。一九六六年，美國在泰國境內駐軍三萬四千人，其中三分之二以上是空軍，他們幾乎完全投入越戰，當然也會找些樂子：泰境美國空軍基地的藥房每年都得醫治多達一千名性病病患。由於對參與轟炸感到不安，曼谷政府最初堅持從泰境起飛的飛機不能攻擊南越領土內的目標，往北飛的飛機應該裝成從南越起飛，直到一九六七年才放棄這套說法。

冷戰期間的飛機已經沒有一架能勝任地面攻擊任務。美國空軍的F-105「雷公」強悍耐打，但機動性不足，而且需要密集維修養護：美軍在越戰總共損失了三百架F-105。設計為攔截機的F-4幽靈，一切任務都難不倒它，除了在北越上空執行低空作戰以外，因為幽靈機的引擎會冒出濃濃黑煙，向幾英里內每一架米格機暴露它的位置，而且容易為地面砲火所傷。當空襲北越作業展開時，美國空軍有六百架F-105雷公，以及大約同樣數量的F-4幽靈；但當生產線仍然一年出廠兩百架幽靈機時，F-105已經停產。美國空軍一般會派雷公出最危險的任務，部分原因是雷公機一旦墜毀，機上只有一名飛行員，而幽靈機有兩名——有個冷笑話說，幽靈機需要兩名飛行員，是因為飛越敵境時，坐後座的飛行員得看交戰規則。

美國海軍最優秀的飛機是由艾德・海因曼（Ed Heinemann）設計的A-4「天鷹」（Skyhawk），體型比幽靈小得多，它簡單、結實而且容易保養——隨著戰事轉劇，這些特點越來越重要。許多A-4中隊維持百分百的備戰率，它的幾個改裝型，例如用來照像偵查的A-5「民團員」（Vigilante），備戰率差得多。最後總計，天鷹出的戰鬥任務之多，超越海軍其他任何戰機。比較舊的F-8「十字軍」（Crusader）造型怪異，飛行員的座艙在鼻輪前方六英尺，以機砲為主要武裝，是很好的攔截機；缺點是雷達性能差，失事率過高。在越戰早期，道格拉斯（Douglas）廠出產，螺旋槳推動的老飛機「天襲者」（Skyraider）出了許多任務，海軍擊落的最先十架米格機中，有兩架是「天襲者」擊落的；但「天襲者」過於緩慢，終於只能退居二線，負責電子反制與救援作業。飛行員說：「速度就是生命。」

飛越北越上空的飛機，由設在寮國境內的八十五號控制站，或由代號「汽車旅館」（Motel）

的「猴子山」（Monkey Mountain）控制中心負責監控，猴子山位於峴港，位置在西貢與河內中間，泰國的烏隆（Udorn）提供後援。不過這些控制站沒有一個可以精確掌控紅河上空狀況，不能有效引導空襲。飛機在發動攻擊時，差不多全靠自己，或依賴一般由中校級軍官擔任的空中領導人。無論對作戰效率或對戰損率而言，天候都是一個重要因素：在季風季節，作戰效率急遽降低，戰損率卻大幅升高。飛行員經常因為得不到精確指示，發現自己闖入敵境過深，被迫掉頭或放棄任務，或拋棄彈載。

海軍飛機從距離海岸六十到一百五十英里，穿梭於東京灣的「洋基航空站」（Yankee Station）的平台起飛，發動對北越的攻擊。美國擁有十六艘攻擊航母與十艘反潛航母，數目比全世界所有其他國家的航母總加起來還要多。七萬五千噸的「福雷斯特」（Forrestal）級航母比老舊的「艾塞克斯」（Essexes）級更加安全得多，就算遭遇狂風巨浪，憑藉噸位，福雷斯特級仍能保持平穩。兩級航母都載有約七十架飛機，包括兩個戰鬥機中隊、兩或三個地面攻擊中隊，加上早期預警機、照像偵查機與幾架配屬直升機。一九六五年六月，「獨立號」（Independence）航母參戰，帶來生力軍A-6A「入侵者」（Intruder）。許多人口中像平底鍋或蝌蚪的「入侵者」，由於裝備「數位整合攻擊與航空裝備」（DIANE，Digital Integrated Attack and Navigational Equipment）而具備全天候戰力。那年十一月，「小鷹號」（Kittyhawk）帶來第二個A-6A中隊。

這些美軍航母戰力驚人：在十二月的一天，「企業號」航母實施了一百六十五架次攻擊。在轟炸北越展開後第一年，海軍發動五萬七千架次攻擊，損失一百多架飛機與八十名飛行員。共產黨倒也明智，沒有對美艦發動空中攻擊，因為一旦發動這類攻擊，在美軍「戰鬥空巡」（Combat Air Patrol, CAP）打擊下，他們勢必損失慘重。每一艘航母都駐有五千名海軍與技術人員，協助一百多名飛行員的作業。海軍的護航艦與轟炸艦在外海作業時，艦上官兵的工作與生活相當舒適，而且幾乎沒有風險。但是另一方面，即便是在沒有敵人的情況下，飛行作業的壓力與風險非常大。醫療壓力評估顯示，飛行員認為，夜間在航母飛行甲板降落，比白天飛越河內上空還要更讓他們心驚膽顫。當飛機在航母起降時，蘇聯偵察拖網船經常在航母前方穿行，唯恐天下不亂。從海南島起飛的中國米格機不時也會尾隨出擊的美軍機群，意圖騷擾。

飛行甲板與機庫裡的活動緊張而密集，工作人員穿著代表工作性質的各色號衣：黃色代表飛機指導員，藍色代表升降梯作業員，綠色代表飛機彈射器與避雷裝置作業員，褐色代表飛機機長，紅色代表兵工與消防人員。如何在船艦上騰出空間、進行整套起降、維修養護作業，是一種持續不斷的奮鬥，作戰室有一個按照比例作成的模型，顯示每一架停在艦上飛機的位置，每當飛機調度命令透過話筒發出，模型上的飛機位置也隨之變化。主要是十八、十九歲青年的牽引機駕駛員責任很重大。任務飛行員也不好幹，必須坐在彈射座椅中，在烈日下守候兩、三個小時，準備一聲令下立即將飛機駛往冒著煙的飛機彈射器。

航空母艦作業免不了意外，有些還是嚴重意外。一九六六年十月，兩名機組人員在在甲板下打鬧，不意引燃一枚有緩降裝置的照明彈，造成「奧里斯卡尼號」（Oriskany）航母一場大火，死了四十四個人。「福雷斯特號」在四天內發動一百五十架次攻擊，沒有損失一架飛機。但隨後一架停在飛行甲板尾巴的F-4意外射出一枚祖尼（Zuni）火箭，造成可怕後果，另一架幽靈機油箱起火，海上強風助長了火勢。不到幾分鐘，炸藥開始爆炸，大火下的官兵住艙成了死亡陷阱。護衛艦立即靠攏，用水龍進行灌救，但大火持續延燒了十二個小時才獲得控制。一名士官衝向一枚起火的炸彈，意圖將它脫離火場，但這枚炸彈爆炸，炸死這名士官與另外幾個人。但捨命搶救的英勇事蹟並未因此停止：一名小個子青年尉官使盡力氣，把另一枚炸彈滾到火場另一邊。大火終於平熄以後，福雷斯特號艦上官兵有一百三十四人死亡，二十一架飛機被毀，四十三架飛機受損；福雷斯特號的修繕費用高達七千二百萬美元。

航空母艦一般每天發動三波攻擊，每波攻擊之間或許有一小時間歇。師級參謀指派攻擊目標；作戰室將命令下達聯隊；再由大隊與情報官籌畫路線。發動第一波攻擊的飛官在凌晨四點半時進早餐，然後「著裝」，參加簡報，準備在六點時出擊。如果可能，沒有經驗的新進飛行員一般會奉命攻擊接近海岸的目標，以便一旦遭敵擊落，他們比較有機會棄機彈射降落在海上。飛行員都很迷信，在穿著笨重壓力裝、全身綁著繫帶蹣跚走向座艙時，許多人會撫摸著象徵幸運的兔腳或銀元硬幣。登上座艙後，彈藥保險針移除，彈射椅啟動，座艙罩鎖死，機翼展開，彈射作業員把飛機導入定位，引擎開始輕鳴。一架A-4滿載油料與炸彈重量也只有兩萬磅，而一架KA-3加油機重量隨隨便便就能超過七萬三千磅。利用彈射器起飛的A-4，可以從三秒內從靜止加速到一百六十節，彈射飛機發出的響聲震耳。對於一切有關人員而言，無論是飛行員與水兵，在航母上起降飛機都是技術要求極高的作業。

典型的攻擊編隊，可能由十六架A-4與四架F-8等二十架轟炸機組成，外加兩架「鐵手」（Iron Hand）高砲制壓機。幾架負責「目標戰鬥空巡」（TarCAP）任務的F-8「十字軍」守在編隊外，找機會從側翼迎擊米格機。一架電子反制機與兩架加油機守在外海上空。兩架直升機來回巡視，準備救援墜海或落在海邊近岸地區的飛行員。攻擊編隊一旦升空，很快就會飛越一大群主要是帆船與舢舨的小船上空：飛行員知道敵人已經等著他們了。在一九四四年，在太平洋上空出作戰任務的海軍飛機平均每次任務持續四小時；二十年以後，任務時間縮短為九十分鐘。儘管如此，與過去飛越北韓相比，飛越北越上空的任務凶險得多。

在以兩萬英尺高度逼近海岸時，頭盔與耳機阻絕了引擎聲響，飛行員打開開關，將槍砲上膛，準備投彈。他們開始緩緩下降，根據目標距離決定飛行速度：天鷹可能採取三百五十節，速度較快的十字軍可能得放緩速度。他們聽到敵人「扇歌」（Fansong）雷達的尖銳噪音，知道SAM地對空飛彈即將來襲。在那以後，他們可以使用無線電，但他們一般總是盡可能不說話，飛行員奉命「如果中彈，不要用攻擊頻道！」指揮官不希望作戰頻道擠滿落難飛行員垂死掙扎的呼救聲。米格機開始在編隊左近出沒，飛行員於是聽到戰鬥無線電傳來那些不朽的警告：「敵機在九點鐘方向」或「四點鐘」等等。敵機往往設法將護航美機誘往地對空飛彈陣地，但擔任護航的戰鬥機奉命守在編隊一旁，隨編隊前進。負責地面攻擊任務的飛行員，會先將兩翼油箱燃油清空，然後往目標展開俯衝攻擊，因為沒有飛行員會笨得帶著多餘油料卯上高射砲。他們會從幾個角度同時進擊以分散敵軍火力。

在發現美國人喜愛攻擊那些目標之後，北越把防砲集中在橋樑、兵營等設施附近。一些年長的美軍飛行員說，他們在北越上空碰到的砲火，比二戰期間在德國上空碰到的還要猛烈，共產黨練出一種用「彈幕方陣」絕殺的本領。美國海軍中校約翰．尼古拉斯寫道：「他們用高射砲火將高度三千到兩萬英尺一片五平方英里的空間堵得密不透風，那陣仗非常驚人，非常壯觀，可怕得近乎美麗。輕型二十三公厘與三十七公厘機砲帶著白煙爆炸，五十七公厘砲彈炸開時造成一團灰黯，八十五公厘與一〇〇公厘重砲炸出朵朵黑雲，重機槍射出的曳光彈不時畫出條條彩色火蛇，飛向五千英尺高空。這些五顏六色的雲就在那片空際不斷爆開，一秒都不放過地持續好幾分鐘，那景色真是匪夷所思。」美軍指揮官要飛行員不要採取閃躲措施，因為一旦置身「彈幕方陣」，躲也沒有用，還不如集中精神攻擊目標：他們的命運全靠運氣了。

一九六五年四月三日，在一次五十機編隊空襲河內南方的行動中，米格-17首次現身，翌日，美國空軍損失了兩架F-105。六月十七日，美國空軍用麻雀飛彈擊落兩架米格機，首開紀錄。飛行員實驗他們的戰術，有一段時間，美軍喜歡高速、低空衝向目標，在達到一個定點時再調轉路線，拔高，然後對目標展開俯衝——即所謂「彈出」法。這種戰術的缺陷是，飛行員得用五百節高速飛行確認幾個地標，此外這種戰術還使飛機容易遭到輕型高射砲火攻擊，他們在機翼外掛架上載了許多電子防禦裝備。海軍也部署EA-3B「天空戰士」（Skywarrior）與EF-10B「天空騎士」（Skyknight）作為電子反制機。美機釋出反制箔，干擾共產黨雷達，向敵軍導向設施發射「百舌鳥」（Shrike）反輻射飛彈AGM-45A。雙方都打著欺敵戰，有幾次，美軍干擾人員認為他們已經找到敵人的戰鬥機導引頻道，後來才發現那不過是飛行員交談的錄音，米格機真正用的是另一頻道。共產黨也學會直到即將發射飛彈的最後幾秒鐘才開啟追蹤雷達，以免招來「百舌鳥」反雷達飛彈。

敵軍戰鬥機的威脅時大時小，但大體上，美軍飛行員更怕敵軍地面砲火。北越飛行員受到地面嚴控，就連什麼時候啟動後燃機也得奉命行事。米格-17非常敏捷，米格-21敏捷度較差，尤其是在低速飛行時。米格機一般只在擁有明確戰術優勢，特別是高度優勢時才會出擊，發射「環礁」（Atoll）飛彈，然後調頭返回基地。一九六六年六月二十一日，來自紐約的斐爾·法帕提拉（Phil Vampatella）中尉駕著一架「十字軍」與另三架僚機一起，負責掩護一名跳傘降落的RF-8飛行員等待救援直升機抵達。突然間，法帕提拉感到自己的飛機一陣晃動——他被高砲擊中了。由於燃油外溢，他離開四機編隊，尋找空中加油機。隨即他聽到無線電傳來「米格來襲」的警告，他的三架友機已經與敵人接戰。法帕提拉於是調頭折返支援他們，發現一架米格機正在他前方追逐一架十字軍。他趕緊大叫：「往右急轉！」但為時已晚，那架十字軍中彈墜落。

法帕提拉發現另一架米格-17正朝他機尾衝來，於是以六百節高速俯衝直下，直到幾乎貼近樹高，機身震得差點散架才拉起機身，心想一定已將敵機甩開。那架米格機仍然在他後邊，但已經轉向，顯然準備折返基地。儘管自己的飛機已經受損，法帕提拉仍然甘冒奇險，決定追逐那架米格機。他射出一枚響尾蛇，看見那架米格機爆炸，然後找到一架加油機加足燃油，飛行六十英里回到漢考克（Hancock）基地。法帕提拉在這次行動中展現的勇氣，後來獲得訓練學校表揚，但飛機受損仍然堅持不退的作法，往往只能為家人帶來一紙「失蹤通知電報」。

海軍戰鬥機擊落敵機的數字遠較空軍為低，部分原因在於它的麻雀空對空飛彈失誤率偏高，這個事實多年來一直令美國海軍尷尬不已。空軍使用的響尾蛇有效得多，只有海軍的F-8才配備的機砲又比響尾蛇更有效，事實證明，那些認為飛彈問世、機砲已經落伍過時的專家都錯了。直到越戰進入最後階段，加州米拉瑪（Miramar）戰術學校「精英戰士」（Top Gun）班開班——精英戰士班畢業生以實戰戰績證明他們是令人敬畏的米格機殺手——美國海軍的空戰表現才逐漸改善。

攻擊機從目標上空拉起機身，調頭飛往海上——套用一名飛行員的話，前後「大約三分鐘，恍如一兩個永恆已經過去」。當飛機接近母艦時，一名登艦官「談話人」不斷用無線電通報甲板狀況：「甲板不良[56]（foul deck）……甲板不良……甲板不良，收起落架！天鷹，甲板不良……飛離甲板！」一架受損的飛機是否應該嘗試降落，或應該棄機、彈射降落海上，全靠登艦官的判斷。飛行甲板上若發生墜毀事件，不僅可能導致飛行員死難，還可能造成甲板上一場大禍。沒有受損的飛機順利降落，經過一陣輕微顫動，在阻滯索前驟然停下，又一天的工作完成了。

飛行員平均每個月得出十六到二十二次戰鬥任務，有人還出到二十八次，少數飛行員在越南飛了總計五百次戰鬥任務。到一九六六年秋，作戰壓力造成彈藥，特別是炸彈，以及裝備與機組人員的短缺，許多機組人員出任務之後一去不返。傑克．布洛登寫道，有一次一枚突然襲來的地對空

56 譯注：甲板不良，指飛行甲板不安全，不能起降。

飛彈，擊中他的中隊的一架F-105：「他的飛機突然裹在一團鐵銹色火球裡，這是出事的第一個徵象……他的飛機似乎無恙，但飛機左翼略微下垂，開始穩穩下降。他只在對講機上說了一句話，『我得出去了，回頭見。』說完那話，他扯了彈射桿，我們見到一具降落傘出現在空中，聽到他吊在傘上往河內而去的嗶嗶聲。」

維吉尼亞州黑人農場工人之子，美國空軍少校福瑞德．齊利（Fred Cherry），在多次遭到拒絕之後，憑藉不懈的堅持，在一九五一年終於得償宿願進了飛行學校，並且在韓戰期間出了五十三次任務。一九六五年十月二十五日早晨，他率領一中隊F-105出他在越戰的第五十次任務。在距離目標還有幾分鐘時，他聽到機身傳來一聲巨響，齊利關掉電氣與液壓系統，但飛機仍然煙霧瀰漫。他在低空彈出機外，跳傘逃生，一邊不住禱告，雷公機隨即爆炸，儀錶板畫開了他的臉。他當時位於河內東北方四十英里，距離海岸與安全只有兩分鐘飛行時間。他降落在一堆民兵與兒童間。齊利向他們比手勢，告訴他們自己的左肩被打爛，腳踝也碎了。他成了第四十三名被俘的美軍飛行員，當他蹣跚上路時，一群人跟在他後面。一名士兵對他說，「你是罪犯。」他進了人稱「河內希爾頓」（Hanoi Hilton）的華盧（Hoa Lo）監獄，之後轉入戰俘稱為「動物園」的一處監獄，與來自北卡羅萊納的海軍飛官波特．哈里伯頓（Porter Halyburton）關在同一間牢房。哈里伯頓一開始唾棄齊利，因為他不相信黑人能當上美國空軍少校，認為齊利一定是法國間諜。但朝夕共處終於讓兩人不僅相互尊敬，還成為知心至友。當齊利傷勢嚴重感染時，哈里伯頓全心照顧他。後來獄方將哈里伯頓遷往其他牢房，齊利悲痛萬分：「我從沒像這樣為失去一個友人而痛不欲生。」

諾姆．麥丹尼爾（Norm McDaniel）生於一九三七年，父親是北卡羅萊納州佃農，有七個兄弟姊妹。大蕭條時代的種種恐怖故事，讓他的童年始終籠罩在愁雲慘霧中，當時他的父親替人採棉花，每天賺一美元工資。諾姆小時經常餓著肚子上床：「如果父親領了工資，還沒走到雜貨店，就先來到賣威士忌的店前，我們就得餓肚子了。」他的母親是孤兒，非常重視教育，是「天生我材必有所用」的忠實信徒。一九五九年，諾姆從北卡種族隔離的農技大學（A&T University）機械工程系畢業，成為美國空軍領航官，這在當年是了不起的成就。他熱愛空軍生活，在一個同溫層堡壘聯隊飛了幾年。只有當他偕同妻子珍—卡洛（Jean-Carol）離開基地旅行時，種族議題才讓他們感到困擾：「在密西西比甚至猶他州，旅館與餐廳都不肯為我們服務。」

一九六五年秋，麥丹尼爾離開B-52聯隊，在駐泰國的一個EB66C中隊擔任電子作戰軍官。他說：「我並不喜歡調往泰國，我只是覺得職責所在，要走就走。」不過他們的EB66C電子作戰機以動力不足出名，特別是在炎熱的日子，每次在起飛時總得用盡整條跑道。麥丹尼爾在起飛時都會小小禱告一番，「不為我自己，而為我的家人。」電子作戰機的任務一般而言每次持續約三小時，其中二十五分鐘在目標上空兩萬五千英尺處盤旋，進行對敵人雷達訊號的監聽與干擾。在發現有威脅性的訊號時，他們會向執行攻擊任務的飛行員提出「紅色警戒，敵機出動」或「飛彈來襲」之類的警告，之後說「一切警報解除」。B-66的電子作戰艙位於駕駛艙後方，是個沒有窗戶、裝滿各式監控儀器的小艙，由四名稱為「烏鴉」（Raven）的電戰作業員負責操作，麥丹尼爾是其中一人。

戰爭開始成為例行公事：飛行員得完成一百次所謂「北上」（在敵境上空作業）之旅，才能輪調返回美國。一旦回到舒適的基地，麥丹尼爾喜歡看很多書、健身、打乒乓球。軍官俱樂部裡玩一個叫作「死蟲」（Dead-Bug）的整人把戲：當一名飛官叫出這兩個字時，所有飛官都得倒在地上。最後倒地的人得請客喝酒，付大約六十杯酒的酒錢，但由於俱樂部裡的酒非常便宜，這點錢對錢包幾乎無損。麥丹尼爾很喜歡在泰國達利（Takhli）基地服役的日子，只是想家。他說：「我一直沒什麼恐懼感，我們認為這場戰爭還要經年累月打下去，我們只想怎麼完成一百次任務，在八、九個月內回家。」在出第二十九次任務時，他們在河內近郊上空遭一枚SAM-2型飛彈鎖定，經過一陣似乎無窮無盡、翻胃倒腸的猛烈閃躲，才終於脫困，也才聽到對講機傳來「鎖定解除」幾個令人寬慰的字眼。他們抹去一頭冷汗，回到溽暑、舒適的泰國。麥丹尼爾心想，「我終於也經歷過出生入死了。」

不過又出了兩次任務之後，在一九六六年七月二十日那天，飛機在飛近河內附近一個目標時突然劇烈搖晃，「就像飛在一個大氣阱邊上一樣」。機組驚嚇不已，忙著問機長比爾．閔斯（Bill Means）出了什麼問題。閔斯神色自若地回覆，「差一點出事，不過我們仍然在飛。」只是幾秒鐘過後，閔斯失控，飛機開始蹣跚下墜。又隔片刻，機身終於拉平，機組焦急等著機長進一步指示，但遲遲沒有回音。通訊已經中斷，氧氣也沒了，煙霧開始滾入電子作戰艙。四名「烏鴉」必須依序彈出跳傘，位置在左前方的麥丹尼爾按照規定第一個跳。「決定命運的一刻來了，火焰與濃煙已經瀰漫機艙，我心想，『我該走了。』」他遵照程序拉下頭盔面罩、啟動個人氧氣瓶、紮緊束帶、然後拉下艙門拋棄桿，一秒鐘以後他已經彈入空中。

一切進展順利，直到他吊在降落傘上，瞥見傘頂出現幾個洞，才發現有人在朝他開槍。他落在地面，立即為農民、軍人與民兵團團圍住。他們剝去他的衣物，剝到只剩下T恤與內褲。時間是上午八點三十分，他的位置在河內西北三十英里。他們起先把他推進一個坑裡，麥丹尼爾心想，這次在劫難逃，他們一定想在這坑裡斃了他。但之後，他們將他矇了雙眼，帶上一輛車，最後在當天傍晚將他送到「河內希爾頓」。

起先他還十分懊惱，認為自己是整個機組中唯一跳傘的人，其他機組現在一定都已安全返回達利基地，正在嘲笑他太驚慌，忙著跳傘。但沒隔多久，他發現除了一個人以外，整個機組都已淪為戰俘，那個人在被俘後沒多久就死了。直到一九七三年，麥丹尼爾與他的機組才獲釋返美。麥丹尼爾失蹤、命運未卜的消息傳回美國，他的母親告訴珍－卡洛：「麥克安啦！我在夢裡見到他，他躺在一間小房間裡，我問他，『麥克，你還好嗎？』他說，『我很好，媽，妳自己保重。』」麥丹尼爾的母親的夢果然是真的。其他許多親人失蹤的家庭也傳出類似故事，但未必都能美夢成真。直到麥丹尼爾失蹤十八個月以後，北越才宣布他已經成為戰俘。

在河內，麥丹尼爾比其他許多人幸運：「雖說我們吃的都是垃圾，但卻是相當健康的垃圾，而我早在幼年時代就習慣了挨餓。」一像他的大多數同袍一樣，他得不時忍受北越的暴行，有時甚至遭到酷刑。來自越南與俄國人的消息顯示，北越透過對機組人員的拷問取得很多作戰資料，但他們拷問的主要目標是取得意識形態優勢，是對唯一能到手的仇敵加以懲罰。他們對付戰俘確實殘忍，他們的野蠻行徑在美國境內也引起歷久不衰的公憤。但值得強調的是，落在美國人與南越人手裡的共產黨俘擄，經常在被殺之前遭受相同甚至是更糟糕的對待。中情局的法蘭克．史奈寫了一本《體面的間隔》（*Decent Interval*），在書中披露美方與南越如何對共產黨俘擄進行「加強審訊」與酷刑逼供。這本書於一九七七年成為暢銷書以後，史奈訝然發現，讀者們雖然對書中內容的真實性毫不懷疑，卻似乎對美方與南越當局的殘忍行徑不以為意。道格．蘭賽也曾憤而撰文，怒責同事們「坐視對俘虜的濫刑」。除非美國民眾認為，美國資本主義者就算落入共產黨手中，也應該享有比落入美方手中的共產黨俘虜更人道的待遇，否則美國民眾沒有道理怪罪河內虐待俘擄。

在一九六六年七月成為「河內希爾頓」最新客人的麥丹尼爾，有一種凡事總往好處想的習性，讓他在之後幾近七年的戰俘生涯中獲益不少。許多戰俘對他們的北越牢頭恨入骨髓，麥丹尼爾卻另有己見：「我認為自己是個極度樂天派，我們都知道，與戰俘在韓戰期間受到的待遇相比，越南戰俘算得上是得天獨厚了。你得超越自我才行：我對上帝與我的家人有信心。」

美軍飛行員裡，有一群為數不多的經驗豐富的老兵。海軍中校理查．班樂（Richard Bengler）有四十二歲，曾在二次大戰期間駕駛B-17與B-25，之後在韓戰駕駛戰鬥機。一九六六年七月，他的F-8遭一架米格-17擊落，他彈出機外，跳傘墜海撿回一命。四個月以後，班樂用響尾蛇擊落海軍擊落的第一架米格-21，扳回一城。在返回航母後，他興高采烈說道，「等待這一刻，我已經等了二十年。這感覺真是太美妙了。」來自長島（Long Island）自由港（Freeport）的傑克．諾蘭（Jack Nolan）上尉，在參戰時已經三十六歲。他生在律師之家，曾在醫學院短期進修：「學醫是為了一個女孩，我還傻傻地娶了她。」但他對飛行始終難以忘懷：「我在五歲那年，應邀上了一架史汀生（Stimson）雙翼小飛機飛了一次，從此就對飛行心嚮往之。」諾蘭在一九五二年加入美國空軍，搭船前往韓國參加韓戰，當船走在太平洋中途時，停火協議簽字的消息傳來。在當了十年教官，生了五個孩子之後，他在一九六六年年底加入一個F-105雷公機聯隊，像諾姆．麥丹尼爾一樣進駐泰國達利「我老婆會怎麼想？我一直沒有問她。」在那個龐大的基地，他們舒適地生活在煤渣磚砌成的建築中，一間房有兩個床位。中隊有二十名飛行員，飛哪一架飛機視當天分配到哪一架飛機而定——他們的飛機沒有個別名字，沒有圖案，都只在上方機身塗了綠色與褐色迷彩，在底部塗了藍色而已。F-105飛起來非常舒適，能在低空以超音速飛行。在出動攻擊北越時，F-105一般都會攜帶六枚七百五十磅炸彈，一個電子反制雷達干擾裝置與幾枚響尾蛇飛彈，不過諾蘭從沒發射過響尾蛇飛彈。

在出任務的日子，他們在凌晨兩點半與早上七點之間起床用早餐，然後得不厭其煩地準備裝備。一名老資格飛行員有一天在走進簡報室聽取又一次「雷公嶺」任務簡報時說：「不徹底嚇壞的人不了解問題。」就在那天早上，傑克・布洛登在廁所裡聽到有人吐，知道那人也是飛官。布洛登寫道他們如何苦苦守候在酷熱的、擠滿飛機的泰國基地等候起飛的情景：「你汗如雨下，有時甚至讓眼前一片濛濛，看不清任何東西。起飛線是有組織的一團混亂，一架接一架飛機按下啟動器，啟動引擎，釋出惡臭與黑煙，那聲音震耳欲聾……我不禁想著，今天等著我們的是什麼？是SAM飛彈還是米格機？」

傑克・諾蘭執行的任務，一般都是十六架飛機與兩架後備機同時出動。他們以四機編隊方式，「像出每一次鬼任務一樣，在一萬五千英尺高度」以四百五十節巡弋。在進入敵人領空以前，他們貼向兩架KC-135加油機中的一架，用十分鐘加足滿缸油槽，然後飛離加油機，編成戰術隊型進入「攻擊發起點」（Initial Point, IP）。負責壓制地面砲火的F-4搶在轟炸機之前十五到三十秒抵達目標，用機砲與祖尼火箭攻擊地面一切閃出火光的地方，直到彈藥用盡，他們才將節流閥手桿側推，啟動後燃機。這麼做能帶來巨大動力，讓飛機瞬間脫離戰場，不過非常耗油。雷公機隨即發動攻擊，展開四十五度角俯衝，在五千英尺高度投彈，「然後沒命也似逃跑」，或者更精確地說，使勁拉起機身，頂著四到六個G力（即飛行員體重四到六倍的壓力）撤出戰場。

目標可能是橋樑、鐵路調車場或機場，每次攻擊總遭到敵方高砲反制，兩個聯隊美機平均每天有一架毀於地面砲火。除地面砲火以外，偶爾還會遭到拖著一股白煙襲來的SAM飛彈攻擊。除非聽到響聲，發現飛彈衝自己而來，飛行員一般對SAM視若無睹。諾蘭說：「我見到我們一架飛機被擊落，然後飛行員跳傘，不過後來一直沒有他的消息。」在遭到SAM飛彈攻擊時，最佳戰術是面向來襲飛彈的尾跡急轉——最後飛彈會解除雷達鎖定，在空中爆炸。像許多飛行員一樣，諾蘭以冷漠、時而恐懼的心對待他扮演的角色：「地面上發生什麼狀況，我不多想。我只是在做我分內的工作，想辦法活著，有一天能晉升少校。不過後來一直沒升成。」飛行員們發現，許多炸彈未能達到預期目標，特別是投向橋梁的三千磅炸彈尤其如此。「見到一堆平底舟排在岸邊，準備一旦我們炸毀一座橋墩時立即搶救補缺，真令人看了喪氣。」一天，在對中國邊界附近一座橋梁發動俯衝攻擊時，諾蘭的座機右翼遭自動武器砲火擊中，打壞了液壓系統，讓諾蘭不可能用空中加油方式加油，補足燃料返回泰國。他把機上的炸彈拋進河裡，在長機護送下把他的大飛機飛到峴港。在飛向峴港機場跑道時，他用手動方式放下起落架，終於安全降落。之後他搭一架C-123運輸機飛回泰國，直奔酒吧買醉。不久以後，他奉調前往空軍第七軍戰鬥行動處（Combat Operations）當參謀，分析目標資料：「那個經驗讓我更加相信，我們投下的許多炸彈沒有達到預期效果，不過反正也沒人在乎。」

與其他一些歷經奇險、出生入死的飛行員相形之下，諾蘭的戰鬥紀錄相對單調。一九六七年四月二十日，海軍著名勇士麥克・艾斯托辛（Mike Estocin）少校領著一支三機編隊攻擊海防，擊毀三處地對空飛彈發射站，但艾斯托辛的A-4也受損。在燃油迅速流失的情況下，他將機上最後一枚伯勞鳥射向一處地面目標，然後撤出戰場，相信自己還能飛。在燃油剩下最後五分鐘時，他找到一架KA-3空中加油機。這架加油機就這樣用加油管連著艾斯托辛那架小小的天鷹，一路飛回提康德洛加號航空母艦。在距航母飛行甲板還有兩英里時，艾斯托辛收回油管，與加油機分開，用機上僅夠嘗試一次的燃油飛向航母。他的著陸動作作得十全十美，而他的飛機也在這時熊熊起火。在甲板救火隊朝飛機猛噴泡沫聲中，艾斯托辛打開機艙罩，一躍而下，順手把頭盔丟給一名水兵，頭也不回地揚長而去。他這種滿不在乎的神氣令人折服。只是六天以後他的運氣差多了，在攻擊海防附近儲油庫時，一枚SAM-2型飛彈擊中他的座機，殘骸墜落地面。艾斯托辛身後獲頒榮譽獎章。

越南空戰最富戲劇性同時也充滿英雄色彩的一個特徵，是救援人員的拚死拯救墜機飛行員。被擊落的空組人員約有三分之一獲救，重回美軍陣營，小部分淪為戰俘，其餘陣亡。在海軍方面，海岸外救援機組乘坐重裝甲的HH-3E直升機，一連幾星期百般無聊地在海上不斷巡弋，傾聽總是聽不到的傳呼聲。然後他們聽到呼聲，如火如荼、緊張而危險的救援行動立即展開。往往這是一場「天使」與漁民間的賽跑。從海上撈起任何美國人的漁民，都能從共產黨處獲得相當兩百美元的豐厚贖金。

一九六六年四月二十七日，一架A-6A遭高砲擊中，投彈手布萊恩·魏斯汀（Brian Westin）眼見機長比爾·魏斯特曼（Bill Westerman）臉色轉白、左臂癱軟、氧氣罩脫落，飛機在蹣跚攀高。魏斯汀解開自己的束帶，彎過身抓起駕駛桿，把飛機導向海岸，一方面用無線電求救。魏斯特曼不久振作精神，重新掌控飛機，在他們的中隊長機護送下，跌跌撞撞飛回「小鷹號」（Kittyhawk）航母。兩人不敢降落飛行甲板，決定彈射跳傘降落海上。採取這種逃生方式的飛行員，三人中有一人在救援人員趕到以前已經溺斃。魏斯汀掙扎著上了救援直升機，但隨即發現機長魏斯特曼失血過多，太過虛弱，無力游入救生吊索。魏斯汀於是又一次躍入海中，協助魏斯特曼攀上一架海王（Sea King）直升機。他揮手要那架海王將已經負傷的魏斯特曼先行送醫，他自己留下，等候另一架直升機救援。之後，就在鯊魚聞到海中血腥味，開始圍上來以前，魏斯汀被另一架直升機救起，他因此獲得一枚海軍十字章。

有一次一架偵察機在海岸地區被擊落，機長陣亡。機上領航員跳傘降落在一處海灘上，被地方民眾團團圍住。他瞥見一架救援直升機循著他身上的呼叫器飛近。他打開飛行衣拉鍊，掏出一把手槍，對準看守他的民兵開了一槍，然後躍入海中，朝直升機游去，終於獲救。在另一次類似場合中，一架「海怪」（Seasprite）直升機在黯夜從一艘驅逐艦上飛到北越境內，救援躲在樹叢裡的兩名F-4機組人員。「海怪」的機槍手用機槍擊退敵軍，在猛烈砲火下救起兩名美國人，安全返回驅逐艦。返抵艦上時，直升機油箱幾已見底。還有一名飛行員在海岸外逐浪飄浮幾小時，兩架直升機試圖救援，都因敵火過猛而無法成功，直升機上一名機組人員還中彈身亡。幾架戰鬥機不斷飛臨上空，想盡辦法不讓北越人員接近落在水裡的飛行員。直到最後天光將盡，一架救援直升機猛然衝向海面，一舉成功。一時間，救援特遣隊的每一具無線電都響起勝利歡呼聲：「我們救起他了！」一名飛行員事後寫到，「對於那些年復一年在這場瘋狂戰爭中作戰的飛行員來說，這是一次沒有人能提出任何爭議的勝利。」單在一九六七年一年，就有七架海軍直升機在救援行動中被擊落。

空軍也有不少了不起的英勇事跡。有一次，北越軍逼近一名跳傘躲進「道奇市」（Dodge City，就是河內）西南方叢林中的F-8「十字軍」飛行員。一架救援直升機機組降下一條「叢林滲透索」，但是已經降到盡頭，距離這名飛行員高舉的手仍有十英尺之隔。直升機冒著猛烈砲火，在一名機組人員已經陣亡的情況下降入叢林中，用機上螺旋槳在樹叢中打出一條通道，直到那名飛行員能抓住吊索，才拔高飛出叢林。直升機由於損傷過重，不得不在幾英里外迫降，由一架「歡樂綠巨人」（Jolly Green Giant）CH-53直升機將全部人員撤離。

戴特．丹勒（Dieter Dengler）中尉是生在德國的海軍「天襲者」駕駛員，他的飛機在遭地面砲火擊中後墜落寮國境內。他被「老撾人民軍」俘虜，關了四個月，之後與空軍飛行員杜安．馬丁（Duane Martin）一起逃亡。兩人靠水菓、野莓與一點米生活了幾天，隨後來到一條小溪，造了一個筏，沿小溪順流而下，來到一座已經荒廢的村子，在村裡找到一些玉米。丹勒得了黃疸與瘧疾。他們隨後來到另一小村，一名男子用大砍刀攻擊他們，砍死了馬丁。丹勒獨自一人蹣跚逃生。在逃了二十二天之後，他再也無力支撐，只能躺下等死，但還是使盡餘力用石塊排成「SOS」三個字母。奇跡似的，一架飛經上空的美國空軍飛行員發現這個求救訊號，引來一架直升機救起丹勒。丹勒在獲救時，體重只有九十八磅，少了六十磅。

美國空軍與海軍對政治帶來的束縛固然怨聲載道，卻也不得不接受一項事實：就算對經過授權的目標，他們的攻擊效果也不佳。舉例言之，在一九六五年三月到一九六八年十一月間，美軍對河內南方八十英里的清化（Thanh Hoa）鐵路橋發動了近七百架次攻擊。一九六七年三月，美軍用碧古魚電視導向炸彈三次擊中這座橋。但這座橋與它的鐵路線始終暢通。在經過長時期一再的攻擊後，河內的龍編大橋才自一九六七年八月起關了六個月。

敵人飛彈的命中率在那一年大幅改善，造成美軍損失增加。美軍飛機每一次出擊總遭到SAM的無情圍剿：單在八月二十一日那天，北越就發射了八十枚SAM飛彈。一名俄國將領不滿地說，他的那些北越盟友發射這些極其昂貴的武器「就像是在點爆竹玩一樣」。海軍在八月丟了十六架飛機。北越在河內附近部署了近六百門高砲與十五座SAM發射站，布魯斯·帕爾墨中將寫道：「我們為發動攻擊而付出的代價最後變得非常高，幾乎高得讓人無法承受。」在一九六七年，海軍宣稱擊毀三十座SAM發射站、一百八十七個高砲陣地與九百五十五座橋樑（這數字包括一些重覆攻擊），還有大量鐵路機車。總之根據評估，美軍的轟炸為北越造成價值三億美元的損失——但美軍損失了九百二十二架飛機，而單是這些飛機的現金價值就高達三億美元的三倍。北越的地面防空兵力現在已經增加到八千門高射砲與兩百座SAM發射站。北越的發電能量被砍了百分之八十五，但仍然靠著手提發電機繼續運作。美國有關北越工業與基礎設施方面的情報仍然作得甚差，沒有跡象顯示空襲對北越的戰力已經造成影響。

面對越來越嚴重的損失與成就缺缺，飛行員士氣低落，他們以嘲弄的語氣稱他們的計畫當局與將領為「東京灣遊艇俱樂部」（Tonkin Bay Yacht Club）。儘管指揮官們仍然不承認空戰對越戰效果有限，儘管機組仍然繼續不斷出任務、投彈，也不斷有人送命，但他們越來越覺得做得不值。一九八四年版的美國空軍基本訓條手冊（Basic Doctrine Manual）仍然堅持「空中武力能夠無需先將防衛武力一一擊敗，就能直搗敵人力量的心臟」。主張轟炸的那些鷹派大咖說，空中武力讓飛機可以攻擊「一連串選定的重要目標」，一旦將這些目標摧毀，可以打垮敵人的能力與戰鬥意志。一九八六年，記者在訪問柯提斯．李梅時問道，美國當年是否可能打贏越戰，李梅答稱，「只需發動毫無限制的轟炸，只需一連兩周」，就能打贏越戰。像威廉．摩耶與尤里斯．葛蘭．夏普上將一樣，李梅至死一直抱著這個想法。但事後回顧，這想法幾近幻想。對主要包括胡志明小徑周邊等地發動的戰術空襲，確實對北越的作戰造成極大困難。但轟雷為美國帶來的政治成本，比它對北越造成的損害大得太多。就算美軍獲得授權可以毫無限制地轟炸，也幾乎不可能改變這種狀況。

第15章

忍痛

Taking the Pain

◎好時光，壞時光

一九六六年一月，波蘭副外長抵達河內，帶來一紙有關美國渴望談判的訊息，北越對此嗤之以鼻；同年六月，加拿大使節轉達美國謀和之意，同樣遭到河內斷拒。一個月以後，曾在一九四六年三月與胡志明談判的法國代表尚．薩森尼（Jean Sainteny）提出新建議，薩森尼呼籲北越當局見好就收，順勢達成和平協議，還說美國要的只是一個面子。但就在薩森尼與范文同談到一半時，胡志明走了進來，他要薩森尼回去告訴華府說，越南人民完全無懼，就算必須犧牲一切，也會奮戰到底。共產黨已經打定主意，絕不容忍西貢政權苟延殘喘：他們要的是勝利，完全沒有討價還價餘地。

就像德國空軍一九四〇年轟炸英國，讓邱吉爾找到機會鼓舞英國人民奮起抗敵一樣，對北越領導人而言，美國的轟炸也是一份天外飛來的橫財，讓他們可以團結全民一致對抗強敵。因為與純政治味的「統一祖國」目標相形之下，出現在空中的威脅逼真得多。河內開始將老舊的步槍發給村民，讓他們可以對敵機開火，這種作法雖說對空防沒有多少加分效果，對開槍村民的士氣卻影響很大。音樂人文琪說，「對我國人民來說，轟炸既不希奇，也不讓我們感到意外——我們早有心理準備。胡叔叔一開始就對我們說了，『這場戰爭可能打得非常久，我們的首都河內也可能被毀，但我們不怕。』」在一枚偏離目標的炸彈落在一處遊樂園，炸死七個孩子之後，當地一名少年說，他媽媽一反越南父母重視子女學業的傳統，要他放棄中學從軍。被炸死的七個孩子中，有兩個是他的親戚。

一名共產黨幹部直到晚年，仍對她年輕時身為共產黨員，在美軍轟炸下的那段日子戀戀不捨：「我們有理想，有抱負，有奮鬥的目標。我們爭先恐後地完成每一件任務，我記得有時見到其他人做得比我好，還會禁不住落淚。沒有人需要徵兵，大家都搶著參軍。而且沒有人貪汙。」

這說法並非全然屬實，北越人民表現的克勤克儉雖說確實令人感佩，但若說他們熱愛這種砲火洗禮下的戰亂生涯也是天方夜譚。一名後來成為大學文學教授的老兵在二〇一六年說：「許多年來，越南當局在對人民講述越戰時，總是將這場戰爭描繪得像一段浪漫史一樣，我們對這種作法已經厭倦。」一名中學女教師也有同感：「那是一個可怕的時代，我們什麼都沒有，根本沒有快樂可言。每個男的都知道他們一定得當兵，但沒有人想走。我記得我的一個學生還沒有畢業就接到徵兵令，他在即將南下服役前來到我的班上，要求在他的老課桌邊再坐一次。」

住在一個東岸小城的范杭（Pham Hung，譯音）有一個名叫「向」（Huong）的友人。「向」長得非常英俊，很會踢足球，他很孤單，因為他的父親與大多數家人早在一九五四年已經逃往南方。由於他的父母過去與法國人的關係，在達到役齡之後許多年，他始終不能入伍當兵。直到有一天，他的革命熱忱終於感動當局，當局於是派他沿胡志明小徑南下。不過他表現的熱忱是做戲：他真正盼望的是與父親重聚。之後他因逃兵而下獄，聽說還幾次越獄都沒有成功，從此沒了音訊。范杭說，「他的故事是個真實的人生悲劇。」一當徵兵隊為填滿徵兵配額來到一座偏遠小村時，類似事件也一幕幕上演：小村裡一戶人家要他們的長子躲進叢林。徵兵隊軍官於是向那戶人家提出警告，除非那長子在三天內報到，否則他的父母的糧食配給卡就會被沒收。那長子只得按時報到，但在家人鼓勵下，在南下服役後逮到第一個機會就逃了。

早自范杭幼年時代起，范杭的父親就不斷鞭策范杭兩兄弟，要他們一定要上大學，父親這種執著始終令范杭不解。有一天，范杭逃學，與友人前往一架美國海軍戰鬥機墜機殘骸現場尋寶，結果遭到父親一頓毒打。直到後來，范杭才了解原因何在：就像南越與美國的大學生一樣，北越大學生也可以免服兵役。范杭的父親費盡一切心血，要讓兩個兒子唸大學，以免入伍當兵參戰。每個越南人一輩子都記得第一次見到美國飛機時的情景：范杭在十歲那年親眼見到美機炸毀附近一座橋樑，他嚇得飛奔，前往藏匿他心愛的書包與書本，以免它們遭美機炸毀。日後，范杭在想到當年這種不顧性命，卻顧著書包的幼稚，不禁失笑。事隔多年，一名上校的妻子與女兒從河內疏散，按照分配住進范杭父母那棟小屋，之後發生的事令范杭笑不出來。他愛上上校那位像他一樣也是青少年的女兒。一天，她的母親在從鄰村走回家時被美機攻擊一座橋樑的炸彈炸死。

范杭的家庭生活在一個佛教小社區，與一個天主教小社區相距不遠。兩個社區的孩子經常打著迷你宗教戰爭，相互丟擲假想手榴彈，用假槍打來打去，還會挖戰壕。大人眼見打仗也成了兒戲主題雖不免心酸，但在戰亂動盪之秋，每一個社會豈不都是如此。村子街道上張貼著巨型海報，把美國總統詹森與之後的尼克森畫成怪人，伸出長舌充做轟炸機跑道。學生每天早晨要在學校做集體柔軟操，一面高喊口號。大多數越南人只能透過政府設在街頭的擴音器聽取新聞，根據這些政府的宣傳，他們的南越同胞都已淪為美國人剝削榨取的奴隸，活在水深火熱之中。

轟炸機投下的雷達反制箔片落在田野與房舍上，甚至在偏遠鄉村，村民也得在防空洞裡停留許多小時，也學會在解除警報響起之後多等幾分鐘再離開防空洞，讓最後幾輪交火的彈片殘骸墜落地面。越南人經常給狗取名叫做「詹森」與「尼克森」：「他們還喜歡用『尼克森』這名字嚇唬小孩，彷彿尼克森是童話故事中的怪物一樣。」由於大多數空襲都在白天進行，越南人幾經調適，成了夜間生活、工作、購物的動物。火車可以利用黯夜從中國邊界抵達河內，卡車司機奉命摸清路線狀況，以便不開車頭燈也能行駛。

在損毀橋樑與鐵軌的修復作業上，工程人員展現無比活力與創意。北越總計在修復空襲毀損的作業上投入六十萬勞工，其中大多數是婦女：在美軍轟炸中越生命線上的鐵路調車場之後，這座調車場不出二十小時恢復通車。另有十四萬五千人負責操作空防設施。在這麼多男子投入兵役的情況下，女人成為體力活的主要來源。根據一個農民孩子最早期的記憶，在稻米插秧與收成的農忙季節中，母親每天清晨三點就得起床下田，一直工作到中午。有時母親由於體力過於透支，甚至累得倒在稻田中沉睡。

成為常態的空襲不會讓人因此瞧不起空襲，但能讓人不再那麼恐懼。許多住在城市的越南人把握美國政府國定假日不空襲的示好政策，利用這些假日遁入鄉間。在空襲暫停限期即將屆滿的最後幾小時，從鄉間摸黑趕回城裡的一名俄國外交官，對沿路情景有以下一段描述：「看不見盡頭的公車與加油車長龍，堵在狹窄、毀損不堪的道路上，路上的彈坑已經匆匆填平。隨著午夜將近，河內近郊氣氛越來越緊張，交通也不時阻滯。我不得不下了車，叫醒那名非常年輕，倒在方向盤上打瞌睡的越南駕駛員。」

由於糧食實施配給，找東西果腹成為一種例行公事。在鄉村地區，番紅花燉鼠肉、檸檬葉烤鼠肉、蝗蟲、蚱蜢、蠶幼蟲都成了佐餐美味。眷養的寵物都不安全，一個十一歲男孩在聽說就要搬家後，依依不捨地抱著一隻他非常喜愛但不能帶走的小狗。「幾名陌生人一早過來帶走那隻小狗，我知道他們要殺了牠。」據說，狗肉要在狗被宰殺以前先打爛、打軟，最為可口。

陶氏秋（Do Thi Thu，譯音）與她在河內大學（Hanoi University）的同學，幾乎與奔波在胡志明小徑的那些越南人一樣挨餓。她說，「男生最容易餓。」肉跟蔬菜都很少，有時用馬鈴薯或玉米代替米飯，甚至清洗用的水也供應不足。晚間沒有娛樂或電影，只有青年團（Youth Union）開不完的會，討論如何做個好公民。這些會議有時演成激烈爭執——有一次，一名學生不慎將手錶留在廁所，被一名壞公民偷了，事件在當天晚上引發一場激辯。沒有人抽菸，沒有人喝酒，也幾乎沒有性關係：「我們都是好孩子。沒有人發牢騷——我們只是認命。」

生長在河內的少女范芳（Pham Phuong，譯音）原本對美國人並無敵意，但空襲北越行動展開了。炸彈帶來恐怖，第一次碰上炸彈爆炸的她，嚇得飛奔躲進樹下。就像數以十萬計的城市居民一樣，范芳與她的家人也疏散到鄉間。鄉間農民歡迎他們，但食物總是短缺。疏散到鄉下的家庭都被迫分開，每一名家人分別住進不同人家，於是許多不解事的小孩到處亂跑，哭著找媽媽。鄉間草屋只有煤油燈照明，讓那些貼近煤油燈看書的學生薰黑了鼻頭。

年輕美麗的女學生，之後當了會計的范芳，歷經的儉樸生活非大多數西方人所能想像。她每天得走兩英里路上小學，後來上中學，每天得走五英里才能到學校，而且當然，還是打赤腳走路。青少年時代的她，夢想的不是男孩與女孩的浪漫，而是漂亮衣服，特別是絲長褲，尤其渴望更多、較好的食物。當時村裡也露天放映一些中國與俄國電影，大多數是戰爭片，但票價過於昂貴，父親不讓她看。放學以後，她偶而可以找上舅舅，用舅舅那台小小的中國製收音機聽一些節目；直到戰爭結束以後，她才有生以來頭一遭見到電視機。但范芳出身書香門第，家族擁有傲人學術傳統，她的父親能讀英文、法文與俄文。她的父親憑藉通信專業，一直未曾失業，但范芳在申請大學時，卻因為身為「知識分子」的女兒、階級背景「不佳」而遭拒絕。

個人紀錄上只要出現一個黑印記，就能毀了這人一生前途。當阮丁建（Nguyen Dinh Kien，譯音）接到徵兵通知時，父母為他辦了緩召，因為他的哥哥在寮國戰死，他是家中獨子。根據政府檔案的紀錄，阮丁建的父親曾為法國人當安全警衛，而阮丁建本人「在個人意識形態鬥爭中的努力也還不夠」。阮丁建後來寫道，「這幾個惡狠狠的字眼，為我這一生帶來難以言喻的問題。」他申請加入共產黨，但遭拒絕。儘管學業成績很好，他不能享有出國留學的特權。後來他申請加入飛行員訓練，雖說通過每一項測試，最後仍因「不可靠」而未能如願。他服役多年，一直升不了軍官。

年輕人一旦披上軍裝，在親友眼中，他們就像被龍吞了一樣，無影無蹤。最可憐的是親人，只能日復一日，苦苦等著先生與孩子在戰場上的命運。當北越戰士阮安定（Nguyen Hien Dinh，譯音）在一九六五年戰死後，他的親人毫無音訊。每次當郵差來到他們偏遠的山村，阮安定的母親總會跑出來迎接，而每次那郵差只會向她搖搖頭。第一次噩耗傳來，是阮安定的團發來的春節慰問信——專門發給陣亡戰士家屬的慰問信，而且信上的「阮安定」幾個字還拼錯了。又隔了三周，他的家人才獲得阮安定陣亡的正式通知。

在動員北越、鼓舞北越人民戰鬥意志這方面，黎筍與他的同事表現可圈可點。但無論美國轟炸與否，個人毀譽、成就與福祉不在他們考量之列。

◎盟友

美國駐莫斯科大使館在轟雷行動一開始就認為，只要北越以社會主義國家面貌存在的事實不受威脅，俄國應該不會直接干預。雖說這也是實情，但轟炸北越已經使蘇聯與中國以前所未有的規模增援北越。第一座SAM-2發射站於一九六五年四月在河內東南方完成部署。典型的SAM-2飛彈營由四到六具發射器組成，發射器以一輛雷達通信車為軸心圍成一圈，每具發射器的間隔為五十碼。SAM-2型飛彈長三十五英尺，看起來就像長了粗短小翼的電線桿。這是一種兩節火箭，可以飛到近六萬英尺高空，由於以煤油與硝酸燃料為動力，飛升時拖著一條白尾。發射升空後，先由一具助推器燃燒五秒鐘，再由主發動機燃燒二十秒。SAM-2型飛彈一般以兩枚或四枚搭配著一起發射，攜帶的三百五十磅彈頭爆炸後，對於方圓一百碼內的敵機是致命的。在一九六五年，每發射十七枚SAM飛彈能擊落一架敵機，但之後由於美方電子反制措施改善，每發射三十五枚SAM飛彈才能擊落一架美機。到一九七二年，平均得用六十枚飛彈才能擊落一架美機。

數百名俄國技術人員與機組以教官與顧問身分在北越服役，而且大多數對這項經驗甘之如飴。一九三四年出生在哈薩克斯坦（Kazakhstan）的尤里．基利辛（Yury Kislitsyn）上校，在派駐北越時已經是一名經驗豐富的SAM-2指揮官，他「非常興奮，那真是浪漫無比」。來自文尼察（Vintnitsa）的彼得．沙里斯基（Petr Zalipsky）下士，搭火車經過似乎永無止境的漫漫旅途，穿越俄國與中國來到北越。他搭的火車載有一百名俄國人，他只有二十一歲，是其中最年輕的。每一名抵達北越的俄國人都領到一紙身分證明文件，上面用越南文註明文件持有人是蘇聯公民，「為越南人民提供援助，協助越南人民對抗美國侵略者，越南人民應該為文件持有人提供一切可能的援助。」

瓦萊利．米洛尼辛柯（Valery Miroshnichenko）少尉在二十一歲那年飛了二十個小時，在五個加油站小停加油，最後抵達越南。他的上司告訴他，這是一項夢寐以求的好任務：為掩飾他們的軍人身分，他與他的同袍都從莫斯科一處大倉庫中選了東德裁製的西裝，扮成平民上飛機，那些西裝「當時非常潮」。他們進了一家北越旅店，以「到訪工程人員」身分登記。「我們不斷四處閒晃、嘻笑，談著這一切多麼可愛、多麼有趣。突然間我們聽到幾聲爆炸與機砲聲響——兩架幽靈機擊中一座油庫設施。幽靈機發動了三次俯衝投彈攻擊，地面高砲也開了火。我們都臥倒在地，弄髒了我們乾淨漂亮的襯衫。空襲結束後，我們回到巴士上，沒有人再開玩笑了。」他們之後換搭渡船，在整個四十分中的渡船旅程中，這些俄國人始終提心吊膽，害怕半渡時被美國飛機逮到。

瓦萊利．帕諾夫（Valery Panov）中尉在一九六六年成為海防一處通信設施的資深軍官，負責傳遞蘇聯拖網船傳來的美機從航母起飛的預警。帕諾夫這支俄國顧問小組穿著沒有識別標誌的越南制服，悶聲不響地窩居在一座沒有屋頂的老法軍軍營廢墟中。他們經常長痱子，而且由於缺水，大多時間得在海裡洗澡。在整個越戰期間只有十八名俄國人被美國飛機炸死，不過帕諾夫有一次在鬼門關前撿回一命：一枚炸彈在他近處爆炸，炸碎的石片飛起，插進他戴在頭上的鋼盔，讓他因腦震盪躺了兩天。他心有餘悸地說，「那是一段特別的日子，在那段期間，你只能依賴自己與你身邊的人。」維克多．馬里法尼（Viktor Malevanyi）少校手下一名軍官在遭到美機空襲時，選了一個剛炸出的新彈坑藏身，認定炸彈不會重複炸一個點。結果他錯了，被又一枚炸彈炸得粉身碎骨。由彼得．沙里斯基等顧問負責訓練的那個團，共有一千名官兵，其中大多數人會說一點俄語，一些技術人員還曾留學俄國。從一九六五年七月起，他們的部隊至少每隔一天會發射飛彈，有時還更頻繁：「我們經常處在緊張狀況中。」由於需求緊迫，訓練從六個月縮短為三個月，俄國人也開始像越南人一樣仇恨美國人。飛彈營營長伊林雅（Ilinykh）少校，在手下三名控制官第一次發射飛彈以前，對三名控制官說，「好兄弟，一定要把那些混蛋打下來，證明我們是蘇聯愛國者！」伊林雅很有人緣，地方上的越南百姓將他視為救星，每在見到他那輛KAZ-59「山羊」牌座車出現時，都會對著車子大叫「伊林雅！伊林雅！」

當俄國人轉移陣地時，村民向他們獻上鳳梨與香蕉，還幫他們挖戰壕——在堅硬如石的地上挖壕，是一件苦不堪言的重活。據說，就像二次大戰期間盟軍機組在德國遭到的命運一樣，被擊落的美軍機組若落在軍方手中還有望活命，但如果落在民眾或民兵手中就難逃慘遭肢解的命運。瓦萊利．帕諾夫津津有味地說，「農民會用鋤頭殺了他們，把他們埋進附近彈坑。」瓦萊利．米洛尼辛柯說，「我們都渴望打美國佬，讓他們知道誰才是這裡的老大。」二次大戰期間還是孩子，生活在烏克蘭占領區的維克多．馬里法尼說，「與我們當年對德國人的仇視相比，越南人對美國人的痛恨尤有過之。」

雷達控制官望著不斷逼近的美機編隊，卻不知道應該選擇哪一點作為他SAM-2型飛彈的瞄準點。彼得．沙里斯基說，由於美機干擾，「我們在終端機上只能見到一條水平線，垂直線是不斷閃爍的光。美軍前導機丟下反制箔，干擾我們的射束，我們得找出哪一架飛機在進行干擾才成。來襲美機分成兩組，一組F-4D一組F-105，各十五架。我的直覺是只要瞄準編隊中心發射飛彈就對了。我把座標報給伊林雅少校。他說：『好吧，我們或許應該碰碰運氣？或許我們能在那團光球中擊中一些東西。』」他們發射了，而且也一如既往說他們擊中美機，但就像軍援越南指揮部的戰果報告一樣，這往往不過是一廂情願的說法罷了。

最後擴增到十個團的北越飛彈部隊，用「不斷移動，否則死」做為標語，因為經驗告訴他們，無論停留在什麼地方，只要停留時間超過二十四小時就會遭來美軍轟炸。他們可以在一小時內拆解發射器，轉到或許五十英里外另一位置。他們學會一直等到飛彈發射前最後五到七秒鐘才啟動追蹤雷達。阮建丁（Nguyen Kien Dinh，譯音）說，在熱得讓人揮汗如雨的雷達通信車中，「螢幕上出現兩個非常接近的亮點。三名作業員報著飛機速度，同時叫道：『目標！』……營部隨即下達命令：『發射兩枚飛彈，距離……』空中出現一道閃光、一朵白雲，然後是震耳欲聾的爆炸聲。我們可以看見飛彈拖著一條鮮亮的尾巴朝敵機飛衝而去，雷達車也在微微晃動。六秒鐘過後，第二枚SAM-2發射升空，在那以後，組員只能聽見導向官報著射程。當兩個訊號在螢幕上相會時，會爆出一個明亮的光點，覆蓋住目標的返回訊號。所有三名導向作業員都叫道『彈頭引爆！』」不過，飛彈命中率相對不高：阮建丁的飛彈營在作業兩年以後才完成了經過確認後確實擊落的第一架敵機。

在整個轟雷行動過程中，電子戰上風不時倒轉，「伯勞鳥」雷達殺手飛彈的威力，一度讓北越防空飛彈部隊的士氣沉到谷底。有些北越飛彈作業人員發現啟動追蹤雷達之後，有時不出幾秒鐘就可能招來毀滅時，開始以無法辨識敵方目標為由，不肯發射飛彈，讓指揮官們氣得暴跳如雷。一九六六年，海防近郊一座發射站再次上演這場找藉口拒不發射飛彈的鬧劇，讓一名正在飛彈控制車視察的高階軍官氣得大罵：「就算我老眼昏花，也能看到你那螢幕上的目標！你他媽的趕快給我發射飛彈！他們在攻擊汪秘（Uong Bi）電廠！」一九六七年十二月，北越守軍面對一場危機：美軍開始成功干擾飛彈控制車與所屬SAM發射台之間的導向頻道無線電連繫。不過，情勢不久反轉：一名戰俘在拷問下供出新型「碧古魚」電視導向炸彈的細節，以及它打算攻擊的目標。又過了兩個月，在一九六八年情人節那天，一架幾乎毫無損傷的F-105落入共產黨手中，將它的干擾吊艙秘密闔盤托出。

對俄國人來說，就算穿著短褲工作，而且每隔幾小時沖個澡，越南的暑熱仍然幾乎無法忍受。糖會溶化，香菸要配給，他們幾乎收不到郵件，打開收音機卻收聽不到本國電台。報紙會紮成一綑送到，不過時間晚了幾星期。包裹送到是件大事，包裹裡面裝的或許有魚子醬、醃肉腸、黑麵包、伏特加與俄國香檳，軍官還會收到白蘭地。

這些俄國人雖說一般來自並不富裕的社會，但北越的一貧如洗，以及北越婦女無日無夜、辛苦勞動的景象，仍然讓他們震驚不已。就像讓美國人著迷一樣，越南女子的美麗也讓俄國人魂不守舍，但她們絕不與外族男子過於親近。鄰村女郎不時會過來，與彼得・沙里斯基隊上的人聊天，她們「或許也讓你略親芳澤，但如果你毛手毛腳，或如果你想把一個女孩逼向角落，她會揍你——只是輕輕的揍，但已經夠了。因為她們非常壯」。沙里斯基的友人伊凡愛上一名在餐廳工作的法國混血絕色美女，還提出結婚申請，但之後那女孩失去蹤影，伊凡也被調回俄國。瓦萊利・米洛尼辛柯有一次見到一群婦女在警衛看守下進進出出、搬運石塊，問身邊譯員她們是什麼人，那譯員冷冷答道：「她們都是因為與外國人有染而受到懲罰的罪犯。」

一名北越無線電工程師的十歲兒子，從小就受到父母千叮萬囑：絕不能跟陌生人交談。他父親的同事中，有個叫希里亞金（Selyagin）的俄國年輕人，每當「希舅舅」拿糖果給他，總會把他嚇得大叫：「看到（希舅舅）那麼高，那麼多毛，還有一對灰眼睛，把我嚇得半死。」不過大多數俄國人在北越很受歡迎。有個俄國人用紙牌變戲法，逗得孩子們大樂；還有俄國人在沒有照相機的村子為村民照家庭照，將洗出的照片分送，也很受村民歡迎。不過越南人總是緊盯著這些外國人的一舉一動，甚至跟他們進廁所，疑神疑鬼地不願讓這些「盟友」學他們的語言。

俄國人恨死越南的蚊子，有個俄國人說得好：那些蚊子「像B-52一樣大」。越南飲食也讓俄國人難以忘懷，北越當局為俄國人提供的口糧配給，遠比為本國人民提供的更加優厚，而且除口糧外，還提供大量啤酒，不過肉類一直短缺。沙里斯基隊上的人常用蚱蜢為餌，誘捕巨型青蛙——「田雞肉又白又嫩，像雞肉一樣，令人饞涎欲滴……直到今天，與其吃海鮮，我還是比較喜歡吃田雞。」許多俄國人學會享用蛇肉，認為蛇肉比帶著豬毛的越南土產豬肉好吃得多。螞蟻隨時在向餐廳入侵，牛奶經常缺貨。瓦萊利・帕諾夫覺得自己很幸運，因為他駐在海防，可以海釣，有時還能用拖網線補到野鴨子。尤里・基利辛說：「這是一個非常饑餓的國家：我們有句話說，地上爬的東西，除了戰車以外，越南人什麼都吃；水裡游的東西，除了航空母艦以外，越南人什麼都吃；天上飛的東西，除了B-52以外，越南人什麼都吃。」一天，他與他的狗「考奇」玩了一陣，第二天把那狗吃了，味道差強人意。

六十年代末期，當北越空防以米格-21掛帥時，彼得・伊薩耶夫（Petr Isaev）少校擔任蘇聯航空顧問團團長。他目擊過不少尷尬的事件。舉例說，一名越南聯隊指揮官由於忘了起落架控制桿的正確位置，在擠滿貴賓的觀禮台前以機腹著陸。越南人當然覺得沒面子，但俄國人還努力安慰他，「幹飛行員這一行，什麼事都可能發生的。」越南當局獨重意識形態，不重訓練的作法更令伊薩耶夫沮喪，負責調配飛行任務的委員會中，半數委員不具備飛行員資格。當他建議改變這種作法，並實施行動後分析時，團政治官透過譯員對他厲聲斥道，「同志，你來這裡是幫著我們對付美國侵略者，其他的事與你毫不相關。」

隨著中國與蘇聯間關係惡化，俄國穿越中國領土進入北越的鐵路運輸，包括棺木運輸，也中斷了。在那以後，蘇聯人員若死在北越，只能就地掩埋。彼得・沙里斯基與他的隊友因此在與本地女郎打情罵俏時，會要那些女孩「帶著伏特加與黑麵包探望我們的墓」。為了從被擊落的美機挖掘技術，中國與俄國的技術人員與外交官之間展開了激烈的競爭，而越南人則經常對中、俄雙方隱瞞墜機殘骸位置。蘇聯外交官安納托利・柴瑟夫（Anatoly Zaitsev）記得他的同事寫過一首歌，詠嘆俄國人如何為了搶先中國人趕到美機墜機現場，而在叢林與稻田橫衝直撞的情景：

「與我相約戰後
約在黃昏六點
我在阿巴廣場等你
抱著一片F-105殘骸」

村民會從殘骸上取走鋁片，因為鋁是製作家用器皿的稀有金屬。一名參與這種殘骸打撈生意的俄國人說，「到了墜機第二天的早上，現場殘骸已經被搜刮一空。越南人用殘骸鋁片製做梳子與戒指。」一九六七年三月，蘇聯駐河內大使館向莫斯科大吐苦水：「我們的軍事專家得在非常艱苦的氣氛下工作……越南同志們……用各種藉口隱瞞墜機地點，阻礙我們前往……為我們帶來更多不必要的困擾。在無數場合，在蘇聯專家抵達墜機現場以前，其他人已經搶先檢驗了墜落的飛機，這些其他人是中國人……他們將一切有價值的東西都取走了。」

一九六六年七月，蘇聯憤怒致函北越政府，說北越刻意拖延港口卸貨作業，目的在將蘇聯船隻留在海防，以嚇阻美軍攻擊。蘇聯大使館向莫斯科提出報告說，越南人將大多數蘇聯運交他們的工業裝備存了起來，而且並沒有因此心存感激。此外，越南人還對俄援物資品質不佳表示不滿。一九六八年三月，越南人通過《懲罰反革命活動法》，禁止蘇聯外交官在越南旅行，禁止他們與本地人一切未經授權的對話。一名蘇聯外交官似乎因為與已經失勢的武元甲派系接觸而遭驅逐出境。蘇聯大使館在報告中怒斥河內政治局，說他們不過將蘇聯視為供應裝備、幫他們作戰的「後方」，並且對蘇聯急著與美國求和表示鄙夷。一名北越軍將領告訴蘇聯代辦，「如果我們被擊敗，我們當然只能求和，別無選擇。但我們不斷取得決定性勝利，我們為什麼要談和？中國就堅決反對談和，談和只會讓我們失去一切，特別是失去與中國的友誼。」

但在SAM飛彈設施，俄國顧問與他們的越南學生之間還能維持一種工作關係。瓦萊利・米洛尼辛柯說，「你要他們學，他們就算不了解學的是什麼，仍然照學不誤。他們倒不是生活在恐懼中，他們只是徹底堅守紀律，奮勇求勝。他們在構築一個共產黨社會。」越南人能用那麼少的口糧做那麼多事，也讓米洛尼辛柯與他的同袍感到不可思議——「一兩湯匙白米飯……他們哪來那麼大體力？他們像螞蟻一樣，一心一意只想完成交付的任務。」北越指揮官們勉強同意授權、為飛彈營官兵加了少許口糧，希望能藉以改善他們的視覺技巧。

一九六五年六月，應黎筍之請，中國派了一支軍工後勤人員分遣隊前往越南。在之後一年，中國又派出超過十七萬主要是墾荒勞工或工程人員的大軍進駐越南。在一九六五與一九六八年間，共有三十一萬零十一名中國人在越南工作，外加三百四十六名顧問。五十七歲的郎桂林（Guilin Long，譯音）上校是鐵道專家，曾參加國共內戰與韓戰。一九六五年四月，他被召進北京人民解放軍總參的一棟建築，隨即奉命加入一個十人指揮小組，立即飛往越南，指導遭美機炸損鐵道的修復工作，使中國的武器與補給可以源源流入越南。郎桂林的特別責任區是「友誼關」邊界渡口以及長一百五十英里的河內到寮國路段。這個以一名資深將領領軍的十人小組在抵達北越時，受到范文同與政治局其他委員歡迎。郎桂林在他的備忘錄中寫道，「情勢極端嚴峻。如果越南全國鐵路網情勢繼續惡化，整場戰爭會出大亂子。」

在一九五〇到五三年，郎桂林曾在美軍空襲下保住北韓鐵路系統，現在他要利用這段經驗保住北越的鐵路系統。不過，對於上了年紀的他來說，在雨季不分晝夜地四處奔波豈止是苦不堪言而已。在氣溫動輒高達攝氏三十六度的白天，「我們汗水浸濕了衣衫，熱得發昏。下雨時，我們從頭到腳裹在泥裡……那日子真不好過。」那年六月，第一支生力軍開到：包括解放軍鐵道兵的五個團，外加一個防砲團。郎桂林掛上「中國人民志願工兵第一特遣隊」工程總監的頭銜。不過雖說是「志願」軍，但特遣隊成員似乎沒有一個人是志願參加的。

郎桂林在諒山（Lang Son）省建立總部，他的手下就在鐵路沿線紮營。他們駭然發現西貢電台已經播出他們抵達的消息，美軍偵察機於七月三日開始在他們上空盤旋，他們於是接受越南人建議轉換營區。不過轉換營區沒能使他們躲開遭到美機掃射，造成許多死傷的劫數。郎桂林寫道，「我們彷彿回到十二年前的韓戰戰場……敵人對我們所有的位置都一清二楚。」越南幹部認為，每個中國人都穿的那種藍色棉服暴露了他們的國籍。

隨著炎夏逼近，除了美軍轟炸以外，中國「志願」軍還得面對濕度百分之八十五，高溫達攝氏四十九度的溽暑。他們在鐵路沿線揮汗苦撐，每天喝十五公升的水，但許多人仍然不支倒下。疾病開始傳染，透過充斥於每一條小溪、每一處稻田的細菌加速擴散。許多中國軍皮膚長瘡，無法成眠。食物也很短缺：越南人只為他們的盟友提供南瓜與空心菜，外加一些香蕉。郎桂林的團得從中國進口罐頭食品與乾蔬菜。就像部署在他們南方幾百英里外的美軍一樣，中國軍人也對越南的蜈蚣、水蛭與蚊子恨之入骨。他們發現蛇會溜進餐廳廚房偷蛋，還會潛入官兵臥室——有一人因此被毒蛇咬死。數以千計官兵染上瘧疾。郎桂林寫道，「鐵道兵儘管也曾在內戰與韓戰期間備受各種煎熬，像這樣艱苦的環境，我們還是第一次碰到。」

之後轟炸機再次出現，中國軍的日子更加難過。一九六五年七月九日西方線遭到美軍空襲，車站與橋樑都受損；八月二十三日，美機擊中北方線，中國軍設法搶救；九月二十日，美機大舉攻擊龍顎鐵橋（Thanh Hoa River bridge），命中二十次，造成鐵橋重創；美機隨後又對鐵橋發動五波攻擊。讓中國軍引以為傲的是，他們迅速修復了鐵橋，在整個越戰期間，與中國的鐵路連線從未長期中斷。不過，在更往南方、河內附近的北江（Bac Giang）省，重要橋樑不斷遇襲，一名中國兵冒著砲火，將一輛燃燒起火的卡車從一座橋墩邊開走，以免卡車爆炸進一步損毀橋樑。北京隨後調來更多高射砲，部隊挖掘深溝，營區分散，而且將規模大幅縮小。中國高砲人員就像所有高砲人員一樣，誇耀他們的輝煌戰果：說他們在十月的四次空襲中擊落十一架美機，擊傷另外十七架。中國軍在初抵越南時只有兩名負責跟監美軍活動的情報人員。在之後兩年中，他們的空防網擴大到三十一張空襲監控桌與一個精心設計的電話警報系統。為改善士兵可憐的體能狀況，窮困的解放軍破天荒的大舉施捨：每一名官兵可以領到一套備用工作服，可以丟了帆布鞋換上塑膠涼鞋，可以領到驅蚊劑、治療蛇咬的藥，還能享有醫療顧問。越南人也勉為其難，同意中國人耕種自己的菜園。

但危險情勢並未因此稍有緩和。一九六六年八月二十一日下午，郎桂林坐著車前往玉龍（Yulong）山附近一號公路視察一處工地時，碰上美機空襲。由於他自己的車發出的噪音，直到發現士兵們都往附近叢林狂奔，他才警覺美機來襲。他與他的助理停下車，在猛烈的機砲砲火中跳到車外。一枚炸彈爆炸，把郎桂林炸飛掉進旁邊一處壕溝，他的作戰官與駕駛兵被炸死，隨行越南譯員受傷。郎桂林的隨扈手臂動脈被炸斷，他也因此在設法把失去知覺的郎桂林拉出壕溝時昏了過去。郎桂林在恢復知覺時，發現隨扈的血浸透自己一身。郎桂林最後因腦震盪與脊椎受損而送回中國，成為在轟雷行動中一千六百七十五名中國受傷人員和七百七十一人死亡人員中的一名。

根據已知資料，直到目前為止，沒有俄國或中國機組人員執行對付美國人的戰鬥任務。但根據河內與平壤之間在一九六六年九月簽署的一項協定，北韓一開始就派了十名米格-17駕駛員幫北越出戰鬥任務，之後增到二十人，駐在河內東北方機場，人稱「Z大隊」。從一九六七年年初到一九六八年年底撤出這段期間，總共有八十七名北韓飛行員為北越出征，他們宣稱擊落二十六架美機，自己死了十四人。

一九六六年十二月二十三日，《紐約時報》副總編哈里森·沙里斯布利抵達河內，為共產黨的宣傳帶來極大加分效果。北越之所以從眾多要求來訪的媒體記者中選擇沙里斯布利發予簽證，是因為他公開反對美國轟炸。北越當局帶他參觀河內幾處遭美機轟炸的現場，據北越說，有三百間房屋

被毀，十人被炸死——而且這些地點距離美國空軍最近的授權攻擊目標也有五英里。根據北越的說法，一所越南—波蘭友好中學被炸毀。北越還帶他往訪六十英里外的南定（Nam Dinh），說南定被美機轟炸五十二次，死了八十九人，市內十分之一以上房屋被毀。他之後在報導中說，美國飛機「對純平民目標投擲極重磅炸彈」。

就像每一名獲得特許前往採訪極權國家的訪客一樣，沙里斯布利也遇到類似問題。這次北越之行讓他無比震撼，一個貧窮的亞洲小國為了一種不名究理的原因遭到世上最強的大國轟炸，讓他對越南人民深感同情。但他在他的報導與之後撰寫的書中，未經查證就對北越許多不實的說法照單全收——他說美軍故意轟炸紅河水壩與南定（Nam Dinh）紡織廠就是這樣的例子。美國政府也提出反駁，說沙里斯布利用了許多共產黨宣傳手冊上的傷亡統計數字。沙里斯布利發表一張照片，意在顯示一座被炸毀的天主堂，但後來經調查發現這座天主堂並未受損。就像之後一些獲許往訪北越的左派西方訪客一樣，沙里斯布利那些鮮活而充滿感性的文章也犯了輕信、不查證的過錯。

但無論怎麼說，美國政府也無法否認一些令人不快的重要事實，其中最重要的是，美軍投下的炸彈有相當比例投錯了地方。舉例來說，在對南定電廠發動的攻擊中，炸彈炸了附近的紡織廠；海軍戰鬥機對部署在堤壩上的砲陣地開火；有一次，奉命攻擊一處鐵路調車場的飛機誤炸了位於河內附近的另一處調車場。美國空軍最著名的戰史作者韋恩．湯普森（Wayne Thompson）在他自己的記事中也承認，「就算飛行員正確找到目標，他投下的大多數炸彈仍可能偏離。」根據美國空軍自己的評估，F-105投下的炸彈只有半數能命中目標。F-105一般攜帶六枚七百五十磅炸彈，可以落在瞄準點周遭五百英尺內，這樣的偏差算得上合理精確，但仍能造成大量所謂「附帶損失」（collateral damage）。此外，美機拋棄的炸彈、油箱，美機發射的空對地飛彈，以及北越發射的高射砲彈與地對空飛彈的大量殘骸也總得落在什麼地方。大量非軍用設施與民房受損，眾多平民百姓遇害是無庸爭議之實。

沙里斯布利在全球各地擁有巨量讀者，影響力非河內政治局所能想像。他向世人傳遞了兩個重要訊息：首先，美軍轟炸傷及無辜；其次，一群樸質的人民正用決心與勇氣與美國對抗。詹森總統為展現人道而使出的那些禁炸、緩炸的笨招，完全打了水漂，因為沙里斯布利問道，為什麼鄉野間這麼多毫不起眼的目標遭到美軍攻擊，而河內電廠與巨型的龍編大橋（在他發稿時）仍然安然無恙。但他這次河內之行對這場戰爭的真相發掘並無助益，一九六七年二月的一次民調顯示，儘管百分之八十五的美國人民現在承認平民百姓遇害，但百分之六十七的美國人繼續主張轟炸。接下來幾個月，越南上空的空戰急遽升高了。

在第二次世界大戰最後六個月，在李梅將軍率領下，美國空軍在日本投下十四萬七千噸炸彈，殺了三十三萬日本人。轟雷行動丟下的炸彈多了四倍，一千八百萬北越人中有五萬兩千人因此送命。海防的居民逃了一半，河內的人口少了三分之一。在一九六六年，美軍每造成敵方價值一美元的損失，美國就得為轟炸付出六點六美元成本，這個成本在一年以後漲到將近十美元。在之前一年的春天，海軍中校詹姆斯．史塔克戴爾（James Stockdale）手下飛行員問他「我們為什麼戰鬥」，史塔克戴爾當時說，「因為這麼做符合美國利益。」但隨著轟炸不斷持續，損失節節升高，飛行員們的疑慮也越來越深。A-4飛行員艾利約．陶澤（Eliot Tozer）在日記中寫道，「沮喪來自每一層面，我們在一段極度有限的時間裡駕駛一架性能有限的飛機，對極少的目標投下威力有限的炸彈。但最糟的是，這是一場非常不受歡迎的有限的戰爭。」

陶澤的感慨並不孤單，美軍指揮部高層也有同感。在一九六七年一次簡報結束時，美國空軍將領約翰・麥康奈（John McConnell）抱頭嘆道，「我不知道該怎麼告訴你們我的感覺……我已經倦到極點。我從沒像這樣懊惱過。」轟雷毀了河內百分之六十五的油料儲備、百分之五十九的電廠、百分之五十五的重要橋梁、九千八百二十一輛車與一千九百六十六輛鐵路車。但河內卻能利用這些轟炸大發利市，讓莫斯科與北京大舉提供援助。到一九六八年，中國順著北－東線鐵路南下，每天將一千噸物資運交北越。北越總計接獲近六億美元經援與十億美元軍援，對一個相對而言未開發的亞洲小國來說，這是驚人龐大的數字。

美國國防部機密文件一九六六年「傑森研究報告」（JASON study）指出，轟雷造成的一些始料未及的後果：「轟炸造成北越舉國一心，同仇敵愾，明顯加強了民眾對河內政權的支持。」研究報告說，「那些以較直接的方式參與轟炸的人頗受內心煎熬……最影響士氣的，或許不是轟炸造成的直接後果，而是都市人口疏散、家庭被迫拆散等等間接後果。」無論怎麼說，「對一個社會的直接正面攻擊，一般都會強化被攻擊國家的社會結構，讓民眾更支持既有政府，使領導層與民眾更加下定決心反擊。」

蘭德分析師奧利・郝夫丁（Oleg Hoeffding）在一九六六年十二月寫道，「美國的轟炸既有蓄意的克制，又有意外造成的流血，為河內政權帶來近乎理想的一種組合。」郝夫丁這話雖說有些誇張，但他道出一個基本事實：「美國的威脅過於虛張聲勢，讓河內獲益匪淺……就轟炸對民眾士氣與政府控制效益造成的影響而言，根據保守的推算……轟炸造成的意外損害與平民死傷已經足以讓河內維持反美情緒，但不足以重創它的作戰戰力。」

但聯合參謀首長們仍然堅持繼續轟炸。在一九六七年六月十六日一份幾近古怪的備忘錄中，惠勒將軍呼籲加強對河內－海防的攻擊。他說：「這麼做有可能產生決定性效果……雖說我不是國內或世界輿論專家，但我相信更激進的行動只會贏得更多支持，不會讓支持流失，共產黨當然例外，他們只會更加敬畏我們。最後，我不相信加強攻擊會帶來嚴重風險……就算一百二十三架次的空中攻擊……只能讓盟軍在與北越軍交火時少死一個人，這些攻擊造成的人道成本也值回票價。換句話說，如果空中攻擊能讓北越軍對南越的潛在與實際滲透率出現百分之一點六的差距，以美元價值換算，如果它能造成百分之二點一的滲透率差距，空中攻擊造成的人命損失值得。」

但早在轟雷行動終於在一九六八年三月落幕之前很久，它的低劣成果已經造成麥納瑪拉的政治信念大逆轉。在二月二十九日卸下國防部長職位之前，麥納瑪拉在一次私人午餐會中，以情緒性口吻談到轟炸行動「徹底失敗」讓他失望。就像一些比惠勒將軍開明的將領一樣，麥納瑪拉也已經了解，就算真的可以靠轟炸取勝，美國也唯有在造成為美國價值所不容的大規模毀滅之後才能取勝。

詹森總統雖說想在越南展示實力與決心，但他本人的諸多不確定因素讓他束手縛腳，不能全力施為：對「大社會」計畫的擔憂；擔心攻擊北越可能招來蘇聯或中國軍事干預；他渴望盟國能支持、至少能默許他對越南用兵；他還希望能保住他在國內的政治地位以及美國的國際形象。想用濫和手段炸垮敵人意志是根本不可能的事，但他不願承認。此外，由於北越共產黨對補給的需求本來就很少，就算美國能按照聯合參謀首長的願望加強轟炸，結果也不會有多少差異。在六十年代末期那段中—蘇對抗的日子，就算美軍能把北越炸成一片瓦礫堆——或者應該說柴草堆更合適——中國與蘇聯看來都不會放棄它的盟國。

【下冊待續】

越南啟示錄 1945-1975

美國的夢魘、亞洲的悲劇【上冊】

Vietnam: An Epic Tragedy, 1945-1975

作者 馬克斯・黑斯廷斯（Max Hastings）
譯者 譚天

主編 洪源鴻
責任編輯 洪源鴻、宋士弘
行銷企劃總監 蔡慧華
封面設計 虎稿・薛偉成
內頁排版 宸遠彩藝

出版 八旗文化／遠足文化事業股份有限公司
發行 遠足文化事業股份有限公司（讀書共和國出版集團）
地址 新北市（二三一）新店區民權路一〇八－二號九樓
電話 （〇二）二二一八－一四一七
傳真 （〇二）二二一八－八〇五七
客服專線 〇八〇〇－二二一－〇二九
信箱 gusa0601@gmail.com
部落格 gusapublishing.blogspot.com
臉書 facebook.com/gusapublishing
法律顧問 華洋法律事務所／蘇文生律師
印刷 成陽印刷股份有限公司

出版日期 二〇二二年四月／初版一刷
二〇二四年六月／初版二刷

定價 一二〇〇元（上、下冊不分售）

ISBN 9786267129098（平裝）
9786267129081（ePub）
9786267129074（PDF）

◎版權所有，翻印必究。本書如有缺頁、破損、裝訂錯誤，請寄回更換
◎歡迎團體訂購，另有優惠。請電洽業務部（02）22181417 分機 1124
◎本書言論內容，不代表本公司／出版集團之立場或意見，文責由作者自行承擔

Complex Chinese Translation copyright © 2022 by GUSA PUBLISHING, AN IMPRINT OF WALKERS CULTURAL ENTERPRISE LTD.

Vietnam: An Epic Tragedy, 1945-1975

Original English Language edition Copyright © Max Hastings, 2018

All Rights Reserved.

Published by arrangement with The Wylie Agency LLC through Andrew Nurnberg Associates International Limited.

國家圖書館出版品預行編目 (CIP) 資料

越南啟示錄 1945-1975：
美國的夢魘、亞洲的悲劇
馬克斯・黑斯廷斯（Max Hastings）著／
譚天譯／初版／新北市／八旗文化出版／
遠足文化事業股份有限公司發行／民 111.04
譯自：Vietnam : an Epic Tragedy, 1945-19755

ISBN 978-626-7129-09-8(平裝)

1. 越戰　2. 戰史

738.3264　111003595